工程技术经济

主　编　田维平　周　鹏
副主编　苏立彬
主　审　伏小勇

中国铁道出版社有限公司

2025年·北京

内 容 简 介

本书针对工程技术问题如何进行经济分析和评价的理论与方法进行全面系统地介绍，以可行性研究报告编制的内容为主线，结合全国注册一级建造师执业准入资格考试的相关要求，详细讲述工程技术经济的基本原理知识，工程建设全过程中涉及的经济问题和计算分析方法，及在相关工程中的应用。全书共分 14 章，主要内容包括绪论、工程项目可行性研究、工程技术经济的基本要素、资金的时间价值及等值计算的应用、工程项目的经济评价指标、工程项目的经济比较与优选、工程技术经济预测、工程项目的不确定性分析和决策、工程项目财务评价、国民经济评价、价值工程、设备更新与租赁、新技术、新工艺和新材料应用方案的技术经济分析、工程项目后评价。本书取材新颖，内容丰富，具有系统性、科学性和实践性。

本书可作为高等院校工程管理类专业、给排水工程专业、环境工程、建筑环境与设备等专业的经济类的教材，也可供相关专业的工程技术人员和工程管理人员以及有关政府部门、建设单位、监理单位、施工单位的人员参考使用，对报考全国注册一级建造师执业准入资格考试的人员具有一定参考价值。

图书在版编目(CIP)数据

工程技术经济/田维平，周鹏主编．—北京：中国铁道出版社有限公司，2019．3(2025．5 重印)
ISBN 978-7-113-25510-7

Ⅰ．①工…　Ⅱ．①田…②周…　Ⅲ．①建筑工程-技术经济学-高等学校-教材　Ⅳ．①F407．9

中国版本图书馆 CIP 数据核字(2019)第 025850 号

书　　名：工程技术经济
作　　者：田维平　周　鹏

策　　划：曹艳芳
责任编辑：曹艳芳　　**编辑部电话：**(010)51873162
封面设计：郑春鹏
责任校对：胡明锋
责任印制：樊启鹏

出版发行：中国铁道出版社有限公司(100054，北京市西城区右安门西街 8 号)
网　　址：http://www.tdpress.com
印　　刷：北京铭成印刷有限公司
版　　次：2019 年 3 月第 1 版　2025 年 5 月第 5 次印刷
开　　本：787 mm×1 092 mm　1/16　**印张：**18.75　**字数：**457 千
书　　号：ISBN 978-7-113-25510-7
定　　价：60.00 元

前　言

工程技术经济是一门基于工程技术学和经济学基础上的新型学科，是工程技术人员和管理人员的必备知识内容之一。本书全面系统地介绍了工程技术经济的基本理论与方法，同时对工程项目建设过程中相关的经济问题和分析方法进行了较为完整的介绍。

本书是在伏小勇主编的《工程技术经济》2008年第一版基础上修订的，在借鉴、吸取国内外工程技术经济类专著、教材及新的法律法规和新规范基础上编写，其主要特点是：

(1)系统性与前沿性。紧密结合专业教学大纲，对工程技术经济的理论基础与方法做了完整的阐述和介绍，将工程经济原理与我国最新政策法规（参照建标〔2013〕44号《建筑安装工程费用项目的组成》、《建设工程工程量清单计价规范》GB 50500—2013）和财税制度相结合，并对它们在可行性研究和项目前期决策实践中的应用进行了详细阐述。

(2)实践性。本书突出工程实践经验与工程实例，并对基础理论加以深化，以达到理论与实践相结合。每章节后都附有大量思考题和习题，以加深知识的掌握和方便读者自学。

(3)新颖性。本书结合我国社会主义市场经济面临的一些问题，如融资、工程项目投资等，增加了新技术、新工艺和新材料应用方案的技术经济分析及工程项目的后评价等内容。又尽可能全面反映该领域的新理论、新技术、新方法，注重教学内容的充实与更新。由于工程经济方法的应用计算比较繁琐，所以书中大部分章节中都介绍了最新版本计算机在工程经济中的应用以及相关软件等，以便读者在实际工作中选用。

(4)实用性。本书在内容的安排上以可行性研究报告的内容要求为主线，以应用型人才培养为目标，并结合全国一级建造师职业准入资格考试的相关要求，在充分阐述基本知识、基本理论、基本分析方法的前提下，注重理论知识与案例分析相结合，培养学生的工程实践能力，使知识学习的应用目的更加明确以提高学生的创新素质。

(5)主线鲜明。本书在内容的编排上充分考虑环境工程、给排水科学与工程、工程管理等工科专业所学相关课程的内容，在编排上既体现有机连接，又避免不必要的重复，使书的内容更加紧凑，主线鲜明，具有专业特点。

全书共十四章，第一、三、四、五、六、七章、第八章第三节和第四节、十四章及附录由兰州交通大学田维平、周鹏编写，第二章由兰州交通大学白炜编写，第八章第一节和第二节、第九、十、十一、十二章由西藏农牧学院苏立彬编写，第十三章由兰州交通大学宋小三编写，全书由田维平、周鹏主编，苏立彬副主编，伏小勇教授主审。本书的编写参考了许多专著、教材和资料，在此向他们谨致以衷心的感谢。本书涉及内容广泛，虽经反复斟酌，难免存在不足之处。限于编者水平，书中的缺点错误恳请读者给予批评指正。

编者

2018 年 11 月

目　　录

第一章　绪　　论

第一节　工程技术经济的产生与发展

工程技术经济是一门工程技术学和经济学相结合的交叉学科，是介于自然科学和社会科学之间的边缘科学。是一门应用理论经济学基本原理，研究工程技术领域经济问题和经济规律，研究技术进步与经济增长之间的相互关系的科学，研究工程技术领域内资源的最佳配置，寻找工程技术与经济的最佳结合以求可持续发展的科学。也可以称之"工程技术经济学""经济工程学""管理工程学"。

工程技术经济的发展史已经有 100 多年。1887 年，美国土木工程师亚瑟姆·惠灵顿（ArthurM. Wellington）编写出版了专著《铁路布局的经济理论》（The Economic Theory of the Location Railways），首次将成本分析法应用于铁路的最佳长度和路线的曲率选择方面，并形成了工程利息的概念，开创了工程领域的经济评价工作。工程技术经济学从此破土萌芽了。惠灵顿认为，工程经济并不是建造技术，而是一门少花钱多办事的艺术。

20 世纪初，斯坦福大学教授菲什（J. C. L. Fish）出版了第一部直接冠名《工程经济学》的著作。将投资模型与证券市场联系起来，分析内容包括投资、利率、初始费用与运营费用、商业与商业统计、估价与预测、工程报告等。1920 年，戈尔德曼（O. B. Goldman）编著出版了《财务工程》（Financial Engineering），提出用复利模型来分析各个方案的比较值。他还颇有见地指出："有一种奇怪而遗憾的现象就是许多作者在他们的工程著作中，没有或很少考虑成本问题。实际上，工程师的最基本的责任是考虑成本，以取得真正的经济效益，即赢得最大可能数量的货币，获得最佳的财务效率。"

然而真正使工程技术经济成为一门系统化科学的学者则是格兰特（EugeneLGrant）教授。他在 1930 年发表了《工程经济原理》（Principles of Engineering Economy）——被誉为工程经济学经典之作。格兰特教授不仅在该书中剖析了古典工程经济的局限性，而且以复利计算为基础，讨论了判别因子和短期评价的重要性及资本长期投资的一般方法，首创了工程经济的评价理论和原则。他的许多理论贡献获得了社会公认，故被誉为"工程经济学之父"。从惠灵顿到格兰特，历经 43 年的曲曲折折，一门独立的、系统化的工程技术经济学终于形成了。

第二次世界大战之后，受凯恩斯主义经济理论的影响，工程技术经济的研究内容从单纯的工程费用效益分析扩大到市场供求和投资分配领域，从而取得重大进展。当然这与工程技术经济学密切相关的两门学科的重大发展有关。这两门学科分别是管理经济学和企业财务管理学。二者对研究公司的资产投资及把计算现金流量的现值方法应用到资本支出的分析上起了重要作用。更重大的转折发生于 1961 年，因为乔尔·迪安教授的《资本预算》一书不仅发展了现金流量的贴现方法，而且开创了资金限额分配的现代分析方法。

20 世纪 60 年代以来，工程经济学（包括公司理财学）研究主要集中在风险投资、决策敏感性分析和市场不确定性因素分析等 3 个方面。主要代表人物是美国的德加莫、卡纳达和塔奎因教授。而提供投资分析和公司理财一般理论基础和方法的则是4位先后获诺贝尔奖的经济学家莫迪里安尼(Franco Modigliani)、马克维茨(Harry Markowitz)、夏普(William Sharpe)和米勒(Merton Miller)。德加莫教授偏重于研究工程企业的经济决策分析,他的《工程经济》(1968年)一书以投资形态和决策方案的比较研究,开辟了工程经济学对经济计划和公用事业的应用研究途径;卡纳达教授的理论重视外在经济因素和风险性投资分析,代表作为《工程经济学》(1980年);塔奎因教授等人的理论则强调投资方案的选择与比较,他们提出的各种经济评价原则(如利润、成本与服务年限的评价原则,盈亏平衡原则和债务报酬率分析等)成为美国工程经济学教材中的主要理论。1977年美国俄勒冈州立大学工业和通用工程系主任J. L.里格斯教授出版其代表作《工程经济学》。

近几十年来,西方工程技术经济理论侧重宏观方面的研究,将工程技术经济中的微观效果分析与宏观的效益研究、环境经济效益分析结合在一起,国家的经济制度和政策等宏观问题成为当代工程技术经济研究的新内容。

建国初期,我国从苏联引进了技术经济论证方法,用于工程的投资效益分析。例如"一五"计划时期国家重点建设项目的前期论证工作等。同期,在哈尔滨工业大学设立了动力经济系,进而推动了能源技术经济在我国的率先发展。徐寿波的《能源技术经济》(湖南人民出版社,1981年)全面系统地讨论了我国能源领域的技术经济与实际问题,可以说是前几个五年计划期间有关技术经济方面的代表作。

1981年,国家计划委员会明确要求,今后所有大中型项目都要进行可行性研究,而技术经济分析则是可行性研究的组成部分。随后,国家科委和国务院经济社会发展研究中心组织进行建设项目经济评价的基础理论与方法的研究,于1985年出版了《工业建设项目可行性经济评价方法——企业经济评价》,1986年出版了《工业建设项目可行性经济评价方法——国民经济评价》。1987年,国家计划委员会和建设部联合发布了《关于建设项目经济评价工作的暂行规定》,并印发了《建设项目经济评价方法与参数》一书,至此,我国建设项目有了统一的经济评价方法和报表,并规定了一些评价参数。1993年发布了《关于建设项目经济评价工作的若干规定》,并对《建设项目经济评价方法与参数》进行了修订。1986年前后,我国开始利用世界银行贷款,在全国进行一大批城市基础设施建设项目的建设前期工作,比如城市给水项目、城市排水(包括污水处理)项目、交通运输项目等。在建设部、世界银行的指导下,各地相继成立了项目工作办公室,对我国规范建设项目管理和加强技术经济分析工作起到了促进作用。

工程技术经济学从过去被忽视到目前被普遍重视与关注,这是伴随着国家工作的重点转向经济建设,强调提高经济效果的结果。随着社会的发展,工程技术经济作为一门专门学科,不仅得以系统地恢复和发展,而且其理论和方法也越来越多地用于分析、评价和指导各项社会实践活动。

第二节 工程技术经济研究的内容及评价分析的基本程序

工程技术经济是技术经济学在工程技术领域应用的一个分支,其研究重点在于技术经济学理论与方法的应用,而不是理论与方法本身。但由于工程的特殊性,其经济效益评价的理论与方法必须具有一定的针对性,因而需要给予一定的重视。

一、工程技术经济研究的内容

工程技术经济研究的主要内容可概括为从建设项目管理的角度和从问题性质的角度以及从工程所涉及的范围或内容的角度三方面。

(一)从建设项目管理的角度

(1)进行工程建设项目的科学决策。在项目建设前期阶段,主要是可行性研究阶段,对预建项目进行投资价算、财务评价、国民经济评价和综合评价,为项目决策提供科学可靠的依据。

(2)进行工程项目的后评价。项目建成后或项目运营一定时间后,对项目的建设情况和运营情况进行评价。对项目的规模、投资、技术方案、施工组织管理,项目的财务评价,国民经济评价过程中的预测方法与结果,项目的运营成本等进行分析,总结经验教训,为工程项目的科学决策积累信息资料。同时,也可为所评价项目的运营管理和成本控制提供依据。

(二)从问题性质的角度

(1)技术经济一般理论、方法在工程技术领域的应用。

(2)计算、分析与评价工程项目一些特殊的经济效果、环境效果和社会效果的理论与方法研究。

(3)工程技术中一些技术经济条件或规律的探讨。

(4)有关评价指标、经济参数、计算评价方法以及费用函数方面的基础研究(经济指标)。

(5)方针、技术政策、技术措施及具体项目的技术经济分析论证。

(三)从工程所涉及的范围或内容的角度

(1)资源需求的技术经济问题。

(2)资源供需关系的技术经济问题。

(3)资源综合治理、开发利用的技术经济评价。

(4)工程系统调度与控制的技术经济评价。

(5)工程项目经济评价指标的研究。

(6)工程项目外部效益和费用的分摊方法问题。

(7)工程技术政策的经济问题。

二、工程技术经济分析的一般过程

在了解工程技术经济研究内容后,可以得出工程技术经济的核心是通过对工程项目及其相应环境进行经济效益分析,对各种备选方案进行分析、论证和评价,选择技术可行、经济合理的最佳方案。

任何工程技术方案在选定之前,都应该进行技术经济分析与评价,以期选出较优的方案。为此必须遵循较为科学的程序。工程技术经济评价的程序如图 1-1 所示。

(一)确定目标功能

确定目标功能是建立方案的基础。实践证明,工程技术实践活动的成败与否,并不完全取决于系统本身效率的高低,而取决于系统能否满足人们的需要,这种满足需要的程度正是衡量目标功能是否实现的标准。所以,只有通过调查,明确目标,才能谈得上技术可行和经济合理。

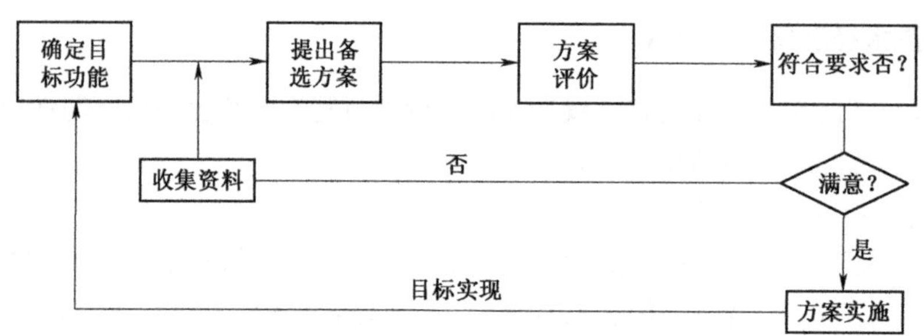

图 1-1 工程技术经济评价的基本程序

(二)提出备选方案

显然一个问题可采用多种方法来解决,因此,为了达到一定的目标功能,就必须提出许多不同的方案。例如为了解决能源问题可以建火电厂、核电站或水电站,而建核电站就有许多方案,如采用重水堆的、轻水堆的……寻找备选方案,实际上是一项创新活动。人们要求决策者能针对某一特定的问题提出“最优”的解决方法,因而决策者必须创新。其原因很简单,因为现有的一些方案可能比它所创造出来的方案要差得多。决策者的任务是要尽量考虑到各种可能方案。实际工作中不可能列出所有可能方案,但是决不能丢掉有可能是最好的方案。方案尽可能要考虑得多,但经过粗选后正式列出的方案要少而精。

(三)方案评价

列出的方案要经过系统的评价。评价的依据是政策法规和反映决策者意愿的指标体系。比如产品要符合国家的产业政策、质量标准,出口的产品要符合进口国的标准与习惯,厂址选择要符合地区布局与城建规划,生产要符合国家的技术政策、劳保条例、环保条例、劳动法等。在符合基本条件后,最重要的是要有较好的经济效益和社会效益。通过系统评价,淘汰不可行方案,保留可行方案。

(四)选择最优方案

决策的核心问题就是通过对不同方案经济效果的衡量和比较,从中选择最优方案。根据分析评价的结果,优选出技术上先进、经济上合理的最佳方案。如果方案满意,则选中最优方案,若不够满意,则检查目标、方案及评价指标的合理性。

第三节 工程技术经济分析的基本原则

一、经济效益原则

工程技术经济活动,不论主体是个人还是机构,都具有明确的目标。工程技术经济活动的目标是通过活动产生的效果来实现的。由于各种工程技术经济活动的性质不同,因而会取得不同性质的效果,如环境效果、艺术效果、军事效果、政治效果、医疗效果等。但无论哪种技术实践效果,都要涉及资源的消耗;都有浪费或节约问题。对于任何一项社会实践活动,都可以用所获得的成果和劳动消耗量的多少加以评价或衡量。所谓经济效果是指“成果与消耗之比”或者是“产出与投入之比”。技术方案实施后的效果有正负之分,比如环境污染就是生产活动产生的坏效果,或者叫负效果。反映产出的指标包括三方面:①数量指标,如产量、销量、销售收入、总产值、净产值等;②质量指标,如产品寿命、可靠性、精度、合格率、品种、优等品率等;③时间指标,如产品设计和制造周期、工程项目建设期、工程项目达产期等。劳动消耗包括技术方案消耗的全部人力、物力、财力,即包括生产过程中的直接劳动的消耗、劳动占用、间接劳动的消耗三部分。直接劳动的消耗指技术方案在生产运行中所消耗的原材料、燃料、动力、生产设备等物化劳动消耗以及劳动力等活劳动消耗。这些单项消耗指标都是产品制造成本的构成部分,因而产品制造成本是衡量劳动消耗的综合性价值指标。劳动占用通常指技术方案为正常进行生产而长期占用的用货币表现的厂房、设备、资金等,通常分为固定资金和流动资金两部分。投资是衡量劳动占用的综合性价值指标。间接劳动的消耗是指在技术方案实施过程中社会发生的消耗。

经济效果通常有三种表达方式:

(一)差额表示法

这是一种用成果与劳动耗费之差表示经济效果大小的方法,表达式为

$$E = B - C \tag{1-1}$$

式中　E——经济效果;

B——成果;

C——劳动耗费。

这种表示方法要求劳动成果与劳动耗费必须是相同计量单位,$B - C \geqslant 0$ 表明技术方案在经济上可行。如利润额、利税额、国民收入、净现值等都是以差额表示法表示的常用经济效果指标。

这种经济效果指标计算简单,概念明确。但不能确切反映技术装备水平不同技术方案经济效果的高低与好坏。

(二)比值表示法

这是一种用成果与劳动耗费之比表示经济效果大小的方法,表达式为

$$E = B/C \tag{1-2}$$

式中　E——成果与耗费之比;

其他字母同上。

比值法的特点是劳动成果与劳动的耗费的计量单位可以相同,也可以不相同。当计量单位相同时,比值 >1 是技术方案可行的经济界限。采用比值法表示的指标有:劳动生产率和单位产品原材料、燃料、动力消耗水平等。

(三)差额—比值表示法

这是一种用差额表示法与比值表示法相结合来表示经济效果大小的方法,表达式为

$$E = (B - C)/C \tag{1-3}$$

式中　E——净成果与耗费之比,它表示单位劳动耗费所取得的净效果,较为常用;

$(B-C)/C \geqslant 0$——技术方案可行的经济界限;

其他字母同上。

以上三种表达式是定量分析经济效果的依据,也是建立经济效果评价指标的基础,一般应结合起来加以应用。

经济效益是指经济活动中所取得的有效劳动成果与所消耗的社会劳动的比较。经济效益概念中的产出是指有效产出,是指对社会有用的劳动成果,即对社会有益的产品或服务。不符合社会需要的产品或服务,生产越多,浪费就越大,经济效益就越差。通常表示为

$$X = \frac{b}{(C + \Delta c)} \tag{1-4}$$

式中 X——经济效益；

b——有用的经济成果；

Δc——补偿损失的劳动消耗量；

C——表示劳动耗费。

或者表示为

$$X = b - (C + \Delta c) \tag{1-5}$$

可见经济效益中的社会劳动消耗量具有广义性，包括直接劳动消耗量和补偿损失的间接劳动消耗量。所以用经济效益来评价投入和产出的关系更为准确。

由于在特定的时期和一定的地域范围内，人们能够支配的经济资源总是稀缺的，因此工程技术经济分析的目的是，在有限的资源约束条件下对所采用的技术方案进行选择，对活动本身进行有效的计划、组织、协调和控制，以最大限度地提高工程技术经济活动的效益，降低损失或消除负面影响，最终提高工程技术经济活动的经济效果。

二、对立统一原则

经济是技术进步的目的，技术是达到经济目标的手段和方法，是推动经济发展的强大动力。技术的先进性与经济的合理性是社会发展中一对相互促进、相互制约的既有统一又有矛盾的统一体。

(1)技术进步促进经济发展，而经济发展则是技术进步的基础。

技术进步是经济发展的重要条件和物质基础。技术进步是提高劳动生产率、推动经济发展的最为重要的手段和物质基础。经济发展的需要是推动技术进步的动力，任何一项新技术的产生都是经济上的需要引起的；同时技术发展是要受经济条件制约的。一项新技术的发展、应用和完善主要取决于是否具备必要的经济条件，是否具备广泛使用的可能性，这种可能性包括与采用该项技术相适应的物质和经济条件。

(2)在技术和经济的关系中，经济占据支配地位。

技术进步是为经济发展服务的，技术是人类进行生产斗争和改善生活的手段，它的产生就具有明显的经济目的。因此，任何一种技术在推广应用时首先要考虑其经济效果问题。一般情况下，技术的发展会带来经济效果的提高，技术的不断发展过程也正是其经济效果不断提高的过程。随着技术的进步，人类能够用越来越少的人力和物力消耗获得越来越多的产品和劳务。从这方面看，技术和经济是统一的，技术的先进性和它的经济合理性是相一致的。

三、科学预见原则

工程技术经济分析的着眼点是“未来”，也就是对技术政策、技术措施制定以后，或技术方案被采纳后，将要带来的经济效果进行计算、分析与比较。工程技术经济学关心的不是某方案已经花费了多少代价，不考虑“沉没成本”(过去发生的，而在今后的决策过程中，我们已无法控制的、已经用去的那一部分费用)的多少，而只考虑从现在起为获得同样使用效果的各种机会(方案)的经济效果。

既然工程技术经济学讨论的是各方案“未来”的经济效果问题，那么就意味着它们含有

"不确定性因素"与"随机因素"的预测与价计,这将关系到工程经济效果评价计算的结果。因此,工程技术经济学是建立在预测基础上的科学。人类对客观世界运动变化规律的认识使得人们可以对自身活动的结果做出一定的科学预见,根据对活动结果的预见,人们可以判断一项活动目的的实现程度,并相应地选择、修正所采取的方法。如果人们缺乏这种预见性,就不可能了解一项活动能否实现既定的目标、是否值得去做,因而也就不可能做到有目的地从事各种工程经济活动。以长江三峡工程为例,如果我们不了解三峡工程建成后可以获得多少电力,能在多大程度上改进长江航运和提高防洪能力等结果的话,那么建设三峡工程就成为一种盲目的活动。因此,为了有目的地开展各种工程技术经济活动,就必须对活动的效果进行慎重的估算和评价。

四、系统评价原则

由于不同利益主体追求的目标存在差异,对同一工程技术经济活动进行工程经济评价的立场、出发点及评价指标不同,因而评价的结论有可能不同。例如很多地区的小造纸厂或小化工厂,从企业自身的利益出发似乎经济效果显著,但生产活动却排出了大量废弃物,对周边河流、湖泊和环境造成了直接或间接的污染,是国家相关法规所不容许的。因此,为了防止一项工程技术经济活动对一个利益主体产生积极效果的同时又损害到其他利益主体的目标,在工程技术经济分析中必须体现目标利益的系统性。

系统性主要表现在:①评价指标的多样性和多层次性,构成一个指标体系;②评价角度或立场的多样性,根据评价时所站的立场或看问题的出发点的不同,分为企业财务评价、国民经济评价及社会评价等;③评价方法的多样性,常用的评价方法有:定量或定性评价、静态或动态评价、单指标或多指标综合评价等。

局部和整体、局部与局部之间存在着一定的矛盾和利益冲突,系统评价的结论应该考虑各利益主体目标,并相互协调均衡各个方面而确定最终结论。需要指出的是,对于特定的利益主体,由于多目标的存在,各方案对各分目标的贡献有可能不一致,从而使得各方案在各分项效果方面表现为不一致。因此,在一定的时空和资源约束条件下,工程技术经济分析寻求的只能是令人满意的方案,而非各分项效果都最佳的最优方案。

五、方案可比原则

在工程技术经济的研究任务中,除了应用可行性分析对单个技术方案进行财务评价和经济评价,以确定其经济效果的优劣外,更重要的是对其他技术方案进行比较,以在多方案中选择较优方案。

引例有甲、乙两个电力网,其不同年利润见表 1-1。

表 1-1 电力网利润表

方案	电力网	年利润	结论
1	甲电力网	8 亿元	谁好?
	乙电力网	5 亿元	
2	甲电力网	5 亿元	是否一样好?
	乙电力网	5 亿元	

不难看出,这两个方案在两种情况下都不能轻易得出谁好、谁不好的结论,因为缺少比较前提,即在什么情况下进行上述指标的比较。工程技术经济比较原理就是讨论方案比较时应具备哪些条件,在哪些方面具备可以比较的条件才能进行方案比较。

为了在对各项技术方案进行评价和选优时能全面、正确地反映实际情况,必须使各方案的条件等同化,这就是所谓的“可比性问题”。由于各个方案涉及的因素极其复杂,加上难以定量表达的不可转化因素,所以不可能做到绝对的等同化。在实际工作中一般只能做到使方案经济效果影响较大的主要方面达到可比性要求即可,包括:①满足需要可比:任何技术方案都以其产品的产量、质量和品种满足特定的需要。若是存在几个技术方案的话,必须能满足相同需要才可进行相互比较和相互替代,如产量可比、质量可比和品种可比。②消耗费用可比。③时间因素可比。④价格可比。⑤定额标准可比。⑥评价参数可比性。其中时间的可比性是经济效果计算中考虑的一个重要因素。例如,有两个技术方案,产品种类、产量、投资、成本完全相同,但时间上有差别,其中一个投产早,另一个投产晚,这时很难直接对两个方案的经济效果大小下结论,必须将它们的效果和成本都换算到同一个时间点后,才能进行经济效果的评价和比较。

思考题与习题

1. 简述工程技术经济的产生与发展。
2. 简述工程技术经济分析的过程。
3. 简述工程技术经济研究的内容。
4. 简述工程技术经济分析的原理。

第二章　工程项目可行性研究

第一节　可行性研究概述

一、可行性研究的起源与发展

可行性研究作为一种重要的科学决策方法，起源于 20 世纪 30 年代的美国。当时为合理开发田纳西河流域，对新建工程项目开展技术经济论证工作，效果显著，并第一次使用了"Feasibility Study"一词。第二次世界大战后，西方国家把主要精力都放在振兴与发展经济上，百废待兴，要建设与改造的项目很多，但资金短缺。为了合理地配置有限的资金，使其取得最好的经济效益，人们将不断涌现的科学管理方法广泛应用于生产和管理实践中，使可行性研究得以进一步完善与发展。1978 年，联合国工业发展组织为了给发展中国家在筹备技术上、财政上、经济上可靠的项目提供一件有力的工具，并促进工业研究的标准化，编制了《工业项目可行性研究编制手册》。

相比西方发达国家，我国的可行性研究工作开展较晚。改革开放以后，才逐渐引入对建设项目开展可行性研究的相关理论与方法。国务院于 1981 年发布了《关于加强基本建设体制管理，控制基本建设规模的若干规定》，其中明确指出："所有新建、扩建大中型项目以及所有利用外资进行基本建设的项目都需要有可行性研究报告。"1983 年国家计委制定并颁布了《关于建设项目进行可行性研究的管理试行办法》，将可行性研究纳入基本建设程序。经过几年的试行和准备，1987 年 9 月，国家计委发布了《建设项目经济评价方法与参数》第一版，对经济评价的程序、方法、指标等做了明确的规定和具体的说明，并第一次发布了经济评价的各类参数，在大中型基本建设项目和限额以上的技术改造项目中试行。1993 年国家计委和建设部对《建设项目经济评价方法与参数》进行了修订并重新颁布，内容包括《关于建设项目经济评价工作的若干规定》《建设项目经济评价方法》《建设项目经济评价参数》和《中外合资经营项目经济评价方法》四个规定性文件。这些参考性和规定性文件的相继出台，引领着可行性研究发展开始步入规范化轨道，工程项目投资也进入了科学决策的阶段。

二、可行性研究的概念

可行性研究，是运用多种科学手段（包括技术科学、社会学、经济学及系统工程学等）对一项工程项目的必要性、可行性、合理性进行技术经济论证的综合科学。其基本任务就是通过广泛的调查研究，综合论证，对拟实施的工程项目在技术上是否先进、实用、可靠，经济上是否合理，财务上是否盈利做出分析和评价，对于其经济效益、社会效益、环境影响以及抗风险能力等做出结论，为投资决策提供科学的依据。同时，可行性研究还能为银行贷款、合作者签约、工程设计等提供依据和基础资料，它是决策科学化的必要步骤和手段。

一个建设项目要经历投资前期、建设期及生产经营期三个时期，其全过程如图 2-1 所示。

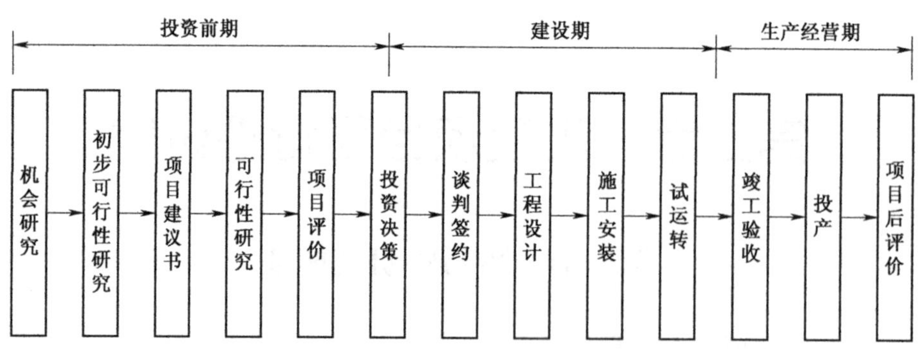

图 2-1 项目投资决策和建设全过程

投资前期是决定工程项目经济效果的关键时期,是研究和控制的重点。如果在项目实施中才发现工程费用过高,投资不足,或原材料不能保证等问题,将会给投资者造成巨大的损失。因此,无论是工业发达的国家还是发展中国家,都把可行性研究视为工程建设的首要环节。投资者为了减少盲目性,降低风险,在竞争中取得最大的利润,投资前的项目的可行性研究就显得尤为重要,它可以提高项目投资获利的可靠程度。

三、可行性研究的意义

可行性研究是一种有助于正确决策、规划的科学手段,同时也是建设项目决策过程中的一个必备程序。其重要意义包括以下两点:

(1)减少决策的盲目性。现代工程项目的建设涉及面广,相关因素多。如市场问题突出,建设新项目的条件苛刻,技术因素复杂,资金筹措困难以及国家政策等方面的因素。如果投资主体不能就投资项目所涉及的各个主要方面进行深入调研、预测和定量估算而盲目投资,就有可能使项目出现一些遗留问题,造成新项目的畸形发展,甚至出现达不到设计要求的情况。

(2)提高项目建设的速度和确保项目建设的质量。可行性研究工作虽然要占用项目建设前期的时间,并且还要支付相应的研究费用,但因其工作内容涉及项目设计、施工时必需的数据、资料,使项目后期工作相应减少,即同时缩短建设期的周期。目前,可行性研究工作在各个领域得以广泛应用,是因为它是行之有效、合乎建设规律的一种科学方法、也是提高建设项目经济效益的首要环节。我国有关部门明确规定,凡是未经可行性研究或可行性研究深度不够的项目,设计任务书将不予批准,不得列入基建计划。

四、可行性研究的阶段划分

对于投资额较大,建设周期较长,内外协作配套关系较多的建设工程,可行性研究的工作周期较长。为了节省投资,减少资源浪费,避免对早期就应淘汰的项目做无效研究,一般将可行性研究分为机会研究、初步可行性研究和可行性研究(详细可行性研究)三个阶段。机会研究证明效果不佳的项目,不再进行初步可行性研究;同样,如果初步可行性研究结论为不可预测,则不必再进行可行性研究。各阶段的具体工作内容和要求如下:

机会研究(Opportunity Study),是在一定的地区和部门内,根据国家、地区、部门经济发展战略规划和市场要求提出投资意向,企业根据这种意向,结合自身发展和经营规划,提出具体投资项目的设想,并对设想进行粗略分析的活动。机会研究的主要内容包括:投资项目选择;

投资机会的资金条件、自然资源条件和社会条件；项目在国民经济中的地位和对产业结构、生产力布局的影响；项目达产后其产品在国内外市场中的需求；项目的预期财务收益情况等。

初步可行性研究（Pre-feasibility Study）亦称“预可行性研究”，是在机会研究的基础上，进一步对拟建项目的投资前景和可能性进行分析，判断投资方向是否正确。该阶段需要对以下内容进行粗略的审查：市场需求与供应、材料供应状况、项目所在地区的社会经济情况、项目地址及其周围环境、项目规划设计方案、项目进度、项目销售收入与投资估算、项目财务分析等。项目的初步可行性研究阶段主要解决如下问题：（1）分析机会研究的结论，在较为详细的资料与数据基础上做出投资的决策；（2）进行详细的可行性研究的必要性；（3）确定需要做出辅助研究的具体问题（如市场调查、新技术的中试等）。初步可行性研究完成后，一般要向主管部门提交项目建议书。

可行性研究（Feasibility Study），详细可行性研究是项目投资决策的基础，是在分析项目技术、经济可行性后做出投资与否决策的关键步骤。该阶段要对拟建项目进行深入的技术经济分析，并开展多方面比较，其内容与初步可行性研究基本相同，但所需费用更多、时间更长，对数据资料的精确度的要求更高。可行性研究完成后，合作方、投资方、主管部门或银行要组织专家对可行性研究报告进行评价，据此对可行性研究报告进行审批。

可行性研究各阶段的深度要求可参照表2-1。

表2-1　可行性研究各阶段的深度要求

可行性研究阶段	工作深度	基础数据价算精度	研究费用在投资总额中的占比（%）	所需时间（月）
机会研究	从若干个可能的投资机会中进行鉴别和筛选	±30%	0.1~1.0	1~2
初步可行性研究	对选定的投资项目进行市场分析，进行初步技术经济评价，确定是否需要进行更深入地研究	±20%	0.25~1.25	2~3
可行性研究	对需要进行更深入可行性研究的项目进行等细致的分析，减少项目的不确定性，对可能出现的风险制定防范措施	±10%	大项目0.2~1.0 小项目1.0~3.0	3~6或更长

五、可行性研究的主要内容

可行性研究的主要内容包括以下几个方面：

（1）投资可靠性。根据市场调查及预测的结果及有关的产业政策等因素论证项目投资的可行性。

（2）技术可行性。从项目实施的技术角度合理设计技术方案，并进行方案比选评价。

（3）财务可行性。从项目及投资者的角度设计合理的融资方案，构建符合项目建设运营需要的股权结构或债务结构，测算项目的财务盈利能力，评价项目投资的安全性和还贷能力。

（4）组织可行性。制定合理的项目实施进度计划，设计合理的组织机构，选择经验丰富的管理人员，建立良好的协作关系，制定合适的培训计划，以保证项目的顺利进行。

（5）经济可行性。从资源配置的角度衡量项目的价值，评价项目在增加供应，创造就业，提高人民生活等方面的效益。

（6）环境水平可行性。从环境保护和可持续发展的角度评价项目在控制污染、保护生态平衡、自然资源利用、环境质量改善等方面的效益。

(7)社会可行性。分析项目对社会的影响,包括政治体制、方针政策、经济结构、法律道德、宗教民族、妇女儿童及社会稳定等。

(8)风险因素及对策。对项目的市场风险、技术风险、财务风险、组织风险、法律风险、经济及社会风险等风险因素进行评价,制定应对风险的策略。

六、可行性研究的基本工作程序

可行性研究的基本工作程序大致可以包括:①签订委托协议书;②组建工作小组;③制定工作计划;④市场调查与预测;⑤方案研究与优化;⑥项目评价;⑦编写可行性研究报告;⑧与委托单位交换意见,修改完善,形成正式报告。可行性研究的基本工作步骤如图 2-2 所示。

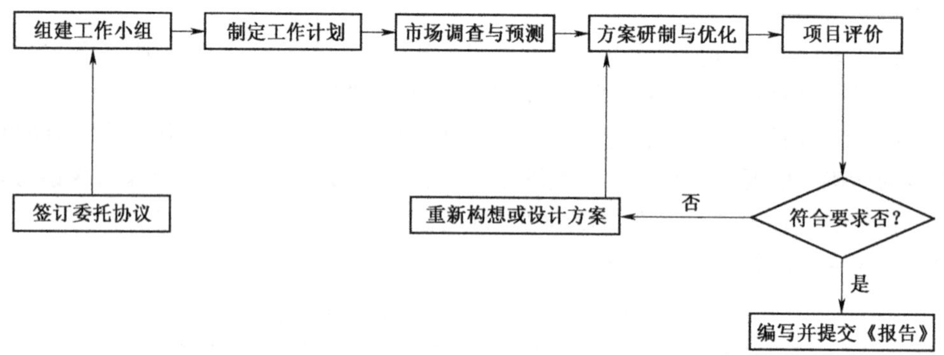

图 2-2 可行性研究的基本工作步骤

七、可行性研究报告的作用

可行性研究是项目前期工作中最具有决定性意义的工作环节,作用表现在以下几个方面:

(1)是项目投资决策的依据。可行性研究对于建设项目有关的各个方面都进行了调查研究和分析,论证了项目的必要性,可实现性及实现后的结果,项目投资者或政府主管部门正是根据项目可行性研究的评价结果,结合国家财政经济条件和国民经济长远发展的需要,才做出是否应该投资和如何进行投资的决定。

(2)作为筹集资金和向银行申请贷款的依据。银行通过审查项目可行性研究报告,来确认项目的经济效益水平,偿债能力和风险状况,据此做出是否同意贷款的决定。

(3)作为编制科研试验计划和新技术、新设备需用计划及大型专用设备生产预安排的依据。项目拟采用的重大新技术、新设备必须经过周密慎重的技术经济论证,确认可行的,方能拟定研究和制造计划。

(4)作为从国外引进技术、设备及与国外厂商谈判签约的依据。利用外资项目,不论是申请国外银行贷款,还是与之合资,合作方进行技术谈判和商务谈判,编制可行性研究都是一项至关重要的基础工作,甚至决定谈判的成功与否。

(5)作为与项目协作单位签订经济合同的依据。根据批准的可行性研究报告,项目法人可以与有关协作单位签订原材料、燃料、动力运输、土建工程、安装工程、设备购置等方面的合同或协议。

(6)作为向当地政府、规划部门、环境保护部门申请有关建设许可文件的依据。可行性研究报告经审查批准后,才能取得有关部门的相应建设许可文件。

(7)作为项目建设的基础资料。建设项目的可行性研究报告是项目工程建设的重要基础资料。项目建设过程中的任何技术性和经济性更改都必须在可行性研究报告的基础上进行。

(8)作为项目科研试验、机构设置、职工培训、生产组织的依据。根据批准的可行性研究报告,进行与建设项目有关的生产组织工作,包括设置相应的组织机构,进行职工培训及合理的生产组织等工作安排。

(9)作为对项目考核和后评价的依据。工程项目竣工、正式投产后的生产考核应以可行性研究报告所制定的计划、技术标准及经济效果指标作为考核标准。

八、可行性研究报告的编制依据与使用要求

(一)可行性研究报告的编制依据

(1)项目建议书(初步可行性研究报告)及其批复文件。

(2)国家和地方的经济和社会发展规划;行业部门发展规划,如江河流域开发治理规划、铁路公路路网规划、电力电网规划、森林开发规划等。

(3)国家有关法律、法规、政策。

(4)国家矿产储量委员会批准的矿产储量报告及矿产勘探最终报告。

(5)有关机构发布的工程建设方面的标准、规范、定额。

(6)中外合资、合作项目各方签订的协议书或意向书。

(7)编制《报告》的委托合同。

(8)其他有关依据资料。

(二)可行性研究报告的使用要求

(1)可行性研究报告应能充分反映项目可行性研究工作的成果,内容齐全,结论明确,数据准确,论据充分,满足决策者确定方案和项目决策的要求。

(2)可行性研究报告选用主要设备的规格,参数应能满足预订货的要求。引进技术设备的资料应能满足合同谈判的要求。

(3)可行性研究报告中的重大技术、经济方案应有两个以上的方案比选。

(4)可行性研究报告中确定主要工程技术数据应能满足项目初步设计的要求。

(5)可行性研究报告中构造的融资方案应能满足银行等金融部门信贷决策的需要。

(6)可行性研究报告中应反映可行性研究过程中出现的某些方案的重大分歧及未被采纳的理由,以供委托单位或投资者权衡利弊进行决策。

(7)可行性研究报告应附有评价、决策(审批)所必需的合同、协议、意向书、政府批件等。

第二节　可行性研究报告的内容

可行性研究过程中形成的工作成果一般通过可行性研究报告固定下来,构成下一步研究工作的基础。根据我国目前规定,一般工业项目可行性研究报告的编制大纲内容包括以下21项。

(1)总论。主要说明项目背景、项目概况及问题建议。

(2)市场预测。市场预测是可行性研究的重要环节,其内容包括:产品市场供应预测、产

品市场供求预测、产品目标市场分析、价格现状与预测、市场竞争力分析、市场风险。

(3)资源条件评价(指资源开发项目)。主要内容包括:资源可利用量、资源品质情况、资源赋存条件、资源开发价值。

(4)建设规模与产品方案。主要内容包括:建设规模、产品方案。

(5)场址选择。主要内容包括:场址所在位置现状、场址建设条件、场址条件比选。

(6)技术方案、设备方案和工程方案。主要内容包括:技术方案、主要设备方案、工程方案。

(7)主要原材料供应,燃料供应。主要内容包括:主要原材料供应,燃料供应,主要原材料、燃料价格,主要原材料、燃料年需要量表。

(8)总图、运输与公用辅助工程。主要内容包括:总图布置、场内外运输、公用辅助工程。

(9)节能措施。主要内容包括:节能措施、能耗指标分析。

(10)节水措施。主要内容包括:节水措施、水耗指标分析。

(11)环境影响评价。主要内容包括:场址环境条件、项目建设和生产对环境的影响、环境保护措施方案、环境保护投资、环境影响评价。

(12)劳动安全卫生与消防。主要内容包括:危险因素和危害程度分析、安全措施方案、卫生保健措施、消防设施。

(13)组织机构与人力资源配置。主要内容包括:组织机构、人力资源配置。

(14)项目实施进度。主要内容包括:建设工期、项目实施进度安排、项目实施进度表(横道图)。

(15)投资估算。主要内容包括:投资估算依据、建设投资估算、流动资金估算、投资估算表。

(16)融资方案。主要内容包括:资本金筹措、债务资金筹措、融资方案分析。

(17)财务评价。主要内容包括:新设项目法人项目财务评价、既有项目法人项目财务评价、不确定性分析、财务评价结论。

(18)国民经济评价。主要内容包括:影子价格及通用参数选取、效益费用范围调整、效益费用数值调整、国民经济评价效益费用流量表、国民经济评价指标、国民经济评价结论。

(19)社会评价。主要内容包括:项目对社会影响分析、项目对所在地适应性分析、社会风险分析、社会评价结论。

(20)风险分析。主要内容包括:项目主要风险因素识别、风险程度分析、防范和降低风险对策。

(21)研究结论与建议。主要内容包括:推荐方案的总体描述、推荐方案优缺点描述、主要对比方案、结论与建议。

思考题与习题

1. 简述可行性研究的概念及主要内容。
2. 简述可行性研究的阶段划分及各阶段的深度要求。
3. 简述可行性研究的基本工作程序。
4. 简述可行性研究报告的作用和内容。

第三章　工程技术经济基本要素

工程技术经济研究的对象是工程项目，而各种工程活动均需要资源的投入。以最少的投入获得尽可能多的产出，是各种工程活动追求的经济目标。在对工程项目进行技术经济分析时，必然要考察它们的投入和产出。因此涉及许多投入和产出经济要素。投入的经济要素主要包括投资、成本及费用等；产出的经济要素主要包括销售收入、利润及税金等。投入和产出所包含的经济要素构成了工程项目的基本经济要素，这些基本的经济要素是进行工程项目评价不可缺少的基本数据。

基本经济要素的数据主要来自分析评价人员的预测、预算及以往经验的价算，这些数据预测或价算的准确性将会直接影响工程项目评价的质量及决策。本章具体介绍这些基本要素的含义、构成、特点及其基本价算方法，构建工程项目技术经济分析的知识基础。

第一节　投　　资

一、投资的概念与构成

投资一般有两种理解：一是指特定的经济活动，即为了将来获得收益或避免风险而进行的资金投放活动；二是指投放的资金，即为了保证项目投产和生产经营活动的正常进行而投入的活劳动和物化劳动价值的总和，或者说是为实现一项技术方案而花费的一次性支出的资金。工程技术经济学中的投资着重于后一概念的应用。投资是所有经济活动中最基本、最重要的要素，是经济启动和发展的源泉。

按照不同的角度，投资的分类不同。(1)按投资对象分类，可分为实物投资和证券投资两大类。实物投资是指经营某项事业或使真实资产存量增加的投资；证券投资是指投资者用积累起来的货币购买股票、债券等有价证券，借以获得效益的行为。(2)按投资的目的，可分为生产性投资和非生产性投资。生产性投资是指投入到生产、建设等物质生产领域中的投资，其最终成果是各种生产性资产。由于企业的生产性资产分为固定资产和流动资产，因此，生产性投资又分为固定资产投资和流动资产投资。在经济建设中，固定资产投资与流动资产投资必须保持适当的比例，以保证生产和投资的正常进行。生产性投资通过循环和周转可以回流，并且可以实现增值和积累。非生产性投资是指投入到非物质生产领域中的投资，其最终成果是各种非生产性资产，主要用于满足人民的物质文化生活需要。(3)按照投资的手段和方式，可分为直接投资和间接投资。直接投资是投资者运用所持有的资金，直接开厂设店、独立经营，或收买原有企业，或与其他投资者合作经营或合作开发等，从而获得支配企业经营管理的权利。直接投资一般都能增加真实资产存量，为最终生产产品和提供劳务创造物质基础。间接投资一般是指投资者运用自己的资金，购买股票、债券等有价证券以收取一定的股息或利息为目的的投资行为。间接投资只能形成虚拟资产，本身并不直接导致生产能力和服务能力的增加。

建设项目总投资是指拟建项目从筹建到竣工验收以及试车投产的全部建设费用。生产性建设工程项目总投资包括建设投资和铺底流动资金两部分;非生产性建设工程项目总投资则只包括建设投资。其构成如图 3-1 所示。建设投资由设备及工器具购置费、建筑安装工程费、工程建设其他费用、预备费用(包括基本预备费和涨价预备费)和建设期贷款利息组成。其中,建筑安装工程费、设备及工器具购置费形成固定资产;工程建设其他费用可分别形成固定资产、无形资产、递延资产。建筑安装工程费是指建设单位用于建筑和安装工程方面的投资,它由建筑工程费和安装工程费两部分组成。建筑工程费是指建设工程涉及范围内的建筑物,构筑物,场地平整,道路、室外管道铺设,大型土石方工程费用等。安装工程费是指主要生产、辅助生产、公用工程等单项工程中需要安装的机械设备、电器设备、专用设备、仪器仪表等设备的安装及配件工程费,以及工艺、供热、供水等各种管道、配件、闸门和供电外线安装工程费用等。

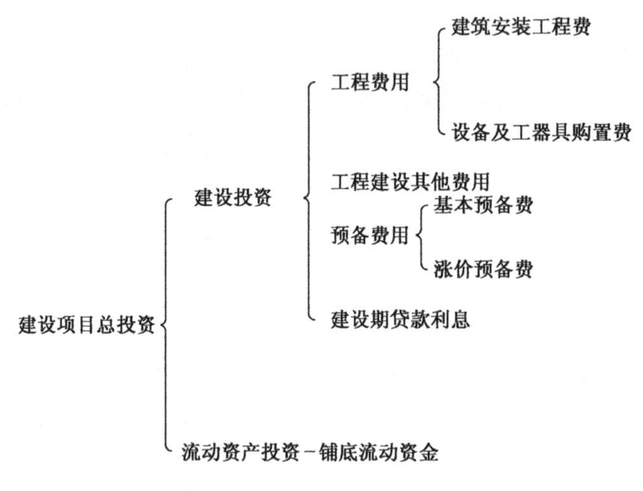

图 3-1 建设项目总投资构成图

工程建设其他费用是指未纳入以上两项的,根据设计文件要求和国家有关规定应由项目投资支付的为保证工程建设顺利完成和交付使用后能够正常发挥效用而发生的一些费用。工程建设其他费用可分为三类:第一类是土地使用费,包括土地征用及迁移补偿费和土地使用权出让金;第二类是与项目建设有关的费用,包括建设管理费、勘察设计费、研究试验费等;第三类是与未来企业生产经营有关的费用,包括联合试运转费、生产准备费、办公和生活家具购置费等。

预备费用是指投资价算中不可预见的因素和物价变动因素引起投资的增加,而需要预先预留的费用,由基本预备费和涨价预备费构成。

建设期贷款利息是指为筹措债务资金时在建设期内发生并按规定允许在投产后计入固定资产的利息,即资本化利息。包括银行借款和其他债务资金的利息,以及其他融资费用。其他融资费用是指某些债务融资中发生的手续费、承诺费、管理费、信贷保险费等融资费用,一般情况下应将其单独计算并计入建设期利息。

流动资产投资,是指项目在投产前预先垫付、在投产后生产经营过程中周转使用的全部资金。它包括应收及预付款、存货和现金。铺底流动资金是指生产性建设工程项目为保证生产和经营正常进行,按规定应列入建设工程项目总投资的铺底流动资金,一般按流动资金的30%计算。

建设项目总投资按其费用项目性质分为静态投资、动态投资和流动资金三个部分。静态投资部分由建设项目的建筑安装工程费、设备购置费(含工器具)、工程建设其他费用和基本预备费;动态投资是指建设项目指在建设期内,因建设期利息和国家新批准的税费、汇率、利率变动以及建设期价格变动引起的建设投资增加额,包括涨价预备费、建设期贷款利息等。

二、投资的运行过程

投资是一个动态概念,投资活动本质上是价值运动。其运行过程包括:

(一)投资的形成与筹集

投资的形成与筹集是指把投资资金从社会的各方吸收过来,聚集起来以供投资使用,是投资周期的起始阶段。投资资金形成的基础是社会总产品。新资金的来源是劳动者创造的剩余产品的价值,生产资料旧价值的转移资金形成重置投资,这是原有投资的更新与再现。劳动者的工资也会有一部分转化为投资。

投资资金的筹集方式主要有:财政拨款、银行贷款、企业自筹资金、个人投资和利用外资等。

(二)投资的分配

投资的分配是将筹集到的资金进行科学分配,以达到投资在产业之间与地区之间的优化配置。

(三)投资实施或运用,并转换为资产

投资实施或运用,并转换为资产是把投资资金转化为生产要素以形成资产的过程,是投资运行的关键阶段。这一阶段主要由投资决策阶段和投资实施阶段构成。

(四)投资回收和增值

投资回收和增值是将生产出的产品出售实现已创造的价值和转移价值,以取得货币收入,也是实现价值增值的过程。

上述四个阶段相互衔接、周而复始,构成了投资过程的循环与周转。

三、资　　产

工程项目投资的结果形成资产。总投资形成的资产可分为:固定资产、无形资产、递延资产和流动资产。

(一)固定资产

固定资产是指使用年限在1年以上,单位价值在规定限额以上,并在使用过程中保持原有物质形态的资产。如:房屋、建筑物、机器机械等。其特点是:从实物角度看,固定资产能以同样的实物形态连续多次的为生产周期服务,而且在长期的使用过程中始终保持原有的物质形态。从价值形态上看,由于固定资产能以同样的实物形态连续多次地为生产过程服务,因此固定资产的价值随着它的使用而受到磨损,并折旧的方式分期分批转移到产品的价值中去,构成新产品价值的组成部分。从资金运动来看,固定资产所占用的资金循环一次周期较长,通过折旧得到补偿与收回。

《企业会计制度》规定:“企业的固定资产包括使用年限在1年以上的房屋、建筑物、机器、机械、运输工具以及其他与生产、经营有关的设备、器具、工具等。不属于生产经营主要设备的物品,单位价值在2000元以上,并且使用期限超过2年的,也应当作为固定资产。”

在不同的分析时期,固定资产具有不同的价值。在项目建成投产时核定的固定资产价值称为固定资产原值。固定资产使用一段时间以后,其原值扣除累计的折旧费称为固定资产净值。项目寿命期结束时,固定资产的残余价值称为固定资产的残值。根据社会再生产条件和市场情况对固定资产重新估价,估得的价值称为固定资产的重估值。

(二)无形资产

无形资产是指企业长期使用但没有实体形态的可以持续为企业带来经济效益的资产,包括专利权、专有技术、专营权、土地使用权、商标权、版权。其特点:没有实物形态(区别于其他资产的显著标志);能在较长的时间内使企业获得经济利益;特有的目的是使用而不是出售;给企业带来的经济效益具有不确定性。无形资产按规定期限分期摊销;没有规定期限的,按不少于10年分期摊销。

(三)递延资产

递延资产是已经支出但不能全部计入当年损益,应当在以后年度内分期摊销的各项费用,包括开办费、以经营租赁方式租入固定资产的改良支出以及摊销期限在1年以上的其他待摊费用等。按我国《企业财务通则》规定,开办费自投产营业之日起,按照不短于5年的期限分期摊销。水工程的递延资产比重甚小,一般可按5年分期摊销。

开办费是指筹建期内已有投资垫付的不计入有关固定资产和无形资产的费用,主要包括职工培训费,在注册登记和筹建期间起草文件、谈判、考察等发生的各项支出,销售网的建立和广告费用,筹建期间人员工资、办公费、培训费、印刷费、注册登记费以及不计入固定资产、无形资产构建成本的汇兑损益和利息等项支出。

租入固定资产改良支出是指由于租入资产的产权不属于本企业,故不能作为固定资产投资,而以改良支出作为递延资产,用投资垫付,在投产后分期摊销的固定资产改良费用。

(四)流动资产

流动资产是指可以在1年或者超过1年的一个营业周期内变现或者耗用的资产。包括存货、应收款项和现金等。存货是指企业在生产经营过程中为销售或者消耗而储存的各种资产。包括商品、产成品、在产品、燃料、包装物、低值易耗品等。流动资产中存货的价值占有较大的比重,其特点是不断处于销售和重置,或耗用和重置之中。一般情况下,其价值一次转移,并随着产品销售的实现,被耗用的价值一次得到补偿。应收款项是指企业因对外销售产品、材料、供应劳务及其他原因,应向购货单位或接受劳务的单位及其他单位收取款项,包括应收账款、应收票据和其他应收款。现金是指立即可以投入流通的交换媒介,包括库存现金、银行存款和银行汇票等(有价证券)。在流动资产中现金及各种存款是企业在生产经营过程中停留于货币形态的那部分资产,它具有流动性大的特点。企业要进行生产经营活动,首先必须拥有一定数量的现金和各种存款,以支付劳动对象、劳动手段和活劳动方面的费用,通过生产经营过程,将劳动产品销售出去,又获得了这部分资金。

(五)固定资产投资与流动资产投资的联系

固定资产投资的结果形成劳动手段,对未来企业生产什么、如何生产、在什么地方以多大规模进行生产有着决定性的影响。流动资产投资的结果是劳动对象,而投在劳动对象上的价值要和固定资产的大小所决定的生产规模相适应,流动资产投资的数量及其结构是由固定资产投资的规模及其结构所决定的。但是流动资产同固定资产一样都是生产过程不可缺少的生产要素,固定资产投资必须有流动资产投资的配合。

固定资产投资从项目动工上马到建成交付使用,往往要经历较长的时间。在这期间,只有投入,不能产出。而流动资产投资,一般时间短,只要流动资产投资规模与固定资产投资的规模相适应,产品适销对路,流动资产投资很快就可以回收。同时,固定资产的转移价值以折旧形式,只能在列入生产成本以后,作为产品销售成本的一部分,通过产品销售,从销售收入中得到实现,因此固定资产价值的回收依赖于流动资产的顺利周转。假如流动资产不能顺利周转,意味着存货不能顺利地转化为货币资金,也就难以实现销售收入。

四、投资的价算

建设项目投资价算包括固定资产投资价算和流动资金价算两部分。

(一)固定资产的投资价算

1. 静态投资的价算方法

(1)单位生产能力价算法

依据调查的统计资料,利用相近规模的单位生产能力投资乘以建设规模,可得拟建项目投资。其计算公式为

$$C_2 = C_1\left(\frac{Q_2}{Q_1}\right)f \tag{3-1}$$

式中 C_1——已建类似项目的静态投资额;

C_2——拟建项目静态投资额;

Q_1——已建类似项目的生产能力;

Q_2——拟建项目的生产能力;

f——不同时期、不同地点的定额、单价、费用变更等的综合调整系数。

从式(3-1)中可以看出,这种方法把项目的建设投资与其生产能力的关系视为简单的线性关系,因此,其价算结果精确度较差,其误差可达±30%。在使用这种方法时,要注意拟建项目的生产能力和类似项目的可比性,否则误差很大。在实际工作中,由于不容易找到与拟建项目完全类似的项目,通常是把项目按其下属的车间、设施和装置进行分解,分别套用类似车间、设施和装置的单位生产能力投资指标计算,然后加总求得项目总投资;或者在估价人员掌握足够典型工程的历史数据之后,再根据拟建项目的规模和建设条件,将投资进行适当调整后价算项目的投资。这种方法主要用于新建项目或装置的价算,十分简便迅速,但要求这些数据均应与单位生产能力的造价有关,才能应用,而且必须是新建装置与所选取装置的历史资料相类似,仅存在规模大小和时间上的差异。

(2)生产能力指数价算法

生产能力指数价算法又称指数估算法,是根据已建的类似项目生产能力和投资额来价算拟建项目投资额的方法,是对单位生产能力价算法的改进。其计算公式为

$$C_2 = C_1\left(\frac{Q_2}{Q_1}\right)^x f \tag{3-2}$$

式中 x——生产能力指数;

其他符号含义同前。

从公式中可以看出,投资与生产能力呈非线性关系,并且单位投资随生产能力的增大而减小。通常,x 的取值范围是 $0 \leqslant x \leqslant 1$。若已建类似项目的生产能力与拟建项目生产能力相差不

大于 50 倍,且拟建项目生产能力的扩大仅靠增大设备规模来达到时,则 x 的取值约在 0.6~0.7;若是靠增加相同规格设备的数量达到时,x 的取值约在 0.8~0.9。

生产能力指数法与单位生产能力价算法相比精确度略高,其误差可控制在±20%以内,尽管价算误差仍较大,但它有其独特的好处:这种估价方法不需要详细的工程设计资料,只知道工艺流程及规模就可以完成价算。在总承包工程报价时,承包商大都采用这种方法进行价算。

(3)系数价算法

系数价算法通常也称为因子价算法,它是以拟建项目的主体工程费或主要设备费为基数,以其他工程费占主体工程费的百分比为系数来估算项目总投资的方法。这种方法简单易行,但是精确度还是较低,一般用于项目建议书阶段。系数价算法的种类很多,在我国国内常用的方法有设备系数法和主体专业系数法,朗格系数法是世行项目投资价算中常用的方法。

1)设备系数法

设备系数法以拟建项目的设备费为基数,根据已建成的同类项目的建筑安装费和其他工程费等占设备价值的百分比,求出拟建项目建筑安装工程费和其他工程费,进而求出建设项目总投资。

$$C = E(1 + f_1p_1 + f_2p_2 + f_3p_3 + \cdots) + I \tag{3-3}$$

式中 C——拟建项目投资额;

E——拟建项目设备费;

$p_1, p_2, p_3\cdots$——已建项目中建安费及其他工程费等占设备费的比重;

$f_1, f_2, f_3\cdots$——由于时间因素引起的定额、价格、费用标准等变化的综合调整系数;

I——拟建项目的其他费用。

2)主体专业系数法

主体专业系数法以拟建项目中投资比重较大,并与生产能力直接相关的工艺设备投资为基数,根据已建同类项目的有关统计资料,计算出拟建项目各专业工程(如土建、采暖、给排水、管道、电气、自控等)占工艺设备投资的百分比,据以求出拟建项目各专业投资,然后加总求得项目总投资。

$$C = E(1 + f_1p'_1 + f_2p'_2 + f_3p'_3 + \cdots) + I \tag{3-4}$$

式中 $p'_1, p'_2, p'_3\cdots$——已建项目中各专业工程费用占设备费的比重;

其他符号同前。

3)朗格系数法

朗格系数法是以设备费为基数,乘以相应系数来价算得出项目的建设费用。

$$C = E\left(1 + \sum K_i\right) K_c \tag{3-5}$$

式中 C——总建设费用;

E——主要设备费;

K_i——管线、仪表、建筑物等项费用的价算系数;

K_c——管理费、合同费、应急费等项费用的总价算系数。

用朗格系数 K_L 表示总建设费用与设备费用之比。其公式为

$$K_L = \left(1 + \sum K_i\right) K_c \tag{3-6}$$

(4)比例价算法

比例价算法的计算方法是：先求出已有同类企业主要设备投资占全厂建设投资的比例，再价算出拟建项目的主要设备投资，然后就可按比例求出拟建项目的建设投资。其公式为

$$I=\frac{1}{K}\sum_{i=1}^{n}Q_iP_i \tag{3-7}$$

式中　I——拟建项目的建设投资；

K——主要设备投资占拟建项目投资的比例；

n——设备种类数；

Q_i——第 i 种设备的数量；

P_i——第 i 种设备的单价（到厂价格）。

（5）指标价算法

指标价算法的价算步骤是：先把建设项目划分为建筑工程、设备安装工程、设备及工器具购置费和其他基本建设费等费用项目或单位工程；再根据各种具体的投资价算指标，进行各项费用项目或单位工程投资的价算；然后根据以上计算数据可汇总成单项工程的投资；最后再价算工程建设其他费用及预备费，即可得到建设项目总投资。

1）建筑工程费用价算

建筑工程费用是指为建造永久性建筑物和构筑物所需要的费用，如住宅楼、厂房、商场等工程的费用。建筑工程费用一般采用单位建筑工程投资价算法、单位实物工程量投资价算法、概算指标投资价算法等进行价算。

①单位建筑工程投资价算法

建筑工程费=单位建筑工程投资×建筑工程总量　（3-8）

例如：一般工业与民用建筑工程建筑工程费=单位建筑面积投资×建筑面积

铁路路基工程建筑工程费=单位长度工程投资×铁路路基长度

②单位实物工程量投资价算法

建筑工程费=单位实物工程量的投资×实物工程总量　（3-9）

例如：土石方工程建筑工程费=每立方米投资×土石方工程总量

③概算指标投资价算法

对于没有上述价算指标且建筑工程费占总投资比例较大的项目，可采用概算指标价算法。采用这种方法必须占有较为详细的工程资料、建筑材料价格和工程费用指标。

2）设备及工器具购置费价算

设备购置费是指为建设项目购置或自制的达到固定资产标准的各种国产或进口设备、工具、器具的购置费用。它由设备原价和设备运杂费构成。

设备购置费=设备原价或进口设备抵岸价格+设备运杂费　（3-10）

式（3-10）中，设备原价指国产设备标准设备和非标准设备的原价；设备运杂费是指设备原价中未包括的包装和包装材料费、运输费、装卸费、采购费及仓库保管费、供销部门手续费等。如果设备是由设备成套公司供应的，成套公司的服务费也应计入设备运杂费中。

国产设备和进口设备应分别价算。具体计算如下：

①国产设备原价的构成及计算

国产设备原价一般是指出厂价，即设备制造厂的交货价，或订货合同价。它根据生产供应商的询价、报价、合同价确定，有时也采用其他方法计算确定。国产设备原价分为国产标准设

备原价和国产非标准设备原价。

国产标准设备是指按照主管部门颁布的标准图纸和技术要求,由我国设备生产厂生产的,符合国家质量检测标准的设备。国产标准设备原价有两种,即带有备品备件的原价和不带备品备件的原价。在计算时,一般采用带备品备件的原价。

国产非标准设备是指国家尚无定型标准,设备生产厂不可能在工艺过程中采用批量生产,只能根据具体设计图的要求预订制造的设备。非标准设备原价有多种计算方法,主要有成本计算估价法、系列设备插入估价法、概算指标估价法、定额估价法等。需要注意一点的是:无论采用哪种方法都应该使非标准设备计价接近实际出厂价,并且计算方法要简便。

按照成本计算估价法,非标准设备的原价由以下公式计算:

a. 材料费

材料费=材料净重×(1+加工损耗系数)×每吨材料综合价 (3-11)

b. 加工费

加工费=设备总重量(吨)×设备每吨加工费 (3-12)

c. 辅助材料费

辅助材料费=设备总重量×辅助材料费指标 (3-13)

d. 专用工具费

专用工具费=(材料费+加工费+辅助材料费)×相应费率 (3-14)

e. 废品损失费

废品损失费=(材料费+加工费+辅助材料费+专用工具费)×相应费率 (3-15)

f. 外购配套件费

外购配套件费是按设备设计图纸所列的外购配套件的名称、型号、规格、数量、重量,根据相应的价格加运杂费计算。

g. 包装费

包装费=(材料费+加工费+辅助材料费+专用工具费+废品损失费+外购配套件费)×相应费率 (3-16)

h. 利润

利润=(材料费+加工费+辅助材料费+专用工具费+废品损失费+包装费)×相应费率 (3-17)

要注意一点的是:计算利润时基数中不包括外购配套件费。

i. 税金(即增值税)

税金=当期销项税额-进项税额=销售额×适用增值税率-进项税额 (3-18)

j. 非标准设备设计费

非标准设备设计费是按国家规定的设计费收费标准计算。

综上所述,单台非标准设备原价的公式表达如下:

单台非标准设备原价={[(材料费+加工费+辅助材料费)×(1+专用工具费率)×(1+废品损失费率)+外购配套件费]×(1 十包装费率)-外购配套件费}×(1+利润率)+增值税+非标准设备设计费+外购配套件费 (3-19)

国内设备购置费价算见表 3-1。

表 3-1 国内设备购置费价算表 (单位:万元)

序号	设备名称	型号规格	单位	数量	设备购置费		
					出厂价	运杂费	总价

②进口设备原价的构成及价算

进口设备的原价是指进口设备的抵岸价,即抵达买方边境港口或边境车站,且交完关税等税费后形成的价格。

进口设备抵岸价=货价(FOB)+国际运费+运输保险费+银行财务费+外贸手续费+关税+增值税+消费税 (3-20)

a. 货价:指装运港船上交货价或者离岸价(FOB)。设备货价分为原币货价和人民币货价,原币货价一律折算为美元表示,人民币货价按原币货价乘以外汇市场美元兑换人民币中间价确定。进口设备货价按有关生产厂商询价、报价、订货合同价计算。

货价=离岸价(FOB)×人民币外汇牌价 (3-21)

b. 国际运费:是从装运港(站)到达我国抵达港(站)的运费。我国进口设备大部分采用海洋运输,小部分采用铁路运输,个别采用航空运输。其公式为

国际运费(海、陆、空)= 离岸价(FOB) ×运费率 (3-22)

国际运费(海、陆、空)= 运量×单位运价 (3-23)

其中,运费率或单位运价参照有关部门或进出口公司的规定执行。

c. 运输保险费:是由保险人(保险公司)与被保险人(出口人或进口人)订立保险契约,在被保险人交付议定的保险费后,保险人根据保险契约的规定对货物在运输过程中发生的承保责任范围内的损失给予经济上的补偿,它也是一种财产保险。其公式为

$$运输保险费 = \frac{离岸价 + 国外运费}{1 - 保险费率} \times 保险费率 \quad (3\text{-}24)$$

其中,保险费率按保险公司规定的费率计算。

d. 银行财务费:一般指中国银行手续费,因此其公式为

银行财务费=离岸价(FOB)×人民币外汇牌价×银行财务费率 (3-25)

银行财务费率一般为 0.4% ~0.5% 。

e. 外贸手续费:指按对外经济贸易部规定的外贸手续费率计取的费用,外贸手续费率一般取 1.5% 。其公式为

外贸手续费=(装运港船上交货价(FOB)+国际运费+运输保险费)×人民币外汇牌价×外贸手续费率 (3-26)

f. 关税是由海关对进出国境或关境的货物和物品征收的一种税。其公式为

关税=到岸价格(CIF)×人民币外汇牌价×进口关税税率 (3-27)

其中,到岸价(CIF)包括离岸价格(FOB)、国际运费、运输保险费,也称作关税完税价格。

进口关税税率分为优惠和普通两种。优惠税率适用于与我国签订关税互惠条款的贸易条约或协定的国家的进口设备;普通税率适用于与我国未签订关税互惠条款的贸易条约或协定的国家的进口设备。进口关税税率按我国海关总署发布的进口关税税率计算。

g. 增值税是对从事进口贸易的单位和个人,在进口商品报关进口后征收的税种。我国增

值税条例规定，进口应税产品均按组成计税价格和增值税税率直接计算应纳税额。其公式为

$$进口产品增值税额=组成计税价格\times增值税税率 \tag{3-28}$$

$$组成计税价格=关税完税价格+关税+消费税 \tag{3-29}$$

增值税基本税率为 17%。

h. 消费税。对部分进口设备(如轿车、摩托车等)征收，其公式为

$$应纳消费税额=\frac{到岸价\times人民币外汇牌价+关税}{1-消费税税率}\times消费税税率 \tag{3-30}$$

其中，消费税税率根据规定的税率计算。

进口设备购置费价算见表 3-2。

表 3-2 进口设备购置费价算表 (单位：万元或万美元)

设备名称 / 费用名称	设备 1	设备 2	设备 3	……	合计
货价					
国际运费					
运输保险费					
到岸价					
银行财务费					
外贸手续费					
进口关税					
消费税					
增值税					
国内运杂费					
设备购置费总计					

③设备运杂费的价算

$$设备运杂费=设备原价\times设备运杂费率 \tag{3-31}$$

其中，设备运杂费率按各部门及省、市等的规定计取。

④工具、器具及生产家具购置费的构成及计算

工器具及生产家具购置费是指新建项目或扩建项目初步设计规定所必须购置的不够固定资产标准的设备、仪器、工卡模具、器具、生产家具和备品备件的费用。其一般计算公式为

$$工器具及生产家具购置费=设备购置费\times定额费率 \tag{3-32}$$

3)建筑安装工程费价算

建筑安装工程费通常按行业或专门机构发布的建筑安装工程定额、取费标准和指标价算投资费用。建筑安装工程费用构成及计算应按照建标〔2013〕44 号文进行计算。按费用构成要素建筑安装工程费划分为人工费、材料费、施工机具使用费、企业管理费、利润、规费和税金。按照工程造价形成建筑安装工程费由分部分项工程费、措施项目费、其他项目费、规费、税金组成，分部分项工程费、措施项目费、其他项目费包含人工费、材料费、施工机具使用费、企业管理费和利润构成。

4)工程建设其他费价算

工程建设其他费用是指工程项目从筹建到竣工验收交付使用为止的整个建设期间,除建筑安装工程费用、设备及工器具购置费以外的,为保证工程建设顺利完成和交付使用后能够正常发挥效用而发生的一些费用,见表3-3。

表3-3　工程建设其他费价算表　(单位:万元)

序号	费用名称	计算依据	费率或标准	总价
1	土地使用费			
2	与项目建设有关的费用			
2.1	建设单位管理费			
2.2	工程监理费			
2.3	工程质量监督费			
2.4	可行性研究费			
2.5	研究试验费			
2.6	勘察设计费			
2.7	环境影响评价费			
2.8	劳动安全卫生评价费			
2.9	场地准备及临时设施费			
2.10	引进技术和进口设备其他费			
2.11	工程保险费			
2.12	特殊设备安全监督检验费			
2.13	市政公用设施建设及绿化补偿费			
3	与未来企业生产经营有关的			
3.1	联合试运转费			
3.2	生产准备费			
3.3	办公和生活家具购置费			
合计				

工程建设其他费用,按其内容大体可分为三类。第一类为土地使用费,由于工程项目固定于一定地点与地面相连接,必须占用一定量的土地,也就必然要发生为获得建设用地而支付的费用;第二类是与项目建设有关的费用;第三类是与未来企业生产和经营活动有关的费用工程建设其他费按相关费用科目的费率或有关取费标准进行费用的价算。

表3-3中所列的项目在实际工程中未必都发生,应根据具体工程项目而定。

5)基本预备费的价算

基本预备费是指在工程建设期间可能发生的难以预料的,并需要预先预留的费用。主要指设计变更及施工过程中可能增加工程量的费用。其价算方法是:以建筑工程费、设备购置费、安装工程费及工程建设其他费之和为计算基数,与基本预备费费率相乘得出的。基本表达式为

基本预备费=(建筑安装工程费+设备及工器具购置费+工程建设其他费)×基本预备费费率 (3-33)

2. 动态投资的价算方法

建设投资动态部分主要包括价格变动可能增加的投资额(即涨价预备费)、建设期贷款利息两部分内容,如果是涉外项目,还应该计算汇率的影响。

(1)涨价预备费的价算

涨价预备费也叫价差预备费,是指对于建设工期较长的项目,由于在建设期内可能发生材料、设备、人工等价格上涨引起投资增加,需要预测预留的费用。

根据国家规定的投资综合价格指数,分年度投资额按复利法进行计算。公式为

$$PF = \sum_{t=1}^{n} I_t[(1+f)^t - 1] \tag{3-34}$$

式中 PF——涨价预备费;

I_t——建设期第 t 年的设备工器具购置费、建筑安装工程费之和;

n——建设期;

f——建设期价格上涨指数。

(2)建设期贷款利息的价算

建设期贷款利息是指项目借款在建设期内发生并计入固定资产的利息。一般按照复利法计算,并且为了简化计算,编制投资估算时通常假定借款均在每年的年中支用,借款第一年按半年计息,其余各年份按全年计息。计算公式为其计算公式如下

各年应计利息=(年初借款本息累计+本年借款额/2)×年利率 (3-35)

年初借款本息累计=上一年年初借款本息累计+上年借款+上年应计利息本年借款 (3-36)

(二)流动资金价算方法

流动资金是指生产经营性项目投产后,为进行正常生产运营,用于购买原材料、燃料,支付工资及其他经营费用等所需的周转资金。流动资金价算一般采用分项详细价算法。个别情况或者小型项目可采用扩大指标法。

1. 分项详细价算法

流动资金的显著特点是在生产过程中不断周转,其周转额的大小与生产规模及周转速度直接相关。分项详细价算法就是根据周转额与周转速度之间的关系,对构成流动资金的各项流动资产和流动负债分别进行价算。在可行性研究中,为简化计算,仅对存货、现金、应收账款和应付账款四项内容进行价算。其计算公式分别如下:

流动资金=流动资产+流动负债 (3-37)

流动资产=应收账款+存货+现金 (3-38)

流动负债=应付账款 (3-39)

流动资金本年增加额=本年流动资金-上年流动资金 (3-40)

流动资金的分项详细价算法的具体步骤是:首先计算各类流动资产和流动负债的年周转次数,然后再分项价算占用资金额。

(1)周转次数计算。周转次数是指流动资金的各个构成项目在一年内完成多少个生产过程。周转次数可用一年天数(通常按 360 天计算)除以流动资金的最低周转天数计算。即:

$$周转次数=360/流动资金最低周转天数 \tag{3-41}$$

存货、现金、应收账款和应付账款的最低周转天数，可依据同类企业的平均周转天数并结合项目特点来确定。

周转次数也可以表示为流动资金的年周转额除以各项流动资金年平均占用额度，其表达式为

$$各项流动资金年平均占用额=流动资金年周转额/周转次数 \tag{3-42}$$

（2）应收账款价算。应收账款是指企业对外赊销商品、劳务而占用的资金。应收账款的年周转额应为全年赊销收入净额。在可行性研究时，用销售收入代替赊销收入。计算公式为

$$应收账款=年销售收入/应收账款周转次数 \tag{3-43}$$

（3）存货价算。存货是企业为销售或者生产耗用而储备的各种物资，主要有原材料、辅助材料、燃料、低值易耗品、维修备件、包装物、在产品、自制半成品和产成品等。为简化计算，仅考虑外购原材料、外购燃料、在产品和产成品，并分项进行计算。

计算公式分别为

$$存货=外购原材料、燃料费+在产品+产成品 \tag{3-44}$$

$$外购原材料、燃料动力费=年外购原材料、燃料费/按种类分项周转次数 \tag{3-45}$$

$$在产品=\frac{年外购原材料、燃料费+年工资及福利费+年修理费+年其他制造费}{在产品周转次数} \tag{3-46}$$

$$产成品=经营成本/产成品周转次数 \tag{3-47}$$

（4）现金价算。项目流动资金中的现金是指货币资金，即企业生产运营活动中停留于货币形态的那部分资金，包括企业库存现金和银行存款。计算公式为

$$现金=(年工资及福利费+年其他费用)/现金周转次数 \tag{3-48}$$

（5）流动负债是指在一年或者超过一年的一个营业周期内，需要偿还的各种债务。在可行性研究中，流动负债的价算只考虑应付账款一项。计算公式为

$$应付账款=(年外购原材料、燃料费)/应付账款周转次数 \tag{3-49}$$

2. 扩大指标价算法

扩大指标价算法就是根据现有同类企业的实际资料，求得各种流动资金率指标，或者依据行业或部门给定的参考值或经验确定比率，来价算流动资金。其公式为

$$年流动资金额=年费用基数\times各类流动资金率 \tag{3-50}$$

$$年流动资金额=年产量\times单位产品产量占用流动资金额 \tag{3-51}$$

3. 价算流动资金应注意的问题

（1）在采用分项详细价算法时，应根据项目实际情况分别确定现金、应收账款、存货和应付账款的最低周转天数，并考虑一定的保险系数。

（2）在不同生产负荷下的流动资金，应按不同生产负荷所需的各项费用金额，分别按照上述的计算公式进行价算。

（三）项目投入总资金及分期投资计划

1. 项目投入总资金

项目投入总资金就是一个完整的项目在实施工程中所发生的所有费用。首先按投资估算方法估算各项投资费用，再进行汇总，最后编制项目投入总资金估算汇总于表 3-4。

表 3-4 项目投入总资金估算汇总表 (单位:万元或万美元)

序号	费用名称	投资额		估算说明
		合计	其中:外汇	
1	建设投资			
1.1	建设静态投资			
1.1.1	建筑工程费			
1.1.2	设备及工器具购置费			
1.1.3	安装工程费			
1.1.4	工程建设其他费			
1.1.5	基本预备费			
1.2	建设动态投资			
1.2.1	涨价预备费			
1.2.2	建设期贷款利息			
2	流动资金			
3	项目投入总资金(1+2)			

2. 分年投入计划

在估算出项目建设投资,建设期贷款利息和流动资金后,根据计划进度的安排,编制分年投资计划表,见表 3-5。表 3-5 中的分年建设投资(不含建设期贷款利息)可以作为融资计划的依据。同时也是估算建设期贷款利息的基础。依据建筑投资估算的建设期贷款利息也必须列入表 3-5。表 3-5 中的流动资金可由流动资金估算表转入。

表 3-5 分年投资计划表 (单位:万元或万美元)

序号	项目	人民币			外汇		
1	建设投资	第一年	第二年	……	第一年	第二年	……
2	建设期利息						
3	流动资金						
4	项目投入总资金						

第二节 成 本

一、总成本费用

成本费用是指项目生产运营支出的各种费用。按照《企业会计制度》(财会〔2000〕25 号)对成本与费用的定义:费用是指企业在生产和销售商品、提供劳务等日常活动所发生的经济利益的流出,会导致所有者权益的减少;成本则是指企业为生产产品、提供劳务而发生的各种耗费。费用和成本是两个并行使用的概念,两者既有联系又有区别。成本是按一定对象所归集的费用,生产成本是相对于一定的产品而言所发生的费用;费用是资产的耗费,它与一定会计期间相联系,而与生产哪种产品无关,成本则与一定种类和数量的产品或商品相联系,而不论发生在哪个会计期间。工程技术经济分析中将成本与费用统一视为现金流出,而不对两者进行严格区分。

总成本费用是指在一定时期内因生产和销售产品发生的全部费用。在财务评价中,总成本费用由生产成本、期间费用构成。其构成如图 3-2 所示。

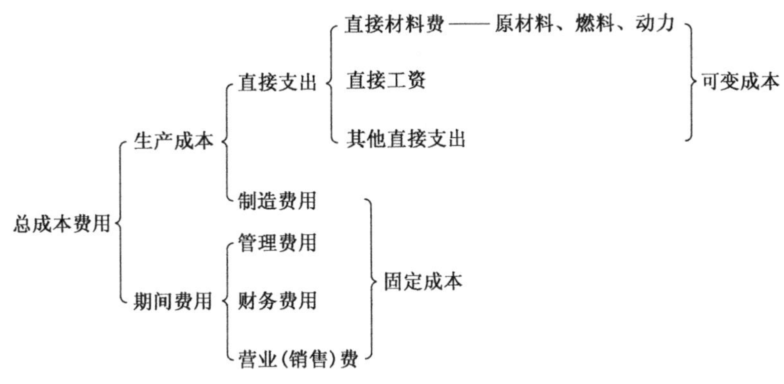

图 3-2　总成本费用构成

生产成本也称制造成本,是指生产单位为制造一定种类和数量的产品或提供劳务所发生的各项生产费用的总和。生产成本是生产费用中构成产品成本的部分,在产品未售前表现在存货中;产品出售后,即表现为销售成本,与营业收入配比。我国《企业会计准则》规定,企业为生产产品、提供劳务等发生的可归属于产品成本、劳务成本等的费用,应当在确认产品销售收入、劳务收入等时,将已销售产品、已提供劳务的成本等计入当期损益。生产成本包括:直接材料费、直接工资、其他直接支出以及制造费用等。直接材料费是指在生产过程中直接消耗于产品生产的各种物资的费用。它包括生产经营过程中实际消耗的原材料、辅助材料、外购半成品、备品配件、燃料、动力、包装物以及其他直接材料的费用。直接工资是指在生产过程中直接从事产品生产人员的工资性消费,包括直接从事产品生产人员的工资、奖金、津贴和各类补贴。其他直接支出包括直接从事产品生产人员的职工福利费等。制造费用是指组织和管理生产所发生的各项间接费用,包括分厂、生产作业单位管理人员工资、职工福利费,生产作业单位房屋建筑物和机器设备的折旧费、修理维护费、机物料消耗、取暖费、水电费、低值易耗品、办公费、差旅费、运输费、保险费、设计制图费、试验检验费、劳动保护费、季节性及维修期间停工损失等费用。

财务费用是指企业在筹集资金等财物活动中发生的各项费用,包括生产经营期间发生的利息净支出及其他财务费用(汇兑净损失、银行手续费等)。

管理费用是指企业行政管理部门为管理和组织生产经营活动所发生的各项费用,包括管理人员工资和福利费、公司一级折旧费、修理费、技术转让费、无形资产和递延资产摊销费及其他管理费用(办公费、差旅费、劳保费、土地使用费等)。

销售费用是指销售商品、提供劳务等日常经营的过程中发生的各项费用以及专设销售机构的各项经费,包括销售部门人员工资、职工福利费、折旧费、应由企业负担的运输费、装卸费、包装费、保险费、展览费、差旅费、广告费及其他销售费用。

管理费用、财务费用和销售费用称为期间费用,直接计入当期损益。施工企业的期间费用则主要包括管理费用和财务费用。

在工程技术经济分析中,为了便于计算,通常按照各费用要素的经济性质及表现形态,把总成本分为九类,它们与总成本的关系如下:

$$总成本费用=外购材料+外购燃料+外购动力+工资及福利费+折旧费+摊销费+利息支出+修理费+其他费用 \quad (3\text{-}52)$$

按成本的计算范围,成本分为单位产品成本和总成本费用;按成本与产量的关系成本分为固定成本和可变成本;按财务评价的特定要求,成本分为总成本费用和经营成本。成本价算应与销售收入的计算口径对应一致,各项费用应划分清楚,防止重复计算,或者低价费用支出。

二、折旧与摊销

在总成本费用、经营成本费用的计算中,我们提到折旧费和摊销费,那么什么是折旧费,摊销费?其实折旧与摊销是与投资回收相关的,其中,折旧是对应固定资产投资回收,而摊销则对应于无形资产回收。

(一)折　　旧

1. 概念

固定资产在使用过程中会受到磨损,其价值损失通常是通过提取折旧的方式得以补偿,故把固定资产在使用过程中由于受到磨损而转移到产品中的那部分价值叫折旧。根据固定资产的折旧额,从销售收入中按折旧期限提存,用于固定资产再生的那部分金额称折旧费。

2. 计提折旧的方法

由于货币形态和实物形态相分离,同一固定资产的折旧金额和固定资产价值往往并不相等。实际生活中如何进行折旧与如何进行更新也常常是脱节的。在计算设备折旧时,应考虑的三个因素是:设备资产的原值、净残值和折旧年限。

(1)设备资产的原值

设备资产的原值一般为购置设备时一次性支付的费用,又称初始费用。

(2)净残值

净残值是指设备的残值减去其清理费用以后的余额。其表达式如下

$$净残值=设备的残值-设备资产的清理费用 \quad (3\text{-}53)$$

设备的残值是指设备报废清理时可供出售的残留部分的价值,它可以用作抵补设备原值的一部分。例如当作废料利用的材料和零件等。设备资产的清理费用是指设备在清理报废时,因拆除、搬运、整理和办理手续等的各项费用支出,是设备使用的一种必要的追加耗费。

(3)折旧年限

折旧年限就是按财政部规定的折旧率每年提取折旧,使设备的账面价值为零所需要的时间。它一般根据设备的材料质量和属性、每日开工时间、负荷大小、化学侵蚀程度、维护修理质量等工艺技术和使用条件,以及技术进步等无形损耗的因素和设备的自然寿命、技术寿命、经济寿命等因素确定。此外,还应考虑到正常的季节性停歇和大修理所需的时间等因素的影响。

计提折旧的方法目前有平均年限法、工作量法、加速折旧法等。其中加速折旧对企业较为

有利，一方面可避免承担由固定资产无形磨损带来的风险，另一方面可冲减企业利润，以减少纳税。

1）平均年限法（使用年限法），是指按照固定资产的预计使用年限平均分摊固定资产折旧额的方法。这种方法计算的折旧额在各个使用年（月）份都是相等的，折旧的累计额所绘出的图线是直线。因此，这种方法也称直线折旧法。

平均年限法的计算公式为

$$\text{年折旧额} = \frac{\text{固定资产原值} - \text{预计固定资产净残值}}{\text{折旧年限}} \tag{3-54}$$

$$\text{年折旧率} = \frac{1 - \text{预计净残值率}}{\text{折旧年限}} \times 100\% \tag{3-55}$$

年折旧额与折旧率的关系为

$$\text{年折旧额} = \text{固定资产原值} \times \text{年折旧率} \tag{3-56}$$

净残值率按照固定资产原值的3%～5%确定，净残值率低于3%或者高于5%的，由企业自主确定，报主管财政机关备案。

2）工作量法是指按照固定资产生产经营过程中所完成的工作量计提折旧的一种方法，是由平均年限法派生出来的一种方法。适用于各种时期使用程度不同的专业机械、设备。

工作量法的计算公式为

①按照行驶里程计算折旧额时

$$\text{单位里程折旧费} = \frac{\text{原值} \times (1 - \text{预计净残值率})}{\text{规定的总行驶里程}} \tag{3-57}$$

$$\text{年折旧额} = \text{年实际行驶里程} \times \text{单位里程折旧额} \tag{3-58}$$

②按照台班计算折旧额时

$$\text{每台班折旧额} = \frac{\text{原值} \times (1 - \text{预计净残值率})}{\text{规定的总工作台班}} \tag{3-59}$$

$$\text{年折旧额} = \text{年实际工作台班} \times \text{每台班折旧额} \tag{3-60}$$

3）双倍余额递减法是指按照固定资产账面净值和固定的折旧率计算折旧的方法，它属于一种加速折旧的方法。其年折旧率是平均年限法的两倍，并且在计算年折旧率时不考虑预计净残值率。采用这种方法时，折旧率是固定的，但计算基数逐年递减，因此，计提的折旧额逐年递减。

双倍余额递减法的计算公式为

$$\text{年折旧率} = \frac{2}{\text{折旧年限}} \times 100\% \tag{3-61}$$

$$\text{年折旧额} = \text{固定资产账面净值} \times \text{年折旧率} \tag{3-62}$$

这里需要说明的一点是：由于年初固定资产按一定的比率提取折旧，存在分摊不完固定资产的问题，因此应当在其固定资产折旧年限到期前两年内，将固定资产账面净值扣除预计净残值后的净额平均摊销。

4）年数总和法也称年数总额法，是指以固定资产原值减去预计净残值后的余额为基数，按照逐年递减的折旧率计提折旧的一种方法，它也属于一种加速折旧的方法。其折旧率以该项固定资产预计尚可使用的年数(包括当年)作分子,而以逐年可使用年数之和作分母。分母是固定的,而分子逐年递减,因此,折旧率逐年递减,计提的折旧额也逐年递减。

年数总和法的计算公式为

$$年折旧率=\frac{折旧年限-已使用年数}{折旧年限\times(折旧年限+1)\div 2}\times 100\% \tag{3-63}$$

$$年折旧额=(固定资产原值-预计净残值)\times 年折旧率 \tag{3-64}$$

例【3-1】 某项固定资产原值为 8 000 元,预计净残值 300 元,使用年限 5 年。分别用平均年限法、双倍余额递减法和年数总和法计算各年的折旧额。

解:

(1)平均年限法

年折旧额=(8 000−300)÷5=1 540(元)

(2)双倍余额递减法

年折旧率=2÷5×100%=40%

第 1 年折旧额=8 000×40%=3 200(元)

第 2 年折旧额=(8 000−3 200)×40%=1 920(元)

第 3 年折旧额=(8 000−3 200−1 920)×40%=1 152(元)

第 4 年折旧额=(8 000−3 200−1 920−1 152−300)÷2=714(元)

第 5 年折旧额=(8 000−3 200−1 920−1 152−300)÷2=714(元)

(3)年数总和法

计算折旧基数=8 000−300=7 700(元)

年数总和=5+4+3+2+1=15(年)

第 1 年折旧额=7 700×5/15=2 567(元)

第 2 年折旧额=7 700×4/15=2 053(元)

第 3 年折旧额=7 700×3/15=1 540(元)

第 4 年折旧额=7 700×2/15=1 027(元)

第 5 年折旧额=7 700×1/15=513(元)

(二)摊 销 费

摊销费与无形资产的关系类似于折旧与固定资产的关系。例如项目引进技术的技术转让费(包括许可证费、专利费、设计费),在项目投产前一次性支付的部分已作为固定资金的一部分列入总投资。这部分金额应在项目投产后分次摊入成本,称为摊销费。摊销费代表无形资产转移给产品的那部分价值,也从销售收入中加以回收。

因为摊销费与折旧费具有类似的性质和地位,所以在计算现金流量时也可以把它列入折旧栏目中一并计算。

三、经营成本

经营成本是工程技术经济分析中的专用术语,用于技术方案经济效果评价的现金流量分析。经营成本是指从总成本费用分离出来的一部分费用,是在一定期间(通常为一年)内由于生产和销售产品及提供劳务而实际发生的现金支出,是总成本费用扣除固定资产折旧费、维简费、无形资产及递延资产摊销费和利息支出以后的费用。其计算公式如下：

经营成本=总成本费用-折旧费-维简费-摊销费-利息支出　(3-65)

或　经营成本= 外购原材料、燃料及动力费+ 工资及福利费+ 修理费+ 其他费用　(3-66)

在经营成本中扣除折旧费、维简费、摊销费及利息支出的原因是：

(1)在对工程项目进行经济分析时,需要考察项目系统在寿命期内逐年发生的现金流量。现金流量反映项目在计算期内逐年发生的现金流入和流出。与常规的会计方法不同,现金收支在何时发生就在何时计入,不作分摊。由于建设投资已按其发生的时间作为一次性支出被计入现金流出,在技术方案建成后,建设投资形成固定资产、无形资产和其他资产。折旧是建设投资所形成的固定资产的补偿价值,如将折旧随成本计入现金流出,会造成现金流出的重复计算。同样,由于无形资产及其他资产摊销费也是建设投资所形成资产的补偿价值,只是技术方案内部的现金转移,而非现金支出,故为避免重复计算也不予考虑。因此,作为经常性支出的经营成本中不包括折旧费和摊销费,同理也不包括"维简费"。

(2)贷款利息是使用资金所要付出的代价,对于项目来说实际是现金流出,但在评价工程项目全部投资的经济效果时,不考虑资金的来源问题,以项目为一个独立的系统,是以全部投资作为计算基础,利息支出不作为现金流出,而自有资金现金流量表中已将利息支出单列,因此,经营成本中也不包括利息支出。

经营成本与融资方案无关。因此在完成建设投资和营业收入价算后,就可以价算经营成本,为技术方案融资前分析提供数据。

经营成本价算的行业性很强,不同行业在成本构成科目和名称上都可能有较大的不同,价算应按行业规定,没有规定的也应注意反映行业特点。

四、变动成本和固定成本

按成本与产量的关系,成本可分为固定成本和可变成本。所谓固定成本是指在一定产量变动范围内不随产量变动而变动的费用。例如固定资产折旧费、管理费用等。变动成本是指总成本中随着产量变动而变动的费用,也可以称之为可变成本。例如直接原材料、直接人工费、动力费、包装费、生产工人的工资等。

固定成本的特点是其总额在一定时期和一定业务量范围内不随产量的增加而变动,但就单位产品成本而言,其中的固定成本与产量的增减成反比。

变动成本的特点是其总额将随产量的增加而增加,就单位产品成本而言,变动成本是固定不变的。固定成本与变动成本的划分,对于项目盈亏分析及生产决策有重要的意义。

五、机会成本

机会成本是指由于将有限资源使用于某种特定的用途而放弃的其他各种用途的最高收益。机会成本是理论经济学中的一个概念,它的产生源于:资源是稀缺性的。它不是实际发生的成本,因此在会计上是不存在的,但对决策非常重要,其作用在于寻求最佳利用资源的方案。由于资源的稀缺性,这就决定了人类在进行决策时只有充分考虑某种资源用于其他用途的潜在收益后,才能使有限的资源得到充分利用。

六、经济成本

前面我们讲到机会成本不是实际发生的成本，而是决策方案时所产生的观念上的成本，就可以看到企业除发生看得见的实际成本——显性成本(如企业购买原材料、设备、劳动力、支付借款利息)外，还存在隐性成本。它是指企业自有资源实际上已经投入生产经营活动但在形式上没有支付报酬的那部分成本。

例如，某人利用自己的地产和建筑物开办了一个企业，那么此人放弃了向别的厂商出租土地和房子的租金收入，也放弃了受雇于别的企业而可赚到的工资，这些隐性成本并没有列入企业的账册，导致经营利润偏高。而事实上，以自己拥有的资源投入，存在着自有要素的机会成本的一部分。因此在经营决策时应运用经济成本概念，所谓经济成本就是显性成本和隐性成本之和。

七、沉没成本

沉没成本是指过去已发生的而现在已无法得到补偿的成本或费用。它对企业决策不起作用，它主要是指过去发生的事情，费用已经支付的时候尽管可能意识到这项决策不明智，但木已成舟，今后的任何决策都不能取消这项支出。例如：一名研究生准备在校外租一间房子写论文，租期为1个月，看中了一套房子，年租金1 200元，付了定金100元，无论租与否，定金都不退。过了一周，它又发现了一套面积和使用条件都相同的房子，年租金只有1 110元，不收定金。从年租金看，似乎后者便宜了90元(1 200-1 110=90)，但正确的决策应该选择前面那个方案，因为已付的定金100元是沉没成本，无论租或不租那个房子，这笔钱都已经花了，是无法挽回的。正确的比较应是第一方案的1 100元(1 200-100=1 100)与第二方案的1 110元相比。按费用最小的原则，应选择第一方案。

第三节　销售收入、税金和利润

一、销售收入

销售收入是企业销售产品或提供劳务所取得的货币收入，是销售量和销售单价的乘积，是项目财务收益的主要来源。包括：产品销售收入和其他销售收入。其中产品销售收入是指出售产品所获得的货币收入，它是生产型企业经营活动的重要收入来源，在企业销售收入中占有较大的比重，直接影响企业的经济效益；其他销售收入是指企业除产品销售以外的其他销售或其他业务、劳务的收入。销售收入是反映工程项目收益的一个经济参数，是衡量项目经营效率的重要依据，对于工程项目决策至关重要。

销售收入与总产值是两个不同的概念。总产值是企业生产的成品、半成品和处于加工过程中的在制品等价值的总和，可按现行价格或不变价格计算。而销售收入是出售商品或提供劳务的货币收入，销售单价为实际市场价格或预测的市场价格，企业生产的产品只有在市场上出售，才能成为给企业带来收益的有用的劳动成果，因此销售收入才是反映工程项目真实收益的经济参数。

注意：在进行工程技术经济分析时，为方便，常假定销量等于产量，且全部收入立即回收，此时的销售收入即为技术方案的现金流入。

$$销售收入=产品销售单价\times产品销售数量 \tag{3-67}$$

二、税　金

税收是国家凭借政治权力参与国民收入分配的一种方式，具有强制性、无偿性和固定性三大特点。税金是指纳税义务人依照国家税法规定向国家缴纳的税款，是纳税人向国家提供积累的重要方式。

我国现行的税收制度是在1994年工商税制改革的基础上确立起来的，在现行税制下，与工程项目有关的税种主要有：

（一）流转税类

流转税指以商品生产、商品流通和劳务服务的流转额为征税对象的各种税，主要包括增值税、消费税、营业税和关税。

1. 增值税

增值税是以商品生产、流通和提供劳务服务各个环节实现的增值额为征税对象的一个税种。按现行税法规定，在我国境内销售货物或者提供加工、修理修配劳务以及进口货物的单位或个人都应缴纳增值税。

增值税率设基本税率、低税率和零税率三档税率。在工程技术经济分析中，增值税作为价外税可以不包括在销售税金及附加中，也可以包含在销售税金及附加中。如果不包括在销售税金及附加中，产出物的价格不含有增值税中的销项税，投入物的价格中不含有增值税中的进项税。但在销售税金及附加的价算中，为了计算城乡维护建设税和教育费附加，有时还需要单独计算增值税额，作为城乡维护建设税和教育费附加的计算基数。应当注意的是，当采用含增值税价格计算销售收入和原材料、燃料动力成本时，损益表中应单列增值税科目；采用不含增值税价格计算时，损益表中不包括增值税科目。增值税是按增值额计税的，计税公式有以下三种情况：

（1）对一般纳税人

$$应纳税额=当期销项税额-当期进项税额 \tag{3-68}$$

销项税额是按照销售额和规定税率计算并向购买方收取的增值税额，其计算公式如下

$$销项税额=销售额\times适用增值税率=销售收入（合税销售额）\div(1+增值税率)\times增值税率$$

进项税额是指纳税人购进货物或者应税劳务所支付或者负担的增值税，其计算公式如下

$$进项税额=外购原材料、燃料及动力费\div(1+增值税率)\times增值税率$$

（2）对小规模纳税人

$$应纳税额=含税销售额\div(1+征收率)\times征收率 \tag{3-69}$$

（3）对于进口货物

$$应纳税额=(关税完税价格+关税+消费税)\times税率 \tag{3-70}$$

根据财政部、国家税务总局《关于全面推开营业税改征增值税试点的通知》（财税C2016J 36号）要求，建筑业自2016年5月1日起纳入营业税改征增值税试点范围（简称营改增）。建筑业营改增后，工程造价按“价税分离”计价规则计算，具体要素价格适用增值税税率执行财

税部门的相关规定。税前工程投资各费用项目均以不包含增值税(可抵扣进项税额)的价格计算。

2. 消费税

为调节产品结构,正确引导消费方向,保证国家的财政收入,国家在普遍征收增值税的基础上,选择部分消费品,再征收一道消费税。消费税的课税对象是消费品的销售收入。凡从事生产和进口应税消费品的单位和个人均应缴纳消费税。消费税采用从价定率和从量定额两种计税方法计算应纳税额,一般以应税消费品的生产者为纳税人,于销售时纳税。其应纳额的计算公式如下。

实行从价定率方法计算:

$$\begin{aligned}应纳税额&=应税消费品销售额\times适用税率\\&=销售收入(含增值税)\div(1+增值税率)\times消费税率\\&=组成计税价格\times消费税率\end{aligned}\tag{3-71}$$

实行从量定额方法计算:

$$应纳税额=应税消费品销售数量\times单位税额\tag{3-72}$$

应税消费品的销售额是指纳税人销售应税消费品向买方收取的全部价款和价外费用,不包括向买方收取的增值税税款。销售数量是指应税消费品数量。

3. 营业税

营业税是对在我国境内从事交通运输、建筑业、金融保险、邮政电讯、文化体育、娱乐业、服务业、转让无形资产、销售不动产等业务的单位和个人,就其营业收入或转让收入征收的一种税。计算公式如下

$$应纳税额=营业额\times适用税率\tag{3-73}$$

4. 关税

关税是对进出国境或关境的货物、物品征收的一种税。关税分为进口税和出口税两种。进口税是对进境的货物、物品征收的关税;出口税是对出境的货物、物品征收的关税。

(二)所得税类

所得税指以单位或个人在一定时期内的纯所得额为征税对象的各个税种,包括企业所得税、外商投资企业和外国企业所得税以及个人所得税。2007 年 3 月 16 日第十届全国人民代表大会第五次会议通过了中华人民共和国企业所得税法,实行两税合一。两税合一是指将两部法律法规统一成一部所得税法,在税率等方面对内外资企业一视同仁。中华人民共和国企业所得税法规定企业所得税是指对中华人民共和国境内的一切企业(不包括外商投资企业和外国企业),就其来源于中国境内外的生产经营所得和其他所得而征收的一种税。“生产、经营所得”是指从事制造业、采掘业、交通运输业、建筑安装业、农林渔牧业、金融业、服务业以及其他行业的生产、经营所得。“其他所得”是指股息、利息(不包括国债利息)、租金、转让各类资产收益,以及营业外收益等。按税法规定,在我国境内实行独立经济核算的企业(外商投资企业和外国企业除外)都是企业所得税的纳税人。

《企业所得税法》第二十二条规定的应纳税额的计算公式为

$$应纳税额=应纳税所得额\times适用税率-减免税额-抵免税额\tag{3-74}$$

应纳所得税额=应纳税所得额×适用的所得税税率　(3-75)

应纳税所得额=利润总额±税收调整项目金额　(3-76)

利润总额=产品销售利润+其他业务利润+投资净收益+ 营业外收入-营业外支出　(3-77)

产品销售利润=销售净额-销售成本-销售税金及附加-销售费用-管理费用-财务费用　(3-78)

其中,应纳税所得额是指每一纳税年度的收入总额减去按照税法和财务制度规定的内容和标准准予扣除的项目后余额。在实际计算时,可通过对企业的会计利润进行调整而取得。

公式中的减免税额和抵免税额,是指依照企业所得税法和国务院的税收优惠规定减征、免征和抵免的应纳税额。

所得税税率是指对纳税人应纳税所得额征税的比率。

企业所得税有两种征收方式:一是查账征收,就是根据企业的收入减去成本、费用得出利润,再乘以相应的税率;另一种是核定征收,就是根据企业的收入直接乘以一个比率(由税务机关根据不同行业确定),不考虑企业的成本费用,得出的数字就算是企业的利润,再乘以相应的税率。另外,国家根据经济和社会发展的需要,在一定的期限内会对特定的地区、行业或企业的纳税人给予一定的税收优惠,即对其应缴纳的所得税给予减征或免征。

(三)资源税类

资源税是以被开发或占用的自然资源为征税对象的各种税,包括资源税、城镇土地使用税等。主要是因开发和利用自然资源差异而形成的级差收入发挥调节作用。

1. 资源税

资源税是对在我国境内开采原油、天然气、煤炭、其他非金属矿原矿、黑色金属矿原矿、有色金属矿原矿及生产盐的单位和个人征收的一种税。

资源税实行从量定额征收的方法,计算公式如下

应纳资源税税额=课税数量×适用单位税额　(3-79)

课税数量是指纳税人开采或者生产应税产品的销售数量或者自用数量。单位税额根据开采或生产应税产品的资源状况而定,具体按《资源税税目税额幅度表》执行。

2. 城镇土地使用税

城镇土地使用税(简称土地使用税)是对在城市和县城占用国家和集体土地的单位和个人,按使用土地面积定额征收的一种税。

(四)财产税类

财产税是以法人和自然人拥有及转移的财产价值或增值额为征税对象的各种税,主要包括车船使用税、房产税和土地增值税等。

1. 车船使用税

车船使用税是对行驶于公共道路的车辆或航行于国内河流、湖泊和领海口岸的船舶,按照其种类(如机动车船、非机动车船、载人汽车、载货汽车等)、吨位和规定的税额计算征收的一种税。拥有并使用车船的单位和个人为纳税义务人。

2. 房产税

房产税以房屋为课税对象,以房产的价值或租金收入为计税依据征收的一种税。城市、县城、建制镇和工矿区的房屋产权所有人为纳税义务人。

3. 土地增值税

土地增值税的纳税义务人是有偿转让国有土地使用权及地上建筑物和其他附着物产权(简称转让房地产)并取得收入的单位和个人,征税对象是转让房地产所取得的增值收益。

(五)特定目的税类

特定目的税是指国家为达到某种特定目的而设立的各种税,主要有城乡维护建设税、教育费附加等。

1. 城乡维护建设税

城乡维护建设税是为保证城乡维护和建设有稳定的资金来源而征收的一种税。凡有经营收入的单位和个人,除另有规定外,都是城乡维护建设税的纳税义务人。其收入专用于城乡公用事业和公共设施的维护建设。各省、自治区、直辖市人民政府根据当地经济状况和城乡维护建设需要,在规定的幅度内,确定不同市县的适用税率。

2. 教育费附加

教育费附加是为了加快地方教育事业的发展,扩大地方教育经费的资金来源而开征的一种附加费。根据有关规定,凡缴纳消费税、增值税、营业税的单位和个人,都是教育费附加的缴纳人。

(六)税金的计算

$$税金=税前造价\times综合税率(\%) \tag{3-80}$$

对于工程建设项目,税金是指国家税法规定的应计入建筑安装工程造价内的营业税、城市维护建设税、教育费附加以及地方教育附加。纳税地点在市区的企业综和税率为3.48%,纳税地点在县城、镇的企业综和税率为3.41%,纳税地点不在市区、县城、镇的企业综和税率为3.28%。实行营业税改增值税的,按纳税地点现行税率计算。

三、利　润

利润是企业经营活动的最终成果,利润的实现表明了企业的生产耗费得到了补偿,即取得了盈利,它是考核企业方案或项目盈利能力和清偿能力的重要财务指标。

对于工程项目来说,利润一般可分为销售利润和税后利润两个层次:销售利润是销售净额扣除总成本费用和销售税金及附加之后的剩余,销售税金及附加是指消费税、营业税、资源税和城乡维护建设税及教育费附加;税后利润是销售利润再减掉所得税后的余额。由于增值税是价外税,即税金与销售价格相分离,故销售收入中不包含有增值税。因而在计算利润时,不需要扣除增值税。计算公式如下

$$销售利润=销售净额-销售税金及附加-总成本费用 \tag{3-81}$$

式(3-81)中

$$销售净额=销售总额-(销货退回+销货折扣与折让) \tag{3-82}$$

$$利润总额=销售利润+投资净收益+补贴收入+营业外收入-营业外支出 \tag{3-83}$$

投资净收益是指投资收益扣除投资损失后的数额。投资收益包括对外投资分得的利润、股利和债券利息等。投资损失包括投资作价损失、投资到期收回或者中途转让取得款项低于账面净值的差额等。

企业的营业外收入和营业外支出是指与企业生产经营无直接关系的各项收入和支出。营业外收入包括:固定资产盘盈、处理固定资产净收益、罚没收入。罚款收入、确实无法支付的应付款项、以前年度收入等。营业外支出包括:固定资产盘亏、报废毁损、研究与开发失败损失、

非常损失、公益救济性捐赠、罚息、赔偿金、违约金、以前年度损失等。

$$税后利润=利润总额-应交所得税 \tag{3-84}$$

销售收入、成本、税金、利润之间的关系如图 3-3 所示。

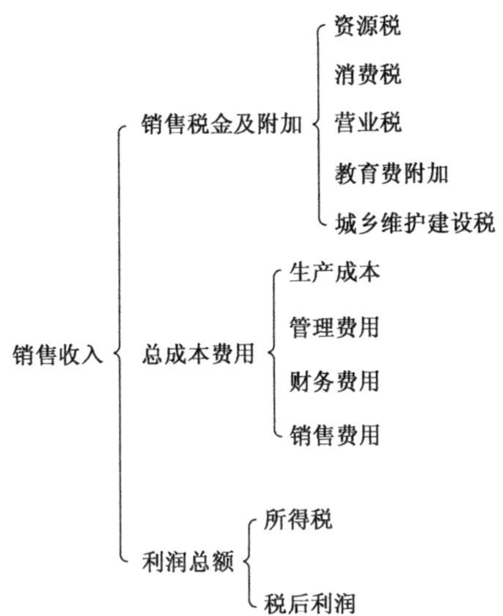

图 3-3　销售收入、总成本、税金、利润之间的关系

思考题与习题

1. 建设项目总投资由哪些部分组成？固定资产和流动资产的关系如何？

2. 建设项目总投资中哪些是静态投资，哪些是动态投资？

3. 什么是机会成本、沉没成本、固定成本、变动成本？试举例说明。

4. 什么是经营成本？为什么折旧费、摊销费和利息支出不是经营成本的组成部分？

5. 计提折旧的方法都有哪些？有什么特点？

6. 增值税、资源税、所得税的征税对象是什么？

7. 请在网上查询我国的税务体系的基本情况。

8. 简述销售收入、总成本、税金、利润之间的关系。

9. 某新建项目，建设期为 3 年，共向银行贷款 1 500 万元，贷款时间为：第 1 年 400 万元，第 2 年 800 万元，第 3 年 300 万元，年利率为 8%，计算建设期利息。

10. 某公司拟从国外进口一套污水处理设备，重量 1 500 t，装运港船上交货价，即离岸价(FOB 价)为 350 万美元。其他有关费用参数为：国际运费标准为 360 美元/t，海上运输保险费率为 0. 265%，中国银行手续费率为 0. 5%，外贸手续费率为 1. 5 %，关税税率为 22 %，增值税的税率为 17 %，美元的银行外汇牌价为 1 美元＝ 6. 1 元人民币，设备的国内运杂费率为 2. 5%。计算该设备购置费。

11. 某建设工程项目在建设期初的建筑安装工程费、设备及工器具购置费为55 000万元。按本项目实施进度计划，项目建设期为 3 年，投资分年使用比例为：第一年 30%，第二年 50%，第三年 20%，建设期内预计年平均价格总水平上涨率为 5%。建设期贷款利息为 1 455 万元，建设工程项目其他费用为 3 860 万元，基本预备费率为 10%。试计算该项目的建设投资。

12. 某机器的购置成本 40 000 元,折旧年限为 10 年,净残值为 4 000 元,试用平均年限法、年数总和法、双倍余额递减法分别计算各年折旧费。

13. 某企业 2016 年生产某产品 1 万件,生产成本 150 万元,当年销售 8 000 件,销售单价 220 元/件,全年发生管理费用 10 万元,财务费用 6 万元,销售费用为销售收入的 3%,若销售税金及附加相当于销售收入的 5%,所得税率为 33%,企业无其他收入,求该企业 2016 年的利润总额、税后利润是多少?

14. 拟建年产 10 万 t 炼钢厂,依据提供的主厂房工艺设备清单和询价资料估算出该项目的主厂房设备投资约为 4 000 万元。已知已建类似项目资料:与设备有关的其他各专业工程投资系数见表 3-6。与主厂房投资有关的辅助工程及附属设施投资系数见表 3-7。

表 3-6　与设备投资有关的各专业工程投资系数

加热炉	汽化冷却	余热锅炉	自动化仪表	起重设备	供电与传动	建安工程
0.11	0.02	0.03	0.03	0.10	0.17	0.40

表 3-7　与主厂房投资有关的辅助及附属设施投资系数

动力系统	机修系统	总图运输系统	行政及生活福利设施工程	工程建设其他费
0.30	0.12	0.20	0.30	0.20

本项目的资金来源为自有资金和贷款,贷款总额为 7 500 万元,贷款利息 7%。建设期 3 年,第一年投入 40%,第二年投入 40%。预计建设期物价水平平均上涨率为 3%,基本预备费为 5%,投资方向调节税税率为 0。

建设项目达到设计生产能力后,全厂定员 1 500 人,工资和福利费按照每人每年 8 500 元估算,每年其他费用为 8 800 万元(其中:其他制造费为 600 万元),年外购原材料、燃料动力费估算为 18 000 万元,年经营成本 19 000 万元,年销售收入为 17 000 万元,年修理费占年经营成本的 12%,各项流动资金最低周转天数分别为:应收账款 40 天,现金 30 天,应付账款 30 天,存货 40 天。

问题:

(1)使用系数估算法估算该项目主厂房投资和项目建设的工程费用。

(2)用分项详细估算法估算拟建项目的流动资金。

(3)估算该项目的建设投资额,并编制建设项目投资估算表。

第四章 资金的时间价值计算及应用

众所周知,时间是一种最宝贵也是有限的“资源”。任何物质资源的存在和发展都和时间联系紧密,都体现或包含着时间的价值,资金亦是如此。工程项目消耗的人力、物力和资源以及产生的经济效益,最终都以价值形态-资金的形式表现出来。将其投入生产和流通的环节后,与劳动力相结合,其价值发生增值。与之相反,如资金没有投入流通的过程(使用),无论经过多长时间,这笔资金将毫无变化。换句话说,资金没有投入使用就相当于放弃了增值的机会,同时要付出一定的代价,其大小就是资金的时间价值。所以,对时间因素的研究是工程技术经济分析的重要内容。对工程技术方案的经济效果如何正确评价,就必须研究资金的时间价值。

第一节 资金的时间价值及利息计算

一、资金的时间价值概念

资金的时间价值亦称为“资金报酬原理”或“货币的时间价值”,是指资金在生产和流通过程中,随着时间的推移能够产生增值,所增值的这部分资金即是原有资金的时间价值。例如我们把货币存入银行,可以获得利息;把钱投入生产,会产生利润;获得利息或利润就是资金的时间价值。另一方面,因通货膨胀的影响,使我们手中的货币贬值,这也是资金时间价值的体现。

对于资金时间价值的含义可以从两个方面理解:第一个方面从投资者的角度来看,投资者把资金投入生产和流通的过程中,由于劳动者的工作使资金获得一定的收益,从而使资金发生增值。即劳动力在生产过程中创造了剩余价值。所以资金增值的特性使资金具有时间价值。第二个方面,从消费者的角度来看,资金一旦用于投资,就不能用于现期消费,牺牲现期消费是为了能在将来得到更多,因此资金的时间价值体现为放弃现期消费的损失所给予的必要补偿。例如某人放弃现期消费 2 000 元,把其存入银行所得的利息回报。

资金的时间价值是商品经济中的普遍现象,它的实质是把资金作为生产的一个基本要素,在扩大再生产及其流通过程中,随时间的变化而发生增值。资金的时间价值表明,一定的资金,在不同时点具有不同的价值,资金必须与时间相结合,才能表示出其真正的价值。因而资金的时间价值是工程技术经济分析方法的基础。

二、影响资金的时间价值因素

影响资金的时间价值因素很多,主要有以下几点:

(1)资金额的大小。当其他因素不变,资金额越大,资金的时间价值就越多;反之,资金的时间价值越少。

(2)资金的使用时间。当单位时间资金增值率一定的条件下,资金使用的时间越长,资金的时间价值就越大;使用的时间越短,则资金的时间价值就越少。

(3)资金投入和回收的特点。在总资金一定的情况下,前期投入的资金越多,资金的负效益越大;后期投入的资金越多,资金的负效益越小。而在资金回收额一定的情况下,离现在越近的时间,回收的资金越大,资金的时间价值就越大;反之,离现在越远的时间,回收的资金越小,资金的时间价值就越小。

(4)资金的周转速度。资金周转的越快,在一定的时间内,等量资金的周转次数越多,资金的时间价值就越多;反之,资金的时间价值越小。

(5)利率的大小。在其他条件不变的条件下,利率越高,资金的时间价值越大;反之,资金的时间价值越小。

总之,资金的时间价值客观存在,我们要充分利用资金的时间价值并最大限度的获得其时间价值,避免资金时间价值的损失。

资金的时间价值衡量尺度有:利润、利息和利率。

三、利息和利率

(一)利　　息

利息是指占用资金(或放弃使用资金)所付出(或所获得)的代价(或报酬)。是资金时间价值的一种重要表现,是衡量资金时间价值的绝对尺度。如某人向银行贷款,则每年必须按规定的贷款利率支付一定的贷款利息。如果用自有资金去投资,就等于牺牲了运用这笔资金进行其他投资获得利润的机会,造成了相应的机会成本。

设本金为 P,还本付息总额为 F,I 表示计息周期内所支付或收入的利息,则利息为

$$I = F - P \tag{4-1}$$

(二)利　　率

在经济学中,利率的定义是从利息的定义衍生而来的。即在理论上先承认了利息,再以利息来解释利率。但在实际计算中,常根据利率计算利息。利率也称为“利息率”,是指资金在单位时间内产生的增值(利润或利息)与投入的资金额(本金)之比。是衡量资金时间价值的相对尺度,记作 i。i 越大,资金增值越快。利率按计息周期不同分为年利率、月利率和日利率。

设本金为 P,I 表示计息周期内所支付或收入的利息,则利率 i 为

$$i = \frac{I}{P} \tag{4-2}$$

上式表明,利率是单位本金经过一个计息周期后的增值。用于表示计算利息的时间单位称为计息周期,计息周期可以是年、半年、季度、月、日等。

例【4-1】 某企业向银行贷款 100 万元,一年后应偿还银行本利和为 106.5 万,则年利率为多少?

解:根据式(4-1)和式(4-2),年利率为

$$\begin{aligned} i &= \frac{I}{P} \\ &= \frac{106.5 - 100}{100} \\ &= 6.5\% \end{aligned}$$

利率是各国宏观调控经济的重要工具之一，影响利率的因素很多且复杂，主要有以下因素：

(1)社会平均利润率。利率的高低首先取决于社会平均利润率的高低，并随之变动。在通常情况下，社会平均利润率是利率的最高上限，因为如果利率高于社会平均利润率，借款者无利可图就不会去借贷。

(2)资金供求状况。在平均利润率不变的情况下，利率高低取决于金融市场上借贷资本的供求情况。借贷资本供不应求，利率便上升；反之，供过于求，利率便会下降。反过来，利率调节着资金的供求关系，利率上升时，会抑制资金的需求，刺激资金的供给；相反，利率下跌时，会刺激资金的需求而抑制资金的供给。

(3)借出资本的期限和风险。利率随着借贷期限的长短变化而变化。通常，借贷期限愈长，不可预见因素多，风险越大，利率越高；反之越低。借出资本要承担一定的风险，风险越大，利率也就越高。所以一般政府借贷的利率较低，而私人借贷的利率较高。

(4)通货膨胀。对利息的波动有直接影响，资金贬值往往会使利息无形中成为负值。

(5)国家经济政策。利率政策是国家整个经济政策的一个组成部分。调低利率，借贷的成本就会降低，投资收益率就会相应提高，可刺激对利率敏感的项目如房地产、固定资产投资的支出，有利于经济的恢复；反之，通过利率的调高，投资收益率就会相应降低，则能减少社会的需求，防止经济过热。

(三)利息和利率在工程技术经济活动中的作用

(1)利息和利率是以信用方式动员和筹集资金的动力。以信用方式筹集资金的一个特点是自愿性，而自愿性的动力在于利息和利率。比如一个投资者，首先要考虑的是投资某一项目所得到的利息是否比把这笔资金投入其他项目所得的利息多。如果多，就可以在这个项目投资；如果所得的利息达不到其他项目利息水平，就可能不在这个项目投资。

(2)利息促进投资者加强经济核算，节约使用资金。投资者借款需付利息，增加支出负担，这就促使投资者必须精打细算，把借入资金用到刀刃上，减少借入资金的占用以少付利息。同时可以使投资者自觉压缩库存限额，减少多环节占压资金。

(3)利息和利率是宏观经济管理的重要杠杆。国家在不同的时期制定不同的利息政策，就会对整个国民经济产生影响。

(4)利息与利率是金融企业经营发展的重要条件。金融机构作为企业，必须获取利润。由于金融机构的存放款利率不同，其差额成为金融机构业务收入。此款扣除业务费后就是金融机构的利润，才能刺激金融企业的经营发展。

四、计息方法——单利和复利

计算利息的方法有：单利法和复利法。当计息周期在一个计息期以上时，需要考虑“单利”与“复利”的问题。

(一)单 利 法

单利法仅以本金为基数计算利息，即无论年限有多长，而上一期利息在下一计息期中并不产生利息，换句话说就是本金生息利息不生息。利息与时间是呈线性关系。设本金为 P ，n 为计息期数，i 为计息周期利率，则所付或所收的利息 I 为

$$I = Pin \tag{4-3}$$

到期时应收或应付的总金额为

$$F = P + I = P(1 + in) \tag{4-4}$$

(二)复 利 法

复利计息法不仅最初本金在各个计息期中产生利息,而且上一期利息在再下一计息期中也产生利息,换句话说就是本金生息利息也生息,也就是日常我们所说的“利滚利”。计算公式为

$$F = P(1 + i)^n \tag{4-5}$$

其推导过程见表4-1。

表4-1 复利法计算公式的推导

年份	年初欠款	年末欠利息	年末欠本利和
1	P	Pi	$P+Pi=P(1+i)$
2	$P(1+i)$	$P(1+i)i$	$P(1+i)+P(1+i)i=P(1+i)^2$
3	$P(1+i)^2$	$P(1+i)^2i$	$P(1+i)^2+P(1+i)^2i=P(1+i)^3$
4	$P(1+i)^3$	$P(1+i)^3i$	$P(1+i)^3+P(1+i)^3i=P(1+i)^4$
…	…	…	…
n	$P(1+i)^{n-1}$	$P(1+i)^{n-1}i$	$P(1+i)^{n-1}+P(1+i)^{n-1}i=P(1+i)^n$

例【4-2】 某企业向银行贷款1 000万,年利率为6.5%,分别以单利法和复利法计算该企业第三年年末向银行偿还的本利和。

解:(1)单利法

根据公式(4-4)得

$$\begin{aligned} F &= P(1 + in) \\ &= 1\,000 \times (1 + 6.5\% \times 3) \\ &= 1\,195(\text{万元}) \end{aligned}$$

(2)复利法

根据公式(4-5)得

$$\begin{aligned} F &= P(1 + i)^n \\ &= 1\,000 \times (1 + 6.5\%)^3 \\ &= 1\,207.95(\text{万元}) \end{aligned}$$

由本例可以看出,同一笔资金,在利率和计息周期均相同的情况下,用复利计算出利息的金额比用单利法计算出的利息金额多。如果本金越大,利率越高,计息周期越多时,两者差距就越大。单利法没有反应资金随时都在“增值”的概念,即没有完全反映资金的时间价值。因此,在工程技术经济分析中单利使用较少,通常只适用于短期投资或短期贷款。复利法比较符合社会再生产过程中运动的实际状况,因此本书的以后章节中,凡涉及利息的计算,如不特别指出是用单利计算,则都是指用复利计算。

我国的现行存款利率及计息方式,不仅考虑到了利息生利的因素,而且还考虑了随着存款期限的增长,风险、机会成本和通货膨胀等因素的作用加大,作为补偿的利息也有所增加。我

国银行的贷款则按规定是以复利计算的。

五、名义利率和有效利率

在工程技术经济分析时，一般复利计算的利率是指年利率，但在实际经济活动中，计息周期有年、半年、季度、月、日等多种，这就出现不同计息周期的利率换算问题。当计息周期小于一年时，就出现了名义利率和有效利率的概念。

（一）名义利率

名义利率是指计息周期的利率乘以一年内计息周期数所得到的年利率。

设名义利率为 r，计息周期利率 i，一年中计息周期数为 m，则

$$r = i \times m \tag{4-6}$$

按月计算利息，月利率为1%，通常表达为“年利率12%，每月计息一次”这个年利率12%称为“名义利率”。按单利计息，名义利率和实际利率计算是一致的。

（二）有效利率

有效利率是指计息周期实际发生的利率，包括计息周期有效利率和年有效利率。

1. 计息周期有效利率

计息周期有效利率即计息周期利率 i，由公式（4-6）得出

$$i = \frac{r}{m} \tag{4-7}$$

2. 年有效利率

若用计息周期利率来计算年有效利率，并将年内的利息再生因素考虑进去，这时所得的年利率称为年有效利率（年实际利率）。按复利计算上述“年利率12%，每月计息一次”的年实际利率则不等于名义利率，而是比12%略大一些。

例【4-3】 某人向银行借款10 000元，条件是年利率为12%，每月计息一次，求年有效利率。

解：年利率12%是名义利率。实际计息时，每月按1%（即12%/12）的月利率计息。

（1）按单利计息：$I = Pin = 10\ 000 \times 1\% \times 12 = 1\ 200$（元）

实际年利率为：$i = I/P \times 100\% = 1\ 200/10\ 000 \times 100\% = 12\%$

此时实际利率与名义利率是一致的。

（2）按复利计算：$I = P[(1 + i)^n - 1] = 10\ 000 \times [(1 + 1\%)^{12} - 1] = 1\ 268.25$（元）

年有效利率为：$i = I/P \times 100\% = 1\ 268.25/10\ 000 \times 100\% = 12.68\%$

这就意味着，名义利率为12%，按月计息与按年利率为12.68%计息，两者是等价的。而这0.68%的差额就是由于1年中计息次数增加而导致利息的时间价值产生的。

因此，当利率的时间单位与计息周期一致时，实际利率与名义利率是一致的且都等于周期利率。当利率的时间单位与实际计算周期不一致时，名义利率等于计息周期的利率乘以每年计息周期数，而年有效（实际）利率等于名义利率加上利息的时间价值产生的利率。

设名义利率为 r，一年中计息周期数为 m，则一个计息周期的利率为 $\frac{r}{m}$，一年后的本利和为

$$F = P\left(1 + \frac{r}{m}\right)^m$$

利息为
$$I = F - P = P\left[\left(1 + \frac{r}{m}\right)^m - 1\right]$$

按利率的定义得实际利率 i 为

$$i = \frac{I}{P} = \frac{P\left[\left(1 + \frac{r}{m}\right)^m - 1\right]}{P} = \left(1 + \frac{r}{m}\right)^m - 1$$

所以,年有效利率(实际利率)和名义利率之间的关系是

$$i = \left(1 + \frac{r}{m}\right)^m - 1 \tag{4-8}$$

由式(4-8)可见,当 $m = 1$ 时,名义利率等于实际利率;当 $m > 1$ 时,实际利率大于名义利率。当 $m \to \infty$ 时,即一年之中无限多次计息,这时得到利率的极限值称为连续利率。按连续复利计息的实际利率

$$i = \lim_{m\to\infty}\left[\left(1 + \frac{r}{m}\right)^m - 1\right] = \lim_{m\to\infty}\left[\left(1 + \frac{r}{m}\right)^{\frac{m}{r}}\right]^r - 1 = e^r - 1 \tag{4-9}$$

例【4-4】 现设年名义利率 r 为 12%,则年、半年、季、月、日的年有效利率为多少?

解:根据公式(4-8)计算见表 4-2。

表 4-2 不同计息周期的年有效利率

年名义利率(r)	计息期	年计息次数(m)	计息期利率($i=r/m$)	年有效利率
12%	年	1	12%	12%
	半年	2	6%	12. 36%
	季	4	3%	12. 55%
	月	12	1%	12. 68%
	日	365	0. 032 9%	12. 76%

从公式(4-8)和表 4-2 可以看出,每年计息周期 m 越多,i 与 r 相差越大;另一方面,名义利率为 12%,按季度计息时,按季度利率 3% 计息与按年利率 12. 55% 计息,二者是等价的。所以,在工程技术经济分析中,如果各技术方案的计息期不同,就不能简单地使用名义利率来评价,为此必须换算成有效利率进行评价,否则会得出不正确的结论。

连续复利计算通常用于经济研究中。因为一般情况下,现金交易活动总是趋于平均分布,而不是集中在某一特定的时点,用连续复利计算更接近于实际情况。同时在有些数学模型中,采用连续复利计算比间歇复利(计息周期为一定时间时)计算要更加方便。

尽管如此,在目前实际的工程技术经济计算中,仍主要采用间歇复利计算为主。因为目前的会计制度下,通常都是在年底结算一年的进出款额,财务上也是按年支付税金、保险金和抵押费用等,因此,在一般的工程技术经济计算中,通常采用间歇复利计算,而且以年作为计息周期。

第二节　工程项目现金流量

一、现金流量的概念

对于生产经营活动,可以从物质和货币两个方面进行考虑。从物质形态看,生产活动表现为使用各种工具、设备,消耗一定量的能源和资源,进行加工转化,生产出所需要的产品。从货币形态看,生产活动表现为投入一定量的资金,消耗一定量的成本,通过产品销售方式获取一定量的货币收入。在工程技术经济分析中,通常把评价的项目方案作为一个独立的经济系统(这个系统可以是一个企业,也可以是一个地区、一个部门或者是一个国家),对于这个系统来说,全部费用以及收益,可以看成以货币的形式体现的资金流出或流入。通常,该系统在其整个寿命期内,流入系统的资金(收入)叫作现金流入(记为 CI);对流出系统的资金(支出)叫作现金流出(记为 CO),一个时间点的现金流入与现金流出的差额叫作净现金流量(记为 NCF)。系统的现金流入、流出和净现金流量统称为现金流量。它们之间的关系为

$$NCF=CI-CO \tag{4-10}$$

式中　NCF——净现金流量;

CI——现金流入;

CO——现金流出。

由于系统的资金运动有现金流入与现金流出之差别,因此现金流量就有正与负。通常规定,现金流入为正值,现金流出为负值。显然由式(4-10)得出,净现金流量也就有可能是正值、负值或者为零。如果净现金流量是大于零的正值,则为正净现金流量,是现金流入;如果净现金流量是小于零的负值,则为负净现金流量,是现金流出。如果净现金流量是零,则收支相抵。

二、确定现金流量应注意的问题

(1)明确每一笔现金流入和现金流出发生的时刻点。

(2)现金流量必须是实际发生的。例如,应收账款和应付账款不能作为现金流。

(3)同一个经济系统的现金流量,若所站的角度不同就会产生不同的结果。例如,国家对企业经济活动征收的税金,从企业的角度看是现金流出;但从国家的角度来看,在进行国民经济评价时,企业缴纳的税金,并未减少国民收入,只是相应资源的分配使用权从企业转到政府手中,是整个国民经济系统内资金的再分配(内部转移),不是经济费用,故它既不是现金流入也不是现金流出。

因此在工程技术经济分析活动中,必须在明确考察角度和系统范围的前提下,正确区分现金流入与现金流出。对于一般的生产经营活动来说,投资、成本、销售收入、税金和利润等经济量是构成经济系统现金流量的基本要素,也是进行经济分析的基础数据。

三、现金流量的表达

为了考察各种投资项目在其寿命周期内全部资金的支出与收入情况,分析计算它们的经济效果,一般采用现金流量图和现金流量表来表示。

(一)现金流量图

现金流量图是表示项目系统在整个寿命周期内各时点的现金流入和现金流出状况的一种

图示，即把技术方案的现金流量绘入时间坐标图中，表示出各现金流入、流出与相应时间的对应关系，运用现金图，可全面、形象、直观地表达经济系统的资金运动状态。如图 4-1 所示。

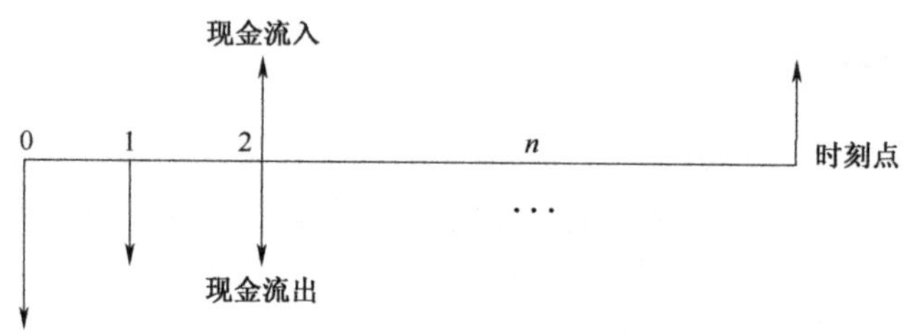

图 4-1 现金流量示意图

具体的画法如下：

(1)以横轴为时间坐标，向右延伸表示时间的延续，时间间隔相等，时间单位可根据需要取年、季、月、日等。坐标轴上的时刻 t 表示第 t 期期末，同时也是下一期期初。如图 4-1 中的第 1 时刻点表示第 1 年年末，同时也表示第 2 年年初。

(2)相对于时间坐标的垂直箭线代表不同时点的现金流量情况，单位可取元、万元。现金流量的性质(流入或流出)是对特定的对象而言的。对投资人而言，在横轴上方的箭线表示现金流入，即表示收益；在横轴下方的箭线表示现金流出，即表示费用。

(3)现金流入为正值，用向上的箭头线表示；现金流出为负值，用向下的箭头表示。箭头线的长短只要能区别现金流量多少即可，并在各箭线上方(或下方)注明其现金流量的数值。

(4)箭线与时间轴的交点即为现金流量发生的时点。时间坐标的原点通常取在建设期开始的时点，也可取在投产期开始(即建设期末)的时点，而分析计算的起始时间一般都规定在时间坐标的原点。

(5)为了统一绘制方法和便于比较，通常规定投资发生在各时期的期初，而销售收入、经营成本、利润、税金等，则发生在各个时期的期末，回收固定资产净残值与回收流动资金则在项目经济寿命周期终了时发生。

总之，要正确绘制现金流量图，必须把握好现金流量的三要素，即：现金流量的大小(现金流量数额)、方向(现金流入或现金流出)和作用点(现金流量的发生时点)。

(二)现金流量表

现金流量表是反映项目在一定时期内现金收入，现金支出及现金收支净额的基本财务报表。见表 4-3。

表 4-3 现金流量表

序号	内容	建设期			投产期		达产期						回收期
		1	2	3	4	5	6	7	8	9	…	$n-1$	n
1	(一)现金流入												
2	销售收入												
3	回收固定资产残值												
4	回收流动资金												

续上表

序号	内容	建设期			投产期		达产期						回收期
		1	2	3	4	5	6	7	8	9	…	$n-1$	n
5	(二)现金流出												
6	固定资产投资												
7	流动资产投资												
8	经营成本												
9	销售税金												
10	所得税												
11	(三)净现金流量												

第三节　资金等值的计算及应用

在工程技术经济分析中,为了考察投资项目的经济效益,在对工程项目寿命期内不同时间发生的全部收益和全部费用进行分析和计算,由于资金时间价值的存在,不同时点的资金就不能直接比较。这时经常采用资金等值换算进行工程项目方案的经济效益比较和选优。由此可见,资金等值概念及计算非常重要,是工程技术经济分析中非常重要的一种换算方法。

一、资金等值的概念及影响因素

(一)资金等值的概念

资金等值是指在考虑了时间因素之后,不同时刻点发生的数额不等资金金额,在一定利率条件下具有相等的价值。换句话说,就是把不同时刻点发生的数额不等的资金按一定的利率换算到同一时点上,而这不同时刻点的不同数额的资金,在经济上的作用是相等的,具有相等的价值,即资金是等值的。

(二)资金等值的影响因素

影响资金等值的因素主要有三个,即:资金数额的大小,资金运动发生的时间长短和利率的大小。虽然三个因素中任何一个因素变化都将导致等值的变化,但其中利率是关键因素,资金的等值换算是以同一利率作为比较计算的依据。

(三)与资金等值相关的基本概念

(1)资金等值计算。利用等值的概念,将一个时刻点发生的资金金额换算成另一个时刻点的等值金额,这一过程叫资金等值的计算。

(2)贴现或折现。把将来某一时点的资金金额换算为现在时点的等值金额称为贴现或者折现。

(3)贴现率或折现率。贴现(折现)时所采用的利率称为贴现率(折现率)。用符号 i 表示。

(4)现值。现值是指资金“现在”的价值。应当说明的是,“现值”是一个相对的概念,一般地说,将 $t+k$ 个时点上发生的资金折现到第 t 个时点,所得的等值金额就是第 $t+k$ 个时点上

资金金额在 t 时点的现值。现值用符号 P 表示。

(5)终值。终值是现值在未来时点上的等值资金,用符号 F 表示。

(6)等年值。等年值是指分期等额收支的资金值,用符号 A 表示。

(7)计息期。计息时间周期数,在工程技术经济学中,计息期通常以年为单位。用符号 n 表示。

二、资金等值计算公式

(一)资金等值计算公式的基本参数

P —— 本金或现值;

F —— 本利和、未来值或称终值;

A —— 等额支付序列值,或称等额年金序列值;

i —— 利率或贴现率,也称报酬率或收益率;为期利率;

n —— 计息周期数,不一定为年(半年、季度、月、周、日、时等)。

(二)等值计算公式

1. 一次支付(整付)类型

一次支付是指项目的现金流入和现金流出仅发生一次的情况。其典型现金流量图如图 4-2 所示。对于所考虑的系统来说,如果在考虑资金时间价值的条件下,若 $i>0$,现金流入恰恰能补偿现金流出,则 F 与 P 就是等值的。

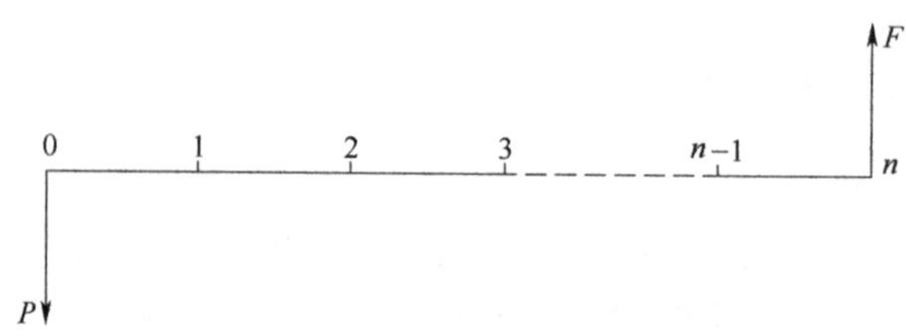

图 4-2 一次支付型现金流量图

从图 4-2 来看,在一次支付的情况下,i,n,P 和 F 四个参数一定出现,其中 i,n 一般为已知,P 和 F 中有一个为已知,另一个为未知。故一次支付类型有两个等值计算公式。

(1)一次支付终值公式

经济含义是:已知支出本金(现值)为 P,当利率(报酬率或收益率)为 i 时,在复利计息的条件下,求第 n 期期末所取得的本利和,即未来值 F。其典型现金流量图如图 4-3 所示。

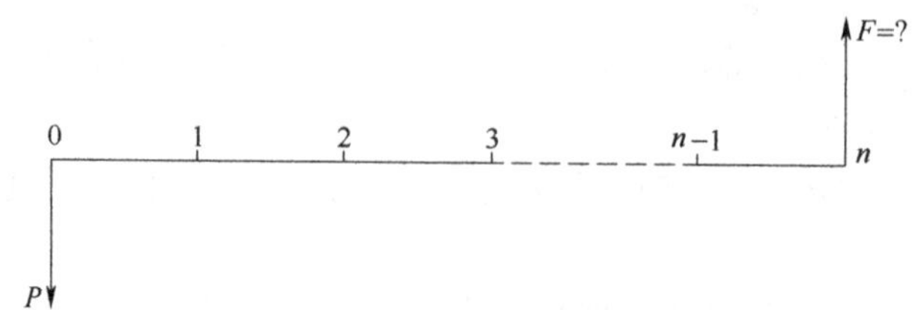

图 4-3 一次支付终值型现金流量图

$$F=P(1+i)^n=P(F/P,i,n) \tag{4-11}$$

式中 $(1+i)^n$ 称为一次支付终值系数,这个系数也可以用符号 $(F/P,i,n)$ 表示,其中斜

线右侧的 P 以及 i 和 n 为已知条件，而斜线左的 F 是所求的未知量。系数 $(F/P,i,n)$ 可查复利系数表得到。

例【4-5】 某企业向银行贷款 1 000 万，年利率为 8%，计算该企业第 4 年年末向银行偿还的本利和？

解：根据公式(4-11)得

$$\begin{aligned} F &= P(1+i)^n \\ &= 1\,000 \times (1+8\%)^4 \\ &= 1\,360.49(\text{万}) \end{aligned}$$

(2)一次支付现值公式

这是已知终值 F 求现值 P 的等值公式，它的经济含义是：如果想在未来的第 n 期期末一次收入 F 数额的现金流量，在利率(资金收益率)为 i 的复利计息条件下求现在应一次投入本金 P 是多少。该公式是一次支付终值公式的逆运算。由式(4-11)可直接导出，其现金流量图如图 4-4 所示。

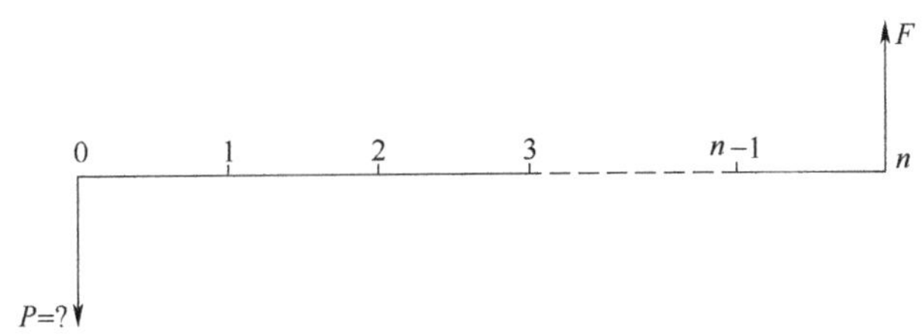

图 4-4 一次支付现值现金流量图

一次支付现值公式为：

$$P = F\frac{1}{(1+i)^n} = F(P/F,i,n) \tag{4-12}$$

式中 $\frac{1}{(1+i)^n}$ 称为一次支付现值系数，或称贴现系数，亦可用符号 $(P/F,i,n)$ 表示，其系数值可查复利系数表求得。

注意：式(4-11)和式(4-12)中的系数互为倒数。在 P 一定，n 相同时，i 越高，F 越大；在 i 相同时，n 越长，F 越大。在 F 一定，n 相同时，i 越高，P 越小；在 i 相同时，n 越长，P 越小。

例【4-6】 某企业从事某项目希望 5 年获得收益为 1 000 万，在年利率为 8% 条件下，试问该企业一次性投资多少万？

解：根据公式(4-12)得

$$\begin{aligned} P &= F\frac{1}{(1+i)^n} \\ &= 1\,000 \times \frac{1}{(1+8\%)^5} \\ &= 680.58(\text{万}) \end{aligned}$$

在工程技术经济评价中，由于现值评价常常是选择现在为同一时点，把技术方案预计的不同时期的现金流量折算成现值，并按现值之代数和大小做出决策。因此，在工程技术经济分析时应当注意以下两点：

(1)正确选取折现率。折现率是决定现值大小的一个重要因素,必须根据实际情况灵活选用。

(2)要注意现金流量的分布情况。从收益方面来看,获得的时间越早、数额越多,其现值也越大。

因此,应使技术方案早日完成,早日实现生产能力,早获收益,多获收益,才能达到最佳经济效益。从投资方面看,在投资额一定的情况下,投资支出的时间越晚、数额越少,其现值也越少。所以应合理分配各年投资额 ,在不影响技术方案正常实施的前提下,尽量减少建设初期投资额,加大建设后期投资比重。

2. 等额分付类型

等额分付是多次支付现金流形式中的一种。多次支付是指现金流入和流出在多个时点上发生,而不是集中在某个时点上。多次支付现金流可分为等额和不等额的多次支付。(现金流数额的大小可以是不等的,也可以是相等的。一般的把在 n 期内发生的一系列现金流称为系列现金流。当现金流序列是连续的,且数额相等,则称之为等额系列现金流。下面介绍等额系列现金流的四个等值计算公式。

(1)等额分付终值公式

如图 4-5 所示,从第 1 年末至第 n 年末有一等额的现金流序列,每年的金额均为 A ,称为等额年值。如果在考虑资金时间价值的条件下,n 年内系统的总现金流出等于总现金流入,则第 n 年末的现金流入 F 应与等额现金流出序列等值。F 相当于等额年值序列的终值。

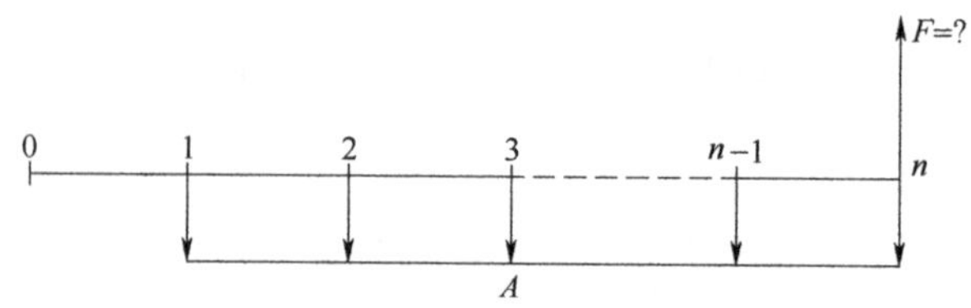

图 4-5 等额分付终值的现金流量图

这个公式的经济含义是:对连续若干期期末等额支付的现金流量 A ,按利率 i 复利计息,求其第 n 期期末的未来值 F ,即本利和。也就是已知 A 、i 、n ,求 F 。依据图 4-5,可把等额序列视为 n 个一次支付的组合,利用一次支付终值公式推导出等额分付终值公式

$$
\begin{aligned}
F &= A + A(1+i) + A(1+i)^2 + \cdots + A(1+i)^{n-2} + A(1+i)^{n-1} \\
&= A[1 + (1+i) + (1+i)^2 + \cdots + (1+i)^{n-2} + (1+i)^{n-1}]
\end{aligned}
$$

利用等比级数求和公式,得

$$F = A\frac{(1+i)^n - 1}{i} \tag{4-13}$$

式中 $\frac{(1+i)^n - 1}{i}$ 称为等额支付序列终值系数,亦可用符号 $(F/A,i,n)$ 表示,其系数值可从复利系数表中查得。

例【4-7】 某人每年年末向银行存款 20 000 元,在年利率为 5% 条件下,第 5 年年末应取出的本利和是多少?

解:根据公式(4-13)得

$$F = A\frac{(1+i)^n - 1}{i}$$

$$= 20\ 000 \times \frac{(1+5\%)^5 - 1}{5\%}$$

$$= 110\ 512.62(\text{元})$$

(2)等额分付偿债基金公式

经济含义是:在利率为 i ,复利计息的条件下,如果要在 n 期期末能一次收入资金 F 数额的现金流量,那么在这 n 期内连续每期期末等额偿债基金值 A 应是多少? 它是等额分付终值公式的逆运算,也就是已知 F 、i 、n ,求 A 。其现金流量图如图 4-6 所示。

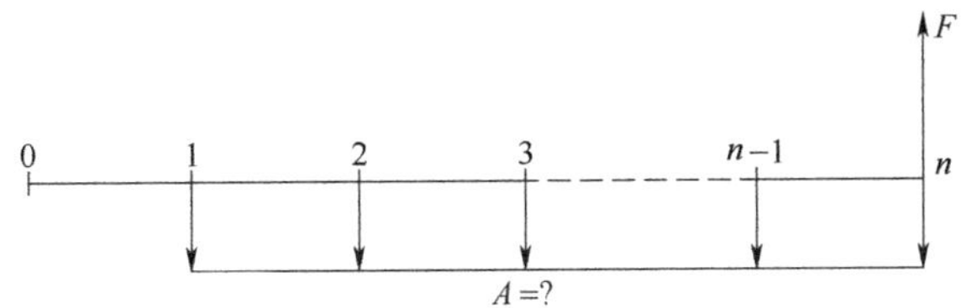

图 4-6　等额分付偿债基金的现金流量图

由公式(4-13)可直接导出

$$A = F\frac{i}{(1+i)^n - 1} = F(A/F,i,n) \tag{4-14}$$

式中 $\frac{i}{(1+i)^n - 1}$ 称为等额分付偿债基金系数,亦可用符号 $(A/F,i,n)$ 表示,其系数值可从复利系数表中查得。

注意:式(4-13)和式(4-14)中的系数互为倒数。

应当指出,采用式(4-13)和式(4-14)进行复利计算时,现金流量的分布必须符合图 4-5 与图 4-6 所示的形式,即:

①连续的等额分付偿债值 A 必须发生在第 1 期期末至第 n 期期末,否则必须进行一定的变换和换算。

②期初($n=0$)时,没有资金发生,每期间隔相等。

③终值 F 与最后一期等额支付发生在同一时刻。

例【4-8】 某人希望在 10 年后从银行取出 10 万元,在年利率为 8% 条件下,每年年末应给银行存多少?

解:根据公式(4-14)得

$$A = F\frac{i}{(1+i)^n - 1}$$

$$= 100\ 000 \times \frac{8\%}{(1+8\%)^{10} - 1}$$

$$= 6\ 903(\text{元})$$

或者

$$A = F(A/F,i,n)$$

$$= 100\ 000(A/F,8\%,10)$$

$$= 100\ 000 \times 0.069\ 03$$

$$= 6\ 903(\text{元})$$

(3)等额分付现值公式

等额分付现值公式,也叫等额年金现值公式。经济含义是:在利率为 i ,复利计息的条件下,求 n 期内每期期末发生的等额分付值 A 的现值 P ,类似与商业活动中的整存零取。即已知 A 、i 、n ,求 P 。其现金流量图如图 4-7 所示。

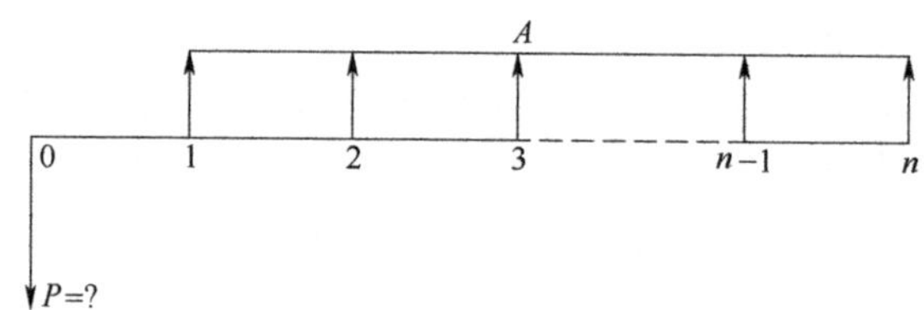

图 4-7 等额分付现值的现金流量图

依据图 4-7 可把等额序列视为 n 个一次支付的组合,利用一次支付现值公式推导出等额分付现值公式,即

$$P=\frac{A}{(1+i)}+\frac{A}{(1+i)^2}+\cdots+\frac{A}{(1+i)^n}$$

利用等比级数求和得

$$P=A\frac{(1+i)^n-1}{i(1+i)^n}=A(P/A,i,n) \tag{4-15}$$

式中 $\frac{(1+i)^n-1}{i(1+i)^n}$ 称为等额分付现值系数,也叫等额年金现值系数,亦可用符号 $(P/A,i,n)$ 表示,其系数值可从复利系数表中查得。

需要注意的是,在大多数情况下,年金都是在有限时期内发生的,但实际生活中,有些年金是无限发生的,如股份公司的经营具有连续性,可以认为是无限寿命。由于 $\lim\limits_{n\to\infty}\frac{(1+i)^n-1}{i(1+i)^n}=\frac{1}{i}$,所以当周期数 n 足够大时,可近似认为

$$P=\frac{A}{i} \tag{4-16}$$

即得到永久年金的现值。P 就是永久年金 A 的现值。反之,一笔基金的永久年金就是 $A=P\times i$ 即每年只提取基金的利息部分而保留本金部分。

例【4-9】 某工程项目,计算期 5 年,每年年末等额收回 100 万元,问在利率为 10% ,开始一次投资需要多少钱?

解:根据公式(4-15)得

$$\begin{aligned}P&=A\frac{(1+i)^n-1}{i(1+i)^n}\\&=100\times\frac{(1+10\%)^5-1}{10\%\times(1+10\%)^5}\\&=379.1(\text{万})\end{aligned}$$

或者
$$P = A(P/A,i,n) = 100(P/A,10\%,5) = 100 \times 3.791 = 379.1(万)$$

(4)等额分付资金回收公式

经济含义是:有现金流量现值 P 或者是投资金额为 P,在年率为 i 并复利计息的条件下,在 n 年内每年年末等额的提取金额 A,且在 n 年年末将期初投资连本带利全部回收,即在 n 期内与其等值的连续的等额分付资金回收值 A 应是多少?这是已知 P、i、n,求 A。其现金流量图如图4-8所示。

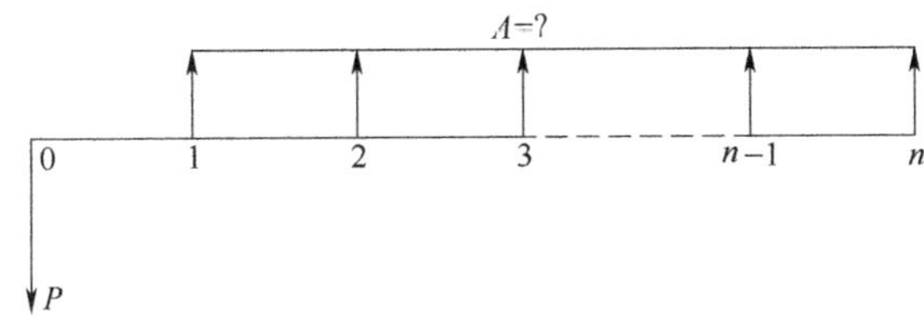

图4-8　等额分付资金回收的现金流量图

等额分付资本回收公式,可由公式(4-15)得

$$A = P\frac{i(1+i)^n}{(1+i)^n - 1} = P(A/P,i,n) \tag{4-17}$$

式中 $\frac{i(1+i)^n}{(1+i)^n - 1}$ 称为等额分付资金回收系数,亦可用符号 $(A/P,i,n)$ 表示,其系数值可从复利系数表中查得。

注意:式(4-15)和式(4-17)中的系数成倒数。

在对工程项目或技术方案进行经济分析时,常常根据计算出的单位投资值,在考虑资金时间价值的前提条件下,应用等额分付资本回收公式核定在项目生产期或回收期内每年至少应返还多少资金。若项目实际返还的资金小于根据单位投资的等额分付回收公式所求的资金数额,则说明该项目在指定期间无法按要求回收投资。

例【4-10】　某人现在从银行贷款30万元,贷款期限为10年,在年利率为8%条件下,每年年末应给银行偿还多少?

解:根据公式(4-17)得

$$A = P\frac{i(1+i)^n}{(1+i)^n - 1} = 300\,000 \times \frac{8\% \times (1+8\%)^{10}}{(1+8\%)^{10} - 1} = 44\,709(元)$$

或者
$$A = P(A/P,i,n) = 300\,000(A/P,8\%,10) = 300\,000 \times 0.149\,03 = 44\,709(元)$$

3. 等差系列现金流

在实际问题中,我们经常遇到各时点的现金流量按一定的数值逐期递增或递减形成一个等差数列,这样的数列称为等差系列现金流,也可以称之为均匀梯度序列现金流。其现金流量图如图 4-9 所示。

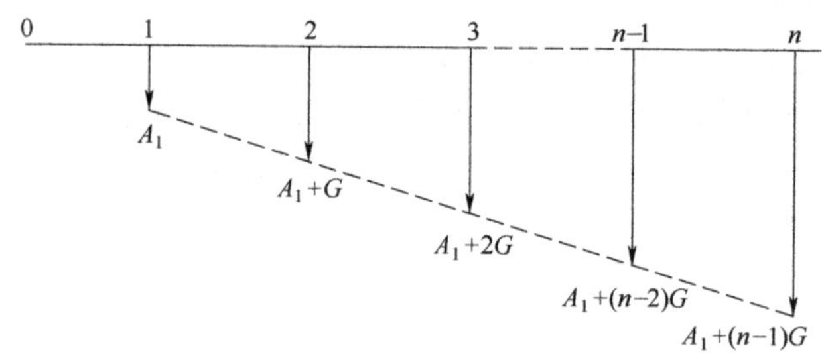

图 4-9 等差序列现金流量图

等差系列现金流量的通用计算公式

$$A_t = A_1 + (t-1)G \quad (t=1,2,\cdots,n) \tag{4-18}$$

式中 A_t——第 t 年的现金流量;

G——等差额;

t——时点。

这个公式的经济含义是:在利率为 i,复利计息条件下,对 n 期内现金流量呈逐期等差递增变化或等差递减变化的序列,进行资金的时间价值计算。假设某投资额 P 的项目,第 1 年年末的金额为 A_1,然后从第 2 期期末开始逐期等差递增或逐期等差递减。

显而易见,图 4-9 的现金流量可分解为两部分:第一部分是由第 1 期期末现金流量 A_1 构成的等额分付现金流量图,如图 4-10 所示;第二部分是由等差变额 G 构成的递增等差序列现金流量图,如图 4-11 所示。

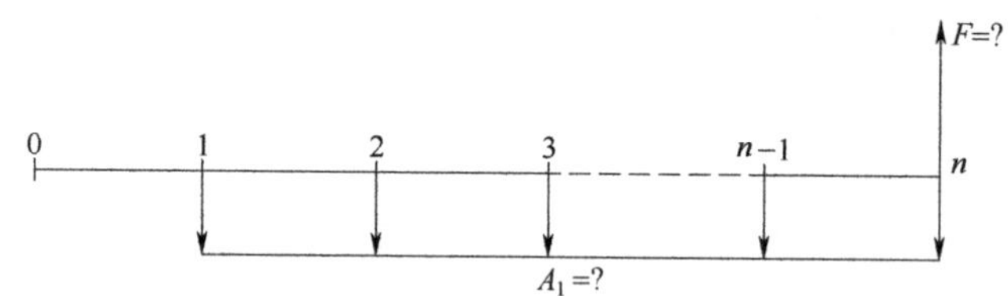

图 4-10 等额值为 A_1 的等额分付序列现金流量图

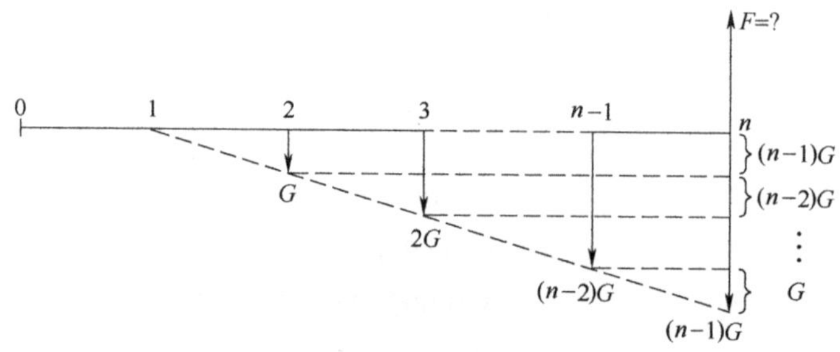

图 4-11 等差变额为 G 的递增等差序列现金流量图

第一部分，如图 4-10 所示等额分付序列值为 A_1 的未来值 F_{A_1} 的计算式为

$$F_{A_1} = A_1 \frac{(1+i)^n - 1}{i} = A_1(F/A,i,n) \tag{4-19}$$

式中　F_{A_1} ——等额分付序列值为 A_1 的 n 期期末的未来值；

A_1 ——等额分付序列值，即等差序列第 1 期期末的现金流量值。

第二部分，如图 4-11 所示等差变额为 G 的等差序列现金流。其中 G 为两个相邻周期的现金流量的等差额。时刻 t 的现金流量 A_t 为

$$A_t = (t-1)G \quad (t = 1,2,3,\cdots,n) \tag{4-20}$$

等差序列终值、现值、等差序列现金流与等额序列现金流之间的关系分以下三种：

(1)等差序列终值公式

这个公式的经济意义是：已知等差变额 G、i、n，求 F。例如，某项目系统的现金流量呈等差递增，设等差变额为 G，其现金流量图如图 4-9 所示。由图可知，第 n 期期末与等差序列等值的终值，应是每期期末的等差支付值现金流量对第 n 期期末终值的累计总和，即

$$F = \sum_{t=1}^{n} A_t (1+i)^{n-t} \tag{4-21}$$

F 也可以看成是 $n-1$ 个等额序列现金流的终值之和，这些等额序列现金流的年值均为 G，年数分别为 $1,2,\cdots,n-1$。即

$$F = \sum_{j=1}^{n-1} G \cdot \frac{(1+i)^j - 1}{i} = G\left[\frac{(1+i)-1}{i} + \frac{(1+i)^2 - 1}{i} + \cdots + \frac{(1+i)^{n-1} - 1}{i}\right]$$

$$= \frac{G}{i}[(1+i) + (1+i)^2 + \cdots + (1+i)^{n-1} - (n-1)]$$

故

$$F = G\frac{(1+i)^n - ni - 1}{i^2} = G(F/G,i,n) \tag{4-22}$$

式中 $\frac{1}{i}\left[\frac{(1+i)^n - 1}{i} - n\right]$ 称为等差序列终值系数，亦可用符号 $(F/G,i,n)$ 表示，其系数值可从复利系数表中查得。

(2)等差序列现值公式

这个公式的经济含义是：已知等差变额 G、i、n，求现值 P。等差序列现值公式可直接由等差序列终值公式(4-22)乘以相同条件下的现值系数 $(1+i)^{-n}$ 得到

$$F\frac{1}{(1+i)^n} = G\left[\frac{(1+i)^n - ni - 1}{i^2}\right] \cdot \frac{1}{(1+i)^n}$$

或

$$P = G\frac{(1+i)^n - in - 1}{i^2(1+i)^n} = G(P/G,i,n) \tag{4-23}$$

称 $\frac{(1+i)^n - in - 1}{i^2(1+i)^n}$ 为等差序列现值系，亦可用符号 $(P/G,i,n)$ 表示，其系数值可从复利系数表查得。

(3)等差序列年值公式

这个公式的经济含义是：已知等差变额 G、i、n，求 A。此公式可直接由等差序列现值公式(4-23)乘以等额分付资本回收系数得到

$$A = G(P/G,i,n)(A/P,i,n) = G\left[\frac{(1+i)^n - in - 1}{i^2(1+i)^n}\right]\cdot\left[\frac{i(1+i)^n}{(1+i)^n - 1}\right]$$

$$= G\left\{\frac{(1+i)^n - in - 1}{i[(1+i)^n - 1]}\right\} = G(A/G,i,n) \qquad (4\text{-}24)$$

称 $\frac{(1+i)^n - in - 1}{i[(1+i)^n - 1]}$ 为等差序列年值系数，亦可用符号 $(A/G,i,n)$ 表示，其系数值可从复利系数表中查得。

应当指出，在实际工作中，既有递增型等差序列，又有递减型等差序列，其分析处理方法基本相同。

4. 等比序列现金流的计算

有些项目的现金流量模式是逐期按一等比例增减的，形成一个等比数列。这样的数列称之为等比序列现金流量。例如某些商品的价格每年按一固定比例增加。现金流量图如图 4-12 所示，其中：A_1 为某一定值；h 为某一固定的百分比。

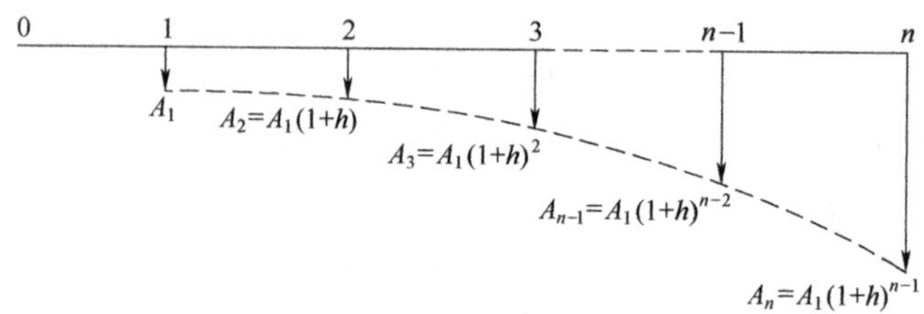

图 4-12 递增等比序列现金流量图

等比序列现金流的通用公式为

$$A_t = A_1(1+h)^{t-1} \quad (t = 1,2,3,\cdots,n) \qquad (4\text{-}25)$$

等比序列现金流的现值的现金流量图如图 4-13 所示。

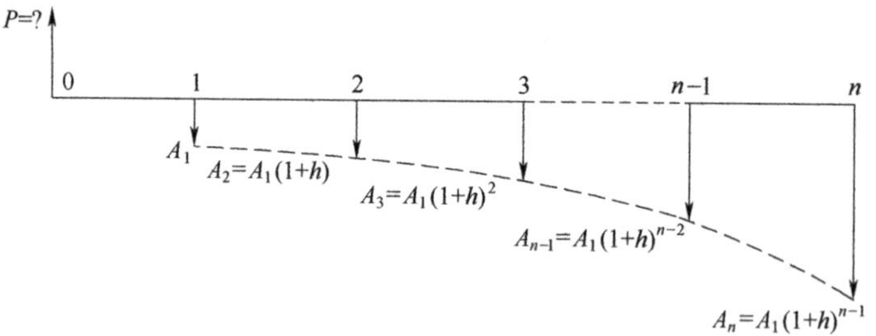

图 4-13 递增等比序列现金流量图

因此，等比序列现金流的现值为

$$P = \sum_{t=1}^{n} A_1(1+h)^{t-1}(1+i)^{-t} = \frac{A_1}{(1+h)}\sum_{t=1}^{n}\left[\frac{1+h}{1+i}\right]^t$$

利用等比级数求和公式可得

$$P = \begin{cases} A_1\left[\dfrac{1-(1+h)^n(1+i)^{-n}}{i-h}\right] & i \neq h \\ \dfrac{nA_1}{1+i} & i = h \end{cases} \qquad (4\text{-}26)$$

或表示为

$$P=\begin{cases}\dfrac{A_1[1-(P/G,i,n)(F/P,h,n)]}{i-h}\\ A_1 n(P/F,i,1)\end{cases}$$

式中

$$\begin{cases}\dfrac{1-(1+h)^n(1+i)^{-n}}{i-h} & i\neq h\\ n(1+i)^{-1} & i=h\end{cases}$$

或者

$$\begin{cases}\dfrac{1-(P/F,i,n)(F/P,h,n)}{i-h} & i\neq h\\ n(P/F,i,1) & i=h\end{cases}$$

称为等比序列现值系数，也叫几何序列现值系数，亦可用符号 $(P/F,i,h,n)$ 表示，其系数值可从复利系数表中查得。因此，等比序列现值公式又可表示为

$$P=A_1(P/F,i,h,n) \tag{4-27}$$

应当指出，通过适当的计算，还可以把等比序列现值公式换算为与其等值的未来值公式及等额年金(值)公式。

将等值公式汇总于表4-4。

表4-4　等值公式一览表

类别		已知	求	现金流量图	计算公式	复利系数名称与符号
一次支付	终值	P	F	0 1 2 3 … n; P↓; F=?↑	$F=P(1+i)^n$	一次支付终值系数 $(1+i)^n$ $(F/P,i,n)$
	现值	F	P	0 1 2 3 … n; P=?↓; F↑	$P=F(1+i)^{-n}$	一次支付现值系数 $\dfrac{1}{(1+i)^n}$ $(P/F,i,n)$
等额分付	终值	A	F	0 1 2 3 … n; A; F=?	$F=A\dfrac{(1+i)^n-1}{i}$	等额分付终值系数 $\dfrac{(1+i)^n-1}{i}$ $(F/A,i,n)$
	偿债基金	F	A	0 1 2 3 … n; A=?; F	$A=F\dfrac{i}{(1+i)^n-1}$	等额分付偿债基金系数 $\dfrac{i}{(1+i)^n-1}(A/F,i,n)$
	现值	A	P	0 1 2 3 … n; A; P=?	$P=A\dfrac{(1+i)^n-1}{i(1+i)^n}$	等额分付现值系数 $\dfrac{(1+i)^n-1}{i(1+i)^n}(P/A,i,n)$

续上表

类别		已知	求	现金流量图	计算公式	复利系数名称与符号
等额分付	资本回收	P	A	A=? 0 1 2 3 — — n P	$A=P\frac{i(1+i)^n}{(1+i)^n-1}$	等额分付资本回收系数 $\frac{i(1+i)^n}{(1+i)^n-1}(A/P,i,n)$

根据上述资金等值计算公式可知,6 个基本资金等值计算公式相互关系如图 4-14 所示。

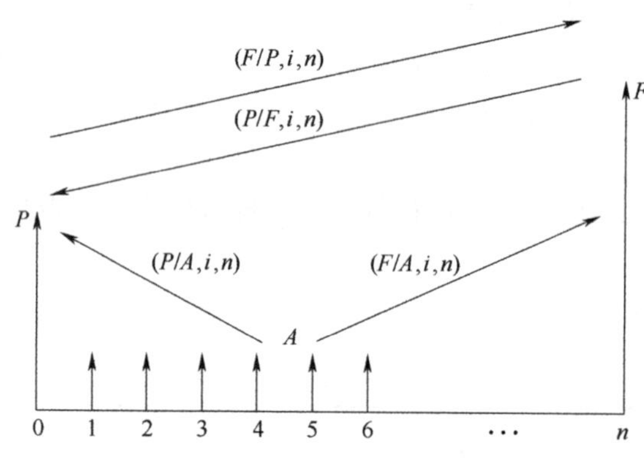

图 4-14 资金等值计算公式相互关系

三、应 用

资金时间价值原理和等值计算公式广泛应用于财务管理、投资决策、资产价算等领域。通过下面几个例题可以对资金等值计算的公式有更进一步的理解。

例【4-11】 某企业拟购买大型设备。价值为 500 万元,有两种付款方式可供选择:①一次性付款,优惠 12%;②分期付款,则不享受优惠,首次支付必须达到 40%,第 1 年末付 30%,第 2 年末付 20%,第 3 年末付 10%。假若企业购买设备所用资金是自有资金,自有资金的机会成本为 10%,问应选择哪种付款方式?又假若企业用借款资金购买设备借款利率为 16%,则应选择哪种付款方式?

解:(1)若资金的成本为 10%,则

1)一次性付款,实际支出 500×88% =440(万元)

2)分期付款,相当于一次性付款值

$P=500\times40\%+(500\times30\%)/(1+10\%)+(500\times20\%)/(1+10\%)^2+(500\times10\%)/(1+10\%)^3=456.57$ (万元)

(2)若资金的成本为 16%,则

1)一次性付款,实际支出 500×88% =440(万元)

2)分期付款,相当于一次性付款值

$P=500\times40\%+(500\times30\%)/(1+16\%)+(500\times20\%)/(1+16\%)^2+(500\times10\%)/(1+16\%)^3=435.66$(万元)

因此,对该企业来说,若资金利率为10%,则应选择一次性付款;若资金利率为16%,则应选择分期付款。

例【4-12】 某企业拟购买一设备,预计该设备有效使用寿命为5年,在寿命期内每年能产生年纯收益6.5万元,若该企业要求的最低投资收益率为15%,则该企业可接受的设备价格为多少?

解:设可接受的价格为 P , P 实际上就是投资额,该投资获得的回报即在5年内每年有6.5万元的纯收益,为了保证获得15%的投资收益率,则

第一年的6.5万元,允许的最大投资 $P_1 = 6.5/(1+15\%)$

第二年的6.5万元,允许的最大投资 $P_2 = 6.5/(1+15\%)^2$

第三年的6.5万元,允许的最大投资 $P_3 = 6.5/(1+15\%)^3$

第四年的6.5万元,允许的最大投资 $P_4 = 6.5/(1+15\%)^4$

第五年的6.5万元,允许的最大投资 $P_5 = 6.5/(1+15\%)^5$

因此, $P = P_1 + P_2 + P_3 + P_4 + P_5 = 6.5(P/A,15\%,5) = 21.8$(万元)

所以,企业可接受的最高价格为21.8万元。

例【4-13】 某投资者5年前以200万元价格买入一房产,在过去的5年内每年获得年净现金收益25万元,现在该房产能以250万元出售。若投资者要求的年收益率为20%,问此项投资是否合算?

解:判断该项投资合算的标准是有没有达到20%的年收益率。现金流量图如下:

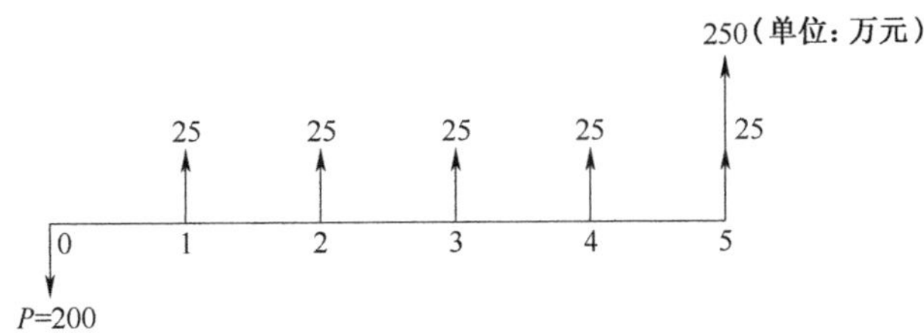

方法一:按20%的年收益率,投资200万元应该获得

$$F_1 = 200(F/P,20\%,5) = 498(\text{万元})$$

而实际收益 $F_2 = 25(F/A,20\%,5) + 250 = 436$(万元)

$F_2 < F_1$,则此项投资没有达到20%的收益率,故不合算。

方法二:将收益折算成现值

$$P_2 = 25(P/A,20\%,5) + 250(P/F,20\%,5) = 175.25(\text{万元})$$

计算表明若按20%的收益率,获得这样收益的投资额只需投资175.25万元,而实际投资200万元,因此是不合算的。

四、计息周期小于(或等于)资金收付周期时的等值计算

在工程技术经济分析中,项目或方案的计算周期往往可能与资金收付期不同。当计息周期与资金收付周期相同时,用上述基本公式进行分析;当计息周期小于(或等于)资金收付周期时的等值计算有以下两种:

(1)按收付周期实际利率计算。

(2)按计息周期利率计算

$$F = P\left(F/P,\frac{r}{m},mn\right) \tag{4-28}$$

$$P = F\left(P/F,\frac{r}{m},mn\right) \tag{4-29}$$

$$F = A\left(F/A,\frac{r}{m},mn\right) \tag{4-30}$$

$$P = A\left(P/A,\frac{r}{m},mn\right) \tag{4-31}$$

例【4-14】 某人现在存款 10 000 元,年利率 10%,每半年复利一次。问 5 年末存款金额为多少?

解:现金流量如图所示:

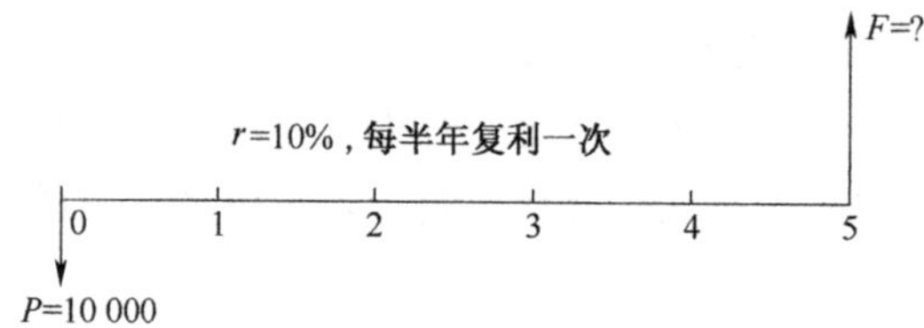

(1)按年实际利率计算

$$i = \left(1 + \frac{10\%}{2}\right)^2 - 1 = 10.25\%$$

则

$$\begin{aligned} F &= 10\,000 \times (1 + 10.25\%)^5 \\ &= 10\,000 \times 1.628\,89 \\ &= 16\,288.9(\text{元}) \end{aligned}$$

(2)按计息周期利率计算

$$\begin{aligned} F &= 10\,000\left(F/P,\frac{10\%}{2},2 \times 5\right) \\ &= 10\,000(F/P,5\%,10) \\ &= 10\,000 \times (1 + 5\%)^{10} \\ &= 10\,000 \times 1.628\,89 \\ &= 16\,288.9(\text{元}) \end{aligned}$$

有时上述两法计算结果有很小差异,这是因为一次支付终值系数略去尾数误差造成的,此差异是允许的。

但应注意,对等额系列流量,只有计息周期与收付周期一致时才能按计息期利率计算。否则,只能用收付周期实际利率计算。

例【4-15】 每半年内存款 10 000 元,年利率 8%,每季复利一次。问五年末存款金额为多少?

解:现金流量如图所示:

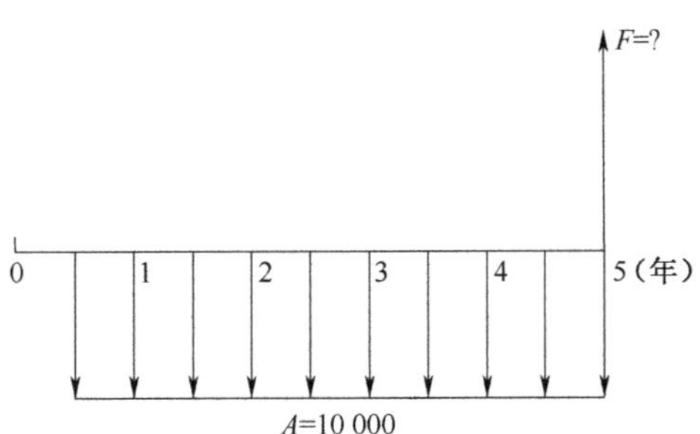

由于本例计息周期小于收付周期，不能直接采用计息期利率计算，故只能用实际利率来计算。

计息期利率 $i=r/m=8\%/4=2\%$

半年期实际利率 $i_{半}=(1+2\%)^2-1=4.04\%$

则 $F=10\ 000(F/A,4.04\%,2\times5)=10\ 000\times12.029=120\ 290$(元)

第四节　Excel 在工程经济中的应用——等值计算

工程技术经济的学习和运用中，我们经常遇到一系列的计算问题，即使简单题目手工计算，也比较麻烦，更别说复杂的题目。计算机的强大功能使这些问题简单化。下面我们就看看 Excel 在资金等值计算中的应用。

Mircrosoft Excel 提供了上百种预定义函数，具有强大的数据计算功能和数据分析功能。需要注意的是，在 Excel 中，对函数涉及金额的参数有特别规定的：支出款项，如向银行存入款项，用负数表示；收入款项，如利息的收入，用正数表述。

一、资金等值计算中用到的 Excel 函数

(一)终值计算函数

$$FV(Rate,Nper,Pmt,Pv,Type) \tag{4-32}$$

式中　Rate——利率；

Nper——总投资期，即该项投资总的付款期数；

Pmt——各期支出金额，在整个投资期内不变(若该参数为 0 或省略，则函数值为复利终值)；

Pv——现值，即从该项投资开始计算时已经入账的款项，或一系列未来付款当前值的累计和，如果忽略，则 Pv=0；

Type——数值等于 0 或 1，指定付款时间是期初还是期末，1=期初，0 或忽略=期末。

(二)现值计算函数

$$PV(Rate,Nper,Pmt,Fv,Type) \tag{4-33}$$

式中　Fv——未来值，或在最后一次付款期后获得的一次性偿还额；

其他参数 Rate，Nper，Pmt，Type 与式(4-32)中含义相同。

(三)偿债基金和资金回收计算函数

$$PMT(Rate,Nper,Pmt,Pv,Fv,Type) \tag{4-34}$$

式中　其他参数 Rate,Nper,Pmt,Type 与式(4-32)中含义相同。

若参数 Pv=0 或省略,则该函数计算的是偿债基金值;若参数 Fv=0 或省略,则该函数计算的是资金回收值。

二、Excel 在资金等值计算中的应用

(一)一次支付终值公式和一次支付现值公式应用

例【4-16】　某工程项目需要投资,现在向银行贷款 100 万元(现值),贷款年利率为 10%,贷款期限为 5 年,一次还清。试用终值计算函数来计算 5 年末一次偿还银行的本利和是多少?

解:(1)起动 Excel 软件。点击主菜单栏上的“插入”命令,然后在下拉菜单中选择“函数”命令,或直接点击工具栏上的“*fx*”即“插入函数”按钮,弹出“插入函数”对话框。先在函数选择类别(C)栏中选择“财务”,然后在财务函数下边的“选择函数(N)”栏中选择“FV”。最后点击对话框最下端的“确定”按钮。如图 4-15 所示。

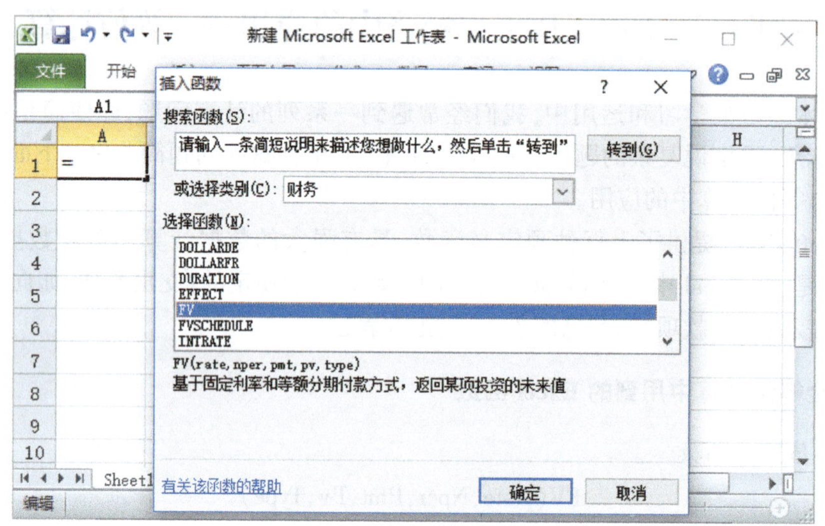

图 4-15　例【4-16】步骤 1

(2)在弹出的“FV”函数对话框中,Rate 栏中键入 10%,Nper 栏键入 5,Pv 中键入 1 000 000可直接在单元格 A1 中输入公式:=FV(10%,5,1 000 000)。然后点击“确定”按钮。如图 4-16 所示。

(3)在单元格 A1 中显示结果为-1 610 510,即 5 年后一次偿还银行的本利和是 1 610 510 元,这一结果与手算结果相同。如图 4-17 所示。

同样的一次支付现值公式采用现值函数 PV(Rate,Nper,Pmt,Fv,Type),具体步骤同一次支付终值公式的应用,即例【4-16】,只是“选择函数(N)”中选择“PV”即可。

(二)等额分付等值公式应用

1. 等额分付终值公式和等额分付现值公式

例【4-17】　某企业为设立退休基金,每年年末存入银行 10 万元,若存款利率为 3%,按复利计算,到第 5 年年末基金总额是多少?

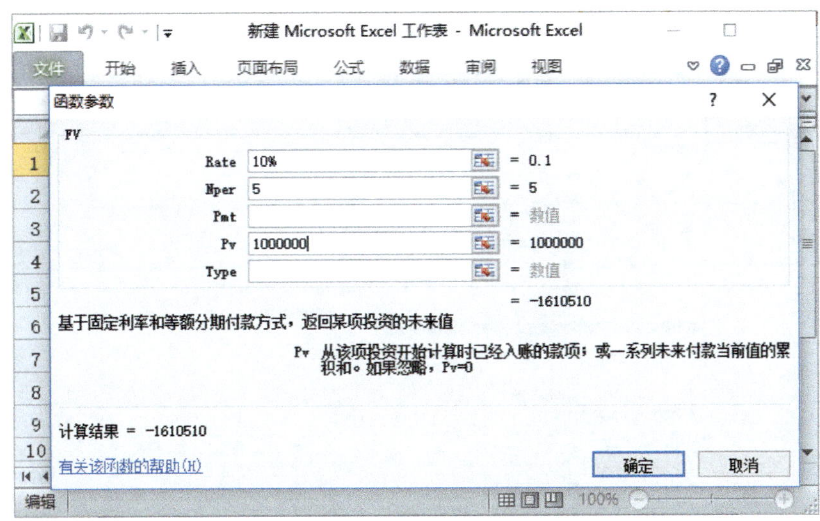

图 4-16　例【4-16】步骤 2

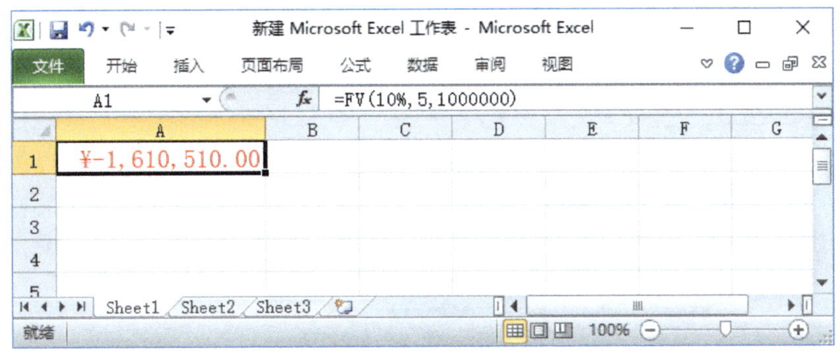

图 4-17　例【4-16】步骤 3

解:(1)起动 Excel 软件。点击主菜单栏上的“插入”命令,然后在下拉菜单中选择“函数”命令,或直接点击工具栏上的“*fx*”即“插入函数”按钮,弹出“插入函数”对话框。先在函数选择类别(C)栏中选择“财务”,然后在财务函数下边的“选择函数(N)”栏中选择“FV”。最后点击对话框最下端的“确定”按钮。如图 4-15 所示。

(2)在弹出的“FV”函数对话框中,Rate 栏中键入 3%,Nper 栏键入 5,Pmt 中键入 -100 000,也可直接在单元格 A1 中输入公式“=FV(3%,5,100 000)”,然后点击“确定”按钮。如图 4-18 所示。

(3)单元格 A1 中显示计算结果 530 913.58,即第 5 年末基金总额是 530 913.58 元。如图 4-19 所示。

同样的等额分付终值公式采用终值函数 PV(Rate,Nper,Pmt,Fv,Type),具体步骤同等额分付终值公式的应用,即例【4-17】,只是“选择函数(N)”中选择“PV”即可。

2. 资金回收公式和等额偿债基金公式

例【4-18】　某设备价值 10 万元,希望在 6 年内等额回收全部投资,若折现率为 10%,问每年回收多少?

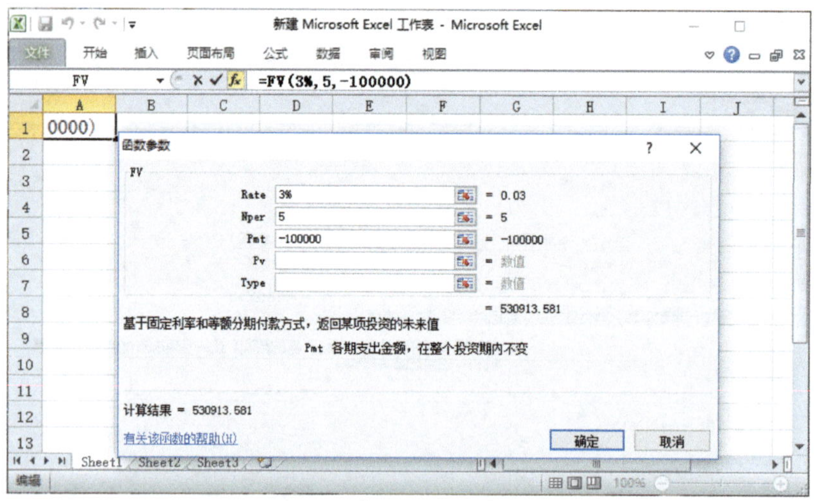

图 4-18 例【4-17】步骤 2

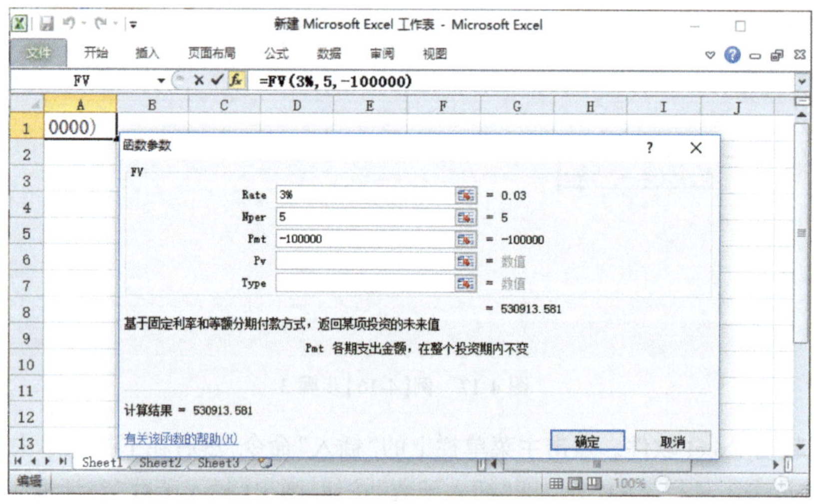

图 4-19 例【4-17】步骤 3

解：(1)起动 Excel 软件。点击工具栏上的“*fx*”即“插入函数”按钮，弹出“插入函数”对话框。先在函数选择类别(C)栏中选择“财务”，然后在财务函数下边的“选择函数(N)”栏中选择“PMT”。最后点击对话框最下端的“确定”按钮。如图 4-15 所示。

(2)在弹出的“PMT”函数对话框中，Rate 栏中键入 10%，Nper 栏键入 6，Pv 中键入 -100 000，也可直接在单元格 A1 中输入公式“=PMT(10%，6，-100 000)”，然后点击“确定”按钮。如图 4-20 所示。

(3)单元格 A1 中显示计算结果 22 960.74，即每年应回收金额为 22 960.74 元。如图 4-21 所示。

同样的等额偿债基金公式也采用函数 PMT(Rate，Nper，Pv，Fv，Type)，具体步骤同资金回收公式的应用，即例【4-18】，只是步骤 2 中，在 Fv 栏中输入相应的数据，或者是直接在单元格 A1 中输入公式“=PMT(rate，Nper，Fv)”即可。

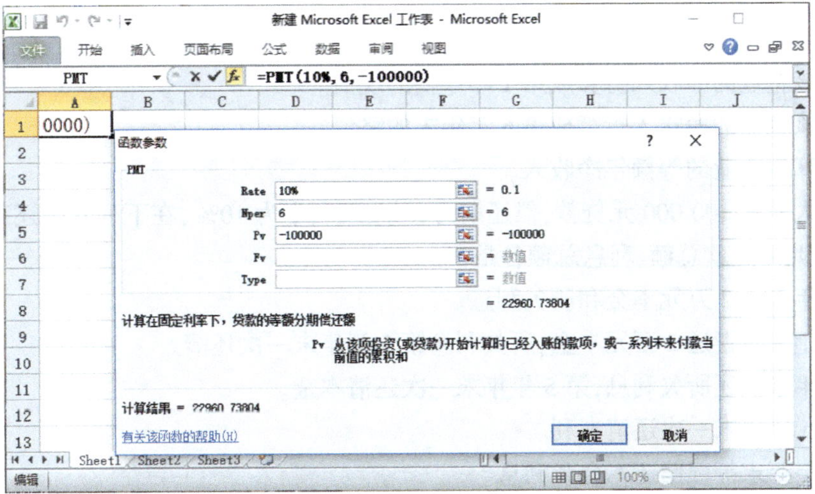

图 4-20　例【4-18】步骤 2

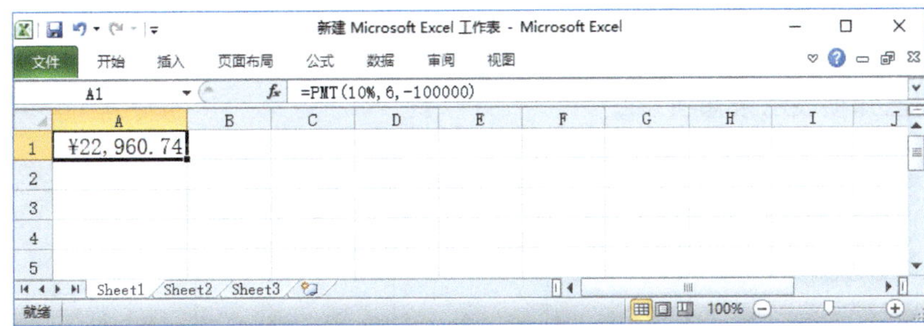

图 4-21　例【4-18】步骤 3

思考题与习题

1. 什么是资金的时间价值？如何理解资金的时间价值？
2. 利息的方法有哪几种？如何计算？
3. 单利和复利有什么关系？
4. 什么是名义利率和实际利率？它们之间的关系是什么？
5. 什么是现金流量？现金流量如何表达？确定现金流量应注意什么？
6. 如何理解资金的等值？影响资金等值的因素有哪些？
7. 资金等值计算中要用到哪些 Excel 函数？
8. 如何在 Excel 中插入财务函数？
9. 表 4-5 为某企业某项投资项目的现金收支记录，表中年份代表年末，设 $i=10\%$。

表 4-5　某企业现金收支表　　（单位：万元）

年份	0	1	2	3	4	5	6
投资	400						
销售收入		120	126	118	147	194	223
销售税金		5	5.3	5.1	5.4	6.2	6.3
总成本		80	91	90	93	124	146

(1)试绘制现金流量图。

(2)将该企业的净收入折算成第 1 年年初的现值。

(3)将该企业的净收入折算成第 6 年年末的终值。

(4)计算该企业的等额年净收入。

10. 某人获得 100 000 元贷款,偿还期为 5 年,年利率为 10%,在下列几种还款方式中,按复利法计算此人还款总额、利息总额各是多少?

(1)每年末还 2 万元本金和所欠利息。

(2)每年末只偿还 2 万元本金,所欠利息第 5 年年末一次还清。

(3)每年末偿还所欠利息,第 5 年年末一次还清本金。

(4)第 5 年年末一次还清本利。

(5)每年年末等额偿还本金和利息。

11. 一学生贷款上学,年利率为 5%,每学年初贷款 6 000 元,4 年毕业,毕业 1 年后开始还贷,6 年内等额付清,每年应付多少?

12. 图 4-22 考虑资金的时间价值后,总现金收入等于总现金流出。试利用各种资金等值计算系数,用已知项表示未知项。

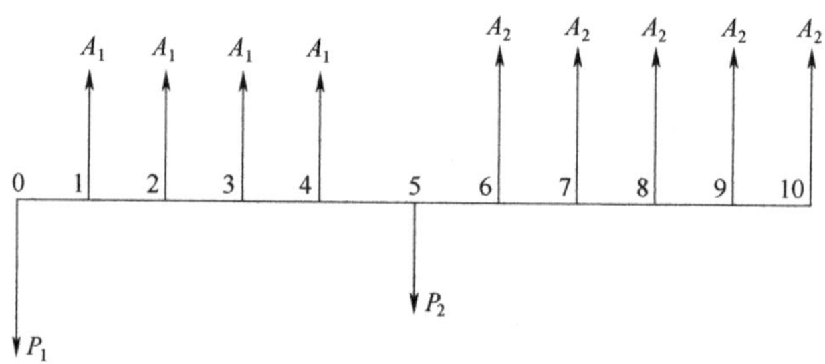

图 4-22 现金流量图

(1)已知 A_1、A_2、P_1、i,求 P_2。

(2)已知 A_1、P_1、P_2、i,求 A_2。

(3)已知 A_2、P_1、P_2、i,求 A_1。

13. 某人在孩子 3 岁时将一笔款存入银行,准备在孩子 18 岁和 24 岁分别取出 2 万元,假如银行的利率为 5%,按复利计算,则现在应存款多少?

14. 某人从 25 岁参加工作起至 59 岁,每年存入养老金 5 000 元,若利率为 6%,则他在 60~74 岁之间每年可以领到多少钱?

15. 以按揭的方式购房,贷款 10 万元,假定利率为 12%,15 年内按月等额分期付款,每月应付多少?

16. 每年年末等额存入 1 500 元,连续 10 年,准备在第 6 年、第 10 年、第 15 年末支取三次,金额相等,若利率为 12%,求支取金额?

17. 某企业向银行贷款 30 万元,若年率为 12%,每月计息一次,求 3 年末应归还的本利和?

18. 一家庭想购买一辆汽车,销售商提供了两种付款方式:一是一次付清购车费 30 万元,另一种是首期付款 10 万元,以后的每年年底付清 4 万元,连续支付 7 年,若银行的利率为 7%,请计算哪一种方式在总付款金额上更加有利?

计算题读者也可以通过 Excel 来计算。

第五章　工程项目经济评价指标

任何一个工程项目或任何一个工程技术方案都可以将它们看作是一种投资方案。对于某一个投资方案而言,仅仅靠技术上可行是不够的,还必须作经济上是否合理的判断,只有技术上可行,经济上又合理的投资方案,才能得以实施。

经济效果的评价是工程项目评价的核心内容。经济效果评价就是根据国民经济与社会发展以及行业、地区发展规划的要求,在拟定的技术方案、财务效益与费用估算的基础上,采用科学的分析方法,对技术方案的财务可行性和经济合理性进行分析论证,为选择技术方案提供科学的决策依据。为了确保投资决策的正确性和科学性,研究工程项目经济效果的评价指标和方法是十分必要的。

工程项目经济评价指标多种多样,它们从不同的评价角度反映工程项目的经济性。一般来说,投资者根据不同的评价深度要求和可获取资料的多少,以及项目本身和所处的条件不同,可选用不同的评价指标。这些指标有主有次,从不同的侧面反映了投资项目的经济效果。

依据的角度不同,经济评价指标的分类不同。若按是否考虑资金的时间价值分为静态评价指标和动态评价指标;静态评价指标是指不考虑资金的时间价值,而动态评价指标考虑了资金的时间价值。静态评价指标的特点是计算简便、直观,因而被广泛用来对投资效果进行粗略估计。它的主要缺点是没有考虑资金的时间价值,难以反映项目整个寿命期间的全部情况。因此在投资项目进行评价时,应以动态分析为主,必要时加静态评价指标进行辅助分析。

若按照投资项目资金的回收速度,获利能力和资金的使用效率进行分类,则投资项目的经济评价指标可分为:时间型评价指标,价值型评价指标和效率型评价指标。上述指标还可进一步细分,见表5-1。

表5-1　项目经济评价指标

指标类型	具体指标	备注
时间型指标	投资回收期	静态、动态
	增量投资回收期	静态、动态
	固定资产投资借款偿还期	静态
价值型指标	净现值、费用现值、费用年值	动态
效率型指标	投资利润率、投资利税率	静态
	内部收益率、外部收益率	动态
	净现值率	动态
	效益-费用比	动态

本章主要对时间型评价指标,价值型评价指标及效率型评价指标进行讨论。

第一节　时间型评价指标

时间型评价指标主要是用于评价项目回收投资的能力，即投资回收期。投资回收期（Pay Back Period），也可以称为投资返本期，是指投资回收的期限，用投资项目所产生的净收益抵偿全部投资所需时间。对于投资者来讲，投资回收期越短越好。投资回收期从工程项目开始投入之日算起，即包括建设期，单位通常用“年”表示。为了避免误解，计算该指标时一般要注明起算时间。

主要的时间型评价指标有静态投资回收期、动态投资回收期、增量投资回收期和固定资产投资借款偿还期等。

一、静态投资回收期

静态投资回收期是在不考虑资金的时间价值条件下，考察项目投资回收能力，即项目的净收益低偿全部投资所需要的时间。它是反映项目投资回收能力的重要指标。根据投资及净收入的情况不同，静态投资回收期计算公式分为以下三种：

（1）项目（或方案）在期初一次性支付全部投资 P，当年产生收益，每年净现金收入不变，为收入 B 减去支出 C（不包括投资支出），此时静态投资回收期 T 的计算公式为

$$T = P/(B - C) \tag{5-1}$$

例如：一个 1 000 万元的投资项目，当年收益，以后每年的净现金收入为 500 万元，则静态投资回收期 $T = 1\ 000/500 = 2$（年）。

（2）项目仍在期初一次性支付全部投资 P，但是每年的净现金收入由于生产及销售情况的变化而不一样，设 t 年的收入为 B_t，t 年的支出为 C_t，则能使下式成立的 T 即为静态投资回收期

$$P = \sum_{t=0}^{T}(B_t - C_t) \tag{5-2}$$

（3）如果投资在建设期 m 年内分期投入，t 年的投资假如为 P_t，t 年的净现金收入仍为 $B_t - C_t$，则能使下式成立的 T 即为静态投资回收期

$$\sum_{t=0}^{m} P_t = \sum_{t=0}^{T}(B_t - C_t) \tag{5-3}$$

第二、三种情况计算投资回收期在实际应用中不便，一般是根据财务现金流量表上累计净现金流量计算求得。通用计算公式为

$$\sum_{t=0}^{P_t}(\mathrm{CI} - \mathrm{CO})_t = 0 \tag{5-4}$$

实用计算公式为

$$静态投资回收期 = 累计净现金流量开始出现正值年份数 - 1 + \frac{上年累计净现金流量的绝对值}{当年净现金流量} \tag{5-5}$$

用静态投资回收期评价项目时，设行业基准投资回收期为 P_c，项目的投资回收期小于或等于行业基准投资回收期时，表示项目满足投资盈利性和风险性等要求；反之，表示项目不满

足要求,应予以拒绝。所以,静态投资回收期的判断准则是:

若 $P_t \leqslant P_c$,则项目可以考虑接受,若 $P_t > P_c$,则项目应予以拒绝。

例【5-1】 某方案的有关数据见表 5-2,试计算投资回收期。

表 5-2 某方案的投资及净现金收入

项目 \ 年份	0	1	2	3	4	5	6
1.总投资	6 000	4 000					
2.收入			5 000	6 000	8 000	8 000	7 500
3. 支出			2 000	2 500	3 000	3 500	3 500
4.净现金流量(2−1−3)	−6 000	−4 000	3 000	3 500	5 000	4 500	4 000
5.累计净现金流量	−6 000	−10 000	−7 000	−3 500	1 500	6 000	10 000

解:从表 5-2 可以看出,静态投资回收期在 3 年到 4 年之间,根据公式(5-5)可计算

$$P_t = 3 + \frac{3\ 500}{5\ 000} = 3.7(\text{年})$$

若该方案的基准投资回收期为 3 年,则该方案应予以拒绝。

基准投资回收期的确定是一项很复杂的工作。因各行各业生产性质和经济特点技术发展速度不同,技术装备和投资结构不同,在国民经济中的作用和地位也不同,所以基准投资回收期不能确定一个统一的标准。因此行业不同,标准也各异。基准投资回收期受下列因素影响:

(1)投资构成的比例。一般生产性投资比重扩大,非生产性投资比重减小,回收期可以缩短。

(2)成本构成比例。一般成本降低,利润增加,则导致回收期的缩短。

(3)技术进步的程度。新产品发展速度快,老产品更新频率高,企业改造、扩建加速等,都会使回收期缩短。

此外,产品的税率、建设规模、投资能力等也会直接或间接影响投资回收期。一般的,基准投资回收期为大、中型拖拉机行业为 13 年,内燃机行业为 8 年,仪器行业为 9 年,印刷机械行业为 9 年,重型机械行业为 17 年,铸造设备行业为 15 年,电机行业为 10 年,汽车行业为 9 年。美国基准投资回收期平均在 3~5 年,日本则为 3~4 年。

静态投资回收期指标的优点:概念易于理解、反映问题直观,计算方法简便,而且在一定程度上反映了项目的经济性和项目的风险性。一般而言, P_t 越长项目风险越大,因为时间越长,人们所能确知的东西就越少,不确定性所带来的风险就越大。因此,作为能够反映一定经济性和风险性的投资回收期指标,在项目评价中具有一定的作用。

但静态投资回收期指标的最大一个缺点是它没有反映资金的时间价值,因此用它来决定项目取舍有时会得出错误判断。例如:某水利项目需 2 年建成,每年投资 50 亿元。投产后每年可回收资金 7.5 亿元,项目建成后的寿命期为 50 年;投资经费全部来自贷款,贷款利率 10%。

如按静态投资回收期来计算 $P_t = 2×50/7.5 = 13.3$(年),即建成后经过 13 年多一点即可回收全部投资,此后剩余的 36.7 年可赚 7.5×36.7 = 275.25(亿元),可以说是个收益良好的投

资项目,但实际上如果考虑了资金的时间价值,项目在建成投产年初欠款金额为 50(1+0.1)+50=105(亿元)。因此投产后当年利息支出需 105×0.1=10.5(亿元)。当时实际收入为 7.5 亿元,即收支相抵后年亏损为 10.5−7.5=3(亿元),因此,到年底总的亏欠的金额增加为 105+3=108(亿元),再过一年则年底总的欠款金额会升至 108(1+0.1)−7.5=111.3(亿元)。这样欠款金额将逐年上升,经 50 年到项目寿命终结时的欠款将达 3 596.73 亿元之多!显然这是一项极不可取的项目。

静态投资回收期的缺点,除了没有考虑到资金的时间价值外,由于它舍弃了回收期以后的收入与支出的数据,故不能全面反映项目在寿命期内的真实效益,因此一般用作项目经济评价的辅助性指标。

二、动态投资回收期

动态投资回收期是指在考虑了资金的时间价值的条件下,按设定的行业标准收益率回收投资所需要的时间。计算公式为

$$\sum_{t=0}^{P_t'} (CI - CO)_t (1 + i_0)^{-t} = 0 \tag{5-6}$$

式中　P_t' ——动态投资回收期;

i_0 ——行业基准收益率;

$(CI-CO)_t$——第 t 年的净现金流量,其中 CI 为现金流入,CO 为现金流出。

与静态投资回收期相似,在实际计算中,一般是根据财务现金流量表上累计净现金流量现值计算求得。实用计算公式为

$$\text{动态投资回收期 } P_t' = \text{累计净现金流量折现值开始出现正值年份数} - 1 + \frac{\text{上年累计净现金流量折现值的绝对值}}{\text{当年净现金流量折现值}} \tag{5-7}$$

同静态投资回收期相似,用动态投资回收期评价项目的可行性时,判断准则为:

若 $P_t' \leq P_c$,则项目可以考虑接受,若 $P_t' > P_c$,则项目应予以拒绝。

例【5-2】 某项目的相关数据见表 5-3,基准收益率为 10%,基准投资回收期为 8 年,试计算动态投资回收期,并判断项目的可行性。

表 5-3　某项目的相关数据表

项目 \ 年份	0	1	2	3	4	5	6	7
投资	20	500	100					
经营成本				300	450	450	450	450
销售收入				450	700	700	700	700
净现金流量	−20	−500	−100	150	250	250	250	250
折现系数	1	0.909 1	0.826 4	0.751 3	0.6830	0.620 9	0.564 5	0.513 2
净现金流量现值	−20	−454.6	−82.6	112.7	170.8	155.2	141.1	128.3
累计净现金流量现值	−20	−474.6	−557.2	−444.5	−273.7	−118.5	22.6	150.9

解:首先,计算出净现金流量,然后计算净现金流量现值,以及累计净现金流量,计算结果见表5-3。

由表5-3可以看出,第6年出现正值,代入式(5-7)得

$$P_t' = 6-1+\frac{|-118.5|}{141.1} = 5.84(年)$$

因为:$P_t' < P_c$,所以项目可以被接受。

动态投资回收期指标的优点是考虑了资金的时间价值,但计算较复杂。

投资回收期具有明确的经济意义,计算简单、直观,便于投资者衡量项目的风险能力,并能在一定程度上反映投资效益的优劣。项目决策面临着未来的不确定性因素的挑战,这种不确定性所带来的风险随着时间的推移而增加。为了减少这种风险,人们自然希望投资回收期越短越好,基准投资回收期就是使项目风险尽可能小的时间界限。因此,作为能够反映一定经济性和风险性的投资回收期指标,在项目评价中具有独特的地位和作用,并被广泛用作项目评价的辅助指标。然而,投资回收期也有其固有的局限性:①没有考虑计划投资的项目使用年限;②没有考虑投资回收期以后的收益。因此,投资回收期作为评价判据时,往往要结合其他指标综合考虑,以弥补其不足。

三、增量投资回收期

无论是静态投资回收期,还是动态投资回收期,都没有反映投资回收期以后方案的情况,故不能全面反映项目在整个寿命期真实的经济效果。当投资回收指标用于评价两个方案的优劣时,通常采用增量投资回收期。增量投资回收期就是用投资大的方案比投资小的方案所节约的成本或超额收益来回收其增量投资所需的时间。如果甲方案投资 I_2 大于乙方案 I_1,而甲方案的年费用成本 C_2 小于乙方案的年费用成本 C_1,甲、乙两个方案具有相同的产出和寿命期,则增量投资回收期 ΔP 计算公式为

$$\Delta P = (I_2 - I_1)/(C_1 - C_2) \tag{5-8}$$

在两方案比较时,若 $\Delta P \leqslant P_c$,则投资大方案能在标准的时间内由节约的成本回收增加的投资,说明增加的投资有利,投资大方案是较优的方案;反之,投资小方案较优。

例【5-3】 某项目有两个可行的方案可供选择,其投资额与年经营成本如下:甲方案投资额为100万元,年经营成本为120万元;乙方案投资额为110万元,年经营成本为115万元;设基准投资回收期为5年,试选择最优方案。

解:根据式(5-8),得

$$\Delta P = (I_2 - I_1)/(C_1 - C_2) = (110 - 100)/(120 - 115) = 2(年) < P_c = 5年$$

所以投资大的乙方案优于甲方案。

增量投资回收期的优点:简单方便,适用于多个互斥方案的比较和优选。不足之处是只衡量两个技术方案之间的相对经济性,不能决定一个方案比另一个好多少;当 ΔI 和 ΔC 都很小时,此指标值很大,极易造成假象,导致判断失误。如:对于方案1和2而言,若 $I_1 = 10$ 万元,$I_2 = 11$ 万元,$C_1 = 1.01$ 万元/年,$C_2 = 1$ 万元/年,则计算出 $\Delta P = 100$ 年,当 $P_c = 10$ 年时,会认为方案2比方案1的增量投资回收不经济。而事实上,这两个方案的经济性几乎相等。

注意:当对多个方案进行比选时,应将所有方案的投资额由小到大排列次序,然后从投资小的方案开始两两进行比较,进行替代式淘汰,最后胜出的一个方案就是最优方案。若不按投

资额的大小来排序，而任意作两两对比淘汰，可能会得出错误结论。

从以上计算和分析可知，增量投资回收期法没有考虑资金的时间价值，所以可以称之为静态增量投资回收期。那么增量投资回收期也可以考虑资金的时间价值，称为动态投资回收期，读者可以自己推导，这里不做介绍。

四、固定资产投资借款偿还期

项目清偿能力的分析要用到固定资产投资借款偿还期这一指标。不考虑流动资金的原因是流动资金借款在生产经营期内并不偿还，而是有代价地（每年支付利息）占用，直到项目计算期末才把回收的流动资金归还借出一方。因此固定资产投资偿还期是指在国家财政规定及项目的具体财务条件下，项目投产后可用作还款的利润，折旧及其他收益金额偿还固定资产投资借款本金及利息所需要的时间。其计算公式为

$$I_d = \sum_{t=0}^{P_d} (R_p + D + R_0 - R_t)_t \tag{5-9}$$

式中　I_d——固定资产投资借款本金和利息之和；

P_d——固定资产投资借款偿还期（从建设期开始年算起，当从投资年算起时，应予注明）；

R_p——年利润总额；

R_0——年可用作偿还借款的折旧；

D——年可用作偿还借款的其他收益；

R_t——还款期间的年企业留利；

$(R_p + D + R_0 - R_t)_t$——第 t 年可用于还款的余额。

计算数据可取自项目的财务平衡表。固定资产投资借款偿还期可由财务平衡表直接推算而得。计算公式为

$$P_d = \text{借款偿还后出现正值(盈余)的对应年份} - 1 + \frac{\text{当年应偿还的借款额}}{\text{当年可用于还款的总收益额}} \tag{5-10}$$

对于涉及外资的项目，还要考虑国外借款部分的还本付息，应按已经明确的或预计可能的借款偿还条件（包括偿还方式及偿还期限）计算。国外借款往往采取等本偿还或等额偿还的方式，借款偿还期限往往都是约定的，勿须计算，或者由贷款方提出，或者由评估人员根据贷款方提出的条件和项目的具体情况（如每年的外汇收入等）进行分析来确定。

计算出借款偿还期后，要与贷款机构的要求期限进行对比，等于或小于贷款机构提出的要求期限，即认为项目是有清偿能力的。否则，认为项目没有清偿能力，从清偿能力角度考虑，则认为项目是不可行的。

五、时间型评价指标在 Excel 中的应用

（一）静态投资回收期

例【5-4】　以例【5-1】的数据为例，我们用 Excel 来计算静态投资回收期。

解：（1）打开 Excel 软件，将表 5-2 相关数据输入到 Excel 工作表中，计算净现金流量。具体的做法是：在单元格 B8 中输入公式"=B6-B5-B7"，按回车键，然后拖动单元格 B8 右下角

的复制柄,直至单元格 H8;计算累计净现金流量,在单元格 B9 中输入公式“=B8”,在单元格 B10 中输入公式“=B9+C8”,然后拖动单元格 B10 右下角的复制柄,直至单元格 H9。如图 5-1 所示。

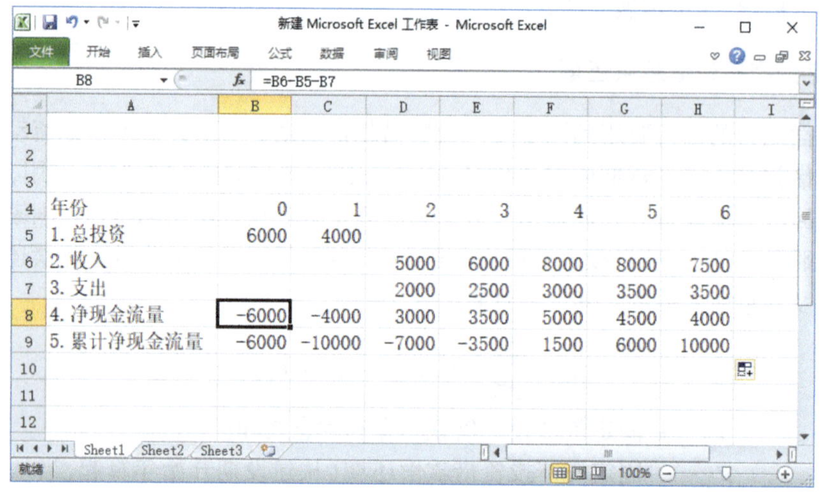

	A	B	C	D	E	F	G	H
4	年份	0	1	2	3	4	5	6
5	1. 总投资	6000	4000					
6	2. 收入			5000	6000	8000	8000	7500
7	3. 支出			2000	2500	3000	3500	3500
8	4. 净现金流量	-6000	-4000	3000	3500	5000	4500	4000
9	5. 累计净现金流量	-6000	-10000	-7000	-3500	1500	6000	10000

图 5-1 例【5-4】计算步骤 1

(2)计算静态投资回收期。在单元格 B10 中输入公式“=F4-1-E9/F8”,然后按回车键,就可得静态投资回收期为 3.7 年。如图 5-2 所示。

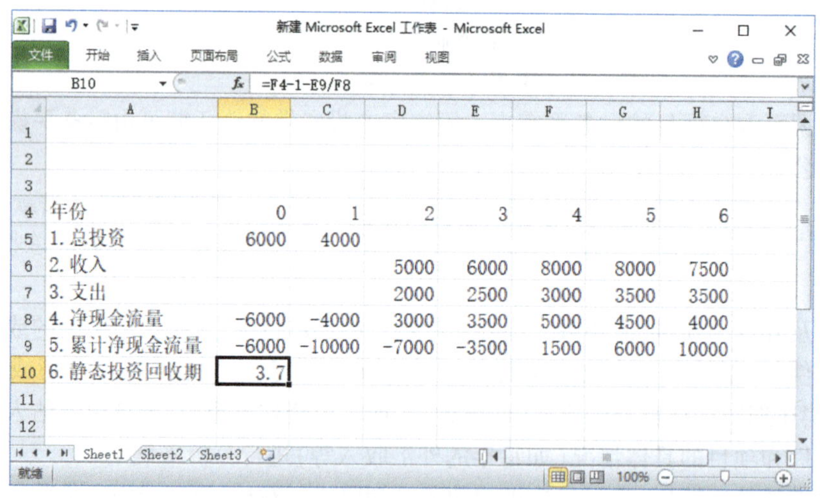

	A	B	C	D	E	F	G	H
4	年份	0	1	2	3	4	5	6
5	1. 总投资	6000	4000					
6	2. 收入			5000	6000	8000	8000	7500
7	3. 支出			2000	2500	3000	3500	3500
8	4. 净现金流量	-6000	-4000	3000	3500	5000	4500	4000
9	5. 累计净现金流量	-6000	-10000	-7000	-3500	1500	6000	10000
10	6. 静态投资回收期	3.7						

图 5-2 例【5-4】计算步骤 2

(二)动态投资回收期

例【5-5】 某项目的净现金流量见表 5-4,基准收益率为 10%,基准投资回收期为 8 年,试计算动态投资回收期,并判断项目的可行性。

表 5-4 某项目的净现金流量表

年份	0	1	2	3	4	5	6
净现金流量	-20	-500	-100	150	250	250	250

解:(1)打开 Excel 软件,将表 5-4 有关数据输入到 Excel 工作表中,计算各年的净现金流量的现值。具体的做法是:在单元格 B4 中输入公式"=PV(10%,B2,-B3)",按回车键,然后拖动单元格 B4 右下角的复制柄,直至单元格 H4。如图 5-3 所示。

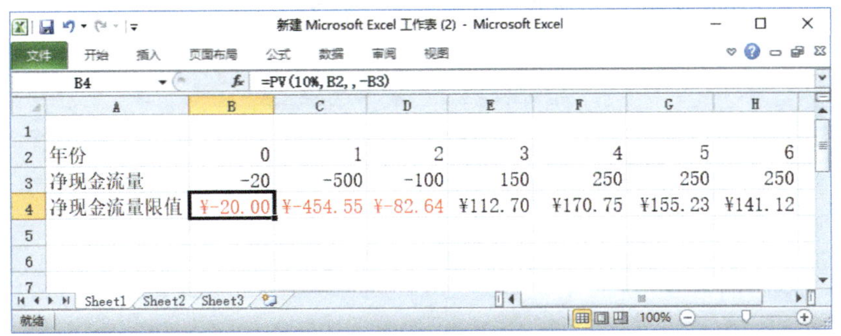

B4　=PV(10%,B2,,-B3)

	A	B	C	D	E	F	G	H
1								
2	年份	0	1	2	3	4	5	6
3	净现金流量	-20	-500	-100	150	250	250	250
4	净现金流量限值	¥-20.00	¥-454.55	¥-82.64	¥112.70	¥170.75	¥155.23	¥141.12

图 5-3　例【5-5】计算步骤 1

(2)计算累计净现金流量现值。在单元格 B5 中,输入公式"=B4",在单元格 C5 中输入公式"=B5+C4",然后拖动单元格 C5 右下角的复制柄,直至单元格 H5。如图 5-4 所示。

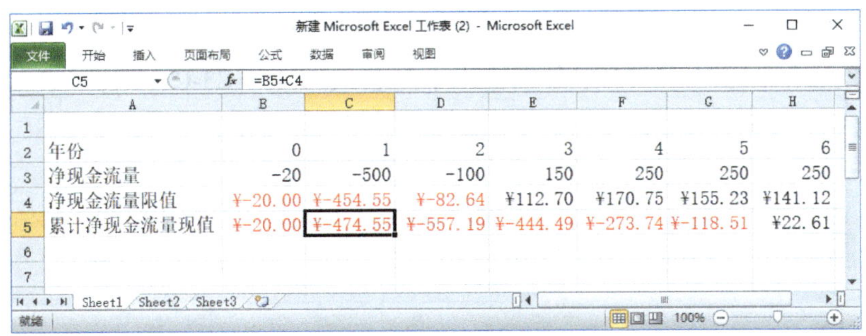

C5　=B5+C4

	A	B	C	D	E	F	G	H
1								
2	年份	0	1	2	3	4	5	6
3	净现金流量	-20	-500	-100	150	250	250	250
4	净现金流量限值	¥-20.00	¥-454.55	¥-82.64	¥112.70	¥170.75	¥155.23	¥141.12
5	累计净现金流量现值	¥-20.00	¥-474.55	¥-557.19	¥-444.49	¥-273.74	¥-118.51	¥22.61

图 5-4　例【5-5】计算步骤 2

(3)计算动态投资回收期。在单元格 B6 中输入公式"=H2-1-G5/H4",然后按回车键,就可得动态投资回收期为 5.84 年。如图 5-5 所示。

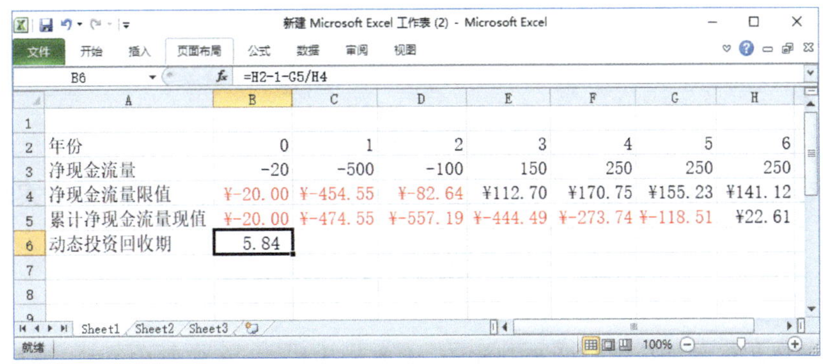

B6　=H2-1-G5/H4

	A	B	C	D	E	F	G	H
1								
2	年份	0	1	2	3	4	5	6
3	净现金流量	-20	-500	-100	150	250	250	250
4	净现金流量限值	¥-20.00	¥-454.55	¥-82.64	¥112.70	¥170.75	¥155.23	¥141.12
5	累计净现金流量现值	¥-20.00	¥-474.55	¥-557.19	¥-444.49	¥-273.74	¥-118.51	¥22.61
6	动态投资回收期	5.84						

图 5-5　例【5-5】计算步骤 3

因为:$P_t' < P_c$,所以项目可以被接受。

(三)增量投资回收期

例【5-6】　某项目有两个可供选择的技术方案。方案 *A* 采用一般技术,投资额为 1 500 万元,年平均经营成本为 1 000 万元;方案 *B* 采用先进技术,投资额为 4 000 万元,年平均经营成本为 500 万元。设基准折现率为 10%,基准投资回收期为 8 年,试用静态增量投资回收期选择较优方案。

解:(1)打开 Excel 软件,建立如图 5-6 所示的工作表。

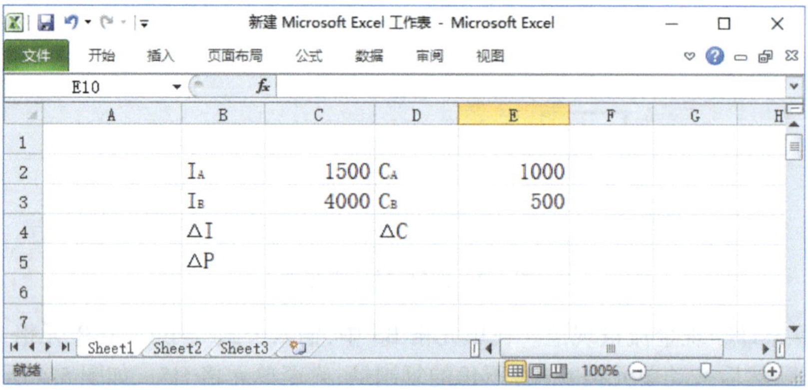

	A	B	C	D	E
1					
2		I_A	1500	C_A	1000
3		I_B	4000	C_B	500
4		ΔI		ΔC	
5		ΔP			

图 5-6 例【5-6】计算步骤 1

(2)在单元格 C4、E4 和 C5 中分别输入下列公式"C4: = C3-C2, E4: = E2-E3, C5: = C4/E4",单元格 C5 中显示结果为 5,即静态增量投资回收期为 5 年。如图 5-7 所示。

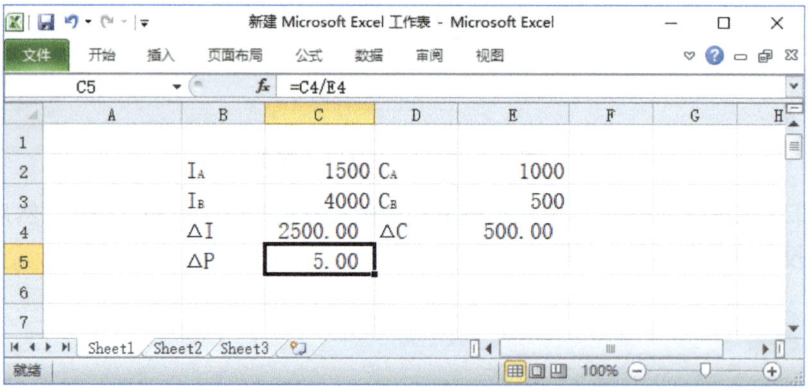

C5 =C4/E4

	A	B	C	D	E
1					
2		I_A	1500	C_A	1000
3		I_B	4000	C_B	500
4		ΔI	2500.00	ΔC	500.00
5		ΔP	5.00		

图 5-7 例【5-6】计算步骤 2

因为静态增量投资回收期为 5 年小于基准投资回收期,所以投资大的 *B* 方案较优。

第二节 价值型评价指标

价值型评价指标是评价项目的盈利能力,主要的指标有:净现值(NPV),净年值(NAV),费用现值(PC)和费用年值(AC)。用这些指标进行项目评价时首先要确定基准收益率(折现率),即所谓最低吸引力的投资收益率,记为 i_0,国家通过制定并颁布各行业的基准收益率,作为投资调控的手段之一。

一、净现值（NPV）

净现值（Net Present Value）指标是对投资项目进行价值型评价的最重要指标之一。该指标要求考察项目寿命期内每年发生的现金流量。净现值是指按一定的折现率将方案在寿命期内各时点的净现金流量$(CI-CO)_t$，折现到计算期初的现值累加之和。其表达式为

$$NPV = \sum_{t=0}^{n} (CI - CO)_t (1 + i_0)^{-t} \tag{5-11}$$

式中　NPV——净现值；

$(CI-CO)_t$——第 t 年的净现金流量；

n——项目寿命年限（或计算期）；

i_0——基准折现率。

净现值的经济含义是反映项目在计算期内的获利能力，它表示在规定的折现率 i_0 的情况下，方案在不同时点发生的净现金流量折现到期初时，整个寿命期内所能得到的净收益。

（1）若净现值等于零（NPV=0），则表明：

①从投资回收期角度看，按照给定的贴现率，方案在寿命期内刚好收回投资；

②从定义式的含义看：项目各年的净现金流量的现值累计之和刚好为零；

③收益率 i 刚好等于项目的基准收益率（基准贴现率 i_0），即技术方案（项目）的获利能力等于给定的贴现率 i_0，即达到资本的最低获利要求。

（2）若净现值大于零（NPV>0），表明：

项目的获利能力高于贴现率，即高于资本的最低获利要求；有附加收益。

（3）若净现值小于零（NPV<0），表明：

项目获利能力低于贴现率，即低于资本的最低获利要求（此时项目不一定亏损）。

由此可见，净现值指标的实质是看方案的现金流的收益水平是否能够达到基准收益率的要求，即 NPV 是否大于零？

净现值指标评价单个方案的准则是：若 NPV≥0，则方案是经济合理的；若 NPV<0，则方案应予否定。

应用净现值进行寿命期相等且期初投资额相差不大的多方案比选，净现值最大且非负的方案最优（净现值最大准则）。

例【5-7】　某设备的购价为 40 000 万元，每年的运行收入为 15 000 万元，年运行费用 3 500 万元，4 年后该设备可以按 5 000 万元转让，如果基准折现率 $i_0=20\%$，问此项设备投资是否值得？

解：按净现值指标进行评价 NPV(20%)＝−40 000+(15 000−3 500)(*P/A*,20%,4)+5 000(*P/F*,20%,4)＝−7 818.5（万元）由于 NPV(20%)<0，此投资经济上不合理。

例【5-8】　在上例中，若其他情况相同，如果基准折现率 $i_0=5\%$，问此项设备投资是否值得？

解：计算此时的净现值

NPV(5%)＝−40 000+(15 000−3 500)(*P/A*,5%,4)+5 000(*P/F*,5%,4)＝4 892.5（万元）>0 这意味着若基准折现率为 5%，此项投资是值得的。

显然,净现值的大小与基准折现率 i_0 有很大关系。当 i_0 变化时,NPV 也随之变化,呈非线性关系:

$$NPV(i_0)=f(i_0)$$

二者之间的关系如图 5-8 所示。

从图 5-8 中可以看出:

(1)一般情况下同一净现金流量的净现值随着折现率 i 的增大而减少,故基准折现率定得越高,能被接受的方案越少。NPV 之所以随着 i 的增大而减小,是因为一般投资项目正的现金流入(如收益)总是发生在负的现金流出(如投资)之后,随着折现率的增加,正的现金流入折现到期初的时间长,其现值减少的多,而负的现金流出折现到期初的时间短,相应现值减少的少,这样现值的代数和就减少。

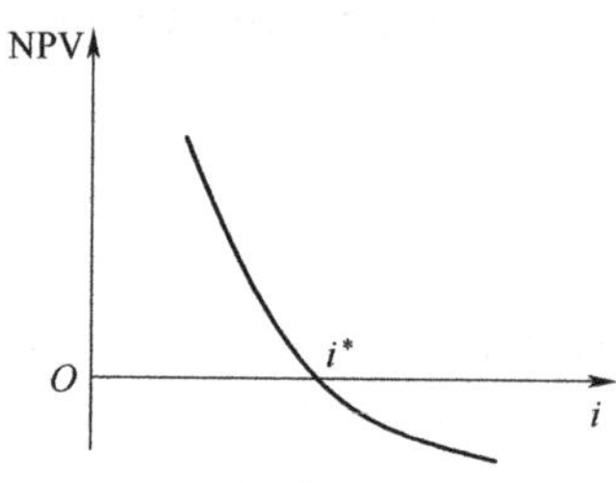

图 5-8　净现值与折现率的关系

(2)在某一个 i^* 值上,净现值曲线与横坐标相交,表示该折现率下的 NPV=0,且当 $i_0< i^*$ 时,NPV>0;$i_0> i^*$ 时,NPV<0。i^* 是一个具有重要经济意义的折现率临界值(即内部收益率指标),后面还要对它作详细分析。

净现值对折现率 i_0 的敏感性。对于不同的方案,由于其现金流量的结构不同,当 i_0 的取值从某一值变为另一值时,NPV 的变动幅度(即斜率)是不同的。可以发现,当技术方案的后期净现金流量较大时,其 NPV 函数较陡峭、曲线斜率较大,敏感性越大。反之亦然。

采用净现值法进行投资决策,往往需要对投资额不等的众多备选方案进行比选,此时应该采用方案组合的净现值最大准则。应当指出,在基准折现率随着投资总额变动的情况下,按净现值大小选取项目不一定会遵循原有项目排列顺序。例如,假设在一定的基准折现率 i_0 和投资限额下,净现值大于零的项目有 4 个,其投资总额恰为 I_0,故这 4 个项目均被接受;按净现值大小,设其排列顺序为 A,B,C,D。但若现在的投资总额减少至 I_1 时,所选项目不一定仍然会按 A,B,C,D 的原顺序排列。这是因为随着投资限额的减少,需要减少被选取的方案数,应当提高基准折现率,如提高到 I_1,此时由于各方案净现值被基准折现率影响的程度不同,可能改变原有的项目排列顺序。

净现值法的主要优点:(1)计算较简便,考虑了资金的时间价值,全面考虑了项目整个寿命期内的现金流入流出情况。(2)计算结果稳定,避免因现金流量的换算方法不同而带来的差异。项目净现值的计算应避免重复计算和漏算,无论采用总收入和总成本分别贴现之差,还是采用净收益贴现,结果总是一样的。(3)即能在费用效益对比上进行评价,又能和别的投资方案进行收益率比较。(4)直接以货币额代表项目的收益大小,经济意义明确直观。

净现值法的主要缺点:(1)需要预先给定折现率,这给项目决策带来了困难。若折现率定的略高,可行项目就可能被否定;反之,折现率定的过低,不合理的项目就可能被选中。图 5-9 显示了 A、B 两项目的净现值曲线。由图可知,当折现率 i_0 为 8% 时,两项目的净现值相等,具有同样好的效益;当折现率 i_0 小于 8% 时,A 项目的净现值大于 B 项目;当折现率 i_0 大于 8% 时,B 项目的净现值反而大于 A 项目。并且,在 i_0 大于 11% 时 A 项目的净现值为负值;在 i_0 大于 14% 时 B 项目的净现值也为负值。由此可见,净现值法的运用,折现率 i_0 对方案的取舍影响很大,必须对折现率 i_0 有较为客观的令人满意的估计。

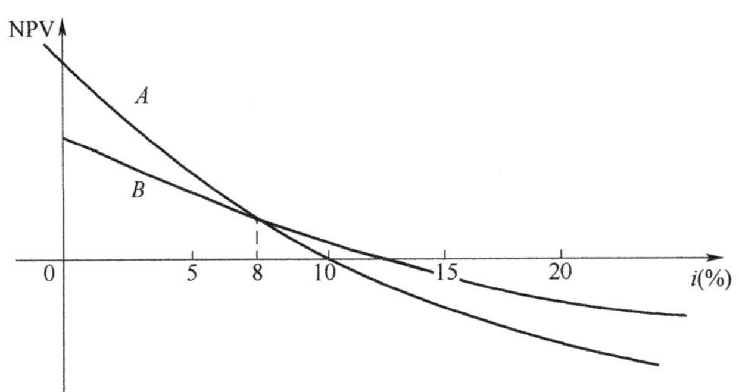

图 5-9　A、B 两项目的净现值曲线

(2)净现值指标用于多方案比较时,没有考虑各方案投资额的大小,因而不能直接反映资金的利用效率,当方案间的初始投资额相差较大时,可能出现失误。因为一个勉强合格的大型项目的正净现值可以比一个很好的小型项目的正净现值大得多,这样决策时就有可能选择大项目,造成失误。

表 5-5 列出了大中小型三个项目的投资总额和按同一贴现率计算的项目净现值。根据净现值的大小,一定会得出它们的优劣次序是大方案最优、小方案最差。如果从单位投资效益的角度分析,结论会明显不同,表明大项目的资金效益小于小项目。因为大型项目投资总额为小型项目的 20 倍,而其净现值只达 5 倍。

表 5-5　三个项目的投资和净现值

项目类型	投资总额(万元)	净现值(万元)	按 NPV	实际优劣	NPVR
大	1 000	15	优	劣	1.50%
中	300	6	中	中	2.00%
小	50	3	劣	优	6.00%

因此为了考察资金的利用效率,人们通常用净现值率(NPVR)作为净现值的辅助判断指标。净现值率是项目净现值与项目投资总额现值之比,其经济含义是单位投资现值所能带来的净现值。后面将作详细分析。

(3)对于寿命期不同的技术方案,不宜直接使用净现值(NPV)指标评价。

净现值法的应用一方面可用于独立方案的评价及可行与否的判断,如当 NPV≥0 时,方案可行,可以考虑接受;当 NPV<0 时,方案不可行,应予拒绝。另一方面还可用于多方案的比较、选择,通常以 NPV 大者为优。

二、净年值(NAV)

净年值(Net Annual Value),它是通过资金等值计算,将项目的净现值分摊到寿命期内各年的等额年值。其表达式为

$$NAV = NPV(A/P, i_0, n) = \sum_{t=0}^{n} (CI - CO)_t (1 + i_0)^{-t} (A/P, i_0, n) \tag{5-12}$$

由于 $(A/P, i_0, n) > 0$,若 NPV≥0,则 NAV≥0,方案在经济效果上可以接受;若 NPV<0,则 NAV<0,方案在经济效果上应予否定。因此净年值与净现值也是等效评价指标。

但是它的经济效益表达很不直观,常常使项目投资者或是经营者感到困惑,因此指标缺乏说服力,一般不用于单个方案的评价。即使多个方案的比较评价时,也只是作为辅助指标来考虑。对于多个方案比较时应用 NAV 指标评价,一般适用于现金流量和利率已知、初始投资额相等,但各方案的寿命期相差悬殊时的方案比较,具有 NAV 最大值的方案是最优的。如果各方案的 NAV 值均为负值时,投资者最佳决策为不投资。

三、净未来值(NFV)

净未来值(The Net Future Value,简写:NFV)或净终值指标,它是指在寿命期末按复利方式计算的全部现金流量的等效终值之和。其表达式为

$$NFV = \sum_{t=0}^{n} (CI - CO)_t (1 + i_0)^{n-t} \tag{5-13}$$

或

$$NFV = NPV(F/P, i_0, n) = NAV(F/A, i_0, n) \tag{5-14}$$

从形式上看,式(5-13)与式(5-14)只是不同的表达形式。因此,NFV 是 NPV 或是 NAV 指标的替代,它与 NPV 和 NAV 的判断准则相同。NFV 立足于未来的时间基准点,在某种程度上有些夸大事实的作用。因此,当投资方案可能会遇到高通货膨胀率时,NFV 比较容易显示出通货膨胀的影响效果,应用它较佳。

有些策划人员为了说服决策者投资于某个特定的方案,常应用 NFV 指标来夸大该方案较其他方案的优越程度。

四、费用现值(PC)和费用年值(AC)

在对多个方案比较选优时,如果诸方案产出价值相同,或者诸方案能够满足同样需要但其产出效益难以用价值形态(货币)计量(如环保、教育、保健、国防类项目)时,可以通过对各方案费用现值 PC 或费用年值 AC 的比较进行选择。

费用现值,是指把不同方案计算期内的年成本按基准收益率换算为基准年的现值,再加上方案的总投资现值。表达式为

$$PC = \sum_{t=0}^{n} CO_t(P/F, i_0, n) \tag{5-15}$$

费用年值 AC 的表达式为

$$AC = PC \times (A/P, i_0, n) = \sum_{t=0}^{n} CO_t(P/F, i_0, n) \times (A/P, i_0, n) \tag{5-16}$$

式中 PC——费用现值;

AC——费用年值;

其他符号意义同前面一样。

费用现值和费用年值指标适用于多个方案的比选,其判别准则是:费用现值或费用年值最小的方案为优。用费用现值和费用年值法进行多方案的评价时,注意以下两点:①各方案除费用指标外,其他指标和有关因素应基本相同,如产量、质量及收入等应基本相同,在此基础上比较费用的大小。②用费用现值和费用年值法只是反映了方案费用的大小,不能反映净收益情况,故它们只能比较方案的优劣,不能用于判断方案是否可行。

例【5-9】 某项目有三个采暖方案 A、B、C,均能满足同样的取暖需要。其费用数据见

表 5-6。在基准折现率 $i_0=10\%$ 的情况下，试用费用现值和费用年值确定最优方案。

表 5-6　三个采暖方案的费用数据表　　（单位：万元）

方案	总投资（0 时点）	年运营费用（1~10 年）
A	200	60
B	240	50
C	300	35

解：各方案的费用现值计算如下：

$$PC_A=200+60(P/A,10\%,10)=568.64（万元）$$

$$PC_B=240+50(P/A,10\%,10)=547.20（万元）$$

$$PC_C=300+35(P/A,10\%,10)=515.04（万元）$$

各方案的费用年值计算如下：

$$AC_A=200(A/P,10\%,10)+60=92.55（万元）$$

$$AC_B=240(A/P,10\%,10)+50=89.06（万元）$$

$$AC_C=300(A/P,10\%,10)+35=83.82（万元）$$

根据费用最小的选优准则，费用现值和费用年值的计算结果都表明，方案 C 最优，B 次之，A 最差。

费用现值与费用年值的关系，恰如前述净现值和净年值的关系一样，所以就评价结论而言，二者是等效评价指标。

五、价值型评价指标在 Excel 中的应用

（一）净现值（NPV）

例【5-10】　某投资工程，建设期 2 年（期初投资 2 000 万元），生产期 13 年，投产后预计年均收益 400 万元，生产期期末残值为 200 万元，若基准收益率为 10%，试计算该项目的净现值，并判断项目是否可行。

解：

（1）打开 Excel 软件，根据题意，建立如图 5-10 所示的工作表。

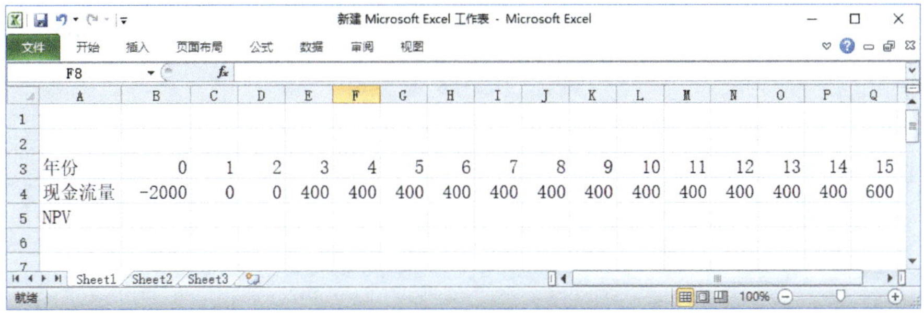

图 5-10　例【5-10】计算步骤 1

（2）激活单元格 B5，点击工具栏上的“fx”按钮，弹出“插入函数”对话框。在函数或选择类别（C）中选择“财务”，然后再下边的“选择函数（N）”中选择“NPV”。最后点击“确定”按

钮。如图 5-11 所示。

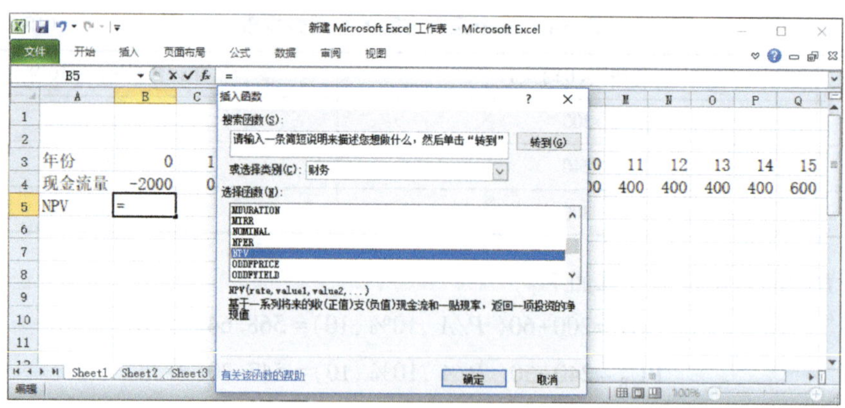

图 5-11 例【5-10】计算步骤 2

(3)在弹出的 NPV 对话框中，Rate 栏中输入 10%，点击“Value”栏右端的“图”，出现函数参数的对话框，然后选择单元格 C4:Q4，再关闭函数参数对话框。回到 NPV 对话框。最后点“确定”按钮。如图 5-12 所示。

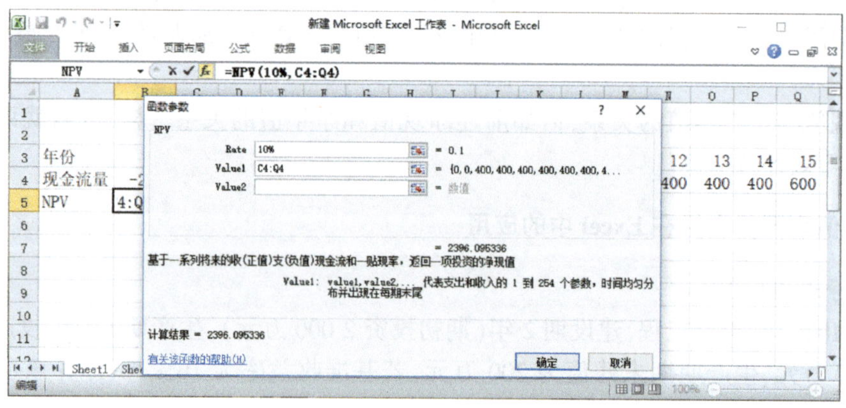

图 5-12 例【5-10】计算步骤 3

(4)在单元格 B5 中 NPV 公式后输入“+”，然后点击单元格 B4，最后点击回车键。则在单元格 B5 中显示计算结果为：396.10，即该项目的净现值为 396.10 万元。如图 5-13 所示。(2)、(3)和(4)的步骤可以简化为：直接在单元格 B5 中输入公式“=NPV(10%,C4:Q4)+B4”。

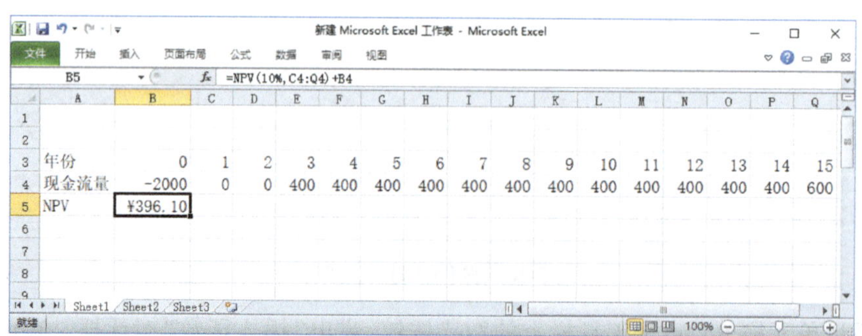

图 5-13 例【5-10】计算步骤 4

因为 NPV=396.10 万元>0,所以,该项目可行。

(二)净年值(NAV)

例【5-11】　已知方案 *A* 的投资额为 100 万元,寿命期为 5 年,每年的净收益为 50 万元。试判断项目是否可行。

解:

(1)打开 Excel 软件,根据题意,建立如图 5-14 所示的工作表。

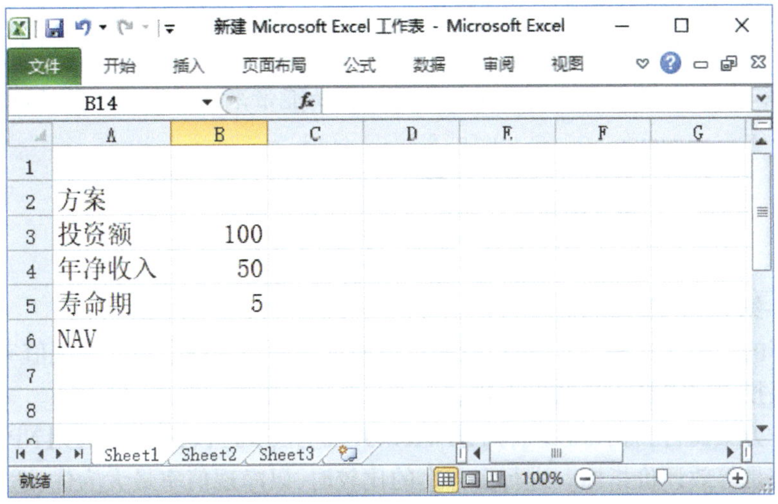

图 5-14　例【5-11】计算步骤 1

(2)在单元格 B6 中输入公式"=B4-PMT(10%,B5,-B3)",单元格 B6 中显示结果为 23.62 即方案的净年值为 23.62 万元。因为 NAV>0,所以该方案可行。如图 5-15 所示。

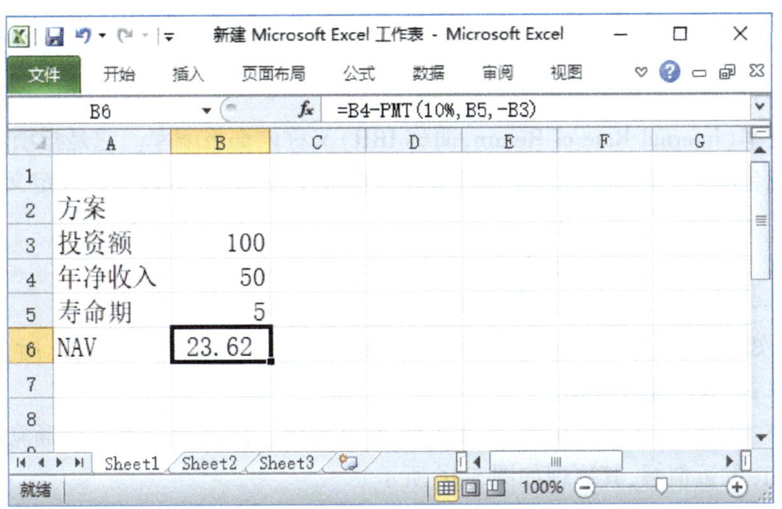

图 5-15　例【5-11】计算步骤 2

对于净未来值、费用现值和费用年值在 Excel 应用,仿照前面介绍 NPV 以及资金等值公式的应用,请读者自己练习。这里不再作介绍。

第三节　效率型评价指标

一、净现值率(NPVR)

净现值指标用于多个方案比较时,没有考虑各方案投资额的大小,因而不直接反映资金的利用效率换句话说就是净现值虽然能反映每个方案的盈利水平,因没有考虑各方案的投资额大小,故没有说明在这样的盈利是在何种费用上取得。为了考察资金的利用效率,人们通常用净现值率(NPVR)作为净现值的辅助指标。净现值率是项目净现值与项目投资总额现值 I_t之比,是一种效率型指标,其经济含义是单位投资现值所能带来的净现值。其计算公式为

$$NPVR = \frac{NPV}{I_P} = \frac{\sum_{t=0}^{n} (CI - CO)_t (1 + i_0)^{-t}}{\sum_{t=0}^{n} I_t (1 + i_0)^{-t}} \tag{5-17}$$

式中　I_t ——第 t 年的投资额。

净现值率的经济含义是:表示单位投资现值所取得的超额净收益。净现值率的最大化,有利于实现有限投资取得净贡献的最大化。

对于单一方案而言,若 $NPV \geqslant 0$,则 $NPVR \geqslant 0$(因为 $I_P>0$);若 $NPV<0$,则 $NPVR<0$;故净现值率与净现值是等效评价指标。进行多方案的比较时,以净现值率最大为优,适用于多方案的优劣排序。

二、内部收益率(IRR)

净现值方法虽然简单易行,但必须事先给定一个折现率,而且采用该法时只知其结论是否达到或超过基本要求的效率,并没有求得项目实际达到的效率。内部收益率法则不需要事先给定折现率,它求出的是项目实际能达到的投资效率(即内部收益率)。因此,在所有的经济评价指标中,内部收益率是最重要的评价指标之一。

内部收益率(Internal Rate of Return,简称 IRR)又称内部报酬率。它是指项目在整个计算期内各年净现金流量的现值累计等于零(或净年值等于零)时的折现率。其定义式为

$$\sum_{t=0}^{n} (CI - CO)_t (1 + IRR)^{-t} = 0 \tag{5-18}$$

式中　IRR——内部收益率,或内部报酬率。

由图 5-8 知,随着折现率的不断增大,净现值不断减小,当折现率取 i^* 时,净现值为零。此时的折现率 i^* 为内部收益率。

显然式(5-18)是一个高次方程,直接求解比较复杂。在实际应用当中通常采用“线性内插法”来求 IRR 的近似解,其原理如图 5-16 所示。

从图 5-16 可以看出 IRR 在 i_n 与 i_{n+1} 之间,用 i_{n+2} 近似代替 IRR,当 i_n 与 i_{n+1} 的距离控制在一定范围内,可以达到要求的精度。具体步骤如下:

(1)设初始折现率值 i_1,一般可以先取行业的基准收益率 i_0 作为 i_1,计算对应的净现值 NPV(i_1)。

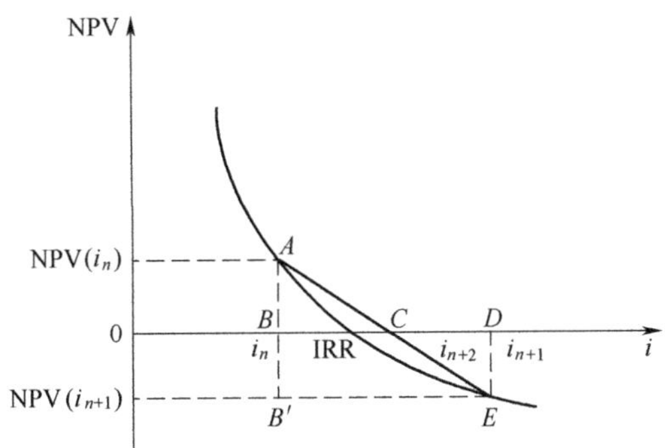

图 5-16　试算内插法求 IRR 图解

(2)若 NPV(i_1)≠0,则根据 NPV(i_1)是否大于零,再设 i_2。若 NPV(i_1)>0 则设 $i_2>i_1$;若 NPV(i_1)<0 则设 $i_2<i_1$。i_2 与 i_1 的差距取决于 NPV(i_1)绝对值的大小,较大的绝对值可以取较大的差距;反之,取较小的差距。计算对应的 NPV(i_2)。

(3)重复步骤(2),直到出现 NPV(i_n)>0,NPV(i_{n+1})<0 或 NPV(i_n)<0,NPV(i_{n+1})>0 时,用线性内插法求得 IRR 的近似值,因为$\triangle ABC \backsim \triangle EDC$,所以 $\frac{AB}{DE}=\frac{BC}{CD}$。或做 AB 的延长线 AB'交下虚线与 B'点,得$\triangle ABC \backsim \triangle AB'E$ 也可。

即

$$\text{IRR}=i_n+\frac{\text{NPV}(i_n)}{|\text{NPV}(i_{n+1})|+|\text{NPV}(i_n)|}\times(i_{n+1}-i_n) \tag{5-19}$$

(4)计算的误差取决于(i_n-i_{n+1})的大小,为此,为控制误差,一般控制在 $|i_n-i_{n+1}|<0.05$ 之内。

求出 IRR 后,即可用来对方案进行评价。设基准收益率为 i_0。

(1)用内部收益率指标 IRR 评价单个方案的判别准则是:

若 IRR≥ i_0,表明项目实际的投资收益率已达到或超过基准收益率水平,则项目在经济效果上可以接受。

若 IRR< i_0,表明项目实际的投资收益率未达到基准收益率水平,在经济效果上应予否定。

一般情况下,当 IRR≥ i_0 时,会有 NPV(i_0)≥0,反之,当 IRR< i_0 时,会有 NPV(i_0)<0。因此,对于单个方案的评价,内部收益率准则与净现值准则,其评价结论是一致的。

(2)用内部收益率指标 IRR 评价多个方案的判别准则是:在 IRR> i_0 的各方案中,一般选取 IRR 最大的方案为最优方案。

例【5-12】　某项目净现金流量见表 5-7。当基准折现率 i_0=10%时,试用内部收益率指标判断该项目在经济效果上是否可以接受。

表 5-7　某项目的净现金流量表　　(单位:万元)

时点	0	1	2	3	4	5
净现金流量	-2 000	300	500	500	500	1 200

解:第一步:绘制现金流量图,如图 5-17 所示。

第二步:用内插法求算 IRR

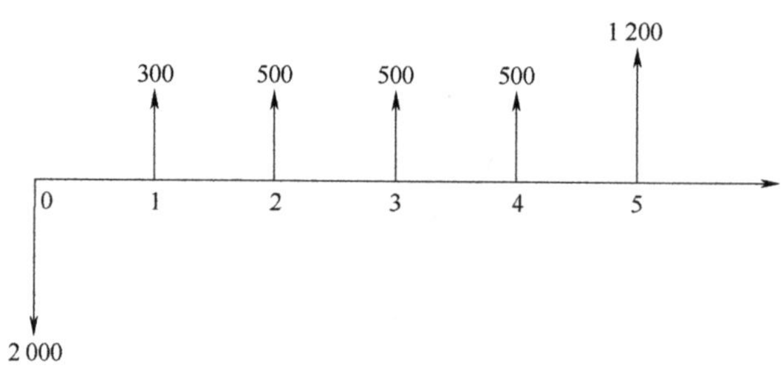

图 5-17 现金流量图

列出方程

$NPV(i) = -2\,000 + 300\,(1+i)^{-1} + 500\,(1+i)^{-2} + 500\,(1+i)^{-3} + 500\,(1+i)^{-4} + 1\,200\,(1+i)^{-5} = 0$

或 $-2\,000 + 300\,(1+i)^{-1} + 500(P/A,i,3)(P/F,i,1) + 1\,200\,(1+i)^{-5} = 0$

第一次试算,依经验先取一个收益率,取 $i_1 = 12\%$,代入方程,求得

$NPV(i_1) = -2\,000 + 300 \times 0.892\,9 + 500 \times 2.401\,8 \times 0.892\,9 + 1\,200 \times 0.567\,4 = 21$(万元) > 0 由净现值函数曲线的特性知,收益率的取值偏小。

第二次试算,取 $i_2 = 14\%$,代入方程求得

$$NPV(i_2) = -91 \text{ 万元} < 0$$

可见,内部收益率必然在 12%~14%之间,代入内插法计算式可求得

$$IRR = 12\% + 21 \times (14\% - 12\%) \div (21 + 91) = 12.4\%$$

第三步:分析判断方案可行性

因为 $IRR = 12.4\% > i_0 = 10\%$,所以,该方案是可行的。

内部收益率是项目投资的盈利率,由项目现金流量决定,即内生决定的,反映了投资的使用效率。但是,内部收益率反映的是项目寿命期内没有回收的投资的盈利率,而不是初始投资在整个寿命期内的盈利率。因为在项目的整个寿命期内按内部收益率 IRR 折现计算,始终存在着未被回收的投资,而在寿命结束时,投资恰好被全部收回。也就是说,在项目寿命期内,项目始终处于“偿付”未被收回的投资的状况,内部收益率正是反映了项目“偿付”未被收回投资的能力,它取决于项目内部。

例【5-13】 假定某工厂投资 10 万元,购买一台机器,寿命为 4 年,各年现金流入如图 5-18 所示。试计算该方案的内部收益率,并说明其经济含义。

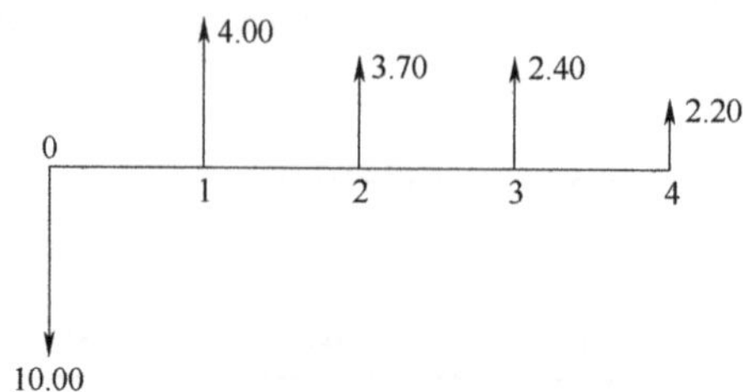

图 5-18 现金流量图

解:根据公式可求得内部收益率 IRR = 10%,表示尚未恢复的(即仍在占用的)资金在10%的利率情况下,技术方案在寿命终了时,可以使占用资金全部恢复。具体过程如图 5-19所示。

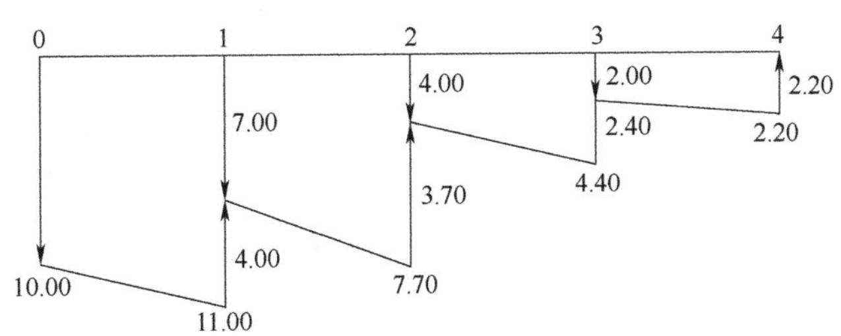

图 5-19　资金的恢复过程(单位:万元)

第一年净收入 4.00 万元,第二年净收入 3.70 万元。由于初期投资在第一年末的等值为11.00 万元(即 10.00×1.1),所以第一年末被收回的资金为 7.00 万元(即 11.00-4.00)。根据 IRR 的经济含义,10%是未回收的资金的收益率,那么第一年未收回的 7.00 万元到第二年末的等值为 7.70 万元(即 7.00×1.1),减去第二年的净收入 3.70 万元,到第二年末未收回的资金为 4.00 万元,依此类推,到寿命期结束,使得未回收的资金正好等于零,也就是说收益的现值刚好等于投资的现值。

如果第四年末的现金流入不是 2.20 万元,而是 2.60 万元,那么按 10%的利率,到期末除全部恢复占用资金外,还有 0.40 万元的富余,即收益的现金值大于投资的现金值。为使期末刚好使资金全部恢复,利率还可高于 10%,即 IRR = 11.02%时,收入现值等于投资现值。因此,内部收益率可以理解为工程项目对占用资金的一种恢复能力,其值越高,一般来说方案的经济性越好。

方程的唯一性指满足方程的解只有一个。由于内部收益率方程(5-18)是一个高次方程,所以内部收益率方程的解不唯一。看一个例子:

例【5-14】　某给水项目的净现金流量见表 5-8。

表 5-8　某给水项目的现金流量　(单位:万元)

年份(年)	0	1	2	3
净现金流量	-100	470	-720	360

显然该项目的净现金流序列的正负号变化了三次,也就是说净现值出现三次为零的情况。经计算可知,使该项目净现值为零的折现率有三个:$i_1 = 20\%$, $i_2 = 50\%$, $i_3 = 100\%$。其净现值的曲线如图 5-20 所示。

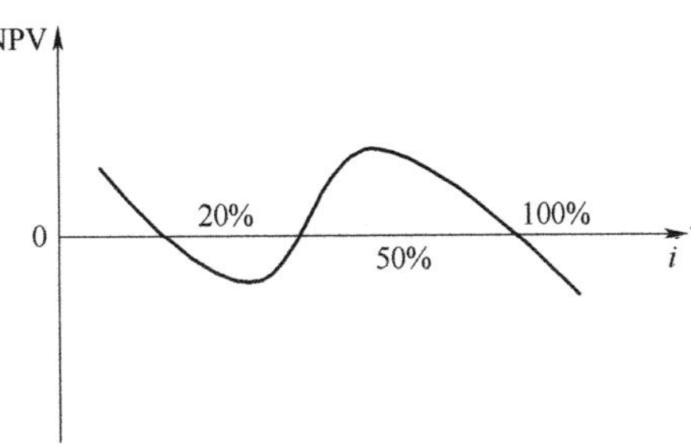

图 5-20　IRR 方程多解示意图

为讨论内部收益率解的唯一性问题,把 IRR 的计算公式(5-18)改为

$$CF_0 + CF_1(1 + IRR)^{-1} + \cdots + CF_n(1 + IRR)^{-n} = 0 \qquad (5\text{-}20)$$

式中　$CF_0,\cdots,CF_n$——各年的净现金流量。

令$(1+IRR)^{-1}=x$，$CF_0=a_0$，$CF_n=a_n$则公式可写成

$$a_0+a_1x+a_2x^2+\cdots+a_nx^n=0 \tag{5-21}$$

所以求解内部收益率的方程式是一个一元 n 次方程，因此该方程应该有 n 个根，故其正实数根可能不止一个。根据笛卡尔符号法则，若方程的系数系列的正负号变化次数为 P，则方程的正根个数等于 P 或者比 P 少一个正偶数，当 $P=0$ 时方程无正根；当 $P=1$ 时，方程有且仅有一个单正根．即项目净现金流序列正负号仅变化一次，内部收益率方程肯定有唯一解，而当净现金流序列的正负号有多次变化时，内部收益率方程可能有多解。

在例【5-14】中，净现金流序列的正负号变化了 3 次，内部收益率方程恰有 3 个正数根。

我们通常把在寿命期内除建设期或者投产初期的净现金流量为负值之外，其余年份均为正值，寿命期内净现金流量的正负号只从负到正变化一次，且所有负现金流量都出现在正现金流量之前的方案称常规投资方案。把方案寿命期内净现金流量的正负号变化多次的方案称作非常规投资方案。

需要指出的是：内部收益率适用于常规投资方案，否则会出现 IRR 的多个解，使用 IRR 指标评价方案失去效果。就典型情况而言，在项目寿命期初（投资建设期和投产初期），净现金流量一般为负值（现金流入小于现金流出），项目进入正常生产期后，净现金流量就会变成正值（现金流入大于现金流出）。只要累计净现金流量大于零，内部收益率就有唯一解。

对于非常规投资项目内部收益率方程可能存在多解，那么这些解是否都是真正的内部收益率？这需要按照内部收益率的经济含义进行检验：即以这些解为赢利率，看在项目寿命周期内是否始终存在未被回收的投资。一般情况下，非常规投资方案是否出现内部收益率的多解，要看用 IRR 为赢利率回收投资，未被回收的投资余额是否一直保持在寿命期结束之前处于小于零的状况，即未被回收的投资的余额满足

$$\left.\begin{aligned}&(1)F_t(IRR)=\sum_{j=0}^{t}CF_j\,(1+IRR)^{t-j}<0(t=0,1,\cdots,n-1)\\&(2)F_t(IRR)=\sum_{j=0}^{t}CF_j\,(1+IRR)^{t-j}=0(t=n)\end{aligned}\right\} \tag{5-22}$$

式中　$F_t(IRR)$——为未被回收的投资的余额。

满足上述两式的非常规方案，仍可以得到 IRR 的唯一解。否则会出现 IRR 的多解，项目无内部收益率。

可以证明，对于非常规项目，只要内部收益率方程存在多个正根，则所有的根都不是真正的项目内部收益率。但如果非常规项目的内部收益率方程只有一个正根，则这个根就是项目的内部收益率。

三、增量内部收益率（ΔIRR）

增量内部收益率也叫差额内部收益率或追加投资内部收益率，简单地说就是增量净现值等于零时的折现率，即是指两个投资额不等的方案差额净现值等于零时的内部收益率。记作ΔIRR。计算公式为

$$\Delta NPV(\Delta IRR)=\sum_{i=0}^{n}(\Delta CI-\Delta CO)_t\,(1+\Delta IRR)^{-t}=0 \tag{5-23}$$

式中　ΔNPV——增量净现值；

ΔIRR——增量内部收益率；

ΔCI——方案 X 与方案 Y 的增量现金流入，即 $\Delta CI=CI_X-CI_Y$；

ΔCO——方案 X 与方案 Y 的增量现金流出，即 $\Delta CO=CO_X-CO_Y$。

将式(5-23)变换，即

$$\sum_{t=0}^{n}(CI_X-CO_X)_t(1+\Delta IRR)^{-t}=\sum_{t=0}^{n}(CI_Y-CO_Y)_t(1+\Delta IRR)^{-t} \tag{5-24}$$

或者

$$NPV_X(\Delta IRR)=NPV_Y(\Delta IRR) \tag{5-25}$$

所以，增量内部收益率是投资额不等的两个方案的净现值相等时的折现率。利用上两式求解的 ΔIRR 的结果是一样的。

用 ΔIRR 作为评价指标时的判断准则：

若 $\Delta IRR \geqslant i_0$，则增量投资部分达到了规定的要求，增加投资有利，投资大的方案为优选方案；若 $\Delta IRR < i_0$，则投资小的方案为优选方案。如图 5-21 所示。

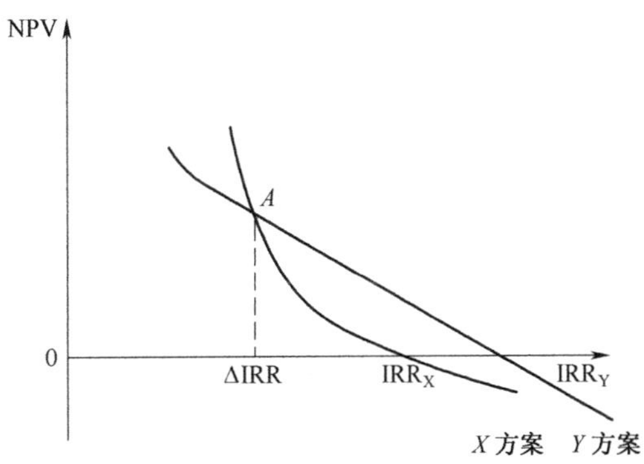

图 5-21　两方案的增量内部收益率

在图 5-21 中，A 点对应的 X 方案、Y 方案净现值相等，此时的折现率为 ΔIRR。当 $\Delta IRR>i_0$ 时，$NPV_X(i_0)>NPV_Y(i_0)$；当 $\Delta IRR<i_0$ 时，$NPV_X(i_0)<NPV_Y(i_0)$。因此，用 ΔIRR 与 NPV 比选两方案评价结论是一致的。

例【5-15】　某水厂引进大型设备，现有两个方案，经济参数见表 5-9，设 $i_0=15\%$，该水厂应选哪个方案？

表 5-9　经济参数　(单位：万元)

方案	投资	寿命期	年收入	年支出	残值
A	50	10	16	4	2
B	60	10	20	6	0

解：

$$NPV_A=-50+(16-4)(P/A,15\%,10)+2(P/F,15\%,10)=10.72(\text{万元})$$

$$NPV_B=-60+(20-6)(P/A,15\%,10)=10.27(\text{万元})$$

所以，A、B 两个方案从自身的经济性来看都是可行的。那么我们如何进行选优呢？我们可以采用 ΔIRR 指标来进行评价和选择。

$$\begin{aligned}\Delta NPV&=NPV_B-NPV_A\\&=-(60-50)+[(20-16)-(6-4)](P/A,\Delta IRR,10)-2(P/F,\Delta IRR,10)\\&=0\end{aligned}$$

以 $i_1=12\%$，$i_2=15\%$，代入上式计算，可得

$$\Delta NPV_1 = -10 + 2(P/A,12\%,10) - 2(P/F,12\%,10) = 0.656$$

$$\Delta NPV_2 = -10 + 2(P/A,15\%,10) - 2(P/F,15\%,10) = -0.457$$

$$\Delta IRR = 12\% + \frac{0.656}{0.656 + |-0.457|} \times (15\% - 12\%) = 13.76\% < i_0$$

根据 ΔIRR 指标的判断准则可知,该水厂应选择投资小的方案 A。

四、外部收益率(ERR)

对于投资方案内部收益率(IRR)的计算隐含着一个基本假定,即项目寿命期内所获得的净收益全部用于再投资,且再投资的收益水平等于内部收益率。这种隐含的假定是由于资金等值计算中采用复利计算方法带来的。下面的推导有助于我们看清这一问题。

将求解 IRR 的方程式(5-18)变换为净投资与净收益的形式

$$\sum_{t=0}^{n}(CI - CO)_t\,(1 + IRR)^{-t} = \sum_{t=0}^{n}(NB_t - K_t)\,(1 + IRR)^{-t} = 0 \tag{5-26}$$

式中 K_t——第 t 年的净投资;

NB_t——第 t 年的净收益。

上式两端同乘以$(1+IRR)^n$ 也就是说,通过等值计算将上式左端的净现值折算成 n 年末的终值,得

$$\sum_{t=0}^{n}(NB_t - K_t)\,(1 + IRR)^{n-t} = 0$$

变换得到

$$\sum_{t=0}^{n}NB_t\,(1 + IRR)^{n-t} = \sum_{t=0}^{n}K_t\,(1 + IRR)^{n-t} \tag{5-27}$$

该式意义很明确,即每年的净收益以 IRR 为收益率进行再投资,到 n 年末,历年净收益的终值之和与历年投资按 IRR 折算到 n 年末的终值之和相等。

由于受投资机会的限制,这种假定往往难以与实际情况相符。通常情况是,已回收的资金用于再投资的收益率往往低于初期收益率。这是因为已回收的资金总是比初期投资少,且使用时间也短,同时内部收益率也存在求解复杂极易导致非常规项目多解问题,为了反映这一差别及弥补内部收益率的不足,给出一个回收资金再投资的收益率(通常取基准收益率 i_0),则产生了外部收益率 ERR。

外部收益率是对内部收益率的一种修正。计算外部收益率 ERR 时,也假定项目寿命期内所获得的净收益全部可用于再投资,不同的是假定再投资的收益率等于基准收益率。

其含义是:方案在寿命期内各年支出(负的现金流)的终值(按 ERR 折算的终值)与各年的收入(正的现金流)再投资的净收益终值(按基准收益率 i_0 折算成终值)累计相等时的折现率。计算公式如下

$$NFV = -\sum_{t=0}^{n}CF'_t\,(1 + ERR)^{n-t} + \sum_{t=0}^{n}CF''_t\,(1 + i_0)^{n-t} = 0 \tag{5-28}$$

式中 NFV——净终值;

CF'_t——第 t 年的负现金流量;

CF''_t——第 t 年的正现金流量;

ERR——外部收益率；

其他符号意义同上。

ERR 指标用于评价投资方案时，需要与基准收益率 i_0 相比较，判别标准是：

若 ERR≥i_0，则项目可以接受；若 ERR<i_0 则项目不可以接受。ERR 的值一般在 IRR 与 i_0 之间。

五、投资收益率

投资收益率，也叫投资效果系数，是指项目在正常生产年份的净收益与投资总额的比值。其一般表达式为

$$R = NB/K \tag{5-29}$$

式中　R——投资收益率；

NB——正常生产年份或者年平均净收益，根据不同的分析目的，NB 可以是利润，可以是利润税金总额，也可以是年净现金流入也可以是折旧等；

K——投资总额，$K = \sum K_t$，K_t 为第 t 年的投资额，根据分析目的不同，K 可以是全部投资额（即固定资产投资、建设期借款利息和流动资金之和）也可以是投资者的权益投资额（如资本金）。

因此，由于 NB 与 K 的含义不同，投资收益率 R 的含义亦不同。常用的具体形式有：

1. 投资利润率

它是考察项目单位投资盈利能力的静态指标，计算公式为

投资利润率=（年利润总额或年平均利润总额/项目总投资）×100%　　(5-30)

其中，年利润总额=年销售收入-年销售税金及附加-年总成本费用

2. 投资利税率

它是考察项目单位投资对国家积累的贡献水平，其计算公式为

投资利税率=（年利税总额或年平均利税总额/项目总投资）×100%　　(5-31)

其中，年利税总额=年销售收入-年总成本费用

或者年利税总额=年利税总额+年销售税金及附加

3. 资本金利润率

它反映投入项目的资本金的盈利能力，计算公式为

资本金利润率=（年利润总额或年平均利税总额/资本金）×100%　　(5-32)

对于投资利润率与资本金利润率来说，根据年利润的含义不同，还可以分为所得税前与所得税后的投资利润与资本金利润率指标。

对生产期内各年的净收益额变化幅度较大的项目，则应计算生产期内年平均净收益额与项目总投资的比率。它适用于项目处在初期勘察阶段或者项目投资不大、生产比较稳定的财务赢利性分析。

用投资收益率指标评价投资方案的经济效果，需要与根据同类项目的历史数据及行业或部门的平均投资收益率（基准投资收益率）作比较以判别项目的盈利能力是否达到本行业的平均水平。设行业或部门的基准投资收益率为 R_b，判别准则为：

若 $R \geqslant R_b$，则项目可以考虑接受；

若 $R < R_b$,则项目应予以拒绝。

投资收益率是用来衡量整个技术方案的获利能力,要求技术方案的投资收益率应大于行业的平均投资收益率;投资收益率越高,从技术方案所获得的收益就越多。而资本金净利润率则是用来衡量技术方案资本金的获利能力,资本金净利润率越高,资本金所取得的利润就越多,权益投资盈利水平也就越高;反之,则情况相反。对于技术方案而言,若总投资收益率或资本金净利润率高于同期银行利率,适度举债是有利的;反之,过高的负债比率将损害企业和投资者的利益。由此可以看出,总投资收益率或资本金净利润率指标不仅可以用来衡量技术方案的获利能力,还可以作为技术方案筹资决策参考的依据。

投资收益率指标经济意义明确、直观,计算简便,在一定程度上反映了投资效果的优劣,可适用于各种投资规模。但不足的是没有考虑投资收益的时间因素,忽视了资金具有时间价值的重要性;指标的计算主观随意性太强,正常生产年份的选择比较困难,其确定带有一定的不确定性和人为因素。因此,以投资收益率指标作为主要的决策依据不太可靠,其主要用在技术方案制定的早期阶段或研究过程,且计算期较短、不具备综合分析所需详细资料的技术方案,尤其适用于工艺简单而生产情况变化不大的技术方案的选择和投资经济效果的评价。

六、效益-费用比($B-C$ 比)

如前所述,用动态投资回收期、净现值或者内部收益率等指标评价工程方案(项目)的经济效果时,都要求达到或超过标准的收益率。这对于以盈利为目的的营利性企业或投资者来说,是方案经济决策的基本前提。

但是,对于一些非营利性的机构或投资者,投资的目的是为公众创造福利或效果,并非要获得直接的超额收益。例如,不以盈利为目的的公路建设,对使用该公路的公众产生效果。这种效果可以包括:由于汽车速度的加快和公交设施的建设而节省运输时间;由于路线变得更直而缩短运输距离;由于路面的平整节省汽车维修费用和燃料费用;由于达到安全标准而减少车祸,等等。

评价公用事业投资方案的经济效果,一般采用效益-费用比($B-C$ 比),其计算表达式为

$$\text{效益-费用比}(B-C\text{ 比})=\text{净效益(现值或年值)}/\text{净费用(现值或年值)} \quad (5\text{-}33)$$

计算 $B-C$ 比时,需要分别计算净效益和净费用。净效益包括投资方案对承包者和社会带来的收益,并减去方案实施给公众带来的损失。净费用包括方案投资者所有费用的支出,并扣除方案实施对投资者带来的所有节约。实际上,净效益是指公众得益的净累积值,净费用是指公用事业部门净支出的累积值。因此,$B-C$ 比是针对公众而言的。

净效益和净费用的计算,常采用现值或年值表示,计算采用的折现率应该是公用事业资金的基金收益率或基金的利率。若方案净效益大于净费用,即 $B-C$ 比大于 1,则这个方案在经济上认为是可以接受的,反之,则是不可取的。因此,效益-费用比的评价标准是:

$$B-C\text{ 比}>1$$

$B-C$ 比是一种效率型指标,用于两个方案的比选时,一般不能简单地根据两方案 $B-C$ 比的大小选择最优方案,而应采用增量指标的比较法,即比较两方案增加的净效益与增加的净费用之比(增量 $B-C$ 比),若此比值(增量 $B-C$ 比)大于 1,则说明增加的净费用是有利的。

例【5-16】 建设一条高速公路,正在考虑两条备选路线:沿河路线与越山路线,两条路线的平均车速都提高了 50 km/h,日平均流量都有是 5 000 辆,寿命均为 30 年,且无残值,基准收

益率 7%,其他数据见表 5-10,试用增量效益-费用比来比较两条路线的优劣。

表 5-10　两条路线的效益与费用

方法	沿河路线	越山路线
全长	20	15
初期投资(万元)	475	637.5
年维护及运行费〔万元/(km·年)〕	0.2	0.25
大维修每 10 年一次(万元/10 年)	85	65
运输费用节约〔元/(km·辆)〕	0.098	0.112 7
时间费用节约〔元/(h·辆)〕	2.6	2.6

解:从公路建设的目的来看,方案的净效益表现为运输费用的节约和公众节约时间的效益;方案的净费用包括初期投资费用、大修费用以及维护运行费用。因此,用年值分别计算两方案的净效益与净费用。

方案一:沿河路线

时间费用节约=5 000×365×(20/50)×2.6÷10 000=189.8(万元/年)

运输费用节约=5 000×365×20×0.098÷10 000=357.7(万元/年)

方案一的净效益 B_1=189.8+357.7=547.5(万元/年)

投资、维护及大修等费用(年值)=0.2×20+[475+85(*P/F*,7%,10)+85(*P/F*,7%,20)](*A/P*,7%,30)=47.5(万元/年)

方案一的净费用 C_1=47.5(万元/年)

方案二:越山路线

时间费用节约=5 000×365×(15/50)×2.6÷10 000=142.4(万元/年)

运输费用节约=5 000×365×15×0.112 7÷10 000=308.5(万元/年)

所以,方案二的净效益 B_2=142.4+308.5=450.9(万元/年)

投资、维护及大修等费用(年值)=0.25×15+[637.5+65(*P/F*,7%,10)+65(*P/F*,7%,20)](*A/P*,7%,30)=59.1(万元/年)

方案二的净费用 C_2=59.1(万元/年)

因此,增量 $B-C$ 比=$(B_1-B_2)/(C_2-C_1)$=(547.5-450.9)/(59.1-47.5)=8.31>1

也就是说,越山路线(方案二)增加的费用是值得的,应选择越山路线建设方案。

七、效率型评价指标在 Excel 中的应用

(一)净现值率(NPVR)

例【5-17】　某给水项目有两个技术方案,*A* 方案的净现值为 300 万元,总投资现值为 1 000 万元;*B* 方案的净现值为 600 万元,总投资现值为 2 400 万元。试以净现值和净现值率指标来选择最优方案。

解:用净现值法很简单,显然是选 *B* 方案。

(1)打开 Excel 软件,根据题意,建立如图 5-22 所示的工作表。

(2)在单元格 B4 中输入公式“=B2/B3”,然后按回车键。则在单元格 B4 中显示结果为

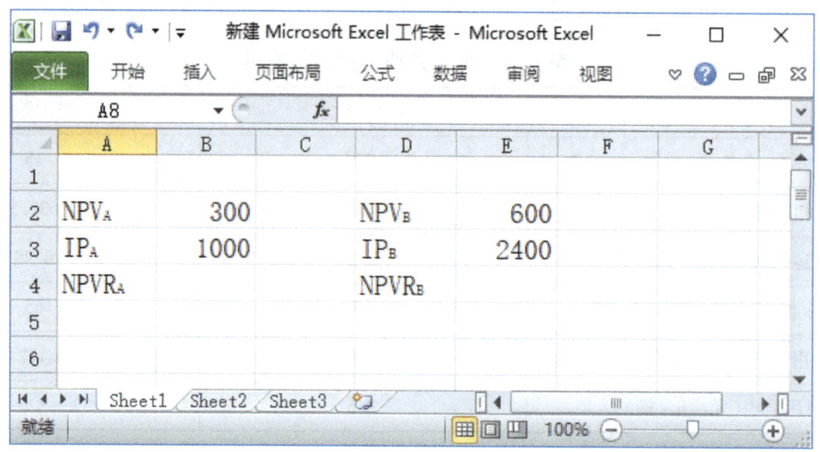

图 5-22 例【5-17】计算步骤 1

0.3，即 A 方案的净现值率为 30%，同理在单元格 E4 中输入公式“=E3/E4”，得出 B 方案的净现值率为 25%。因为 $NPVR_A>NPVR_B$ 得出，所以根据多个方案 NPVR 的判断准则，方案 A 较优。如图 5-23 所示。

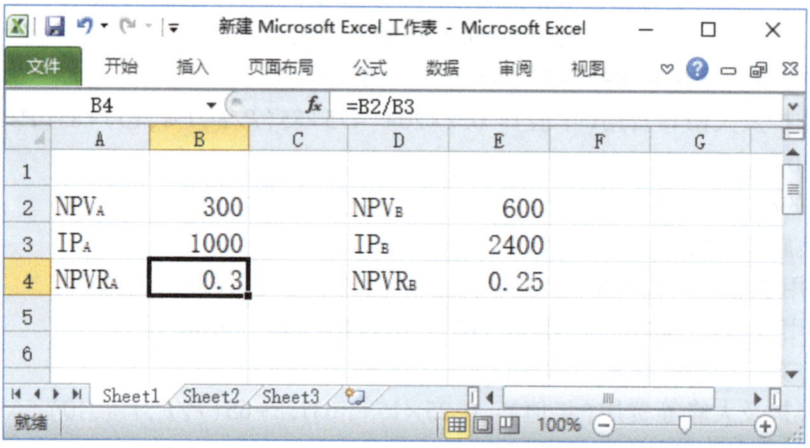

图 5-23 例【5-17】计算步骤 2

用净现值法得出是选 B 方案的结论；而用净现值率法则是选 A 方案合适。这就出现了差异，到底哪个方法正确。请读者结合前面讲的知识，自行考虑如何判断。这里我们主要讲的是净现值率法的 Excel 应用。

（二）内部收益率（IRR）

例【5-18】 以例【5-12】的数据为准，试用 Excel 计算内部收益率来判断该项目在经济效果上是否可以接受。当基准折现率 $i_0=10\%$。

表 5-7 某项目的净现金流量表（单位：万元）

时点	0	1	2	3	4	5
净现金流量	-2 000	300	500	500	500	1 200

解：（1）打开 Excel 软件，根据题意，建立如图 5-24 所示的工作表。

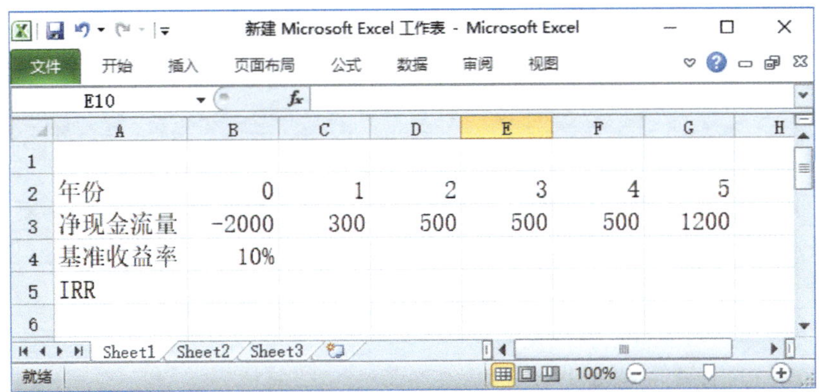

图 5-24　例【5-18】计算步骤 1

(2)激活单元格 B5,点击工具栏上的"fx"按钮,弹出"插入函数"对话框。在函数或选择类别(C)中选择"财务",然后在下边的"选择函数(N)"中选择"IRR",最后点击"确定"按钮。如图 5-25 所示。

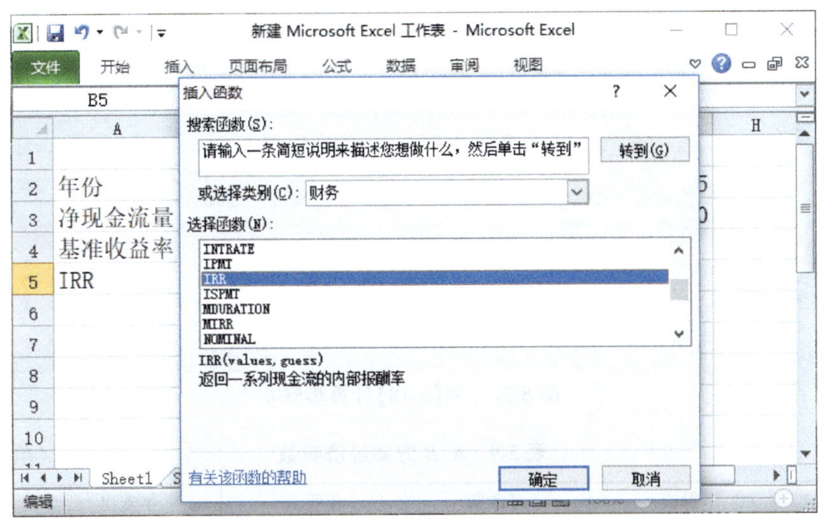

图 5-25　例【5-18】计算步骤 2

(3)在弹出的 IRR 对话框中,点击"Value"栏右端的"图",出现函数参数的对话框,然后选择单元格 B3:G3,再关闭函数参数对话框。回到 IRR 对话框。最后点"确定"按钮。如图 5-26 所示。

(2)和(3)的步骤可以简化为:直接在单元格 B5 中输入公式"=IRR(B3:G3)"。

(4)在单元格 B5 中显示计算结果为:12.35%,即该项目的 IRR 为 12.35%。其计算结果和内插法计算结果相同。细心的读者发现,在例【5-12】中我们计算的结果是 12.4%,为什么这里计算的结果是 12.35%,相差了 0.05% ,这是因为线性内插法,是一种试算的方法,假定的 I 不同计算结果就有偏差。这在工程技术经济中是允许的。由于 IRR>i_0所以,该项目可行。

显然,利用 Excel 使 IRR 的计算不仅变得相当简便,而且计算十分准确。如图 5-27 所示。

(三)增量内部收益率

例【5-19】　以表 5-9 的数据为准,试用 Excel 计算增量内部收益率来判断该项目在经济效果上是否可以接受。当基准折现率 $i_0=15\%$ 。

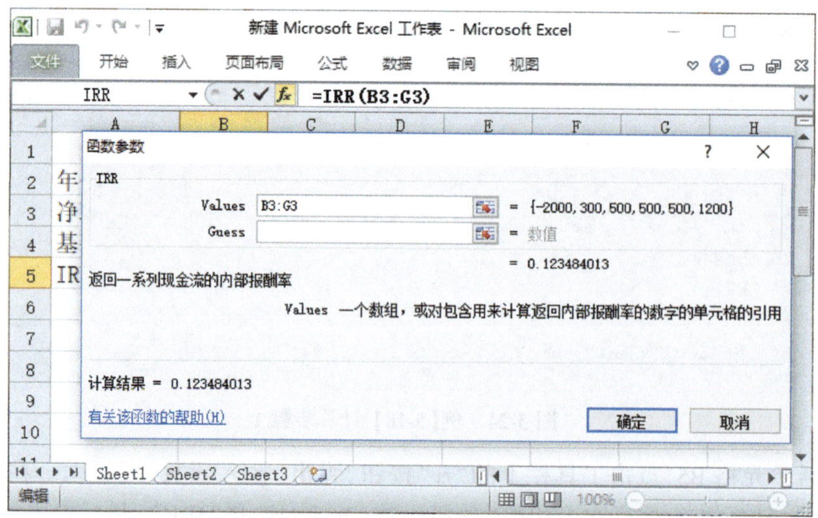

图 5-26 例【5-18】计算步骤 3

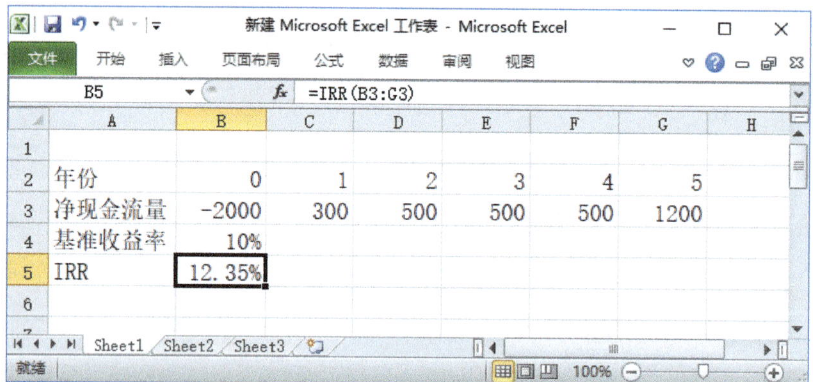

图 5-27 例【5-18】计算步骤 4

表 5-9 *A*、*B* 方案经济参数 （单位：万元）

方案	投资	寿命期	年收入	年支出	残值
A	50	10	16	4	2
B	60	10	20	6	0

解：(1) 打开 Excel 软件，根据题意，建立如图 5-28 所示的工作表。

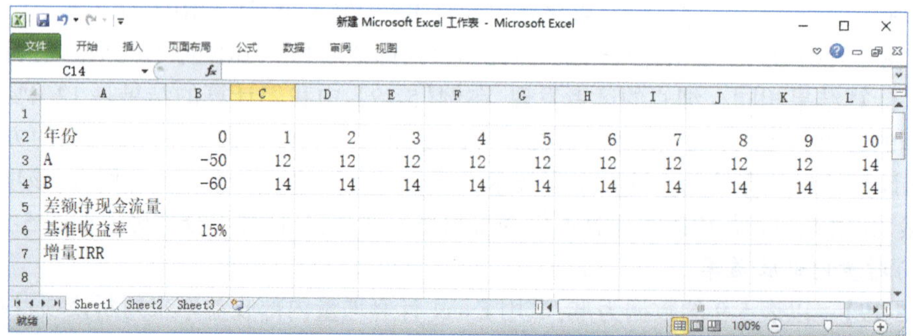

图 5-28 例【5-19】计算步骤 1

(2)在单元格 B5 中输入公式“=B4-B3”，并按回车键。然后拖曳单元格 B5 右下角的复制柄直至单元格 L5。如图 5-29 所示。

	A	B	C	D	E	F	G	H	I	J	K	L
1												
2	年份	0	1	2	3	4	5	6	7	8	9	10
3	A	-50	12	12	12	12	12	12	12	12	12	14
4	B	-60	14	14	14	14	14	14	14	14	14	14
5	差额净现金流量	-10	2	2	2	2	2	2	2	2	2	0
6	基准收益率	15%										
7	增量IRR											
8												

图 5-29　例【5-19】计算步骤 2

(3)激活单元格 B7，输入公式“=IRR(B5：L5)”。按回车键，则在单元格 B7 中显示结果为 13.70%，即增量内部收益率为 13.70%。因为增量内部收益率小于基准收益率，所以，根据 ΔIRR 指标的判断准则可知，该水厂应选择投资小的方案 *A*。如图 5-30 所示。

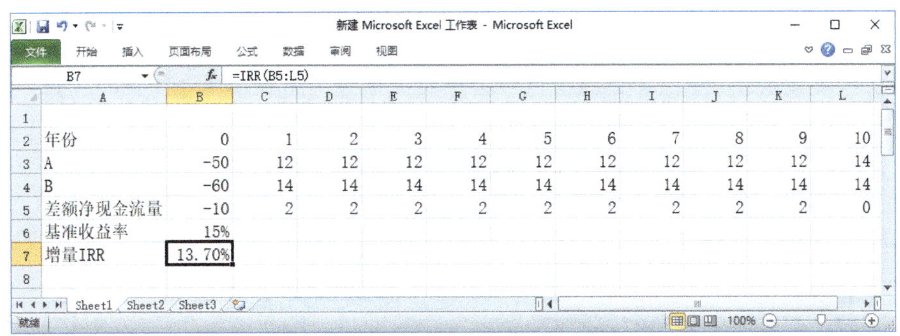

	A	B	C	D	E	F	G	H	I	J	K	L
1												
2	年份	0	1	2	3	4	5	6	7	8	9	10
3	A	-50	12	12	12	12	12	12	12	12	12	14
4	B	-60	14	14	14	14	14	14	14	14	14	14
5	差额净现金流量	-10	2	2	2	2	2	2	2	2	2	0
6	基准收益率	15%										
7	增量IRR	13.70%										
8												

图 5-30　例【5-19】计算步骤 3

(四)外部收益率

例【5-20】　某项目第 1 年投资 750 万元，第 2 年投资 150 万元，第 3 年净现金流量 225 万元，第 4~10 年净现金流量均为 375 元。基准折现率为 10%，试用 Excel 计算项目的 ERR，并判断项目的经济可行性。

解：常规解法

$$750(1+ERR)^9+150(1+ERR)^8=225(F/P,10\%,7)+375(F/A,10\%,7)$$

这个方程手算求解显然比较麻烦，那么我们借助于 Excel 软件中的单变量求解功能来求解就简单多了。

(1)打开 Excel 软件，在单元格 B3 中输入公式“=750 * POWER(1+C2,9)+150 * POWER(1+C2,8)”，按回车键，则在单元格 B3 中显示结果为“900”，然后在单元格 B4 中输入公式“=225 * POWER(1+10%,7)+FV(10%,7,-375)”，按回车键，则在单元格 B4 中显示结果为“3396. 15”。如图 5-31 所示。

(2)点击主菜单栏上“工具”栏，然后在下拉菜单中选择“单变量求解”选项。在单变量求解的对话框中，在“日标单元格”编辑框中输入“B3”，在“日标值”编辑框中输入“3996. 15”，在“可变单元格”编辑框中输入“B2”，最后单击确定按钮。如图 5-32 和图 5-33 所示。

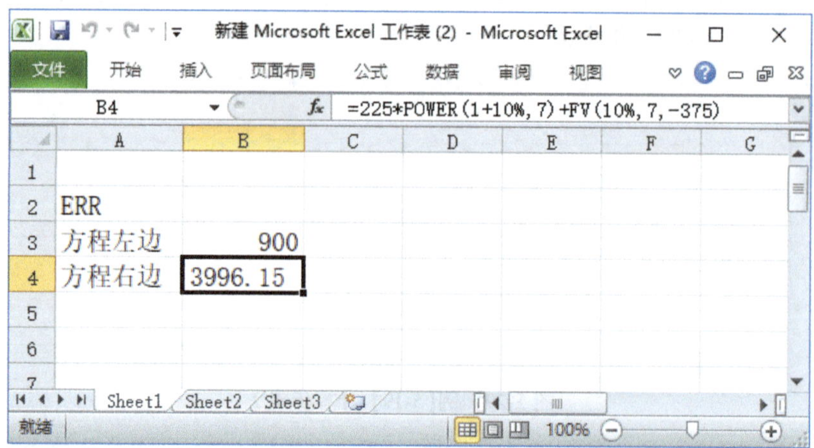

图 5-31 例【5-20】计算步骤 1

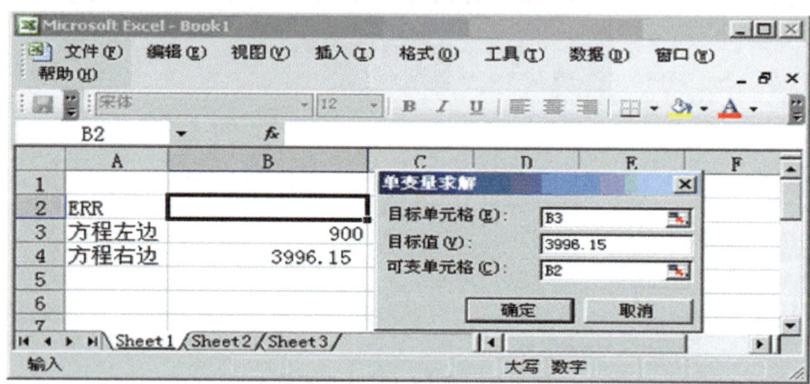

图 5-32 例【5-20】计算步骤 2

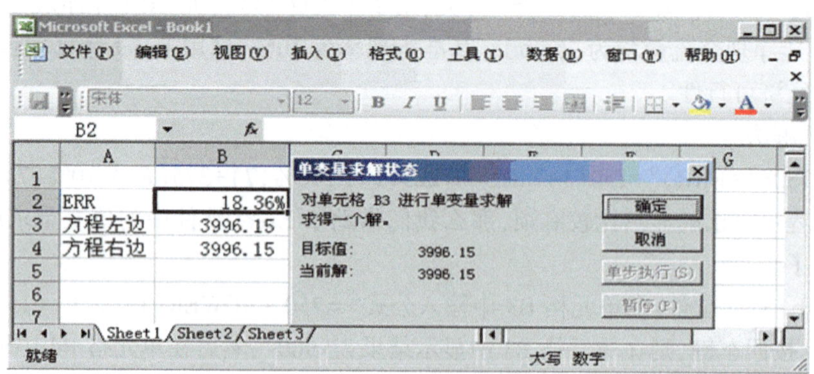

图 5-33 例【5-20】计算步骤 2

(3)在单变量求解对话框中,单击确定按钮,完成变量的求解。这时在单元格 B2 中显示计算结果为 18.36%,即该项目的外部收益率为 18.36%。因为 ERR>i_0,所以该项目是可行的,如图 5-34 所示。

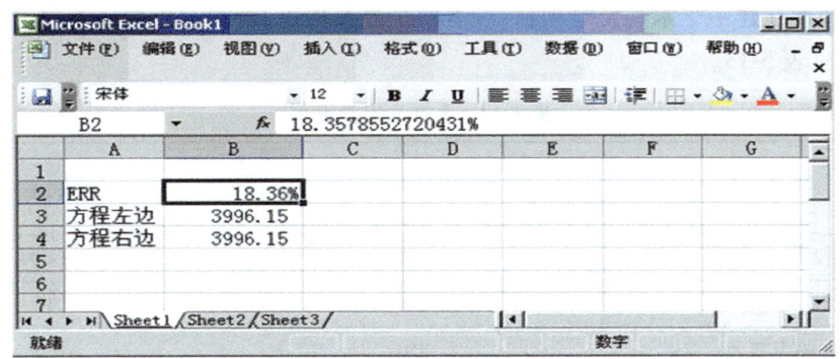

图 5-34　例【5-20】计算步骤 3

思考题与习题

1. 工程项目评价指标分成几类？各有什么特点？
2. 简述各个评价指标的定义、公式、特点以及适用范围。
3. 内部收益率的经济含义是什么？
4. 内部收益率最大的方案一定是最优方案吗？
5. 同一方案采用不同的评价指标进行评价时，结论是一致的吗？试举例说明。
6. 某公司购买一台水泵，售价是 8 000 元，运输安装费约 400 元，每年可以抽取地下水约 20 000 m^3，每立方米的净收入为 0.2 元。试问该水泵的投资需几年可以回收？如果基准投资回收期为 4 年，购买该水泵是否合理？
7. 某项目各年的净现金流量见表 5-11，试求该项目的静态投资回收期和动态投资回收期。（$i_0=10\%$）

表 5-11　净现金流量表　（单位：万元）

年份	0	1	2	3	4	5	6
净现金流量	−60	−40	30	50	50	50	50

8. 某项目，第一年投资为 1 000 万元，第二年投资为 1 500 万元，第三年投资为 2 000 万元，从第三年起连续八年每年可获得净收益为 1 500 万元。若期末残值不计，基准收益率为 12% 时，试计算该项目的净现值和内部收益率，并判断该项目的经济可行性。
9. 现有两台性能相同的水泵，其经济指标见表 5-12，基准收益率为 15%，试比较选择两个方案。

表 5-12　投资和年经营费用　（单位：万元）

项目	水泵 A	水泵 B
初始投资	3 000	4 000
年经营费用	2 000	1 600
残值	500	0
寿命期(年)	10	10

10. 某地现在建一个水利发电项目,现有两个方案提议,资源的机会成本为 10% 。两备选方案的数据见表 5-13。

表 5-13 备选方案数据表

项目	备选方案	
	A	*B*
初始投资(亿美元)	3 000	1 600
年费用(亿美元)	30	10
年收益(亿美元)	250	220
残值(亿美元)	150	120
寿命期(年)	40	20

运用内部收益率法,应选择哪个方案?

11. 某项目拟增加一台新产品的设备,设备投资为 140 万元,设备的寿命期为 5 年,5 年后残值为零。各年的现金流量图见表 5-14,当贴现率为 10% 时,试分别用净现值法和外部收益率法分析该投资方案的可行性。

表 5-14 现金流量表 (单位:万元)

年份	1	2	3	4	5
销售收入	80	80	70	60	50
经营费用	20	22	24	26	28

12. 某工程项目建设期为 2 年,第一年投资 450 万元,第二年投资 300 万元,生产期 14 年,若投产后预计年净收益均为 270 万元,期末残值不计,基准收益率为 10% ,试判断该项目是否经济可行。

13. 某市可以花费 295 万元设置一种新的交通格局。这种格局每年需 5 万元的维护费,但每年可节省支付给交警的费用 20 万元。驾驶汽车的人每年可节约价值为 35 万元的时间,但是汽油费与运行费每年要增加 8 万元。基准折现率取 8% ,经济寿命为 20 年,残值为零。试用 *B-C* 法判断该市应否采用新的交通格局。

第六章　工程项目(方案)的经济比较与优选

如果对于任何投资决策,都能简单地采用第五章所述经济评价指标以决定项目的取舍,投资决策就会变得简单易行。但在实践中,实现任何一项工程项目的目标都需要策划出多种不同的方案,以便寻求技术可行,经济合理的方案。由于备选方案的多样性,备选方案之间的相互关系不同以及各种不确定性因素的存在,如果仅凭对单个项目方案评价指标的计算和判别,而不掌握多个备选方案的比选方法,不灵活的运用各类评价指标,就不能达到正确决策评价的目的。因此,本章运用第五章所确定的指标,进一步讨论多个备选方案的比选方法。

第一节　备选方案的类型及比选的步骤

一、备选方案的类型

在工程项目技术经济分析中经常遇到的备选方案按照它们之间的相互关系,可分为三种类型:

(1)互斥型:指一组备选方案中,采纳其中的一个方案,便不能采纳其他方案。各方案之间具有排他性。例如:某公司计划购买一台推土机,市场上有三种型号可供选择,只能购买其中的一种,不能同时选购其他型号,这就是互斥方案。互斥方案的效果不可以迭加。

(2)独立型:指各个方案的现金流量是独立的,不具有相关性,且任意方案的采用与否都不影响其他方案是否采用的决策。方案之间不具有排斥性。单一方案的决策可认为是独立方案的特例。例如:某公司购买一台吊车、一台推土机和一辆汽车,购买其中的一种,并不能影响购买其他两种设备,这就是独立方案。独立方案的效果可以迭加。

(3)混合型:指在方案群中的各个方案之间即有独立的关系,又有互斥的关系。简单地说就是独立型和互斥型方案相结合的情况。例如:某公司有两个投资领域,一是现有工厂的技术改造,一是新建一企业,这两个领域是互相独立的,但技术改造有两个互斥方案,新建一企业也有三个厂址供选择,因此这个方案的组合就是混合方案。

二、备选方案比选的步骤

在上一章我们讲了工程项目经济评价指标以及刚了解的备选方案的类型,不同类型的方案比选和经济评价所采用的经济指标和方法不同,一般来说,除了先用经济效果指标筛选方案,还要用相对经济效果指标优选方案。具体包括如下两个步骤:

第一,确定方案自身的绝对经济效果,即通过方案本身经济效果指标的计算和判断准则(如 $T \leqslant T_c$, $NPV \geqslant 0$, $NAV \geqslant 0$, $IRR \geqslant i_0$),来确定方案自身的经济性,以评价和优选方案。

第二,确定方案之间的相对经济效果,即通过方案对比来考察哪个方案相对最优,从而选择方案。可以是对上述绝对经济效果指标值及其相应的效率型指标(如净现值率、内部收益率)进行大小排序,也可采用上述指标的增量分析(或差额分析)方法,如增量内部收益率以及增量投资回收期等指标进行排序。

这两个步骤的目的和作用不同,前者是筛选方案,后者是优选方案。在工程经济分析评价中两者相辅相成。一般情况下,独立或单一方案采用前一种方法检验即可,互斥方案及混合方案的评价和优选通常需要同时采用两个步骤。

第二节　互斥型工程项目方案的比选

互斥型方案是指方案间存在着相互排斥的关系,在多个互斥方案进行比选只能选取其中之一,其余方案必须放弃。互斥型方案的比较可按各个方案所含的全部因素(相同因素和不同因素)计算方案的全部经济效益,进行全面的对比;也可仅就不同因素计算相对经济效益,进行局部的对比。前者是通用的比较方法,即全面比较法。

互斥项目经济效益的评价,包括了两部分内容:一是考虑各个项目本身经济效益,即绝对经济效果检验;二是考虑一个项目相对于另一个的经济效益,哪一个较优,这就是相对经济效果检验。

相对经济效果检验方法的步骤如下:

(1)按项目方案投资额由小到大的顺序排序;

(2)以投资额最小的方案为临时最优方案,计算此方案的绝对经济效果指标,并与判别标准比较,直至成立;

(3)选择与临时最优方案相邻的方案进行两者的比较,即依次计算各方案的相对经济效益,并与判别标准比较,优胜劣汰,最终取胜者,为最优方案。

互斥项目的评价方法与所用的评价指标见表 6-1。

表 6-1　互斥项目的评价方法与所用的评价指标

评价方法	采用的评价指标	
	绝对经济效果检验	相对经济效果检验
全面评价	净现值	增量内部收益率
	净年值	增量净现值
局部评价	费用现值	增量内部收益率
	费用年值	增量费用现值

互斥方案比选时一定要注意:对于被比较方案,比较指标计算方法一致性;考察时段及计算期的可比性;费用与收益计算范围和计算方法的可比性;各方案现金流量应具有相同的时间特征;项目风险水平的可比性和评价时采用假定的合理性,否则会使评价得出错误的结论。

按互斥型方案寿命是否全相等,互斥型方案分为两类:(1)各方案寿命相等的互斥型方案的选择;(2)各方案寿命不全相等的互斥型方案的选择。前者自动满足时间可比性的要求,故可直接进行比较;后者则要借助于某些方法进行时间上的变换,在保证时间可比性之后进行选择。

一、寿命期相同的互斥方案比选

如上所述,对于寿命期相同的互斥方案,计算期通常设定为其寿命期,自动满足时间可比性的要求。寿命期相同的互斥方案的比选方法主要有净现值法、净现值率法、净年值法、内部收益率法、增量内部收益率法、最小费用法等。

(一)净现值法、净年值法、净终值法和净现值率法

1. 净现值法、净年值法、净终值法

当互斥型方案寿命期相等时,在已知各投资方案的收益与费用的前提下,直接用净现值法、净年值法、净终值法比较简单。

例【6-1】 某公司拟生产某种新产品,为此需增加新的生产线,现有 A、B、C 三个互斥型方案,各投资方案的期初投资额、每年年末的销售收益及费用见表 6-2。各投资方案的寿命期均为 6 年,期末残值均为零,基准收益率 $i_c = 10\%$。试问选择哪个方案在经济上最有利?

表 6-2　各投资方案的现金流量　(单位:万元)

投资方案	初期投资	销售收益	运营费用	净收益
A	20 00	1 200	500	700
B	3 000	1 600	650	950
C	4 000	1 600	450	1 150

解:(1)净现值法

净现值法就是通过计算各个备选方案的净现值并比较其大小而判断方案的优劣,是多方案比选中最常用的一种方法。

净现值的基本步骤如下:

1)分别计算各个方案的净现值,并用判别准则加以检验,剔除 NPV<0 的方案。

2)对所有 NPV≥0 的方案比较其净现值。

3)根据净现值最大准则,选择净现值最大的方案为最佳方案。

各方案的净现值 NPV_A、NPV_B、NPV_C 计算如下:

$$NPV_A = 700(P/A,10\%,6) - 2\,000 = 1\,049(\text{万元})$$

$$NPV_B = 950(P/A,10\%,6) - 3\,000 = 1\,137(\text{万元})$$

$$NPV_C = 1\,150(P/A,10\%,6) - 4\,000 = 1\,008(\text{万元})$$

根据净现值法判断准则可知 B 方案为最优方案,即相当于现时点产生的超额利润值为 1 137 万元(已排除了 10% 的机会成本)。该方案的净现值较 A 方案多 88 万元,较 C 方案有利 129 万元。

(2)净年值法

该方法是通过资金等值计算,将项目的净现值分摊到寿命期内各年的等额年值。各方案的净现值 NAV_A、NAV_B、NAV_C 计算如下:

$$NAV_A = 700 - 2\,000(A/P,10\%,6) = 241(\text{万元})$$

$$NAV_B = 950 - 3\,000(A/P,10\%,6) = 261(\text{万元})$$

$$NAV_C = 1\,150 - 4\,000(A/P,10\%,6) = 232(\text{万元})$$

根据净年值法的判断准则可知 B 方案为最优方案。

(3)净终值法

该方法就是在寿命期末按复利方式计算的全部现金流量的等效终值之和。各方案的净终值 NFV_A、NFV_B、NFV_C 计算如下:

$$NFV_A = 700(F/A,10\%,6) - 2\,000(F/P,10\%,6) = 1\,858(\text{万元})$$
$$NFV_B = 950(F/A,10\%,6) - 3\,000(F/P,10\%,6) = 2\,015(\text{万元})$$
$$NFV_C = 1\,150(F/A,10\%,6) - 4\,000(F/P,10\%,6) = 1\,787(\text{万元})$$

根据净终值法的判断准则可知,还是 B 方案最优。

从以上结果可以看出,不论采用什么方法都是 B 方案最优,A 方案次之,最不利方案是 C 方案。

2. 净现值率法

净现值率法是在净现值法的基础上发展起来的,可以作为净现值的补充指标,在净现值相同或相近时,净现值率指标可以反映单位投资的净贡献,在多方案选择中有重要作用。

例【6-2】 某项目有四个方案,甲方案财务净现值 NPV=200 万元,投资现值 I_P = 3 000 万元,乙方案 NPV=180 万元,I_P = 2 000 万元,丙方案 NPV = 150 万元,I_P = 3 000 万元,丁方案 NPV=200 万元,I_P = 2 000 万元,据此条件,项目的最好方案是哪一个。

解:由于甲方案和丁方案的净现值相同,无法用净现值法比较其优劣,因此采用净现值率法,根据净现值率的定义式:$NPVR=NPV/I_P$得

甲方案:NPVR=200÷3 000=0. 066 6

乙方案:NPVR=180÷2 000=0. 09

丙方案:NPVR=150÷3 000=0. 05

丁方案:NPVR=200÷2 000=0. 10

因此项目的最好方案是丁方案。

净现值法和净现值率法是对寿命期相同的互斥方案进行比选时最常用的方法。有时在采用不同的评价指标对方案进行比选时,会得出不同的结论,这时往往以净现值指标为最后衡量的标准。

(二)最小费用法

在实际中,经常会遇到产出效果或收益相同的两个或多个互斥方案比选这类问题。例如,在水力发电和火力发电之间、在铁路运输和公路运输之间、在水泥结构的桥梁和金属结构的桥梁之间进行选择,国防,教育等项目,其所产生的效益无法衡量或者是无法用货币衡量的,这样由于得不到其现金流量情况,也就无法采用诸如净现值法、净年值法、内部收益率法等方法来对此类项目进行经济评价。这时,就可以采用最小费用法。该方法是指当各方案的效益相同时,只要考虑或者只能考虑比较各方案的费用大小(费用现值或费用年值),费用最小的方案就是最好的方案。

例【6-3】 某项目 A、B 两种不同的工艺设计方案,均能满足同样的生产技术需要,其有关费用支出见表 6-3,试问该项目应选择哪个方案?已知 i_0 = 10% 。

表 6-3 A、B 两方案费用支出表 (单位:万元)

费用 方案	投资 (第一年末)	年经营成本 (2~10 年末)	寿命期
A	600	280	10
B	785	245	10

解：1. 费用现值法

根据费用现值的计算公式(5-15)可分别计算出 A、B 两方案的费用现值为：

$$PC_A = 600(P/F,10\%,1) + 280(P/A,10\%,9)(P/F,10\%,1) = 2\ 011.40(\text{万元})$$

$$PC_B = 785(P/F,10\%,1) + 245(P/A,10\%,9)(P/F,10\%,1) = 1\ 996.34(\text{万元})$$

由于 $PC_A > PC_B$，所以方案 B 为最佳方案。

2. 费用年值法

根据公式(5-16)可计算出 A、B 两方案的等额年费用如下：

$$AC_A = 2\ 011.40(A/P,10\%,10) = 327.46(\text{万元})$$

$$AC_B = 1\ 996.34(A/P,10\%,10) = 325.00(\text{万元})$$

由于 $AC_A > AC_B$，所以方案 B 为最佳方案。

(三)增量分析法

先分析一个互斥方案经济评价的例子。

例【6-4】　方案 A、B 是互斥方案，其各年的现金流量见表 6-4，试对方案进行选择(i_0 = 10%)。

表 6-4　互斥方案 A、B 的现金流量及经济效果指标　(单位:万元)

年份	0	1~10	NPV	IRR(%)
A 的净现金流量	-2 300	650	1 693.6	25.34
B 的净现金流量	-1 500	500	1 572	31.22
增量净现金流	-800	150	121.6	13.6

解：首先计算两个方案的绝对经济效果指标 NPV 和 IRR，并将计算结果填入表 6-4 中

$$NPV_A = -2\ 300+650(P/A,10\%,10) = 1\ 693.6(\text{万元})$$

$$NPV_B = -1\ 500 + 500(P/A,10\%,10) = 1\ 572(\text{万元})$$

由方程式

$$-2\ 300 + 650(P/A,IRR_A,10) = 0$$

$$-1\ 500 + 500(P/A,IRR_B,10) = 0$$

可求得

$$IRR_A = 25.34\%, \quad IRR_B = 31.22\%$$

NPV_A、NPV_B 均大于零，IRR_A、IRR_B 均大于基准折现率，所以方案 A 和方案 B 都能通过绝对经济效果检验，且使用 NPV 指标和使用 IRR 指标进行绝对经济效果检验结论是一致的。

由于 $NPV_A > NPV_B$，故按净现值最大准则方案 A 优于方案 B。但计算结果还表明 $IRR_A < IRR_B$，若以内部收益率最大为比选准则，方案 B 优于方案 A，这与按净现值最大准则比选的结论相矛盾。到底按哪种准则进行互斥方案比选更合理呢？解决这个问题需要分析投资方案比选的实质。投资额不等的互斥方案比选的实质是判断增量投资(或差额投资)的经济合理性，即投资大的方案相对于投资小的方案多投入的资金能否带来满意的增量收益。显然，若增量投资能够带来满意的增量收益，则投资额大的方案优于投资额小的方案，若增量投资不能带来满意的增量收益，则投资额小的方案优于投资额大的方案。

以上分析中采用的通过计算增量净现金流评价增量投资经济效果，对投资额不等的互斥方案进行比选的方法称为增量分析法或差额分析法，这是互斥方案比选的基本方法。通常净

现值、净年值、投资回收期、内部收益率等评价指标都可用于增量分析，下面作进一步讨论。

1. 增量净现值

对于互斥方案，利用不同方案的差额现金流量来计算分析的方法，称为差额净现值法。设 A、B 为共同寿命期 n 年且投资额不等的两个互斥方案，B 方案比 A 方案投资大，两方案的增量净现值可由下式求出

$$\begin{aligned}\Delta NPV &= \sum_{t=0}^{n}[(CI_B - CO_B)_t - (CI_A - CO_A)_t](1+i_0)^{-t} \\ &= \sum_{t=0}^{n}(CI_B - CO_B)(1+i_0)^{-t} - \sum_{t=0}^{n}(CI_A - CO_A)(1+i_0)^{-t} \\ &= NPV_B - NPV_A \end{aligned} \tag{6-1}$$

用增量净现值法进行互斥方案比选时，判断准则：如果 $\Delta NPV > 0$，表明增加投资可以接受，这时 $NPV_B > NPV_A$，投资大的方案优于投资小的方案，反之，$\Delta NPV < 0$，投资小的方案是经济的。

式(6-1)表明 ΔNPV 是两个互斥方案净现值之差。显然，用增量分析法计算两个方案的增量净现值来进行互斥方案的比选与分别计算两方案的净现值，再根据净现值最大的准则来进行互斥方案的比选，所得结论是一致的。

当有多个互斥方案进行比较时，为了选出最优方案，需要各个方案之间进行两两比较。当方案很多时，这种比较就显得很繁琐。在实际分析中，可采用简化方法来减少不必要的比较过程。对于需要比较的多个互斥方案。首先将它们按投资额的大小顺序排列，然后从小到大进行比较。每比较一次就淘汰一个方案，从而可大大减少比较次数。

需要注意的是，增量净现值只能用来检验差额投资的效果，或者说是相对效果。增量净现值大于零只表明增加的投资是合理的，并不表明全部投资是合理的。因此，在采用差额净现值法对方案进行比较时，首先必须保证比选的方案都是可行方案。

例【6-5】 有三个互斥型的投资方案，寿命周期均为 10 年，各方案的初始投资和年净收益见表 6-5。试在折现率为 10% 的条件下选择最佳方案。

表 6-5 互斥方案 *A*、*B*、*C* 的净现金流量表 （单位：万元）

方案	初始投资	年净收益
A	170	44
B	260	59
C	300	68

解：投资方案按投资额从小到大排列顺序是 A、B、C。首先检验 A 方案的绝对效果，可看作是 A 方案与不投资进行比较。

$$\Delta NPV_{A-0} = -170 + 44(P/A,10\%,10) = 100.34\text{(万元)}$$

由于 ΔNPV_{A-0} 大于零，说明 A 方案合理。

$$\Delta NPV_{B-A} = -90 + 15(P/A,10\%,10) = 2.17\text{(万元)}$$

ΔNPV_{B-A} 大于零，即方案 B 优于方案 A，淘汰方案 A。

$$\Delta NPV_{C-B} = -40 + 9(P/A,10\%,10) = 15.30\text{(万元)}$$

ΔNPV_{C-B} 大于零，表明投资大的 C 方案优于投资小的 B 方案。

如果用净现值法来计算该题可以得到同样的结论。

$$NPV_A = -170 + 44(P/A,10\%,10) = 100.34(\text{万元})$$

$$NPV_B = -260 + 59(P/A,10\%,10) = 102.51(\text{万元})$$

$$NPV_C = -300 + 68(P/A,10\%,10) = 117.81(\text{万元})$$

根据净现值最大准则判断,C 方案优。

因此,实际工作中应根据具体情况选择比较方便的比选方法。当有多个互斥方案时,直接用净现值最大准则选择最优方案比两两比较的增量分析更为简便。分别计算各备选方案的净现值,根据净现值最大准则选择最优方案可以将方案的绝对经济效果检验和相对经济效果检验结合起来,判别准则可表述为:净现值最大且非负的方案为最优可行方案。

2. 增量内部收益率法

在前面第五章第三节效率型指标中,我们已经讲过增量内部收益率的计算公式以及判断准则等,下面我们就在多个互斥方案比选时增量内部收益率法的应用进一步讨论。

对于例【6-5】,如果采用内部收益率指标来进行比选又会如何呢?我们来计算一下。根据 IRR 的定义及各个方案的现金流量情况,有

$$-170 + 44(P/A,IRR_A,10) = 0 \quad 得\ IRR_A = 22.47\%$$

$$-260 + 59(P/A,IRR_B,10) = 0 \quad 得\ IRR_B = 18.94\%$$

$$-300 + 68(P/A,IRR_C,10) = 0 \quad 得\ IRR_C = 18.52\%。$$

可见,三个方案的内部收益率均大于基准收益率,且 $IRR_A > IRR_B > IRR_C$。

方案 A 为最佳方案。这个结论与采用净现值法计算得出的结论是矛盾的。那么为什么两种方法得出结论会产生矛盾?究竟哪一个方法正确?这个问题可通过图 6-1 加以说明。

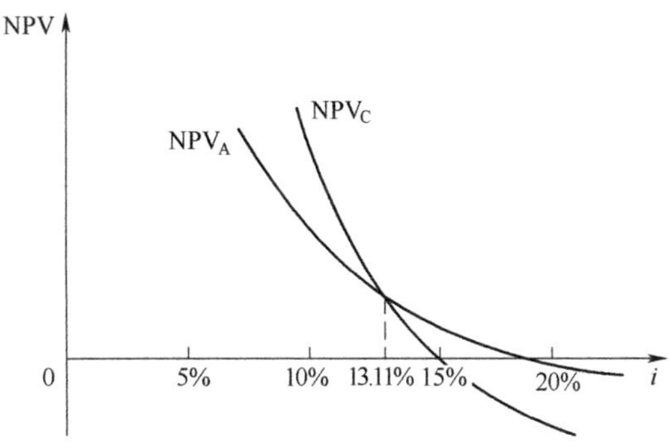

图 6-1　方案 A、C 的净现值与折现率的关系

图中两条曲线分别是方案 A 和方案 C 的净现值函数曲线,由两条曲线的形状可以看出,两条曲线在 $i = 13.11\%$ 处相交,当折现率小于 13.11% 时,$NPV_C > NPV_A$;当折现率大于 13.11% 时,$NPV_A > NPV_C$,也就是说,当我们取定的标准折现率,大于 13.11% 时,采用净现值指标与内部收益率指标对方案进行比选得出相同的结论;当取定的标准折现率小于 13.11% 时,两种方法会得出相反的结论。产生这种现象的根本原因在于净现值与内部收益率这两个评价指标的经济含义有所不同。

在第五章的内容学习中我们已经明确了净现值和内部收益率的经济含义,根据标准折现率的经济含义,它代表的是项目投资的收益期望水平,是项目投资的资金机会成本,因此采用净现值最大准则作为方案比选的决策依据可以达到总投资的收益最大化,是符合方案比选的基本目标的。而内部收益率并未考虑真正的资金机会成本,其决策结果与资金机会成本无关,这样就难以保证比选的正确性。

由于互斥方案的比选,实质上是分析投资大的方案所增加的投资能否用其增量收益来补偿,即对增量的现金流量经济合理性作出判断,因此我们可以通过计算增量净现金流量的内部

收益率即增量内部收益率来比选方案,这样就能够保证方案比选结论的正确性。

采用差额内部收益率指标对互斥方案进行比选的基本步骤如下:

(1)计算各备选方案的 IRR。

(2)将 IRR $\geqslant i_0$ 的方案按投资额由小到大依次排列。

(3)计算排在最前面的两个方案的增量内部收益率 ΔIRR,若 ΔIRR $\geqslant i_0$,则说明投资大的方案优于投资小的方案,保留投资大的方案;反之,若 ΔIRR $< i_0$,则保留投资小的方案。

(4)将保留的较优方案依次与相临方案两两逐对比较,直至全部方案比较完毕,则最后保留的方案就是最优方案。

例【6-6】 根据例【6-5】的资料,试用增量内部收益率法进行方案比选。

解:由于三个方案的 IRR 均大于 i_0,将它们按投资额大小排列为:$A \to B \to C$。先对方案 A 和 B 进行比较。根据增量内部收益率的计算公式,有

$$-(260-170)+(59-44)(P/A,\ \Delta IRR_{B-A},10)=0$$

可求出 $\Delta IRR_{B-A}=10.43\% > i_0=10\%$,故方案 B 优于方案 A,保留方案 B,继续进行比较。

将方案 B 和方案 C 进行比较

$$-(300-260)+(68-59)(P/A,\ \Delta IRR_{C-B},10)=0$$

可以求出 $\Delta IRR_{C-B}=18.68\% > i_0=10\%$,故方案 C 优于方案 B。

最后可得出结论:方案 C 为最佳方案。

注意在对互斥方案进行比较选择时,净现值最大准则是正确的,而内部收益率最大准则只在基准折现率大于被比较的两方案的增量内部收益率的前提下成立。也是说,如果将投资大的方案相对于投资小的方案的增量投资用于其他投资机会,获得高于差额内部收益率的赢利率时,用内部收益率最大准则进行方案比选的结论就是正确的。但是若基准折现率小于增量内部收益率,用内部收益率最大准则选择方案就会导致错误的决策。由于基准折现率是独立确定的,不依赖于具体比选方案的增量内部收益率,故用内部收益率最大准则比选方案是不可靠的。

增量内部收益率只能说明增加投资部分的经济性,并不能说明全部投资的效果。因此,采用增量内部收益率法进行方案评选时,首先必须要判断被比选方案的绝对效果,只有在可行的方案情况下,才能作为比较对象。

3. 增量投资回收期法(参见第五章第一节)

二、寿命期不同的互斥方案比选

只有寿命期相同时,方案才能进行经济效益的比较这样满足时间上的可比性。但是在实际工作中,常常会遇到寿命期不等方案的比较问题。例如,设备经济寿命的确定就是通过比较设备使用期的经济性后得出的。一台投资较多的设备常比投资较少的设备的使用期长。进行技术改造比不进行技术改造的设备寿命期要久。为了使计算期不等的方案具有时间可比性,使各方案具有相同的计算期。为此可以采取的方法有:以各备选方案的计算期(寿命期)的最小公倍数作为各方案的共同计算期;计算各备选方案的年度等值,通过比较年度等值的大小来选取项目(净年值取大者,费用则取小者)等方法。

(一)最小公倍数法

最小公倍数法是通常采用的一种方法,它基于重复型更新假设理论。重复型更新假设理

论包括下面两个方面:①在较长时间内,方案可以连续地以同种方案进行重复更新,直到多方案的最小公倍数寿命期或无限寿命期;②替代更新方案与原方案现金流量完全相同,延长寿命后的方案现金流量以原方案寿命为周期重复变化的。

在分析中,重复型更新通常是隐含于问题之中的,也就是说,除非特别说明,在进行分析时一律认为重复型更新是成立的。最小公倍数法就是将一组互斥方案按重复型更新假设理论将它们延长至最小公倍数寿命期,然后按互斥方案的比选方法进行比较。

例【6-7】 某企业技术改造有两个方案可供选择,各方案的有关数据见表 6-6,试在基准折现率 12% 的条件下选择最优方案。

表 6-6　*A*、*B* 方案的有关数据

方案	投资额(万元)	年净收益(万元)	寿命期(年)
A	800	360	6
B	1 200	480	8

解:由于方案的寿命期不同,须先求出两个方案寿命期的最小公倍数,其值为 24 年。两个方案的现金流量是重复变化的,即方案 *A* 重复 3 次,延长至 4 个寿命周期,方案 *B* 重复 2 次,延长至 3 个寿命周期。

$$\begin{aligned}\mathrm{NPV_A} &= -800-800(P/F,12\%,6)-800(P/F,12\%,12)-\\&\quad 800(P/F,12\%,18)+360(P/A,12\%,24)=1\,287.7(\text{万元})\end{aligned}$$

$$\begin{aligned}\mathrm{NPV_B} &= -1\,200-1\,200(P/F,12\%,8)-1\,200(P/F,12\%,16)+\\&\quad 480(P/A,12\%,24)=1\,856.1(\text{万元})\end{aligned}$$

由于 $\mathrm{NPV_B}>\mathrm{NPV_A}$,故方案 *B* 优于方案 *A*。

(二)年　值　法

用年值法进行寿命不等的互斥方案比选,实际上隐含着做出这样一种假定:各备选方案在其寿命结束时均可按原方案重复实施或以与原方案经济效果水平相同的方案接续。因为一个方案无论重复实施多少次,其年值是不变的,所以年值法实际上假定了各方案可以无限多次重复实施。在这一假定前提下,年值法以“年”为时间单位比较各方案的经济效果,从而使寿命不等的互斥方案间具有可比性。因此,在对寿命期不等的互斥方案进行比选时,特别是多个方案时,年值法是一种最为简便的方法。年值法包括净年值和费用年值法。

例【6-8】 现有互斥方案 *A*、*B*、*C*,各方案的现金流量见表 6-7,试在基准折现率为 12% 的条件下选择最优方案。

表 6-7　*A*、*B*、*C* 方案的现金流量

方案	投资额(万元)	年净收益(万元)	寿命期(年)
A	204	72	5
B	292	84	6
C	380	112	8

解:计算各方案的净年值

$$\mathrm{NAV_A}=-204(A/P,12\%,5)+72=15.41(\text{万元})$$

$$\mathrm{NAV_B}=-292(A/P,12\%,6)+84=12.98(\text{万元})$$

$$NAV_C = -380(A/P,12\%,8) + 112 = 35.51(万元)$$

由于 $NAV_C > NAV_A > NAV_B$,故以方案 C 为最优方案。

第三节 独立型工程项目方案的比选

在一组独立方案比较选择过程中,可决定选择其中任意一个或多个方案,甚至全部方案,也可能一个方案也不选。独立方案这一特点决定了独立方案的现金流量及其效果具有可加性。一般独立方案选择处于下面两种情况:无资金约束条件的独立型工程项目方案组和有资金约束条件的独立型工程项目方案组。

一、无资金约束条件的独立项目经济比较与选优方法

在无约束条件下,一群独立项目的决策是比较容易的,这时项目评价要解决的问题,是项目评价指标能否达到某一评价标准。因为对于经济上彼此独立的常规项目(即逐年净现金流量只有一次由负值变为正值的变化,且流入总额大于流出总额的项目),用净现值法、净现值率法、内部收益率法等任何一种方案进行评价的结论都是一致的。例如:某项目的 $NPV(i_0)>0$, $NPVR(i_0)>0$, $IRR \geqslant i_0$,则该项目在经济上就认为可以考虑接受。

例【6-9】 两个独立方案 A、B,其现金流量见表 6-8。试在基准折现率为 12% 时判断其经济可行性。

表 6-8 独立方案 A、B 的现金流量 (单位:万元)

方案 \ 年份	0	1~10
A	-20	5.8
B	-30	7.8

解: 该方案为独立型,可首先计算方案自身的绝对效果指标——净现值、净年值、内部收益率等,然后根据各指标的判断准则进行绝对效果检验并决定取舍。下面我们只通过净现值的计算来判断经济可行性。

$$NPV_A = -20 + 5.8(P/A,12\%,10) = 12.77(万元)$$

$$NPV_B = -30 + 7.8(P/A,12\%,10) = 14.07(万元)$$

由于 $NPV_A > 0$、$NPV_B > 0$,故 A、B 方案均可接受。

读者也可采用其他指标来判断方案的经济可行性。

但是在若干可采用的独立项目中,如果有约束条件(比如受资金限制),只能从中选择一部分项目实施,就出现了资金合理分配问题,通常要通过项目排队(独立项目按优劣排序的最优组合)来优选项目。关于单个项目的经济评价方法和评价指标在第四章中已有详细叙述。对于一组独立无约束的项目组的决策,决策的结果可能是:全部项目被接受、某些项目被接受和全部项目不被接受。因为各个项目是否被接受只决定于项目的本身,而与其他项目的取舍无关。

二、有资金约束条件的独立项目组经济比较与选优方法

最常见的是由于投资的限制,不可能采用所有经济合理的项目,这时存在着资金的最优分

配问题。造成此问题的原因可能是:①主管部门规定了某一时期投资的限额;②已经达到了企业资金成本的临界点,即这时的资金成本已经达到企业的边际投资收益率。

对一般企业来说,资金总额和资金成本之间存在着如图 6-2 所示的关系。

由图 6-2 可知,企业不能按某一固定的资金成本无限制地增加其资金,而存在着某个资金总额值(C' 为临界点),在这点外,企业要付出越来越高的资金费用(利息)。原因可能是贷款人觉得进一步增大对企业的投资会冒较大的风险。当然,如果经过一段顺利的发展时期后,企业向自己的债权人和投资者证明自己能从已投资的项目中得到满意的利润时,额外的风险费用就消失了。企业的临界点 C' 会提高到一个新的水平。

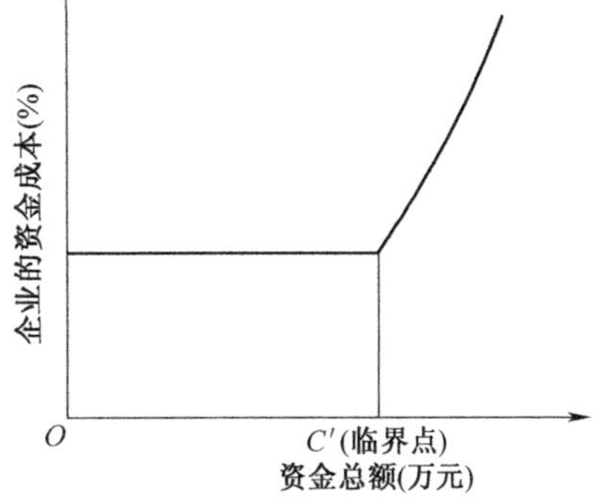

图 6-2 资金总额与资金成本的关系

企业的资金成本与资金总额曲线可用来进行投资决策。用直方图把 IRR 从大到小排列起来,标绘在企业边际项目的示意图上(图 6-3),与曲线上升部分相交的项目,将是边际项目。

从图 6-3 可知,项目 E 是边际项目,内部收益率低于这个投资项目的其他项目(包括项目 E 在内)都在该企业放弃范围之列。

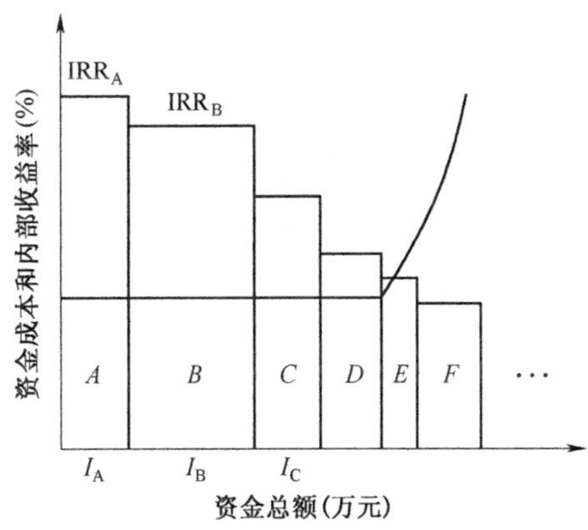

图 6-3 资金总额与资金 IRR 的关系

一般来说,全部入选项目组的资金需要量与当时的实际可能提供量不会一致。假如项目是由一个大项目(需要较多的资金)和几个小项目所组成,在资金不足时,便可能产生在单一大项目和若干个小项目之间的抉择问题。例如图 6-3 方案,A、B、C 所需的资金分别为 I_A 、I_B 、I_C ,设 $I_B = I_A + I_C$ 。为能够筹集到的资金,由于项目的不可分性(即一个项目只能作为一个整体被接受或放弃),使决策不再能按项目 IRR 从大到小的次序来考虑取舍了。对应上述情况,应当做出的抉择是选择项目 B 或项目 $A+C$。因此,尽管项目 A、B、C 是互不相关的项目,即某一方案的接受并不影响其他方案的接受,但在约束条件下(上例是资金,也可以是其他资源以及劳动力等)会成为有关的项目。在上例中,则成为 B 和 $A+C$ 两个互斥的项目。如果接受项目 B,则必然排斥项目 $A+C$;反之接受项目 $A+C$,就不得不放弃项目 B。

在有资金限额的条件下,独立项目组中入选的项目,首先要满足净现值或 IRR 判据。此外在可行的项目中,要根据资金限额进行项目的组合,并使最后入选的项目组经济效益最大。在具体计算时应特别注意下列情况:

(1)在前面的叙述中各个项目被认为具有同等的风险,实际上很少有风险相同的不同投资项目。高风险较高收益率的项目不一定比风险较低但收益率也较低的项目好。

(2)某些项目按正常资金分配原则是不可能获得投资的,因为某些项目(如三废治理项目、公用项目等)的收益率相对较低,甚至于可能具有负的收益率。因此必须按政府的法令和规定,把这些项目优先列入。

(3)一个部门或大型企业的投资机会应当分类考虑。例如对新上的项目要求收益率是25%,改扩建项目要求的最低收益率就应当小于25%,而那些旨在增加劳动就业的项目甚至可以低到12%都可接受。因此最好先把资金份额分配给各类项目,对每类项目再以资金份额为约束条件,进行项目组的优化组合。

(4)应当强调指出,项目的最终决策是由主管人员来进行的。此外,一些重大的项目通常还受环境、政治等因素的影响。因此在考虑定量的约束条件(例如资源、能源等)的同时,要充分考虑到其他非经济性因素的存在和影响可能时要进行项目的多目标决策。

所以,存在资金约束的条件下,多个独立的项目经济评价不能再简单地用一个评价准则,如用NPV、NPVR来决定排序和取舍。一种简便的方法,是把所有可行的投资项目的组合列出来,每个组合都代表一个满足约束条件的项目总体中相互排斥的一个方案,这样就可以利用互斥方案的经济评价方法,来选出最好的组合。

因此,在有约束的条件下,不管项目间是互斥的或是独立的,它们的解法都一样,即把所有满足约束条件的投资项目组合列出来,然后进行排序取舍。

有约束条件的独立项目,选择有两种方法:一是独立方案互斥化法;二是排序法。

(一)独立方案互斥化法

独立型项目方案选择的互斥化方法是工程经济学的传统解法。其具体步骤如下所述:

(1)首先列出所有可能的项目方案组合。如果能够利用某种方法把各独立型项目方案都组合成相互排斥的方案群,其中每个组合方案代表由若干个项目组成的与其他组合相互排斥的方案,因为每个项目都有两种可能:选择或被拒绝,故不投资除外,m 个独立型项目方案可以构成 2^m-1 个互斥型方案。

(2)从所有可能的方案组合中除去不满足条件约束的方案。

(3)按互斥型方案的选择原则,选出最优项目方案组合。

例【6-10】 有三个独立投资方案 A、B、C,各方案的有关数据见表6-9,已知总投资限额是800万元,基准收益率为10%,试选择最佳投资方案。

表6-9 方案 A、B、C 的有关数据

方案	投资额(万元)	年净收益(万元)	寿命期(年)
A	350	62	10
B	200	39	10
C	420	76	10

解:由于3个方案的总投资合计为970万元超过了投资限额,因此不能同时选上。按照上述解法步骤,本例采用净现值法来选择最佳方案组合,结果见表6-10。

表6-10 用净现值法来选择最佳方案组合 (单位:万元)

序号	方案组合	投资	组合的净现值	决策
1	B	200	39.6	
2	A	350	30.9	
3	C	420	46.9	

续上表

序号	方案组合	投资	组合的净现值	决策
4	B、A	550	70.5	
5	B、C	620	86.5	最佳
6	A、C	770	77.8	
7	A、B、C	970		超出投资额

由上表可知,按最佳投资决策确定选择方案 B 和 C。

当方案数目个数增加时,其组合数也成倍增加。所以这种方法比较适用于方案数目较少的情况。当方案数目较多时,可采用排序法。

(二)传统排序法

传统理论认为,有约束条件下的独立型项目方案比选的排序法通常有内部收益率法和净现值率法。

1. 内部收益率排序法

内部收益率排序法是以各项目的 IRR 为基准,在一定的资金约束条件下,寻求能使加权内部收益率最高的项目组合法。

用内部收益率排序法解决方案间资金分配问题,一般可按下列步骤进行:

(1)计算出各方案的内部收益率值,将内部收益率小于基准收益率的方案舍去;

(2)将各可行方案按内部收益率由大到小的顺序排列;

(3)根据资金约束条件,选择出加权内部收益率 IRR_p 最大的项目组合,即为最佳组合。加权内部收益率 IRR_p 的计算公式

$$IRR_P=\frac{\sum_{j=1}^{m}I_{oj}\times IRR_j+\left(I_{max}-\sum_{j=1}^{m}I_{oj}\right)\times i_0}{I_{max}} \tag{6-2}$$

式中　m ——组合方案中独立方案的数目;

I_{max} ——资金约束条件;

I_{oj} ——第 j 个方案的初始投资;

IRR_j ——第 j 个方案的内部收益率。

式(6-2)中,中括号内的第二项表示约束投资与组合方案投资的差额,假定这笔资金被投向基准收益率为 i_0 的其他投资途径。

例【6-11】　表6-11 中列出6 个独立方案,若基准收益率 i_0 为14%,总的投资额为35 000 元,请用内部收益率排序法选择方案。

表 6-11　用内部收益率排序法选择最优组合方案

方案名称	投资额(元)	寿命(年)	年净收益(元)	内部收益率(%)	按内部收益率排序
A	10 000	6	2 870	18	3
B	15 000	9	2 930	13	舍去
C	8 000	5	2 680	20	2
D	21 000	3	9 500	17	4
E	13 000	10	2 600	15	5
F	6 000	4	2 540	25	1

解:首先,分别求出6个方案的内部收益率,列于表6-11。由于$IRR_B < i_0$,因此将方案B舍去。然后,按内部收益率由大到小的顺序选择方案,在总投资额仅有35 000元的条件下,应选择F、C、A三个方案。此时的总投资为24 000元,尚有11 000元资金没有利用。假设这些资金投向"0"方案,即投向基准收益率为14%的其他投资机会,则这些方案的加权平均内部收益率为

$$i' = \frac{6\,000 \times 0.25 + 8\,000 \times 0.20 + 10\,000 \times 0.18 + 11\,000 \times 0.14}{35\,000} = 18.4\%$$

另外,为了充分利用现有投资额,在5个可行方案之间还可以有其他的组合形式。它们的投资总额及加权收益率列于表6-12。

表6-12 不同组合方案的总投资额和加权内部收益率

组合方案	总投资额(元)	加权内部收益率(%)
F、C、D	35 000	19.1
F、C、A	24 000	18.4
C、A、E	31 000	16.9
F、A、E	29 000	17.4
C、E、F	27 000	17.6

由表6-12可知,为使加权内部收益率最大,应选F、C、D方案组合。

注意在运用加权内部收益率排序法并不一定保证能得到真正的最优解。在本例中F、C、D组合,F、A、E组合,C、A、E组合和F、C、A组合等实为互斥方案,用加权内部收益率最大化方法并不一定保证能得到真正的最优解。因为,在大多数条件下,直接按互斥型方案的内部收益率高低选择方案并不一定保证能选出在基准收益率下净现值最大的方案。

2. 净现值率排序法

净现值率排序法,就是将各方案的净现值率由大到小排序,然后按序优选方案。这一方法的目标是在总投资一定的条件下达到净现值最大。

例【6-12】 资金预算限额是60万元,现有8个产品投资方案,各方案净现值和投资额见表6-13。按净现值率排序法做出方案选择。

解:计算各方案的净现值率。根据各方案的净现值率由大到小重新排序,结果列于表6-13。

表6-13 用净现值率排序法选择最优组合方案

方案	投资额现值(万元)	净现值(万元)	净现值率
A	20	12	0.6
B	12	5.4	0.45
H	15	5.7	0.38
D	9	2.25	0.25
E	13	2.86	0.22
F	36	6.48	0.18
G	3	0.42	0.14
C	4	0.5	0.125

按照净现值率由大到小的顺序优选方案。满足资金限额的方案组合有 A、B、H、D、C,所用资金总额为 60 万元,净现值总额为 25.85 万元。另外,如果用 E 方案代替组合方案中的 D 和 C 方案,所用资金总额仍是 60 万元,但净现值总额则增加为 25.96 万元。因此,方案组合 A、B、H、E 优于方案组合 A、B、H、D、C,最终选取的最优方案组合为 A、B、H、E。

净现值率排序法的优点是计算简便,缺点是投资项目的不可分性,常常会出现资金没有充分利用的情况,因而不一定能保证获得最佳组合方案。只有当各方案投资额占总投资比例很小或入选方案正好分配完时,总投资才能保证获得最佳组合方案。实践中常与净现值指标配合起来进行比较,使净现值最大的目的得以实现。

(三)经济性工程学的双向排序均衡法

日本学者千住镇雄、伏见多美雄等人开创了双向排序均衡法。首先根据资源效率指标的大小确定独立项目的优先顺序,然后根据资源约束条件确定最优项目组合。这种方法是对工程经济学的互斥化方法的有效改进,简便而且有效。

双向排序均衡法选择了内部收益率指标进行独立型投资项目优化组合,其具体步骤如下:

(1)计算各投资项目方案的 IRR,由大到小排序并绘图;

(2)计算资金成本率并由小到大排序且绘图;

(3)计算并在图中标注资金限制条件;

(4)选择 IRR $\geqslant i_0$ 且资金约束条件允许的项目组合。

例【6-13】 有 8 个互相独立的投资方案 A、B、C、D、E、F、G、H,投资的寿命期为 1 年,投资额及 1 年后的净收益见表 6-14。

表 6-14　各个方案的投资额及净收益　(单位:万元)

投资方案	投资额	净收益	投资方案	投资额	净收益
A	500	570	E	750	810
B	600	750	F	850	1 020
C	700	910	G	900	1 035
D	750	885	H	1 000	1 120

当资金条件如下时,最优选择是什么?

(1)资金的数量没有限制,但资本的利率为下述 3 种情况:① $i=10\%$;② $i=13\%$;③ $i=16\%$。

(2)资金的利率 $i=10\%$,可利用的资金总额为 3 500 万元时。

(3)资金为 1 000 万元时,资金的利率为 10%,此后每增加 1 000 万元时资金成本率增加 2%,最多可利用的资金额为 4 000 万元时。

解:首先计算各独立方案的内部收益率。经计算各个独立方案的内部收益率分别如下:

$$IRR_A=14\%;IRR_B=25\%;IRR_C=30\%;IRR_D=18\%;$$

$$IRR_E=8\%;IRR_F=20\%;IRR_G=15\%;IRR_H=12\%$$

将上述各独立方案按其内部收益率由大到小排序并绘图,如图 6-4 所示,并将资本的利率用虚线由小至大向右排列,利用该图即可得到本题的答案如下。

(1)当 i 取不同值时的方案。

① $i=10\%$ 时,只有 E 方案不合格,其他可全部采纳;

② $i=13\%$ 时，E 和 H 方案不合格，其他方案可全部采纳；

③ $i=16\%$ 时，A、E、G、H 方案不合格，其他方案可全部采纳。

(2)由大至小取 C、B、F、D 方案，总投资为 2 900 万元，因资金限额为 3 500 万元，所余资金 600 万元无法实施 G 方案；但 A 方案投资为 500 万元，且其收益率 14% >10%，因而剩余资金可实施 A 方案。所以，此时选择的最优方案组合是 C、B、F、D、A。

(3)此时资本的利率如图 6-4 中的虚线所示，按内部收益率的大小依次进行选择。尽管资金的总额为 4 000 万元。但除 C、B、F、D 方案之外，资本的利率皆大于方案的内部收益率，因此，最终选择的方案组合是 C、B、F、D。

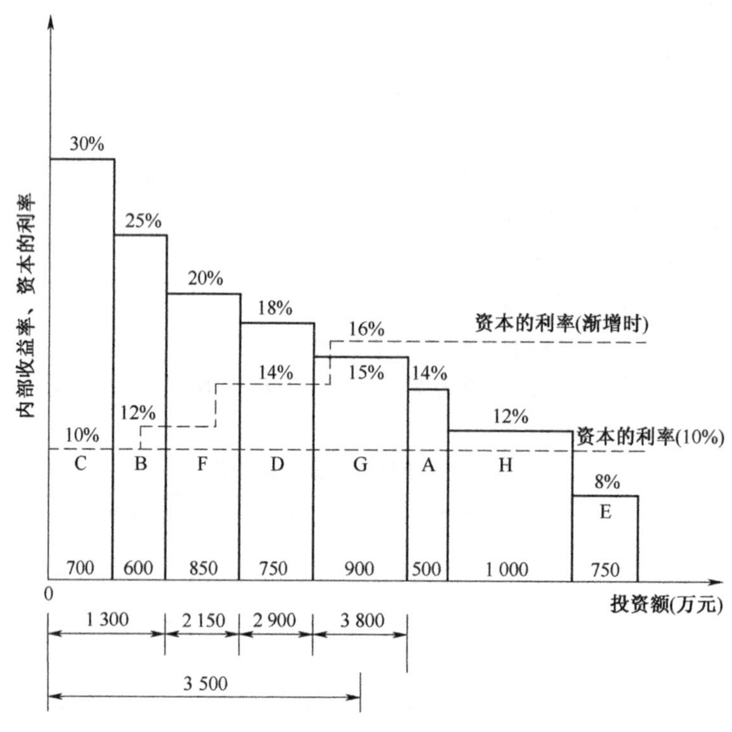

图 6-4　独立项目方案优劣选择排序图

第四节　混合型工程项目方案的比选

当方案组合中既有互斥方案又有独立方案时就构成了混合型方案。在现实生活中存在着大量混合型方案选择的问题。同独立型方案的选择一样，也可以分为无资金约束和有资金约束两种情况。当不存在资金约束条件时，只要从各独立项目中选择互斥型方案中净现值或净年值最大的方案即可。当有资金约束时，选择的方法比较复杂，通常采用混合型方案的互斥化法和增量投资效率指标排序法。

一、混合型方案的互斥化法

混合型方案的互斥化法是传统的解法，是指将混合型项目方案组合成互斥型的方案组，然后根据互斥型方案选优的方法选择最优方案组合。

例【6-14】　企业生产3种相互独立的产品,各产品均有2种互斥型方案可供选择,其投资额与净现值见表6-15,投资限额为2 500万元,基准折现率为10%,寿命期均为8年。试进行方案选优。

表6-15　混合方案的有关数据表　(单位:万元)

方案		投资额	年净收益	净现值
A	A_1	1 000	272	450
	A_2	800	197	250
B	B_1	500	131	200
	B_2	700	197	350
C	C_1	900	262	500
	C_2	600	150	200

解:6个方案的净现值均为正值,表明方案在经济上都是可行的。按互斥组合法,方案的组合方法有27种,不同组合指标计算值列于表6-16。

表6-16　组合的指标值计算　(单位:万元)

方案序号	组合方案	累计投资额	累计净现值
1	0	0	0
2	A_1	1000	450
3	A_2	800	250
4	B_1	500	200
5	B_2	700	350
6	C_1	900	500
7	C_2	600	200
8	$A_1\ B_1$	1 500	650
9	$A_1\ B_2$	1 700	800
10	$A_2\ B_1$	1 300	450
11	$A_2\ B_2$	1 500	600
12	$A_1\ C_1$	1 900	950
13	$A_1\ C_2$	1 600	650
14	$A_2\ C_1$	1 700	750
15	$A_2\ C_2$	1 400	450
16	$B_1\ C_1$	1 400	700
17	$B_1\ C_2$	1 100	400
18	$B_2\ C_1$	1 600	850
19	$B_2\ C_2$	1 300	550

续上表

方案序号	组合方案	累计投资额	累计净现值
20	$A_1B_1C_1$	2 400	1 150
21	$A_2B_1C_1$	2 200	950
22	$A_1B_2C_1$	2 600	1 300
23	$A_2B_2C_1$	2 400	1 100
24	$A_1B_1C_2$	2 100	850
25	$A_2B_1C_2$	1 900	650
26	$A_1B_2C_2$	2 300	1 000
27	$A_2B_2C_2$	2 100	800

可见方案 22 的投资总额超过资金限额,应放弃。在余下的方案组合中,以组合 20 的净现值最大,所以应选择方案 $A_1B_1C_1$净现值为 1 150 万元。

从上例可以看出,当方案数目较多时计算比较复杂,这时若采用增量投资效率指标排序法,可大大简化求解过程。

二、增量投资效率指标排序法

混合型方案的增量投资效率指标排序法具体步骤如下:

(1)首先计算各方案的增量投资内部收益率 ΔIRR;

(2)淘汰无资格方案,重新计算无资格方案被淘汰后的增量投资内部收益率 ΔIRR;

(3)按增量投资内部收益率 ΔIRR 由大到小对项目方案进行排序并绘图;

(4)在图中标注资金成本率和资金供给约束条件;

(5)选择最优项目组合。

例【6-15】 某公司下属 3 个子公司单位分别制定投资期为 1 年的投资计划,各单位之间的投资彼此互不影响(即互相独立),其投资额和投资后的净收益见表 6-17。各子公司内部的投资方案是互斥的。当该公司的资金总额为 400 万元和 500 万元时,该公司应该选择哪些投资方案?设该公司的基准收益率 $i_0=10\%$ 。

表 6-17 A、B、C 3 个子公司的投资方案 (单位:万元)

A 子公司			B 子公司			C 子公司		
方案	投资额	净收益	方案	投资额	净收益	方案	投资额	净收益
A_1	100	130	B_1	100	148	C_1	100	115
A_2	200	245	B_2	200	260	C_2	200	240
A_3	300	354				C_3	300	346

解:首先求出各方案的增量内部收益率。根据前面章节所讲的计算增量内部收益率的公式计算出各个方案的增量内部收益率分别为:

$$\Delta IRR_{A_1-A_0}=30\%;\Delta IRR_{A_2-A_1}=15\%;\Delta IRR_{A_3-A_2}=9\%$$

$$\Delta IRR_{B_1-B_0}=48\%;\Delta IRR_{B_2-B_1}=12\%$$

$$\Delta IRR_{C_1-C_0}=15\%;\Delta IRR_{C_2-C_1}=25\%;\Delta IRR_{C_3-C_2}=6\%$$

将上述增量投资内部收益率画成互斥型方案选择图如图 6-5 所示。由图 6-5 可见，C_1是无资格方案，将其排除外，求出新的增量内部收益率为：$\Delta IRR_{C_2-C_0}=20\%$。

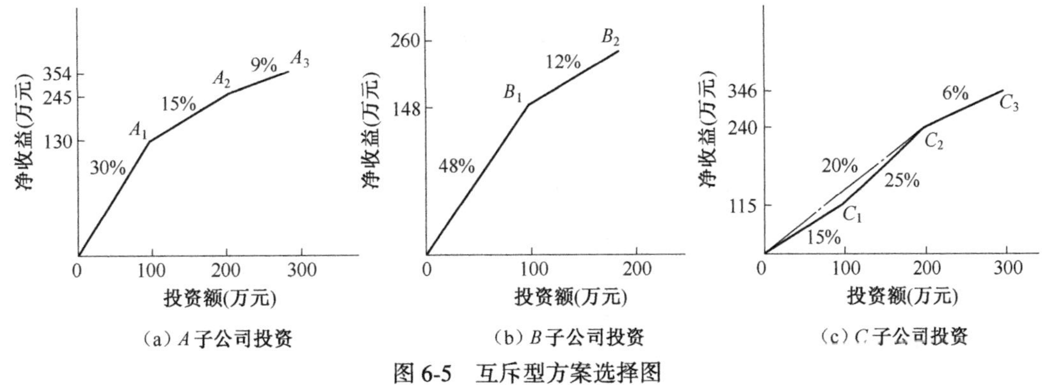

图 6-5　互斥型方案选择图

将上述各增量投资方案看作是独立方案，按增量内部收益率的大小为序依次排列，即可选出最优方案(图 6-6)。

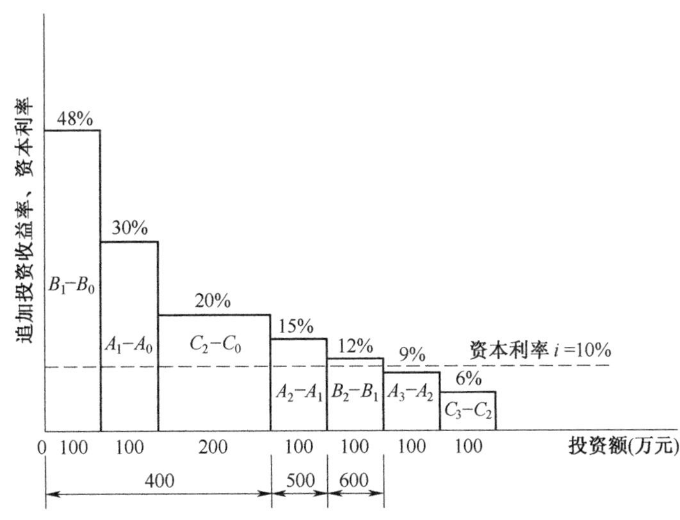

图 6-6　混合型方案优劣选择排序图

当资金的数额为 400 万元时，$(B_1-B_0)+(A_1-A_0)+(C_1-C_0)=B_1+A_1+C_1$ 即 A_1、B_1、C_1为最优方案。

当资金的数额为 500 万元时，应选

$$(B_1-B_0)+(A_1-A_0)+(C_1-C_0)+(A_2-A_1)=B_1+C_2+A_2$$

即 A_2、B_1、C_2为最优方案。因为，由 A_2方案(投资 200 万元)再增加 100 万元而成 A_3方案时，其增量内部收益率为 9%<10%；C_2方案增加成 C_3方案时，其增量内部收益率为 6%<10%，因此，即使资金充裕也不适宜再增加投资。

第五节　数学规划在方案选择中的应用

应用数学规划方法求解在约束条件下投资方案的优化问题，是比较通用和有效的。假定

有 n 个独立方案,它们可以组成 n 个互斥方案组,在投资预算限定的情况下,可以建立净现值最大的数学规划模型

$$\max NPV = \sum_{j=1}^{m}\sum_{t=0}^{n} F_{tj}(P/F,i,t)(x_j)$$

式中 F_{tj} ——方案 j 在 t 年的净现金流量;

$(P/F,i,t)$ ——现值系数;

x_j ——决策变量(取 0 或 1),$X_j=0$ 表示放弃方案,$X_j=1$ 表示接受方案 j。

(1)约束条件:资金、人工、设备、材料

$$\sum_{j=1}^{n_j} A_{tj}(x_j) \leqslant B_t$$

A_{tj}表示方案 j 在 t 年耗用的资源 B。

(2)互斥条件:$a,b,\cdots,k$ 在待选方案组 j 中最多只能选择其中之一。

$$x_a + x_b + \cdots + x_k \leqslant 1$$

(3)有条件的相依方案

$$x_a + x_b \leqslant 0$$

表示方案 a 只有当方案 b 当选时才有意义,可以只选 b,若选 a 时 b 必须同时选上。

(4)严密互补

$$x_c - x_d = 0$$

表示 c 、d 方案必须同时选上,或同时都不选上。

(5)互补方案

表示三个方案只能选一个,表示为 $ef \neq e+f$

(6)整数变量约束条件

$$x_j = 0,1$$

$x=0$ 时表示放弃方案 j,$x=1$ 表示采纳方案 j。

通过整数规划求解可得最佳方案。

思考题与习题

1. 工程项目备选方案可以分为哪几类?
2. 无约束条件独立方案的比选与有约束条件独立方案的选择有什么区别?试举例说明。
3. 不同类型的备选方案如何进行比较和选择?
4. 已知 A、B 为两个独立的项目方案,其净现金流量见表 6-18,若基准收益率为 12%,试按净现值和内部收益率指标来判断它们的经济性?

表 6-18 A、B 方案净现金流量 (单位:万元)

方案 \ 年份	0	1	2	3~8
A	-120	20	22	25
B	-50	10	12	15

5. 有 A、B、C 三个独立方案,其净现金流量见表 6-19,已知总投资限额为 800 万元,基准收

益率为 10%,试做出最佳投资决策。

表 6-19　*A*、*B*、*C* 三个独立方案净现金流量表　(单位:万元)

方案＼年份	1	2~10	11
A	-350	62	80
B	-200	39	51
C	-420	76	97

6. 有两个互斥方案,其有关数据见表 6-20。两方案投资均发生在第一年年初,寿命期均为 10 年,期末残值为零。设基准收益率为 10%,试用年值法比较两方案的优劣

表 6-20　两个互斥方案有关数据表

方案	投资(万元)	年产量(件)	价格(元/件)	年经营成本(万元)
A	-15	500	200	6
B	-10	400	200	5

7. 某工程在满足需要的前提下有两个可行方案。方案 *A*:一次投资 12 万元,年经营费用 5 万元,服务期 15 年,期末残值为 2 万元。方案 B:分两期投资建设,间隔 5 年,第一期投资 8 万元,服务期为 10 年,残值 3 万元;第二期投资 15 万元,服务期为 15 年,残值 2 万元,两期的经营费用均为 3 万元。试用费用现值法比较两方案的优劣。($i_0=10\%$)

8. 假定一个城市运输系统有两个被选的提议。第一个寿命为 20 年,第二个寿命为 40 年,系统的初始费用分别为 1 亿元和 1.5 亿元。两者的收益均等于每年 0.3 亿元,基准收益率为 12%,无残值。应选择哪个提议?

9. 一条河上一座桥的初始成本为 500 万元,在 30 年中它每年的收益为 80 万元。桥的寿命期期末的残值估计为 5 万。渡河的另一个备选方案是建立一个渡口,初始成本为 20 万元。每年的收益为 6 万元,寿命期为 10 年。期末残值为 2 万元。如果基准收益率为 15%,应该选择哪个方案?

10. 有 *A*、*B*、*C*、*D* 4 个投资项目,现金流量见表 6-21。

表 6-21　各项目的现金流量表　(单位:万元)

方案＼年份	0	1	2
A	-1 000	1 400	0
B	-2 000	1 940	720
C	-1 000	490	1 050
D	-2 000	300	2 600

(1)当基准折现率为 10%时,请分别用内部收益率、净现值、净现值率的大小对项目进行排序。

(2)如果 *A*、*B*、*C*、*D* 为互斥方案,应该选择哪个方案?

(3)如果 *A*、*B*、*C*、*D* 为独立方案,且满足以下条件假设时:

1)当无资金限制时;

2)资金限制为 2 000 万元时;

3)资金限制为 3 000 万元时;

4)资金限制为 4 000 万元时;

5)资金限制为 5 000 万元时。

分别用净现值和净现率法选择项目,并进行可行性分析。

11. 试用增量内部收益率法比选以下两个方案,见表 6-22。基准收益率为 10%。

表 6-22 各方案的现金流量表 (单位:万元)

年份 方案	0	1	2	3
A	−10	4	4	5
B	−12	5	5	6

12. 某公司有三个下属部门分别是 A、B、C,各部门提出了若干投资方案,见表 6-23。三个部门之间是独立的,但每个部门内的投资方案之间是互斥的,寿命均为 10 年, $i_0=10\%$。

表 6-23 方案的现金流量表 (单位:万元)

部门	方案	0(年)	1~10(年)
A	A_1	−100	27.2
	A_2	−200	51.1
B	B_1	−100	12.0
	B_2	−200	30.1
	B_3	−300	45.6
C	C_1	−100	50.9
	C_2	−200	63.9
	C_3	−300	87.8

试问:

(1)资金供应没有限制,如何选择方案;

(2)资金限制在 500 万元之内,如何选择方案;

(3)假如资金供应渠道不同,其资金成本有差别,现在有三种来源分别是:甲供应方式的资金成本为 10%,最多可供应 300 万元;乙方式的资金成本为 12%,最多也可供应 300 万元;丙方式的资金成本为 15%,最多也可供应 300 万元,此时如何选择方案;

(4)当 B 部门的投资方案是与安全有关的设备更新,不管效益如何,B 部门必须优先投资,此时如何选择方案〔资金供应同(3)〕。

第七章　工程经济预测

前面我们介绍了工程经济评价方法。这些方法的应用要以一系列准确可靠的包括方案现金流量在内的经济参数值为基础。否则,就不能对投资项目经济效益做出正确的评价。因此在计算工程项目经济效益之前,需要对一系列经济参数进行预测。

第一节　概　　述

一、预测的概念

预测是指对事物的演化预先做出的科学推测。预测是一个在科学理论指导下,在调查、搜集、整理、加工资料的基础上,运用数学分析和经验判断等方法,揭示事物的内在联系和发展规律,推断事物未来发展变化、趋势的过程。预测过程也是一个分析过程。在这个过程中,既要分析事物的过去和现在,也要分析事物的未来;既要分析事物的本身,也要分析事物所处的环境和影响因素;既要分析有关的历史数据和资料,又要分析现实情况和经验。因此,预测又称为预测分析。预测分析所采用的专门方法称为预测方法或预测技术。

随着科学技术的发展和社会的进步,人类对预测未来的要求也越来越高。在现代的经济活动中,为了避风险,在竞争中取胜,就要很好地进行科学预测。例如在工程经济评价中,对工程建设变动趋势、工期、成本、现金流量等进行科学预测,才能保证做出合理、准确的经济评价。所以说,正确的预测是进行科学决策的依据。

二、工程经济预测的分类

根据研究的任务不同,按照不同的标准,工程经济预测有不同的分类。常用的有以下几种:

(一)按照预测的范围或层次进行分类

根据预测的范围或层次,可将预测分为宏观预测和微观预测。

1. 宏观预测

宏观预测是指针对国家或部门、地区的社会经济活动进行的各种预测。它以整个社会经济发展的总图景作为考察对象,研究社会经济发展中各项指标之间的联系和发展变化。例如,对全国和地区社会再生产各环节的发展速度、规模和结构的预测;对社会商品总供给、总需求的规模、结构、发展速度和平衡关系的预测等。宏观经济预测是政府制定方针政策,编制和检查计划,调整经济结构的重要依据。

2. 微观预测

微观预测是针对基层单位的各项活动进行的各种预测。它以企业或农户生产经营发展的前景作为考察对象,研究微观经济中各项指标间的联系和发展变化。例如,对商业企业的商品购、销、调、存的规模、构成变动的预测;对工业所生产的具体商品生产量、需求量和市场占有率的预测等。微观经济预测是企业制定生产经营决策,编制和检查计划的依据。

宏观预测与微观预测之间有着密切的关系,宏观预测应以微观预测为参考,微观预测应以宏观预测为指导,两者相辅相成。

(二)按照预测的时间长短进行分类

按预测的时间长短,可将预测分为长期预测、中期预测、短期预测和近期预测。

1. 长期预测

长期预测是指对5年以上发展前景的预测。长期经济预测是制定国民经济和企业生产经营发展的10年计划、远景计划,提出经济长期发展目标和任务的依据。

2. 中期预测

中期预测是指对1年以上5年以下发展前景的预测。中期经济预测是制定国民经济和企业生产经营发展的5年计划,提出经济5年发展目标和任务的依据。

3. 短期预测

短期预测是指对3个月以上1年以下发展前景的预测。短期预测是政府部门或企事业单位制定年计划、季度计划,明确规定短期发展具体任务的依据。

4. 近期预测

近期预测是指对3个月以下社会经济发展或企业生产经营状况的预测。近期预测是政府部门或企事业单位制定月、旬发展计划,明确规定近期活动具体任务的依据。

也有人将短期预测和近期预测相合并,凡是1年以下的预测,统称为短期预测。事实上,不同的领域,划分的标准也不一样,如气象部门,不超过3天的预测为近期预测,1周以上的预测为中期预测,超过1个月就是长期预测了。

(三)按照预测方法的性质进行分类

按预测方法的性质,可将预测分为定性预测和定量预测。

1. 定性预测

定性预测是指预测者通过调查研究,了解实际情况,凭自己的知识背景和实践经验,对事物发展前景的性质、方向和程度作出判断、进行预测,也称为判断预测或调研预测。预测目的主要在于判断事物未来发展的性质和方向,也可在情况分析的基础提出粗略的数量估计。定性预测的准确程度主要取决于预测者的经验、理论、业务水平以及掌握的情况和分析判断能力。这种预测综合性强,需要的数据少,能考虑无法定量的因素。在数据不多或者没有数据时,可以采用定性预测,定性预测与定量预测相结合,可以提高预测的可靠程度。

2. 定量预测

定量预测是指根据准确、及时、系统、全面的调查统计资料和信息,运用统计方法和数学模型,对事物未来发展的规模、水平、速度和比例关系的测定。定量预测与统计资料、统计方法有密切关系。常用的定量预测方法有时间序列预测、回归分析预测、趋势外推预测和灰色系统预测等。

定性预测比较简单易行,可利用有关人员的丰富经验、专门知识及掌握的实际情况,综合考虑定性因素的影响,进行比较切合实际的预测。定性预测方法也有明显的缺点,比如预测者由于工作岗位不同、掌握的情况不同、理论水平与实践经验各异,进行预测时受主观因素影响较多,往往会过分乐观而估计过高,或偏于保守而估计过低,对同一问题不同人会做出不同判断,得出不同的结论。

(四)按照预测时是否考虑时间的因素进行分类

按照预测时是否考虑时间的因素,可将预测分为:静态预测和动态预测。

1. 静态预测

静态预测是指不包含时间变动因素,根据事物在同一时期的因果关系进行预测。

2. 动态预测

动态预测是指包含时间变动因素,根据事物发展的历史和现状,对其未来发展前景做出预测。

三、工程经济预测的步骤

为保证预测工作的顺利进行,必须有组织有计划地安排其工作进程,以期取得应有的成效,为制定决策提供有价值的情报。具体步骤如下:

(一)明确预测的目标,制定预测计划

预测是为决策服务的,因此要根据决策目标来规定预测目标(预测内容、精度要求以及期限)。预测计划是根据预测的目标制定的预测方案。只有目的明确,计划科学,周密安排预测内容、方法和工作进程,才能确定预测的经费和所需要的材料。一项预测若无明确的目的,周密的计划,就会迷失方向,无所适从。

(二)收集、审核和整理资料

准确无误的调查统计资料和信息是预测的基础。进行预测需要有大量的历史数据,要求预测人员掌握与预测目的、内容有关的各种历史资料,以及影响未来发展的现实资料。收集和获得的数据资料应尽可能全面、系统。为了保证资料的准确性,要对资料进行必要的审核和整理。资料的审核,主要是审核来源是否可靠、准确和齐备,资料是否具有可比性。

对于一项重要的预测,应建立资料档案和数据库,系统地积累资料,以便连续地研究事物发展过程和动向。

只有根据预测目的和计划,从多方面收集必要的资料,经过审核、整理和分析,了解事物发展的历史和现状,认识其发展变化的规律性,预测结论才会准确可靠,才有质量保证。

(三)选择预测方法和建立数学模型

在占有资料的基础上,进一步选择适当的预测方法和建立数学模型,这是预测准确与否的关键步骤。

不同的预测方法对于数据和资料的数量,预测人员的能力以及费用等的要求不同,所得的预测结果的准确度也有差别,因此,应该根据实际可能和需要确定适当的预测方法。采用定量预测方法,就要建立相应的数学模型。数学模型是用数学公式对变量的数量关系所进行的描述。通过求解数学公式就可以得出事物未来的数值。数学模型的建立有时要经过多次试验和修改,才能使预测误差减小到满意的程度。

(四)检验模型,进行预测

模型建立后必须经过检验才能用于预测。模型的检验主要包括考察参数估计值在理论上是否有意义,统计显著性如何,模型是否具有良好的超样本特性。不同类型的模型,检验的方法、标准也不同。经过检验后的模型,才能开始预测。

(五)分析预测误差,评价预测结果

这是指分析预测值偏离实际值的程度及其产生的原因。如果预测误差未超出允许的范围,即认为模型的预测功效合乎要求,否则,就需要查找原因,对模型进行修正和调整。由于在进行预测的时候,预测对象的未来实际数值还不知道,此时的预测误差分析只能是样本数据的历史模拟误差分析或已知数据的事后预测误差分析。因此,对预测结果进行评价时还要对预测过程的科学性进行综合考察,这种分析和评价可由有关领域的专家在预测评论会议讨论做出。

(六)向决策者提交预测结果

最后,以预测报告的形式将预测评论会议确认可以采纳的预测结果提交给决策者,其中应当说明假设前提、所用方法和预测结果合理性判断的依据等。

应当指出,有时不是按上列步骤做一遍就能得到满意的预测结果,这种情况,有的是改变一下样本数,有的是补充一些信息,有的是修正一下模型等,总之,预测工作基于能指导实践的理论,基于详尽的调查研究以及基于科学的方法和计算工具等。此外,一项成功的预测,在很大程度上与进行调查研究、搜集和整理数据资料、提出假设、选择预测方法、建立模型、推理判断的技巧以及预测者自身的知识、经验和能力有关。

本章介绍几种常用的工程经济预测方法。

第二节　市场调查和预测

一、概　　述

市场调查是市场预测的基础。每个企业作为独立的商品生产者和经营者,要在国内和国际市场上展开竞争,就需要了解市场动态及各种有关情报。如现有产品在市场上的销售情况,各种同类产品的竞争发展趋势及受用户欢迎的程度,用户对产品需求的变化趋势,用户的购买意向、习惯和爱好,宣传对产品销售的影响,产品的定价,产品适应市场的能力和适应市场的时限等。通过市场调查得来的这些资料为研究和预测产品的销售量及其发展趋势、确定产品处于生命周期中什么阶段等提供依据,为制定产品的生产计划、开展新产品的研制、制定产品销售方案、选择产品宣传方式等决策提供依据。

二、市场调查的内容

市场调查一般分为市场需求调查(对购买者调查)和竞争情况调查(对竞争者调查)。

(一)市场需求调查

市场可进一步区分为生产消费资料市场和生产资料市场。

1. 消费资料市场

这是为了满足个人或家庭的需要而购买商品或劳务的场所。消费资料市场的调查内容为:

(1)购买力的调查。购买力的大小决定着市场需求。影响购买力的因素有宏观经济状况、个人及家庭收入、人口结构、文化水平、年龄等。

(2)消费者购买行为的调查。购买行为决定于购买动机,购买动机可分为理性动机和感性动机。

(3)潜在需求的调查。潜在需求是消费者客观上存在着的但还没有被意识到的需求。这种潜在需求往往发生在产品刚投放市场，消费者对它缺乏了解，没有意识到它的需求，或者是因产品不配套、缺乏购买力等原因而没有形成购买的需求。研究潜在需求的目的在于开拓新市场，通过相应措施把潜在需求转化为现实需求，从而扩大产品的市场占有率。

2. 生产资料市场

这是指向工商企业、机关团体提供生产所需原材料、设备、配件或生产性劳务的场所。这种市场不同于消费资料市场，它具有以下的特征：

(1)生产资料的用户，一般进行定期、定量或特别定货的购买，用户固定性较强，购买特点是数量多、金额大、频率低。

(2)生产资料的购买动机以理性为主，广告宣传的作用比消费资料要小。

(3)产品的技术性要求高，重视产品的功能，对品种、规格、型号及质量要求严，替代性小，时间性强，有明显计划性。

(4)市场比较集中，易形成中、大城市为中心的地域性市场。

(5)流通渠道较短，常常是供需方直接交易，只有一部分用户分散的产品才经流通部门组织购销。

(6)价格变化对需求的影响不大，但市场易受经济景气变动的影响。

(7)生产资料是用于生产的消费，直接影响着生产的效果。

(二)竞争情况调查

生产资料和生活资料市场都存在着竞争，只有“知己知彼”才能在竞争中百战不殆。因此要了解竞争者，要进行如下的调查：

(1)调查竞争对手的基本情况，要了解生产相同产品、替代品或相似产品企业生产情况(产量、质量、声誉等)，与自身进行对比分析。

(2)调查竞争对手的竞争能力，包括拥有的资金、企业的规模、技术素质、产品情况。

(3)调查分析潜在竞争对手的情况，除要调查已存在的竞争对手外，要注意到生产与自己相同产品或相似产品的拟建的或可能转产的企业，要估计到目前还比较弱小的竞争对手迅速壮大的可能性。

三、市场调查的基本程序及方法

市场调查可分为准备调查、制定调查计划、实施调查和资料处理得出调查结论四个阶段。

(一)调查准备阶段

调查准备阶段要确定调查目标、调查范围、选定调查方式、调查对象和组成调查组等。

调查方式根据需搜集的资料性质，一般可采用询问法、观察法和实验法。

(1)询问法是把要调查的事项以面对面访问、召开用户座谈会、用电话或信函询问用户的方式进行调查。这些方法的优缺点见表7-1。

表7-1　几种调查法的优缺点

询问方式	优点	缺点
个人面谈	搜集资料真实性强，比较全面，深刻	成本高，调查面不会太广
用户座谈会	除了有个人面谈优点外，还能发挥用户间相互补充作用，省时间和成本低	易为个别健谈用户左右会议，不易收集到不便公开发表的意见

续上表

询问方式	优点	缺点
电话询问	资料取得迅速,成本不太高	受用户愿接电话与否控制以及通话时间限制,收集到的资料不够深刻
信函调查	调查面广、成本不高,被调查者有充分时间思考后填表作答	调查表回收率不高,所需回收时间较长

(2)观察法是调查人员在调查现场进行观察搜集资料,通常使用录像机、录音机等工具在商店、展销会、订货会处记录下有关资料。这种方法的优点是生动真实,缺点是实验时间长。

(3)实验法是调查人员用实物以试销、样品分送、现场演示等方式吸引用户,通过用户试验、购买,搜集市场信息。实验法的优点是获得资料可靠,缺点是成本高。

上述方法应根据具体的情况采用,可以采用其中的一种、两种或三种同时采用,用这方法能得到有用的第一手资料。

(二)制定调查计划

在完成上述调查准备工作后,市场调查人员就应做出调查计划。调查计划的内容应包括:调查的目的、调查的内容与调查方法、时间的安排和费用预算。

(三)实施调查阶段

在调查工作开始前要组织人员搞好调查技术培训工作,在调查进行过程中要做好监督指导工作,以保证调查工作的顺利展开。

(四)结果处理阶段

对调查得来的资料进行整理,对数据进行处理,通过综合分析写出调查报告,对需进行预测的则做出预测,提出结论性意见。调查报告的内容一般包括:调查对象的基本情况、调查问题的事实材料、分析说明、调查结论和建议。此外还应作为附录附上有关调查目的、方法、步骤等的说明,所用的调查大纲或调查表,整理统计资料和图表等。

在全部调查工作完成后,应对调查过程作一回顾,发现问题,总结经验,提高调查人员业务水平和为下一次调查提供改进意见。

四、市场预测的内容

市场预测是在市场调查的基础上,全面系统地对引起未来市场需求量和需求构成变化的诸因素进行分析研究,掌握市场发展趋势,以做出定量和定性结论的活动。市场预测是项目可行性研究的基本任务之一,是项目投资决策的基础,市场预测的结果是企业生产经营活动的重要依据。

市场预测的主要内容有:

(1)市场潜量预测,即预测某种产品在市场上能达到的最大销售量;

(2)销售预测,即预测今后一定时期的销售水平;

(3)资源预测,即预测拟建项目整个寿命期各种原材料能源等资源的可供性;

(4)价格和成本预测,即预测企业生产的商品在今后一段时间内的价格水平。

五、市场预测的方法

在进行市场预测时,应根据项目产品的特点及不同决策阶段对市场预测的不同要求,选择适当的预测方法。市场预测方法一般可分为:定性预测和定量预测两大类。常用的市场预测方法体系如图7-1所示。

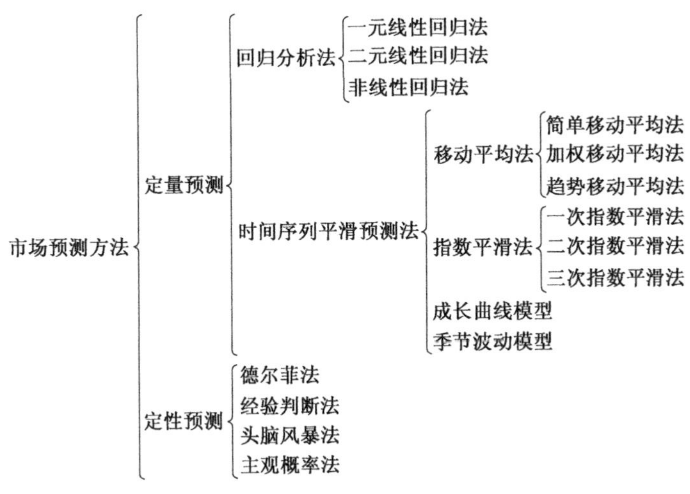

图7-1　常用的市场预测法体系

后面几节内容我们讨论常用的预测方法。

第三节　时间序列预测法

一、时间序列的概述

时间序列法是根据预测对象的时间序列数据,找出其随时间推移的变化规律,从而用趋势外推来预测未来的一种方法。时间序列数据是指某一变量在按时间先后次序所组成的数列。时间序列中每一时期的数值都是由许多不同的因素同时发生作用后的综合结果。例如,某商品月销售量,它受居民的购买力、商品的价格、质量的好坏、顾客的爱好、季节的变化等因素的影响。人们往往难以对各种因素进行细分,测定每一种因素作用的大小。因此,在进行时间序列分析时,人们通常将各种可能发生影响的因素按其性质不同分成四大类:长期趋势、季节变动、循环变动和不规则变动。

1. 长期趋势

长期趋势是指由于某种根本性因素的影响,时间序列在较长时间内朝着一定的方向持续上升或下降,以及停留在某一水平上的倾向。它反映了事物的主要变化趋势。

2. 季节变动

季节变动是指由于受自然条件和社会条件的影响,时间序列在一年内随着季节的转变而引起的周期性变动。经济现象的季节变动是季节性的固有规律作用于经济活动的结果。

季节变动的周期性比较稳定,一般是以一年为一个变动周期。当然也有不到一年的周期变动,如银行的活期储蓄,发工资前少,发工资后多,在每月具有周期性。

3. 循环变动

循环变动一般是指周期不固定的波动变化,有时是以数年为周期变动,有时是以几个月为周期变化,并且每次周期一般不完全相同。循环变动与长期趋势不同,它不是朝单一方向持续发展,而是涨落相间的波浪式起伏变动。循环变动与季节变动也不同,它的波动时间较长,变动周期长短不一,短则在一年以上,长则数年、数十年,上次出现以后,下次何时出现,难以预料。

4. 不规则变动

不规则变动是指由各种偶然性因素引起的无周期变动。不规则变动又可分为突然变动和随机变动。所谓突然变动,是指诸如战争、自然灾害、地震、意外事故、方针、政策的改变所引起的变动;随机变动是指由于大量的随机因素所产生的影响。不规则变动的变动规律不易掌握,很难预测。

二、移动平均法

移动平均法是根据时间序列资料逐项推移,依次计算包含一定项数的时序平均数,以反映长期趋势的方法。当时间序列的数值由于受周期变动和不规则变动的影响,起伏较大,不易显示出发展趋势时,可用移动平均法,消除这些因素的影响,来分析、预测序列的长期趋势。

移动平均法有简单移动平均法、加权移动平均法和趋势移动平均法。

(一)简单移动平均法

设时间序列为:$y_1, y_2, \cdots, y_t$;简单移动平均法的计算公式为

$$M_t = \frac{y_t + y_{t-1} + \cdots + y_{t-N+1}}{N}, t \geqslant N \tag{7-1}$$

式中 M_t——t 期移动平均数;

N——移动平均的项数。

式(7-1)表明,当 t 向前移动一个时期,就增加一个新数据,去掉一个远期数据,得到一个新的平均数。由于它不断地“吐故纳新”,逐期向前移动,所以称为移动平均法。

由式(7-1)可知

$$M_{t-1} = \frac{y_{t-1} + y_{t-2} + \cdots + y_{t-N}}{N}$$

因此

$$M_t = \frac{y_t}{N} + \frac{y_{t-1} + y_{t-2} + \cdots + y_{t-N+1} + y_{t-N}}{N} - \frac{y_{t-N}}{N}$$

$$M_t = M_{t-1} + \frac{y_t - y_{t-N}}{N} \tag{7-2}$$

这是移动平均法计算公式的递推公式。当 N 较大时,利用递推公式可以大大减少计算量。

由于移动平均可以平滑数据,消除周期变动和不规则变动的影响,使长期趋势显示出来,因此可以用于预测。预测公式为

$$\hat{y}_{t+1} = M_t \tag{7-3}$$

即以第 t 期移动平均数作为第 $t+1$ 期的预测值。

例【7-1】 某公司1991~2002年实现的利润见表7-2。试用简单移动平均法,预测下一年的利润。

解:分别取 $N=3$ 和 $N=4$,按预测公式

$$\hat{y}_{t+1}=\frac{y_t+y_{t-1}+y_{t-2}}{3} \text{和} \hat{y}_{t+1}=\frac{y_t+y_{t-1}+y_{t-2}+y_{t-3}}{4}$$

分别计算 3 年和 4 年的移动平均预测值。其结果列于表 7-2 中,并绘制预测曲线如图 7-2 所示。

表 7-2　某公司 1991~2002 年实现的利润及移动平均预测值　　(单位:万元)

年份	实际利润	3 年移动平均预测值	4 年移动平均预测值
1991	120.87		
1992	125.58		
1993	131.66	126.04	
1994	130.42	129.22	127.13
1995	130.38	130.82	129.51
1996	135.54	132.11	132.00
1997	144.25	136.72	135.15
1998	147.82	142.54	139.50
1999	148.57	146.88	144.05

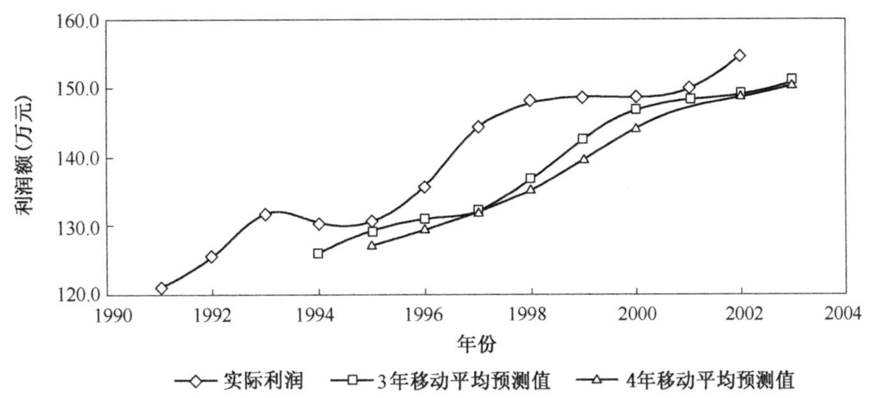

图 7-2　某商店 1991~2002 年利润及移动平均预测值图

由图 7-2 可以看出,实际销售量的随机波动较大,经过移动平均法计算后,随机波动显著减少,即消除了随机干扰,而且求取平均值所用的年数越多,即 N 越大,修匀的程度也越大,因此,波动也越小。但是,在这种情况下,对实际销售量真实的变化趋势反应也越迟钝。反之,N 取得越小,对销售量真实变化趋势反应越灵敏,但修匀性越差,容易把随机干扰作为趋势反映出来。因此,N 的选择甚为重要,N 应取多大,应该根据具体情况做出选择。当 N 等于周期变动的周期时,则可消除周期变化的影响。在实用时,一个有效的方法是取几个 N 值进行试算,比较它们的预测误差,从中选择最优的。这里我们不再详细叙述。

简单移动平均法只适用于近期预测,即只能对后续相邻的那一项进行预测。如果目标的

发展变化趋势存在其他变化，采用简单平均移动法就会产生较大的误差，而且数值上也会有滞后的影响。如在上例中只能对2003年的利润进行预测，对2004年的利润进行预测就可能出现较大偏差。

(二)加权移动平均法

在简单移动平均法计算公式中，每期数据在求平均时的作用是等同的。但是，实际上每期数据所包含的信息量是不一样的，近期数据包含着更多关于未来情况的信息。因此，把各期数据等同看待是不尽合理的，应考虑各期数据的重要性，对近期数据给予较大的权重，这就是加权移动平均法的基本思想。

设时间序列为：$y_1,y_2,\cdots,y_t$；加权移动平均法的计算公式为

$$M_{tw}=\frac{w_1y_t+w_2y_{t-1}+\cdots+w_Ny_{t-N+1}}{w_1+w_2+\cdots+w_N},t\geqslant N \tag{7-4}$$

式中 M_{tw}——t期加权移动平均数；

w_i——y_{t-i+1}的权数，它体现了相应y_t在加权平均数中的重要性。

利用加权移动平均数来做预测，其预测公式为

$$\hat{y}_{t+1}=M_{tw} \tag{7-5}$$

即以第t期加权移动平均数作为第$t+1$期的预测值。

例【7-2】 对于例【7-1】，试用加权移动平均法预测2003年的利润。

解：取$w_1=3,w_2=2,w_3=1$按预测公式

$$\hat{y}_{t+1}=\frac{3y_t+2y_{t-1}+y_{t-2}}{3+2+1}$$

计算三年加权移动平均预测值，其结果列于表7-3中。2003年某公司利润的预测值为

$$\hat{y}_{2003}=\frac{3\times154.56+2\times149.76+148.61}{3+2+1}=151.968(\text{万元})$$

表7-3 某公司1991~2002年利润及加权移动平均预测值表 (单位：万元)

年份	利润	3年加权平均预测值
1991	120.87	
1992	125.58	
1993	131.66	
1994	130.42	127.84
1995	130.38	130.03
1996	135.54	130.61
1997	144.25	132.97
1998	147.82	139.04
1999	148.57	144.58
2000	148.61	147.60
2001	149.76	148.47
2002	154.56	149.18
2003预测值		151.97

从表 7-3 可以看出,利用加权移动平均法,可以更准确地反映实际情况。但在加权移动平均法中,wt 的选择,同样具有一定的经验性。一般的原则是:近期数据的权数大,远期数据的权数小。至于大到什么程度和小到什么程度,完全靠预测者对序列进行的全面了解和分析而定。

(三)趋势移动平均法

简单移动平均法和加权移动平均法,在时间序列没有明显的趋势变动时,能够准确反映实际情况。但当时间序列出现直线增加或减少的变动趋势时,用简单移动平均法和加权移动平均法来预测就会出现滞后偏差。因此,需要进行修正,修正的方法是作二次移动平均,利用移动平均滞后偏差的规律来建立直线趋势的预测模型,这就是趋势移动平均法。

一次移动平均数为

$$M_t^{(1)} = \frac{y_t + y_{t-1} + \cdots + y_{t-N+1}}{N}$$

在一次移动平均的基础上再进行一次移动平均就是二次移动平均,其计算公式为

$$M_t^{(2)} = \frac{M_t^{(1)} + M_{t-1}^{(1)} + \cdots + M_{t-N+1}^{(1)}}{N} \tag{7-6}$$

它的递推公式为

$$M_t^{(2)} = M_{t-2}^{(2)} + \frac{M_t^{(1)} - M_{t-N}^{(1)}}{N} \tag{7-7}$$

下面讨论如何利用移动平均的滞后偏差建立趋势预测模型。设时间序列 $\{y_t\}$ 从某时期开始具有直线趋势,且认为未来时期也按此直线趋势变化,则可设此直线趋势预测模型为

$$\hat{y}_{t+T} = a_t + b_t T \tag{7-8}$$

式中　t——当前时期数;

T——由 t 至预测期的时期数;

a_t——截距;

b_t——斜率,两者又称为平滑系数。

现在,根据移动平均值来确定平滑系数。由模型式(7-8)可知

$$a_t = y_t$$
$$y_{t-1} = y_t - b_t$$
$$y_{t-2} = y_t - 2b_t$$
$$\cdots$$
$$y_{t-N+1} = y_t - (N-1)b_t$$

所以

$$M_t^{(1)} = \frac{y_t + y_{t-1} + \cdots + y_{t-(N-1)}}{N} = \frac{y_t + (y_t - b_t) + \cdots + [y_t - (N-1)b_t]}{N}$$
$$= \frac{Ny_t - [1 + 2 + \cdots (N-1)]b_t}{N} = y_t + \frac{N-1}{2}b_t$$

因此

$$y_t - M_t^{(1)} = -\frac{N-1}{2}b_t \tag{7-9}$$

由式(7-9)有

$$y_{t-1} - M_{t-1}^{(1)} = -\frac{N-1}{2}b_t$$

所以

$$y_t - y_{t-1} = M_t^{(1)} - M_{t-1}^{(1)} = b_t$$

类似式 7–9 的推导,可得

$$M_t^{(1)} - M_t^{(2)} = \frac{N-1}{2}b_t \tag{7-10}$$

$$\begin{cases} a_t = 2M_t^{(1)} - M_t^{(2)} \\ b_t = \dfrac{2}{N-1}\left(M_t^{(1)} - M_t^{(2)}\right) \end{cases} \tag{7-11}$$

利用趋势移动平均法进行预测,不但可以进行近期预测,而且还可以进行远期预测,但一般情况下,远期预测误差较大。在利用趋势移动平均法进行预测时,时间序列一般要求必须具备较好的线性变化趋势,否则,其预测误差也是较大的。

三、指数平滑法

上面介绍的移动平均法存在两个不足之处:一是存储数据量较大;二是对最近的 N 期数据等同看待,而对 $t-T$ 期以前的数据则完全不考虑,这往往不符合实际情况。指数平滑法有效地克服了这两个缺点。它既不需要存储很多历史数据,又考虑了各期数据的重要性,而且使用了全部历史资料。因此它是移动平均法的改进和发展,应用极为广泛。

指数平滑法根据平滑次数的不同,又分为一次指数平滑法、二次指数平滑法和三次指数平滑法,分别介绍如下。

(一)一次指数平滑法

1. 预测模型

设时间序列为 $y_1, y_2, \cdots, y_t$;由式(7-2)知,移动平均数的递推公式为

$$M_t = M_{t-1} + \frac{y_t - y_{t-N}}{N}$$

以 M_{t-1},作为 y_{t-N}。的估计值,则有

$$M_t = M_{t-1} + \frac{y_t - M_{t-1}}{N} = \frac{y_t}{N} + \left(1 - \frac{1}{N}\right)M_{t-1}$$

令 $\alpha = \dfrac{1}{N}$

以 S_t 代替 M_t 即得一次指数平滑公式为

$$S_t^{(1)} = \alpha y_t + (1-\alpha)S_{t-1}^{(1)} \tag{7-12}$$

式中 $S_t^{(1)}$——次指数平滑值;

α——加权系数,且 $0<\alpha<1$。

为进一步理解指数平滑的实质,把式(7-12)依次展开,有

$$\begin{aligned} S_t^{(1)} &= \alpha y_t + (1-\alpha)[\alpha y_{t-1} + (1-\alpha)S_{t-2}^{(1)}] \\ &= \alpha y_t + \alpha(1-\alpha)y_{t-1} + (1-\alpha)^2 S_{t-2}^{(1)} \end{aligned}$$

$$\vdots$$

$$= \alpha y_t + \alpha(1-\alpha)y_{t-1} + (1-\alpha)^2 y_{t-2} + \cdots + (1-\alpha)^t S_0^{(1)}$$

$$= \alpha\sum_{j=0}^{t-1}(1-\alpha)^j y_{t-j} + (1-\alpha)^t S_0^{(1)}$$

由于$0<\alpha<1$,当t趋向无穷大时$(1-\alpha)^t$趋向于零,于是式(7-12)变为

$$S_t^{(1)} = \alpha\sum_{j=0}^{\infty}(1-\alpha)^j y_{t-j} \tag{7-13}$$

由此可见$S_t^{(1)}$实际上为$y_t, y_{t-1}, \cdots, y_{t-j}, \cdots$的加权平均。加权系数分别是$\alpha$,$\alpha(1-\alpha)$,$\alpha(1-\alpha)^2$,…,按几何级数衰减,愈近的数据,权数越大,越远的数据,权数越小,且权数之和为1。由于加权系数符合指数规律,又具有平滑数据的功能,故称为指数平滑。以这种平滑值进行预测,就是一次指数平滑法。预测模型为

$$\hat{y}_{t+1} = S_t^{(1)}$$

即

$$\hat{y}_{t+1} = \alpha y_t + (1-\alpha)\hat{y}_t \tag{7-14}$$

也就是以第t期指数平滑值作为$t+1$期预测值。

由式(7-14)可以看出,只要知道当期的实际值和上一期的指数平滑值,则可用α和$1-\alpha$加权求和,得出当期的指数平滑值。由此可见,利用指数平滑法不需要很多的时间序列数据,而且也不需要确定几个权重,只要寻找一个值α即可。下面介绍如何进行权重的选择。

2. 加权系数的选择

在进行指数平滑时,加权系数的选择是很重要的。由式(7-14)可以看出,α的大小规定了在新预测值中新数据和原预测值所占的比重。α值越大,新数据所占的比重就愈大,原预测值所占的比重就愈小,反之则相反。若把式(7-14)改写为

$$\hat{y}_{t+1} = \hat{y}_t + \alpha(y_t - \hat{y}_t) \tag{7-15}$$

从式(7-15)可看出,新预测值是根据预测误差对原预测值进行修正而得到的。α的大小则体现了修正的幅度,α值愈大,修正幅度愈大;α值愈小,修正幅度也愈小。因此,α值既代表预测模型对时间序列数据变化的反应速度,同时又决定了预测模型修匀误差的能力。

若选取$\alpha=0$,则$\hat{y}_{t+1}=\hat{y}_t$即下期预测值就等于本期预测值,在预测过程中不考虑任何新信息;若选取$\alpha=1$,则$\hat{y}_{t+1}=y_t$即下期预测值就等于本期观测值,完全不相信过去的信息。这两种极端情况很难做出正确的预测。因此,α值应根据时间序列的具体性质在0~1选择。

具体如何选择一般可遵循下列原则:

(1)如果时间序列波动不大,比较平稳,则α应取小一点,如0.1~0.3,以减少修正幅度,使预测模型能包含较长时间序列的信息。

(2)如果时间序列具有迅速且明显的变动倾向,则α应取大一点,如0.6~0.8,使预测模型灵敏度高一些,以便迅速跟上数据的变化。

在实用时,类似于移动平均法,多取几个α值进行试算,看哪个预测误差较小,就采用哪个α值作为权重。

3. 初始值的确定

用一次指数平滑法进行预测,除了选择合适的 α 外,还要确定初始值 $S_0^{(1)}$。初始值是由预测者估计或指定的。当时间序列的数据较多,比如在 20 个以上时,初始值对以后的预测值影响很小,可选用第一期数据为初始值。如果时间序列的数据较少,在 20 个以下时,初始值对以后的预测值影响很大,这时,就必须认真研究如何正确确定初始值。一般以最初几期实际值的平均值作为初始值。

例【7-3】 某企业利润见表 7-2,试预测 2003 年该企业利润。

解:采用指数平滑法,并分别取 $\alpha=0.2,0.5$ 和 0.8 进行计算,初始值 $S_0^{(1)}=\frac{y_1+y_2}{2}=$ 219.1 即按预测模型 $\hat{y}_{t+1}=\alpha y_t+(1-\alpha)\hat{y}_t$

$$\hat{y}_1=S_0^{(1)}=219.1$$

计算各预测值,列于表 7-4 中。

表 7-4 某企业利润及平滑预测值计算表 (单位:万元)

年份	某企业利润 $\hat{y}_t$	某企业利润 $\hat{y}_t$ ($a=0.2$)	某企业利润 $\hat{y}_t$ ($a=0.5$)	某企业利润 $\hat{y}_t$ ($a=0.8$)
1990	227.70	219.10	219.10	219.10
1991	210.50	220.82	223.40	225.98
1992	208.60	218.76	216.95	213.60
1993	224.80	216.72	212.78	209.60
1994	228.90	218.34	218.79	221.76
1995	236.70	220.45	223.84	227.27
1996	232.40	223.70	230.27	234.85
1997	243.60	225.44	231.34	232.89
1998	238.40	229.07	237.47	241.46
1999	251.20	230.94	237.93	239.01
2000	242.90	234.99	244.57	248.76
2001	248.60	236.57	243.73	244.07
2002	246.30	238.98	246.17	247.69

从表 7-4 可以看出,$\alpha=0.2,0.5$ 和 0.8 时,预测值是很不同的。究竟 α 取何值为好,可以通过计算它们的方差 S^2,选取使 S^2 较小的那个 α 值。

当 $\alpha=0.2$ 时

$$S^2=\frac{1}{12}\sum_{t=1}^{12}(y_t-\hat{y}_t)^2=151.2$$

当 $\alpha=0.5$ 时

$$S^2=83.9$$

当 $\alpha=0.8$ 时

$$S^2=80.6$$

计算结果表明:$\alpha=0.8$ 时,S^2 较小,故选区 $\alpha=0.8$,预测 2003 年该企业的利润为

$$\hat{y}_{2003}=246.58(\text{万元})$$

（二）二次指数平滑法

一次指数平滑法虽然克服了移动平均法的两个缺点，但是当时间序列的变动出现直线趋势时，用一次指数平滑法进行预测，仍存在明显的滞后偏差。因此，也必须加以修正。修正的方法与趋势平均法相同，即再作二次指数平滑，利用滞后偏差的规律建立直线趋势模型。这就是二次指数平滑法。其计算公式为

$$S_t^{(1)} = \alpha y_t + (1-\alpha) S_{t-1}^{(1)} \tag{7-16}$$
$$S_t^{(2)} = \alpha S_t^{(1)} + (1-\alpha) S_{t-1}^{(2)}$$

式中　$S_t^{(1)}$ ——一次指数平滑值；

$S_t^{(2)}$ ——二次指数平滑值。

当时间序列$\{y_t\}$从某时期开始具有直线趋势时，类似趋势移动平均法，可用直线趋势模型进行预测。

$$\hat{y}_{t+T} = a_t + b_t T, T = 1,2,3,\cdots \tag{7-17}$$

$$\begin{cases} a_t = 2S_t^{(1)} - S_t^{(2)} \\ b_t = \dfrac{\alpha}{1-\alpha}\left(S_t^{(1)} - S_t^{(2)}\right) \end{cases} \tag{7-18}$$

下面，用矩量分析方法来证明公式(7-18)。

由式(7-13)可知

$$S_t^{(1)} = \alpha \sum_{j=0}^{\infty} (1-\alpha)^j y_{t-j}$$

同理

$$S_t^{(2)} = \alpha S_t^{(1)} + (1-\alpha) S_{t-1}^{(2)} = \alpha \sum_{j=0}^{\infty} (1-\alpha)^j S_{t-j}^{(1)}$$

而

$$S_{t-j}^{(1)} = \alpha y_{t-j} + (1-\alpha) S_{t-j-1}^{(1)} = \alpha \sum_{i=0}^{\infty} (1-\alpha)^i y_{t-j-i}$$

所以

$$E\left((S_t^{(1)}\right) = \alpha \sum_{j=0}^{\infty} (1-\alpha)^j E(y_{t-j}) = \alpha \sum_{j=0}^{\infty} (1-\alpha)^j (a_t - b_t j) = a_t - \frac{1-\alpha}{\alpha} b_t$$

其中

$$\alpha \sum_{j=0}^{\infty} (1-\alpha)^j = 1, \alpha \sum_{j=0}^{\infty} (1-\alpha)^j j = \frac{1-\alpha}{\alpha}$$

$$E\left(S_{t-j}^{(1)}\right) = \alpha \sum_{i=0}^{\infty} (1-\alpha)^i E(y_{t-j-i}) = \alpha \sum_{i=0}^{\infty} (1-\alpha)^i [a_t - b_t (j+i)]$$
$$= a_t - b_t j - \frac{1-\alpha}{\alpha} b_t$$

$$E\left(S_t^{(2)}\right) = \alpha \sum_{j=0}^{\infty} (1-\alpha)^j E\left(S_{t-j}^{(1)}\right) = \alpha \sum_{j=0}^{\infty} (1-\alpha) j\left(a_t - b_t j - \frac{1-\alpha}{\alpha} b_t\right)$$
$$= \alpha \sum_{j=0}^{\infty} (1-\alpha)^j \left(a_t - b_t j - \frac{1-\alpha}{\alpha} b_t\right) = a_t - \frac{2(1-\alpha)}{\alpha} b_t$$

因为随机变量的数学期望值是随机变量的最佳估计值,所以,可取

$$\begin{cases} S_t^{(1)} = a_t - \dfrac{(1-\alpha)}{\alpha} b_t \\ S_t^{(2)} = a_t - \dfrac{2(1-\alpha)}{\alpha} b_t \end{cases} \tag{7-19}$$

由此可得解

$$\begin{cases} a_t = 2S_t^{(1)} - S_t^{(2)} \\ b_t = \dfrac{\alpha}{1-\alpha}\left(S_t^{(1)} - S_t^{(2)}\right) \end{cases}$$

例【7-4】 以我国1986~2002年国内生产总值资料见表7-5。试用二次指数平滑法预测2003年和2004年的国内生产总值。

表7-5 我国国内生产总值及一、二次指数平滑值计算表 (单位:亿元)

年份	年内生产总值	一次平滑值	二次平滑值
1986	10 201.40	11 077.95	10 946.47
1987	11 954.50	10 814.99	10 985.91
1988	14 922.30	11 156.84	10 934.63
1989	16 917.80	12 286.48	11 001.30
1990	18 598.40	13 675.85	11 386.85
1991	21 662.50	15 152.63	12 073.56
1992	26 651.90	17 105.59	12 997.28
1993	34 560.50	19 969.48	14 229.77
1994	46 670.00	24 346.79	15 951.69
1995	57 494.90	31 043.75	18 470.22
1996	16 850.50	38 979.10	22 242.28
1997	73 142.70	47 340.52	27 263.32
1998	76 967.20	55 081.17	33 286.48
1999	80 579.40	61 646.98	39 824.89
2000	88 254.00	67 326.71	46 371.52
2001	95 727.90	73 604.89	52 658.07
2002	103 553.60	80 241.80	58 942.12

解:取 $\alpha = 0.3$,初始值 $S_0^{(1)}$ 和 $S_0^{(2)}$ 都取序列前两项的均值,即 $S_0^{(1)} = 11077.95$,$S_0^{(2)} = 10\,946.47$。

计算 $S_t^{(1)}$ 和 $S_t^{(2)}$,列于表7-5,得到 $S_{16}^{(1)} = 80\,241.79$,$S_{16}^{(2)} = 58\,942.12$

由公式(7-18)可得 $t = 16$ 时

$$a_{16} = 2S_{16}^{(1)} - S_{16}^{(2)} = 2 \times 80\,241.79 - 58\,942.12 = 101\,541.46$$

$$b_{16} = \frac{0.3}{1-0.3}\left(S_{16}^{(1)} - S_{16}^{(2)}\right) = \frac{0.3}{0.7}(80\,241.79 - 58\,942.12) = 9\,128.43$$

于是,得 $t = 16$ 时直线趋势方程为

$$\hat{y}_{16+T} = 101\,541.46 + 9\,128.43T$$

预测2003年和2004年的国内生产总值为

$$\hat{y}_{2003}=\hat{y}_{17}=\hat{y}_{16+1}=101\ 541.46+9\ 128.43=110\ 669.89(\text{亿元})$$

$$\hat{y}_{2004}=\hat{y}_{18}=\hat{y}_{16+2}=101\ 541.46+9\ 128.43\times 2=119\ 798.32(\text{亿元})$$

(三)三次指数平滑法

当时间序列的变动表现为二次曲线趋势时,则需要用三次指数平滑法。三次指数平滑法是在二次指数平滑的基础上,再进行一次平滑,其计算公式为

$$\begin{aligned} S_t^{(1)}&=\alpha y_t+(1-\alpha)S_{t-1}^{(1)}\\ S_t^{(2)}&=\alpha S_t^{(1)}+(1-\alpha)S_{t-1}^{(2)}\\ S_t^{(3)}&=\alpha S_t^{(2)}+(1-\alpha)S_{t-1}^{(3)} \end{aligned} \tag{7-20}$$

式中　$S_t^{(3)}$——三次指数平滑值。

三次指数平滑法的预测模型为

$$\hat{y}_{t+T}=a_t+b_tT+c_tT^2 \tag{7-21}$$

式中

$$\begin{cases} a_t=3S_t^{(1)}-3S_t^{(2)}+S_t^{(3)}\\ b_t=\dfrac{\alpha}{2(1-\alpha)^2}[(6-5\alpha)S_t^{(1)}-2(5-4\alpha)S_t^{(2)}+(4-3a)S_t^{(3)}]\\ c_t=\dfrac{\alpha^2}{2(1-\alpha)^2}[S_t^{(1)}-2S_t^{(2)}+S_t^{(3)}] \end{cases} \tag{7-22}$$

例【7-5】　全国1990~2002年全社会固定资产投资总额如图7-3所示和见表7-6,试预测2003年和2004年全社会固定资产投资总额。

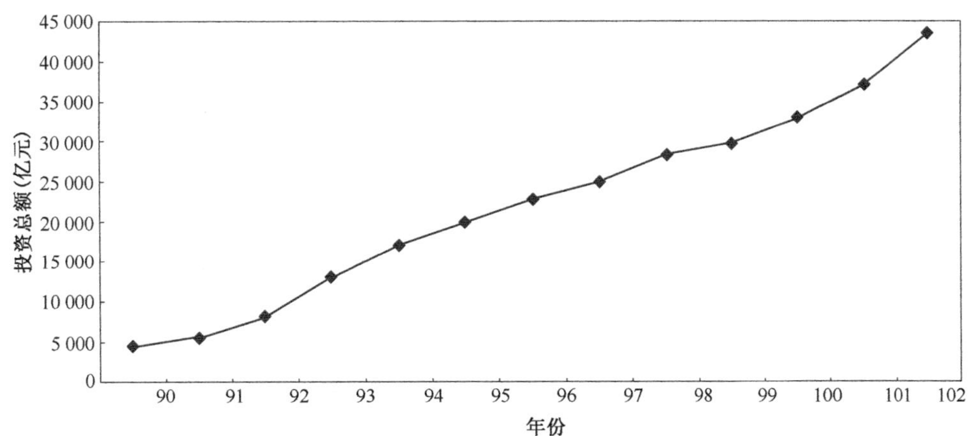

图7-3　全国1990~2002年全社会固定资产投资总额

表7-6　全国全社会固定资产总额及一、二、三次指数平滑值计算表　(单位:亿元)

年份	投资总值 y_t	一次平滑值	二次平滑值	三次平滑值	y_{t+1}的估计值
1990	4 517.00	6 063.87	6 063.87	6 063.87	
1991	5 594.50	5 923.06	6 021.62	6 051.19	6 227.59
1992	8 080.10	6 570.17	6 186.19	6 091.69	5 801.35
1993	13 072.30	8 520.81	6 886.57	6 330.16	7 886.90

续上表

年份	投资总值 y_t	一次平滑值	二次平滑值	三次平滑值	y_{t+1}的估计值
1994	17 042.10	11 077.20	8 143.76	6 874.24	13 285.14
1995	20 019.30	13 759.83	9 828.58	7 760.54	18 962.69
1996	22 913.50	16 505.93	11 831.79	8 981.91	23 549.95
1997	24 941.10	19 036.48	13 993.19	10 485.30	27 352.04
1998	28 406.20	21 847.40	16 349.45	12 244.54	29 888.73
1999	29 854.70	24 249.59	18 719.49	14 187.03	33 134.53
2000	32 917.70	26 850.02	21 158.65	16 278.52	34 840.57
2001	37 213.50	29 959.06	23 798.78	18 534.59	37 361.22
2002	43 499.90	34 021.32	26 865.54	21 033.88	41 397.32

解:从图 7-3 可以看出,固定资产投资总额呈二次曲线上升,可用三次指数平滑法进行预测。取 $\alpha=0.3$,初始值

$$S_0^{(1)}=S_0^{(2)}=S_0^{(3)}=\frac{y_1+y_2+y_3}{3}=6\ 063.87$$

计算 $S_t^{(1)},S_t^{(2)},S_t^{(3)}$ 列于表 7－6 中。得到

$$S_{12}^{(1)}=34\ 021.32,S_{12}^{(2)}=26\ 865.54,S_{12}^{(3)}=21\ 033.88$$

$$a_{12}=3(34\ 021.32-26\ 895.54)+21\ 033.88=42\ 501$$

$$b_{12}=\frac{0.3}{2(1-0.3)^2}[(6-5\times0.3)\times34\ 021.32-2(5-4\times0.3)\times26\ 895.54+(4-3\times0.3)\times21.033\ 88]=1\ 038.03$$

$$c_{12}=\frac{0.3^2}{2(1-0.3)^2}(34\ 021.32-2\times26\ 895.54+21\ 033.88)=29.20$$

由公式(7-22),可得预测模型为 $\hat{y}_{12+T}=42\ 501+1\ 038.03T+29.20T^2$,于是

$$\hat{y}_{2003}=\hat{y}_{13}=\hat{y}_{12+1}=42\ 501+1\ 038.03+29.20=43\ 568.23(\text{亿元})$$

$$\hat{y}_{2004}=\hat{y}_{14}=\hat{y}_{12+2}=42\ 501+1\ 038.03\times2+29.20\times4=44\ 693.86(\text{亿元})$$

与二次指数平滑法一样,为了计算各期的追溯预算值,可将式(7-22)代入预测模型(7-21),并令 $T=1$,则得

$$\hat{y}_{t+1}=\left(3S_t^{(1)}-3S_t^{(2)}+S_t^{(3)}\right)+\frac{\alpha}{2(1-\alpha)^2}\left[(6-5\alpha)S_t^{(1)}-2(5-4\alpha)S_t^{(2)}+(4-3\alpha)S_t^{(3)}\right]+\frac{\alpha^2}{2(1-\alpha)^2}\left(S_t^{(1)}-2S_t^{(2)}+S_t^{(3)}\right)$$

即

$$\hat{y}_{t+1}=\frac{3-3\alpha+\alpha^2}{(1-\alpha)^2}S_t^{(1)}-\frac{3-\alpha}{(1-\alpha)^2}S_t^{(2)}+\frac{1}{(1-\alpha)^2}S_t^{(3)}$$

或

$$\hat{y}_{t+1}=\left[1+\frac{1}{1-\alpha}+\frac{1}{(1-\alpha)^2}\right]S_t^{(1)}-\left[\frac{1}{1-\alpha}+\frac{2}{(1-\alpha)^2}\right]S_t^{(2)}+\frac{1}{(1-\alpha)^2}S_t^{(3)} \quad (7\text{-}23)$$

例中

$$\frac{1}{1-\alpha}=\frac{1}{1-0.3}=1.428\ 6$$

$$\frac{1}{(1-\alpha)^2}=\frac{1}{0.49}=2.040\ 8$$

则

$$1+\frac{1}{1-\alpha}+\frac{1}{(1-\alpha)^2}=4.469\ 4$$

$$\frac{1}{1-\alpha}+\frac{2}{1-\alpha}=5.510\ 2$$

令 $t=1,2,3,\cdots,12$,用公式(7-23)可求出各期的追溯预测值,见表 7-6。

第四节　回归分析法

事物的变化和发展都不是孤立的,而是与其他事物的发展变化存在着相互影响、相互制约的关系。经济现象之间的这种相互影响、相互制约的关系,往往不能用一个确定性的函数关系来描述,它们大多是随机的,要通过统计观察才能找出其中的规律。回归分析是研究某一随机变量(因变量)与其他一个或几个变量(自变量)间的数量变动关系,建立数学模型(回归模型),用以预测当一个或几个自变量变动时对应的因变量的未来值。根据自变量的个数,可以是一元回归,也可以是多元回归,根据所研究问题的性质可以是线性回归,或是非线性回归。下面分别对一元线性回归预测法和多元线性回归预测法简单的介绍。

一、一元线性回归分析法

一元线性回归预测法用于预测对象主要受一个相关变量影响,而且二者之间又呈线性关系的预测问题。一元线性回归的工作步骤如下:

1. 建立一元回归模型

设有一组反映预测对象(因变量 y)与某变量(自变量 x)间的因果关系的数据。

$$x_1\quad x_2\cdots x_i\cdots x_n$$

$$y_1\quad y_2\cdots y_i\cdots y_n$$

通过作散点图观察分析,两者之间有线性相关关系,则建立一元线性方程。即

$$y=a+bx$$

式中　a, b——回归系数。

2. 计算回归系数

由已知样本数据,根据最小二乘法原理求得回归系数,其计算公式为

$$a=\frac{\sum_{i=1}^{n}y_i-b\sum_{i=1}^{n}x_i}{n}=\bar{y}-b\bar{x} \tag{7-24}$$

$$b=\frac{n\sum_{i=1}^{n}x_iy_i-\sum_{i=1}^{n}x_i\cdot\sum_{i=1}^{n}y_i}{n\sum_{i=1}^{n}x_i{}^2-\left(\sum_{i=1}^{n}x_i\right)^2} \tag{7-25}$$

式中　n——样本数据数；

x_i，y_i——样本数据。

样本数据应经过分析、筛选，去掉不可靠和不正常的数据。计算可用带统计功能的函数型计算器或用 Excel 表格向导来完成。

3. 计算相关系数，并进行检验

相关系数 r 的计算公式

$$r=\frac{n\sum_{i=1}^{n}x_iy_i-\sum_{i=1}^{n}x_i\cdot\sum_{i=1}^{n}y_i}{\sqrt{\left[n\sum_{i=1}^{n}x_i^{\ 2}-\left(\sum_{i=1}^{n}x_i\right)^2\right]\left[n\sum_{i=1}^{n}y_i^{\ 2}-\left(\sum_{i=1}^{n}y_i\right)^2\right]}} \tag{7-26}$$

r 的绝对值在 0 和 1 之间，$|r|$ 愈接近 1，说明 x 与 y 的相关性愈大，预测结果的可信度就越高。$|r|$ 应当大到什么程度，回归预测模型才有意义呢？即要与临界相关系数 r_0 来比较判断，所以要进行相关性检验。拟订显著性水平 α（一般常用 $\alpha=0.05$，即 95% 的置信度），根据样本数据 n，计算出自由度 $=n-2$，查相关系数临界值表 7-7 得到临界相关系数 $r_{n-2,\alpha}$ 值，只有当计算出的 $r\geqslant r_{n-2,\alpha}$，所得到的预测模型（回归方程）在统计意义上才具有显著性，y 与 x 在 α 显著水平相关，检验通过。

表 7-7　相关系数临界值表

$n-2$ \ α	0.05	0.01	$n-2$ \ α	0.05	0.01
1	0.997	1.000	21	0.413	0.526
2	0.950	0.990	22	0.404	0.515
3	0.878	0.959	23	0.396	0.505
4	0.811	0.917	24	0.388	0.496
5	0.754	0.874	25	0.381	0.487
6	0.707	0.834	26	0.374	0.478
7	0.666	0.798	27	0.367	0.470
8	0.632	0.765	28	0.361	0.463
9	0.602	0.735	29	0.355	0.456
10	0.576	0.708	30	0.349	0.449
11	0.553	0.684	31	0.325	0.418
12	0.532	0.661	32	0.304	0.393
13	0.514	0.641	33	0.288	0.372
14	0.497	0.623	34	0.273	0.354
15	0.482	0.606	35	0.250	0.325
16	0.468	0.590	36	0.232	0.302
17	0.456	0.575	37	0.217	0.283
18	0.444	0.561	38	0.205	0.267
19	0.433	0.549	39	0.195	0.254
20	0.423	0.537	40	0.138	0.181

4. 求置信区间

在样本数为 n ,置信度为 $1-\alpha$ 的条件下, y_0 的置信区间为

$$\hat{y}_0 \pm t_{\alpha/2}(n-2)\cdot S_y\sqrt{1+\frac{1}{n}+\frac{(x_0-\bar{x})^2}{\sum_{i=1}^{n}(x_0-\bar{x})^2}} \tag{7-27}$$

式中　S_y ——经过修正的因变量 y 的标准差;

$$S_y=\sqrt{\frac{\sum_{i=1}^{n}(y_i-\hat{y}_i)^2}{n-2}}$$

$\hat{y}_0$ ——与 x_0 正对应的由回归方程计算得出的 y_0 的估计值。

在实际预测工作中,如果样本数据足够大,式(7-27)中的根式近似等于 1。根据概率论中 3σ 原则,可以采取简便的置信区间近似解法。当置信度取 68. 2% 时,置信区间近似为 $(\hat{y}_0-S_y,\hat{y}_0+S_y)$;当置信度取 99. 54% 时,置信区间近似为 $(\hat{y}_0-2S_y,\hat{y}_0+2S_y)$;当置信度取 99. 7% 时,置信区间近似为 $(\hat{y}_0-3S_y,\hat{y}_0+3S_y)$ 。

5. 分析并做出预测

回归方程是根据历史数据或截面数据建立的,它反映了预测对象与所选自变量的相关关系。这种关系未来有可能发生变化,同时其他环境因素也会对预测对象未来的变化有影响。所以,必须做认真的分析,必要时应对预测模型做适当修正,然后做出预测。

例【7-6】 2000 年某地区镀锌钢板消费量为 15. 32t,主要用于家电业、轻工业和汽车工业等行业,1991~2000 年当地镀锌钢板消费量及同期第二产业产值见表 7-8。按照该地区"十五"规划,"十五"期间地方第二产业增长速度预计为 12% 。试用一元回归法预测 2005 年当地镀锌钢板需求量。

表 7-8　1991~2000 年某地镀锌钢板消费量与第二产业产值

年份	镀锌钢板消费量 y(万 t)	第二产业产值 x(千亿元)
1991	3. 45	1. 003
1992	3. 50	1. 119
1993	4. 20	1. 260
1994	5. 40	1. 450
1995	7. 10	1. 527
1996	7. 50	1. 681
1997	8. 50	1. 886
1998	11. 00	1. 900
1999	13. 45	2. 028
2000	15. 32	2. 274

解:(1)建立回归模型。

经过分析发现,该地区镀锌钢板消费量与第二产业产值之间存在线性关系,将镀锌钢板设

为因变量y,第二产业设为自变量x,建立一元回归模型为

$$\hat{y} = a + bx$$

(2) 参数估计。

采用最小二乘法,计算出相关参数

$$b = \frac{n\sum_{i=1}^{n} x_i y_i - \sum_{i=1}^{n} x_i \sum_{i=1}^{n} y_i}{n\sum_{i=1}^{n} x_i^{\ 2} - \left(\sum_{i=1}^{n} x_i\right)^2} = 9.590$$

$$a = \bar{y} - b\bar{x} = - 7.55$$

由此可得回归模型为$y = - 7.55 + 9.590x$。

(3)相关检验。

$$r = \frac{n\sum_{i=1}^{n} x_i y_i - \sum_{i=1}^{n} x_i \sum_{i=1}^{n} y_i}{\sqrt{\left[n\sum_{i=1}^{n} x_i^{\ 2} - \left(\sum_{i=1}^{n} x_i\right)^2\right]\left[n\sum_{i=1}^{n} y_i^{\ 2} - \left(\sum_{i=1}^{n} y_i\right)^2\right]}} = 0.961$$

在$\alpha = 0.05$时,自由度$= n - 2 = 8$,查相关检验表,得$r_{0.05} = 0.632$。因为

$$r = 0.961 > r_{0.05} = 0.632$$

故在$\alpha = 0.05$的显著性检验水平上,检验通过,说明第二产业产值与镀锌钢板需求量线性关系合理。

(4)需求预测。

根据地方规划,2005年地区第二产业产值将达到

$$x_{2005} = (1 + r)^6 x_{2000} = (1 + 12\%)^5 \times 2.274 = 4.01(\text{千亿元})$$

于是,2005年当地镀锌钢板需求量的点预测为

$$\hat{y}_{2005} = a + bx_{2005} = - 7.55 + 9.590 \times 4.01 = 30.88(\text{万 t})$$

2005年当地镀锌钢板需求量的区间预测为

$$S = \sqrt{\frac{\sum (y_i - \hat{y}_i)^2}{n - 2}} = \sqrt{\frac{11.89}{10 - 2}} = 1.219$$

于是,在$\alpha = 0.05$的显著性检验水平上,2005年镀锌钢板需求量的置信区间为

$$\hat{y}_{2005} \pm 2 \times 1.219 = 30.88 \pm 2.438(\text{万 t})$$

即得到2005年,当地镀锌钢板需求量有95%的可能性在(28.44,33.32)区间内。

二、多元线性回归分析法

在经济预测中,当预测的对象y受到多个因素$x_1, x_2, x_3, \cdots, x_m$影响时,如果各个影响因素$x_j$与$y$的关系可以同时近似地以线性表示,则可建立多元线性回归模型来进行分析预测。

多元线性回归方程的一般形式为$y = \beta_0 + \beta_1 x_1 + \beta_2 x_2 + \cdots + \beta_m x_m$

式中y是预测对象(因变量),$x_1, x_2, x_3, \cdots, x_m$为互不相关的子变量,$\beta_0, \beta_1, \cdots, \beta_m$为回归

系数,其中 $\beta_i(i=1,2,\cdots,m)$ 是 y 对 $x_1,x_2,x_3,\cdots,x_m$ 的偏回归系数,其含义是当其他自变量保持不变时, x_i 变化一个单位所引起的 y 的变化量。

设有一组因变量 y 与 $x_1,x_2,x_3,\cdots,x_m$ 相关关系数据组

$$\begin{matrix} y_1 & y_2 & \cdots & y_m \\ x_{11} & x_{12} & \cdots & x_{1n} \\ x_{21} & x_{22} & \cdots & x_{2n} \\ \vdots & \vdots & \vdots & \vdots \\ x_{m1} & x_{m2} & \cdots & x_{mm} \end{matrix}$$

则可用矩阵形式写成

$$Y = XB + U$$

$$Y=\begin{bmatrix} y_1 \\ y_2 \\ \vdots \\ y_n \end{bmatrix}, X=\begin{bmatrix} 1 & x_{11} & x_{12} & \cdots & x_{1n} \\ 1 & x_{21} & x_{22} & \cdots & x_{2n} \\ \vdots & \vdots & \vdots & \vdots & \vdots \\ 1 & x_{m1} & x_{m2} & \cdots & x_{mn} \end{bmatrix}, B=\begin{bmatrix} \beta_1 \\ \beta_2 \\ \vdots \\ \beta_n \end{bmatrix}, U=\begin{bmatrix} \varepsilon_1 \\ \varepsilon_2 \\ \vdots \\ \varepsilon_n \end{bmatrix}, \tag{7-28}$$

式中 $\boldsymbol{U}$ 为随机误差向量,取 $\boldsymbol{U}=0$,则

$$\boldsymbol{Y} = \boldsymbol{XB}$$

因为在 $\boldsymbol{X}$ 矩阵中,一般 $n \neq m$,故 $\boldsymbol{X}$ 无法求逆,为了求解 $\boldsymbol{B}$,两边同时左乘 $\boldsymbol{X}$ 的转置矩阵 $\boldsymbol{X}^{\mathrm{T}}$ 得

$$\boldsymbol{X}^{\mathrm{T}}\boldsymbol{Y} = \boldsymbol{X}^{\mathrm{T}}\boldsymbol{XB}$$

这时 $\boldsymbol{X}^{\mathrm{T}}\boldsymbol{X}$ 为方阵,可求逆得

$$B = (X^{\mathrm{T}}X)^{-1}X^{\mathrm{T}}Y \tag{7-29}$$

即可得多元线性回归模型的参数估计值。多元线性回归模型也需要进行检验,这里就不再作介绍,有需要时,可自行参阅有关回归分析专著。

第五节　其他预测方法

本章第三节和第四节讨论的都是定量预测方法,下面我们介绍几种常用定性预测方法。

一、专家预测法

专家预测法以专家为索取信息的对象,组织各种领域专家运用专业方面的经验和知识,通过对过去和现在发生的问题进行直观综合分析,从中找出规律,对发展远景做出判断。组织专家预测属于直观预测范畴,直观预测法简单易行,是应用历史比较悠久的一种方法,至今为止在各类预测方法中仍占有重要地位。直观预测法的最大优点是,在缺乏足够统计数据和原始资料的情况下,可以做出定量估价,得到文献上还未反映的信息。特别是对技术发展的预测,在很大程度上取决于政策和专家的努力,而不完全取决于现实技术基础。这时,采用直观预测法能得到更为准确的结果。

(一)头脑风暴法

在诸多专家预测方法中,头脑风暴法占有重要地位。20 世纪 50 年代,头脑风暴法作为一

种创造性的思维方法在预测中得到广泛运用,并日趋普及。从20世纪60年代末期到70年代中期,实际应用中头脑风暴法在各类预测方法中所占的比重由6.2%增加到8.1%。头脑风暴法主要是通过组织专家会议,激励全体与会专家参加积极的创造性思维。

采用头脑风暴法组织专家会议时,应遵循如下原则:

第一,就所论问题提出一些具体要求,并严格规定提出设想时所用术语,以便限制所讨论问题的范围,使参加者把注意力集中于所讨论的问题。

第二,不能对别人的意见提出怀疑,不能放弃和终止讨论任何一个设想,而不管这种设想是否适当和可行。

第三,鼓励参加者对已经提出的设想进行改进和综合,为准备修改自己设想的人提供优先发言权。

第四,支持和鼓励参加者解除思想顾虑,创造一种自由的气氛,激发参加的积极性。

第五,发言要精练,不需要详细论述。展开发言将拉长时间,并有碍于一种富有成效的创造性气氛的产生。

第六,不允许参加者宣读事先准备的建议一览表。

实践经验证明,利用头脑风暴法从事预测,通过专家之间直接交换信息,充分发挥创造性思维,有可能在比较短的时间内得到富有成效的创造性成果。为提供一个创造性思维环境,必须选定小组的最佳人数和会议的进行时间。小组规模以10~15人为宜,会议时间一般为20~60 min。

预测的组织者要对预测的问题作如下说明:问题产生的原因,原因的分析和可能的结果(最好把结果进行夸张描述,以便使参加者感到矛盾必须解决);分析解决这类问题的国内外成功经验;也可以指出解决这一问题的若干种可能途径;以中心问题及其子问题,形成需要解决的问题(问题的内部结构应当简单,问题的面比较窄将有助于发挥头脑风暴的效果)。

通常头脑风暴的组织工作都委托给预测学专家负责。因为预测学家对所提的问题和从事科学辩论有充分的经验,同时它们熟悉运用头脑风暴法进行预测的程序和方法。如果所讨论的问题专业面很窄,则应邀请所论问题的专家和预测专家共同负责预测组织工作。头脑风暴小组通常由以下人员组成:方法学者——预测学领域的专家;设想产生者——所讨论问题领域专家;分析者——所讨论问题领域的高级专家,它们应当追溯过去,并及时估价对象的现状和发展趋势;演绎者——对所讨论问题具有发达的推断思维能力的专家。

所有头脑风暴参加者都应具有发达的联想思维能力。在进行头脑风暴时应尽可能提供一个有助于把注意力高度集中于所讨论问题的创造性环境。有时某个人提出的设想,可能是其他准备发言的人已经思考过的设想。所有头脑风暴法产生的结果,应当认为是全组集体创造的成果。

会议提出的设想应记录下来,以便不放过任何一个设想,并使其系统化,以备下一阶段使用。由分析小组对会议产生的设想,按如下程序系统化:①就所有提出的设想编制名称一览表;②用通用术语说明每一设想;③明确重复的和互为补充的设想,并在此基础上形成综合设想;④提出对设想进行综合的准则;⑤分组编制设想一览表。

(二)德尔菲法(Delphi method)

德尔菲(Delphi)法是美国"兰德"公司20世纪40年代首先用于技术预测的。德尔菲是古希腊传说中的神谕之地,城中有座阿波罗神殿可以预卜未来,因而借用其名。

德尔菲法是专家会议预测法的一种发展。它以匿名方式通过几轮函询,征求专家们的意见。预测领导小组对每一轮的意见都进行汇总整理,作为参考资料再发给每个专家,供它们分析判断,提出新的论证。如此多次反复,专家的意见渐趋一致,结论的可靠性越来越大。

德尔菲法是“系统分析”方法在意见和价值判断领域内的一种有益的延伸。它突破了传统的数量分析限制,为更合理、更有效地进行决策提供了支撑、依据。基于对未来发展中的各种可能出现和期待出现之前景的概率评价,德尔菲法能够为决策提供可供选择的多种方案。其他方法则很难获得像这样以概率表示的明确答案。此法的具体步骤如下:

(1)拟订调查提纲,内容包括预测什么问题、预测多长期限、希望达到什么要求等。

(2)选择专家。这里所讲的“专家”是指那些对所要预测的问题具有一定的专门知识,能为解决预测问题提供较为深刻见解的人员,而并不是专指那些有一定的地位或职称的人员。所邀请的专家在15~50人之间为宜。

(3)设计调查表。调查表没有固定的格式,应根据预测所研究的问题而灵活设计。

(4)请专家做出判断。将设计好的调查表和有关问题寄发给各专家,请专家在互不通气的情况下对所提问题做出自己的判断,并按规定期限寄回调查表。预测人员将各位专家的意见加以综合整理,并请身份类似的专家写出文字说明,然后再以书面形式寄发给各专家,请专家做出第二次判断,并按期寄回调查表。如此反复多次,直到专家不再修改自己的意见为止。

(5)提出预测报告。如果专家意见一致,则可将该意见作为预测结果加以报告。如果专家意见不一致,则可运用算术平均法求其平均数,以平均数作为预测值。

德尔菲法虽然广泛应用于各个领域的预测,但只有合理科学的操作,并注意扬长避短,才能够得出可靠的预测结果。

二、主观概率预测法

主观概率法是对市场调查预测法或专家预测法得到的定量估计结果进行集中整理的常用方法。主观概率是预测者对某一事件在未来发生或不发生可能性的估计,反映个人对未来事件的主观判断和信任程度。经济预测的主观概率法,是指利用主观概率对各种预测意见进行集中整理,得出综合性预测结果的方法。在运用专家预测法和德尔菲方法进行预测时,可采用主观概率法来综合专家的意见。主观概率和客观概率不同,客观概率是指某一随机事件经过反复试验后,出现的频数,也就是对某一随机事件发生的可能性大小的客观估量。客观概率与主观概率的根本区别在于,客观概率具有可检验性,主观概率则不具有这种可检验性。

在有些现象无法通过试验确定其客观概率,或由于资料不完备无法计算客观概率时,常常采用主观概率法进行预测。常用的主观概率法又分为两种。

(一)算术平均法

当参加预测的专家水平相当,则把各位专家预测结果的重要程度同等对待,其计算公式如下

$$\overline{Q}=\frac{\sum_{i=1}^{n}Q_i}{n} \tag{7-30}$$

式中　$\overline{Q}$——预测未来事件的平均值;

Q_i ——第 i 位专家的预测值；

n ——参加预测的专家人数。

(二)加权平均法

当各位专家的专业水平和经验相差较大时，对各位专家的预测结果就不能平均看待，因此要对各位专家给予不同的权数。换句话说，加权平均法是以主观概率为权数，通过对各种预测意见进行加权平均，计算出综合性预测结果的方法。其计算公式如下

$$\overline{Q} = \frac{\sum_{i=1}^{n} Q_i W_i}{n} \tag{7-31}$$

式中 W_i ——第 i 位专家的权数；

其他符号意义同前。

思考题与习题

1. 为什么说预测是决策的依据？
2. 按照不同的角度工程经济预测的分类有哪些？
3. 工程经济预测的步骤是什么？
4. 市场调查的内容和方法有哪些？
5. 德尔菲法的主要程序是什么？
6. 某类房屋建安工程单方造价在 1995~2002 年间各年的价格情况见表 7-9，试用一元线性回归法预测 2003 年的建安工程单方造价。

表 7-9 某类房屋建安工程单方造价在 1995~2002 年间各年的价格情况

年份	单方造价 y_i(元/m^2)
1995	253
1996	280
1997	312
1998	360
1999	410
2000	456
2001	509
2002	564

7. 若某地区 2004~2013 年房屋竣工建筑面积见表 7-10，试用时间序列预测法和回归分析预测 2014 年房屋竣工建筑面积。

表 7-10 某地区 2004~2013 年房屋竣工建筑面积表

年份	2004	2005	2006	2007	2008	2009	2010	2011	2012	2013
房屋竣工建筑面积	1 153.7	2 000.4	1 900.2	2 010.8	2 050.4	2 305.6	2 206.9	2 511.7	2 609.3	2 457.2

8. 某建筑公司 2014 年 2~8 月份计划完成产值和实际完成产值见表 7-11，如果 2014 年 9

月份和 10 月份计划完成产值分别为 200 万元和 300 万元，试建立回归模型，分别预测 9、10 月份的实际完成的产值。

表 7-11　计划完成产值和实际完成产值表

月　份	2	3	4	5	6	7	8
计划完成 x_i	179	142	219	260	335	385	300
实际完成 y_i	198	174	222	245	29	323	271

9. 已知某房地产开发公司过去 24 个月的商品房销售收入数据见表 7-12。

表 7-12　某房地产开发公司过去 24 个月的商品房销售收入数据表

周期数 t(月)	销售收入(万元)	周期数 t(月)	销售收入(万元)
1	5 000	13	4 900
2	4 500	14	4 300
3	6 000	15	5 200
4	5 200	16	8 500
5	4 500	17	9 800
6	5 100	18	9 000
7	6 000	19	9 700
8	4 300	20	8 600
9	5 700	21	9 100
10	4 000	22	8 300
11	5 600	23	9 700
12	8 700	24	9 600

问题：

(1)试计算其一次移动平均值、二次移动平均值。($n=3$)

(2)试建立线性预测模型，并预测第 30 个月的产值。

(3)试计算其一次指数平滑值、二次指数平滑值。(取平滑系数 $\alpha=0.2$)

(4)试运用二次指数平滑法预测第 30 个月的产值。

第八章　工程项目的不确定性分析和决策

工程项目的经济效果分析是建立在对未来情况预测(如项目的建设期、投产期、生产期、生产能力)的基础上,建立在已知的、确定的、未来现金流量和投资收益率上的,并且假定所采用的有关数据都是不变的,我们把这称为确定性经济分析。但是,在一般情况下,诸如产量,价格,成本,收入、支出,残值,寿命、投资等,都是随机变量,它们同将来实际发生的情况,可能有相当大的出入,这就会给今后带来风险,即使项目产生了不确定性。从经济分析工作的实践来看,这种不确定性的存在几乎是不可避免的,而且影响工程项目将来经济效果的不确定因素几乎是不可计数的,但是以下四个方面是所有工程经济分析都要面临的不确定性或风险的来源:

第一种不确定性是源自于对分析用的现金流估计的不准确。我们很难判断现金流估计的精确度。不同类别的项目其估计的难度是不同的。由于市场需求量和价格较难把握,制造业项目产出现金流入就有较大的不确定性;而基础设施和公用事业需求和现金流入相对稳定,但在投资现金流出上可能有较大的不可预见的因素影响。

第二种不确定性来源于宏观经济状况的变化。几乎所有项目的效果都受宏观经济冷热的影响,而这种变化周期的规律越来越难以捉摸。特别是资源性、基础性项目对这种变化的敏感性较大。

第三种不确定性取决于项目设备等实物形态,通用的设备、厂房和设施具有较广泛的适用性,其市场变现的价值也较高;而专用设备和设施就不具有这种柔性,一旦产品销售不畅,就有较大风险。

第四种不确定性是来源于项目计算期设定的长短,从以前的分析知道,很多评价的判据和指标(如净现值和内部收益率)都取决于计算期的长短,而时间越久远,我们的估计离开实际的距离可能越大。因此,给定其他条件相同,投资项目设定的计算期越长,不确定性也越大。

由于这些来源,计算数据总是带有不同程度的不确定性,以此作为基础进行经济效果评价,也就不可避免地带有不确定性或风险性。因此,从投资决策的特点来看,对项目的不确定性、风险性进行正确的分析和评估有助于提高投资决策的正确性和科学性。对这些不确定因素进行的各种分析、研究,确定不确定因素的变化范围、对项目投资的影响程度和度量的方法等工作,称为不确定性分析。不确定性分析通常包括盈亏平衡点分析,敏感性分析,风险分析(概率分析)。

第一节　盈亏平衡分析

一、盈亏平衡分析的概念

20 世纪初,盈亏平衡分析在财务管理中得以运用,经过 50 多年的发展,随着企业规模的扩大,固定成本在生产中比重日益增大,该方法得到了经营者的高度重视。因此,盈亏平衡分析作为技术经济分析中常用的基本方法,广泛应用于不确定性分析中。

工程项目的盈亏平衡分析又称为损益平衡分析(Break Even Analysis)。它是根据项目正常生产年份的产品产量(或销售量)、固定成本、可变成本、产品价格和销售税金等因素,确定项目的盈亏平衡点 BEP(Break Even Point),即盈利为零时的临界值,然后通过 BEP(盈亏平衡点)分析项目的成本与收益的平衡关系及项目抗风险能力的一种方法。由于方案盈亏平衡分析是研究产品产量、成本和盈利之间的关系,所以又称量本利分析。

根据成本总额对产量的依存关系,全部成本可以分成固定成本和变动成本两部分。在一定期间把成本分解成固定成本和变动成本两部分后,再同时考虑收入和利润,建立关于成本、产销量和利润三者关系的数学模型。这个数学模型的表达形式为

$$利润=销售收入-总成本-税金 \tag{8-1}$$

工程项目的经济效果,会受到许多因素的影响,当这些因素发生变化时,可能会导致原来盈利的项目变为亏损项目。盈亏平衡分析的目的就是找出这种由盈利到亏损的临界点,根据此判断项目风险的大小以及风险的承受能力,为投资决策提供科学依据。

由于项目的收入与成本都是产品产量的函数,按照变量之间的函数关系,将盈亏平衡分析分为两种,即

(1)当项目的收入与成本都是产量的线性函数时,称为线性盈亏平衡分析;

(2)当项目的收入与成本都是产量的非线性函数时,称为非线性盈亏平衡分析。

二、线性盈亏平衡分析

1. 销售收入、产品成本、销售税金及附加与产品产量的关系

(1)销售收入与产量关系

投资项目的销售收入与产品销量(假设以销定产)的关系有两种情况:

第一种情况是销售不会影响市场供需状况,则在其他市场条件不变时,产品的售价不会随销售量而变,即

$$\mathrm{TR}=PQ \tag{8-2}$$

式中　TR——销售收入;

P——单位产品价格;

Q——产品销售量亦即项目的产量。

第二种情况是该项目的生产销售将明显地影响市场的供求关系,或存在批量折扣时,这时 $P=P(Q)$,项目的销售收入为

$$\mathrm{TR}=\int_0^Q P(Q)\,\mathrm{d}Q \tag{8-3}$$

(2)产品成本与产品产量的关系

项目的成本由固定成本和变动成本两部分构成。固定成本是指在一定生产规模内不随产量的变动而变动的费用;变动成本是指随产品的产量变动而变动的费用。变动成本与产品产量接近,为正比例关系。因此总成本费用与产品产量的关系可近似地认为是线性关系,即

$$C=C_{\mathrm{f}}+C_{\mathrm{v}}Q \tag{8-4}$$

式中　C——总成本费用;

C_{f}——固定成本;

C_v——单位产品的变动成本。

2. 线性盈亏平衡分析模型

线性盈亏平衡分析模型是假定产品销售收入与产品总成本都是产品产量的线性函数。对应的盈亏平衡点也相应称为线性平衡点,或称之为保本点。即企业不赔不赚时的销售量所在之处。在线性的情况下,如图8-1所示,在盈亏平衡图上,BEP点表示为总成本与总销售收入线相交之点。

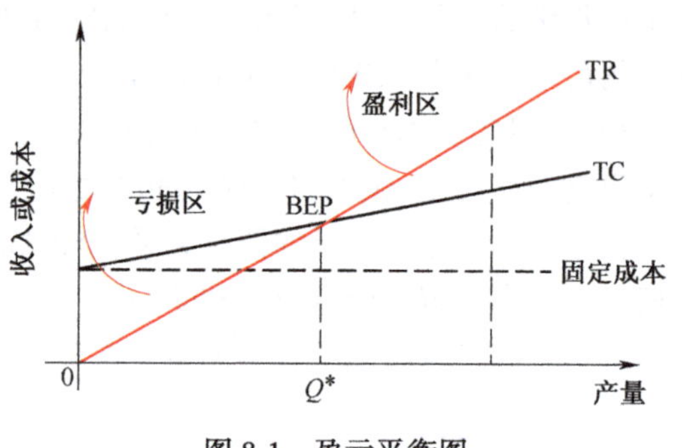

图8-1 盈亏平衡图

盈亏平衡点是个重要的数量指标,进行可行性研究时,无论是预测利润,还是分析项目的抗风险能力,都需要计算盈亏平衡点。根据盈亏平衡点的定义,当达到盈亏平衡状态时,总成本费用等于总销售收入,设Q^*为盈亏平衡点时的产量,TC表示总成本,达到盈亏平衡时有

$$TR = TC$$

$$PQ^* = C_f + C_v Q^*$$

即

$$Q^* = \frac{C_f}{P - C_v} \tag{8-5}$$

如果价格是含税的,则可用式(8-5)来计算盈亏平衡点产量,即

$$P(1-r)Q^* = C_f + C_v Q^*$$

则有

$$Q^* = \frac{C_f}{p(1-r) - C_v} \tag{8-6}$$

式中 r——为产品销售税率。

对建设项目运用盈亏平衡点分析时应注意:盈亏平衡点要按项目投产后的正常年份计算,而不能按计算期内的平均值计算。若产量$Q>Q^*$,则利润TR−TC>0;若产量$Q<Q^*$,则利润TR−TC<0。从图8-1中可以看到,盈亏平衡点越低,达到此点的盈亏平衡产销量就越少,项目投产后的盈利的可能性越大,适应市场变化的能力越强,抗风险能力也越强。

盈亏平衡点除可用产量表示外,还可用销售收入、生产能力利用率、单位产品价格以及单位产品变动成本等来表示。

如果按设计生产能力进行生产和销售,BEP还可以由盈亏平衡点价格BEP(P)来表达,即

$$P^* = \frac{C_f}{Q_c(1-r)} + \frac{C_v}{1-r} \tag{8-7}$$

式中 P^*——盈亏平衡点价格;

Q_c——设计生产能力的产量即达产的产量。

生产能力利用率的盈亏平衡点是指盈亏平衡点销售量占达产时产量的比例。即

$$q^* = \frac{Q^*}{Q_c} \times 100\% = \frac{C_f}{Q_c[p(1-r) - C_v]} \times 100\% \tag{8-8}$$

若按设计生产能力进行生产和销售，且销售价格已定，则盈亏平衡单位产品变动成本为

$$C_v = p(1-r) - \frac{C_f}{Q_c} \tag{8-9}$$

对于一些项目不知道产品的价格时，盈亏平衡点通常可采用生产能力利用率或产量表示，计算公式如下

$$\text{BEP}(q^*) = \frac{\text{年固定成本}}{\text{年销售收入} - \text{年可变成本} - \text{年销售税金及附加}} \times 100\% \tag{8-10}$$

$$\text{BEP}(Q^*) = \text{BEP}(q^*) \times \text{设计生产能力} \tag{8-11}$$

从式(8-5)~式(8-11)分析可知：盈亏平衡点的产量越高，盈亏平衡点的销售收入越高，盈亏平衡点生产能力利用率越高，盈亏平衡点价格越高和单位产品变动成本越低，项目的风险就越大，安全度越低；反之则项目安全度越大，项目盈利能力越强，项目承受风险的能力也就越强。

从上面盈亏平衡点的计算公式中还可以看出：固定成本占总成本的比例越高，盈亏平衡点产量就越高，盈亏平衡点单位变动成本就越低。高的盈亏平衡产量和低的盈亏平衡单位产品变动成本意味着项目的经营风险较大，即会导致项目在面临不确定因素的变动时发生亏损的可能性增大。固定成本占总成本的比例一般取决于产品生产的技术要求及工艺设置的选择。通常资金密集型项目的固定成本占总成本的比例较高，因而其风险也较大。

例【8-1】 某项目生产某种产品年设计生产能力为30 000件，单位产品价格为3 000元，总成本费用为7 800万元，其中固定成本3 000万元，总变动成本与产品产量成正比，销售税率为5%，求以产量、生产能力利用率、销售价格、销售收入、单位产品变动成本表示盈亏平衡点。

解：单位变动成本

$$C_v = \frac{\text{TC} - C_f}{Q_c} = \frac{(7\,800 - 3\,000) \times 10^4}{3 \times 10^4} = 1\,600(\text{元/件})$$

盈亏平衡点的产量

$$Q^* = \frac{C_f}{P(1-r) - C_v} = \frac{3\,000 \times 10^4}{3\,000 \times (1-5\%) - 1\,600} \approx 2.4(\text{万件})$$

盈亏平衡点的生产能力利用率

$$q^* = \frac{Q^*}{Q_c} \times 100\% = \frac{2.4 \times 10^4}{3 \times 10^4} \times 100\% = 80\%$$

盈亏平衡点的价格

$$P^* = \frac{C_f}{Q_f(1-r)} + \frac{C_v}{1-r} = \frac{3\,000 \times 10^4}{3 \times 10^4(1-5\%)} + \frac{1\,600}{1-5\%} = 2\,736.8(\text{元/件})$$

盈亏平衡点的销售收入(税后)

$$\text{TR} = PQ^* = 3\,000 \times (1-5\%) \times 2.4 \times 10^4 = 6\,840(\text{万元})$$

盈亏平衡点的单位产品变动成本

$$C_v = p(1-r) - \frac{C_f}{Q_c} = 3\,000 \times (1-5\%) - \frac{3\,000 \times 10^4}{3 \times 10^4} = 1\,850(\text{元/件})$$

线性盈亏平衡分析方法简单明了，但这种方法在应用中有一定的局限性，主要表现在实际

的生产经营过程中，收益和支出与产品产量之间的关系往往是呈现出一种非线性的关系，这时就需要用到非线性盈亏平衡分析方法。

三、非线性盈亏平衡分析

在实际生产中销售收入和生产总成本与销售量之间不一定都是线性变化关系，而往往是非线性变化的。例如：在新产品研制中，变动成本与生产量之间就不是直线关系而是曲线变化。原因是研制阶段产量少成本高；正式投产以后，大批量生产工效高，单位变动成本就会下降；又如变动成本中的原材料费，也可能由于购买量大而受到优惠；另外，销售收入也可能因为产品的批量出售而给客户优惠价格而减少。此外，垄断竞争下，随着项目产销量的增加，市场上产品的单位价格就要下降，因而销售收入与产销量之间是非线性关系；同时，企业增加产量时原材料价格可能上涨，同时要多支付一些加班费、奖金及设备维修费，使产品的单位可变成本增加，从而总成本与产销量之间也成非线性关系。这些因素综合影响的结果使销售收入和生产成本与产量之间可能成为非线性函数关系，归纳起来可能有三种情况：

①销售收入变化为直线，生产成本变化为曲线；

②销售收入变化为曲线，生产成本变化为直线；

③销售收入和生产成本变化均为曲线。

不论是上述哪一种情况，都不能采用前述的线性盈亏平衡分析方法计算盈亏平衡点，而只能采用非线性盈亏平衡分析方法进行计算。现以上述第三种情况为例，设

$$\left.\begin{aligned}\mathrm{TR} &= a_1Q + a_2Q^2 \\ \mathrm{TC} &= b_0 + b_1Q + b_2Q^2\end{aligned}\right\} \tag{8-12}$$

式中　b_0——固定成本；

a_1, a_2, b_1, b_2——与产量有关的收益或成本系数。

对上述非线性的成本与收益曲线进行盈亏分析，一般说来，盈亏平衡点的产量满足下面的方程

$$\mathrm{TR} = \mathrm{TC}$$

即

$$a_1Q + a_2Q^2 = b_0 + b_1Q + b_2Q^2$$

可以转换成

$$(a_2 - b_2)Q^2 + (a_1 - b_1)Q - b_0 = 0 \tag{8-13}$$

此方程是一个一元二次方程，即可求得两个平衡点的临界产量 Q_1 和 Q_2。如图 8-2 所示。

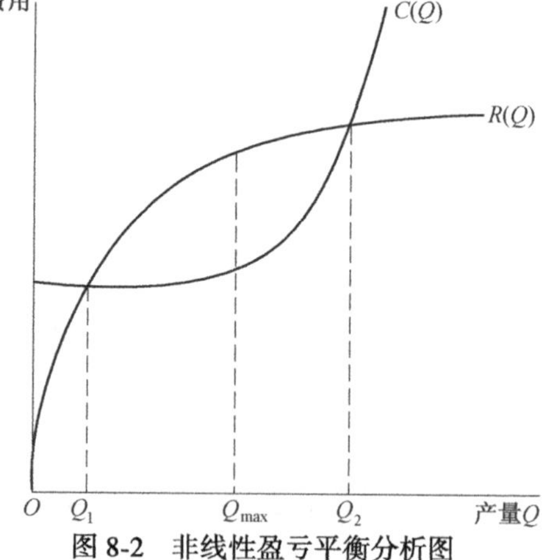

图 8-2　非线性盈亏平衡分析图

(Q_1, Q_2) 称为盈利区，$Q<Q_1$ 或 $Q>Q_2$ 称为亏本区，使 TR−TC 取极大值的 $Q_{\max}$ 就是企业的最优产量。

四、互斥方案的盈亏平衡分析

如果要对若干个互斥方案进行比选的情况下，有某个不确定因素都影响各方案的取舍，这时将各方案的经济效果指标作为因变量，建立各经济效果指标与不确定因素之间的函数关系。

由于各方案经济效果函数的斜率不同,所以各函数曲线必然会发生交叉,即在不确定因素的不同取值区间内,各方案的经济效果指标高低的排序不同,由此来确定方案的取舍。

例【8-2】 某房地产开发商拟投资开发建设住宅项目,建筑面积为5 000 m^2到10 000 m^2,现有A、B、C三种方案,各方案的技术经济数据见表8-1。现假设资本利率为5%,试确定各建设方案经济合理的建筑面积范围。

表8-1　三种方案的技术经济数据

方案	造价(元/m^2)	运营费(万元)	寿命(年)
A	1 200	35	50
B	1 450	25	50
C	1 750	15	50

解: 设建设建筑面积为x,则各方案的年度总成本分别为

$$AC(x)_A = 1\,200x(A/P,5\%,50)+350\,000$$

$$AC(x)_B = 1\,450x(A/P,5\%,50)+250\,000$$

$$AC(x)_C = 1\,750x(A/P,5\%,50)+150\,000$$

令 $AC(x)_A = AC(x)_B$　求得 $x_{AB}=7\,299(m^2)$

令 $AC(x)_C = AC(x)_B$　求得 $x_{BC}=6\,083(m^2)$

令 $AC(x)_A = AC(x)_C$　求得 $x_{AC}=6\,636(m^2)$

以横轴表示建筑面积,纵轴表示年度总成本,绘出盈亏平衡分析图,如图8-3所示。

从图8-3中可以看出,当建筑面积小于6 083 m^2时,方案C为优;当建筑面积为6 083~7 299 m^2时,方案B为优;当建筑面积为大于7 299 m^2时,方案A为优。

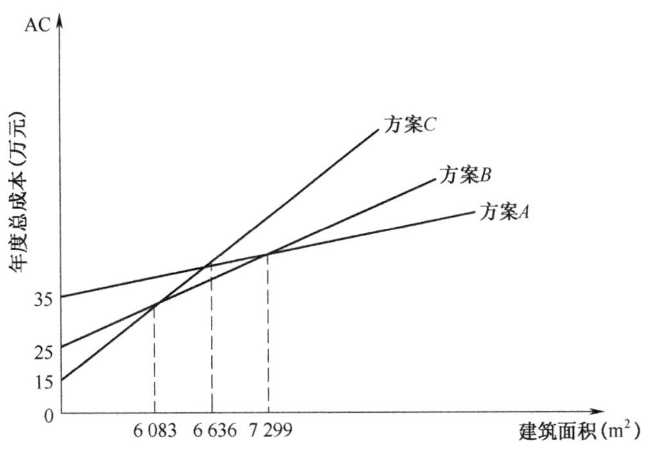

图8-3　三种方案的盈亏平衡分析图

第二节　敏感性分析

一、概　　述

敏感性分析是指通过测定一个或多个敏感因素的变化所导致决策评价指标的变化幅度,

以判断各种因素的变化对实现项目预期经济目标的影响程度,从而对外部条件发生不利变化投资建设方案的承受能力作出判断。不确定因素的变化会引起项目经济指标随之变化,各个不确定因素对经济指标的影响又是不一样的,有的因素可能对项目经济的影响较小,而有的因素可能会对项目经济带来大幅度的变动,我们就称这些对项目经济影响较大的因素为敏感性因素。敏感性分析就是要找出项目的敏感性因素,并确定其敏感程度,以预测项目承担的风险。一般进行敏感性分析所涉及的不确定性因素主要有:产量(生产负荷)、产品生产成本、主要原材料价格、燃料或动力价格、可变成本、固定资产投资、建设周期、折现率、外汇汇率等。敏感性分析不仅能使决策者了解不确定因素对项目经济评价指标的影响,并使决策者对最敏感的因素或可能产生最不利变化的因素提出相应的决策和预防措施,还可以启发评价者对那些较为敏感的因素重新搜集资料进行分析研究,以提高预测的可靠性。

对敏感性分析应注意三个方面的问题:

①敏感性分析是针对某一个(或几个)效益指标而言来找其对应的敏感因素,即具有针对性;

②必须有一个定性(或定量)的指标来反映敏感因素对效益指标的影响程度;

③作出因这些因素变动对投资方案承受能力的判断。

敏感性分析不仅可以应用于拟建项目经济评价中,以帮助投资者作出最后的决策,还可以用在项目规划阶段和方案选择中。

敏感性分析一般分为两类:单因素敏感性分析和多因素敏感性分析。单因素敏感性分析是指在进行敏感性分析时,假定只有一个因素是变化的,其他的因素均保持不变,分析这个可变因素对经济评价指标的影响程度和敏感程度。多因素敏感性分析是指同时有两个或者两个以上的因素发生变化时,分析这些可变因素对经济评价指标的影响程度和敏感程度。

二、单因素敏感性分析

单因素敏感性分析是敏感性分析的基本方法。它的步骤和方法如下:

1. 确定敏感性分析经济评价指标

敏感性分析的对象是具体的技术方案及其反映的经济效益。因此,前面章节介绍的经济效益评价指标,如投资回收期、投资收益率、净现值、内部收益率等,都可作为敏感性分析指标。需要注意的是选择进行敏感性分析的指标,必须与确定性分析的评价指标相一致。

2. 选取不确定因素,并设定它们的变化范围

在进行敏感性分析时,并不需要对所有的不确定因素都考虑和计算,而应视方案的具体情况选取几个变化可能性较大,并对经济效益目标值影响作用较大的因素(指标)即可。如产品售价变动、产量规模变动、投资额变化等或是建设期缩短、达产期延长等,一般都对方案的经济效益造成影响。

3. 计算因素变动对分析指标的影响程度

假定其他因素不变,一次仅变动一个因素。重复计算每个因素变化对评价指标影响的具体数值。然后采用敏感性分析计算表或分析图的形式,把不确定因素的变动与分析指标的对应数量关系反映出来,以便于测定敏感性因素。

4. 确定敏感因素

敏感因素是指能引起评价指标产生较大变化的因素。确定某一因素敏感与否,有两种方

法:一是相对测定法,即设定要分析的因素均从基准值开始变动,且各因素每次变动的幅度相同,比较在同一变动幅度下各因素的变动对评价指标的影响,即可判断出各因素的敏感程度;二是绝对测定法,即先设定有关经济效果评价指标的临界值,如净现值为零或内部收益率等于基准收益率,然后求出待分析的因素最大允许变动幅度,并与其可能出现的最大变动幅度相比较,如果某因素可能出现的变动幅度超过最大允许变动幅度,则表明该因素是方案的敏感因素。

5. 结合确定性分析进行综合评价,判断方案的风险程度

在项目的各方案比较中,对主要因素变化不敏感的方案,其抵抗风险的能力比较强,获得满意经济效果的可能性比较大,优于敏感方案,应优先考虑接受。有时,还根据敏感性分析的结果,采取相应的对策。

例【8-3】 某投资方案,其产品的年设计生产能力为 1 500 台,预计产品售价 1 800 元/台,单位产品成本为 700 元/台,估算投资额为 800 万元,方案寿命期为 8 年,试对此方案的投资回收期作敏感性分析。

解:本例敏感性分析指标是静态投资回收期,先作确定性分析

$$\text{静态投资回收期}=\frac{800\times10^4}{1\,500\times(1\,800-700)}=4.8(\text{年})$$

选择产品售价、产量和投资作为进行敏感性的因素,并计算这些因素变化时对投资回收期的影响程度,具体计算结果见表 8-2。

表 8-2　因素变化对静态投资回收期的影响程度

因素变化率	+20%	+10%	0	-10%	-20%
产量(台/年)	4	4.4	4.8	5.39	6.06
售价(元/台)	3.65	4.17	4.8	5.8	7.21
投资(元)	5.82	5.33	4.8	4.4	3.88

确定敏感因素。根据表 8-2 绘制敏感性分析图 8-4,由图中可以看出,方案的投资回收期对产品售价最敏感。在其他因素不变的情况下,如果售价降低幅度超过 24%,则投资回收期将超过方案的寿命期 8 年,方案将无利可图。因此,产品售价是个敏感因素,应注意采取有效措施,防止产品售价大幅下跌。

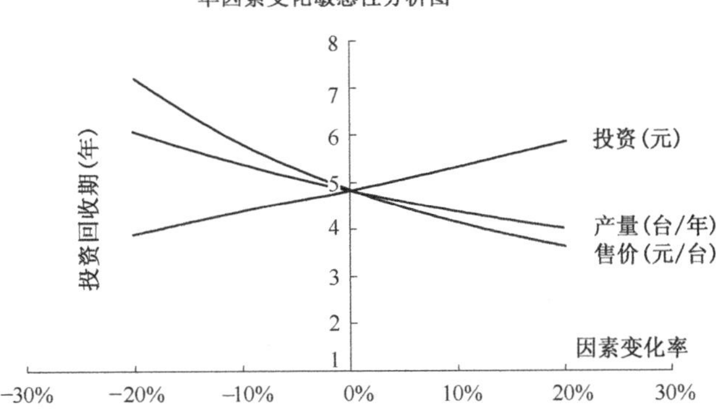

图 8-4　单因素变化敏感性分析图

例【8-4】 某企业拟投资生产一种新产品,计划一次性投资2 000万元,建设期1年,第2年起每年预计可取得销售收入650万元,年经营成本预计为250万元,项目寿命期为10年,期末预计设备残值收入50万元,基准收益率为10%,试分析该项目净现值对投资、年销售收入、年经营成本、项目寿命期以及基准收益率等因素的敏感性。

解:首先计算该项目的净现值

$$NPV=-2\ 000+(650-250)(P/A,10\%,9)(P/F,10\%,1)+50(P/F,10\%,10)=113.48(\text{万元})$$

对于影响项目净现值的各参数,任何一个不同于预计值的变化都会使净现值发生变化。现假设在其他参数不变的前提下,分别计算各影响参数在其预测值的基础上变化-20%、-10%、+10%、+20%的幅度时项目的净现值,计算结果列于表8-3。

表8-3 单因素变化对净现值的影响程度

变化率 影响因素	+20%	+10%	0	-10%	-20%
总投资(万元)	-286.52	-86.52	113.48	313.48	513.48
年销售收入(万元)	796.48	455.88	113.48	-225.32	-567.13
年经营成本(万元)	-146.72	-15.72	113.48	246.28	375.24
项目寿命期(年)	377.77	251.73	113.48	-38.78	-206.48
基准收益率(%)	-80.95	12.92	113.48	221.05	336.80

根据表中数据可以画出敏感性分析图,如图8-5所示。

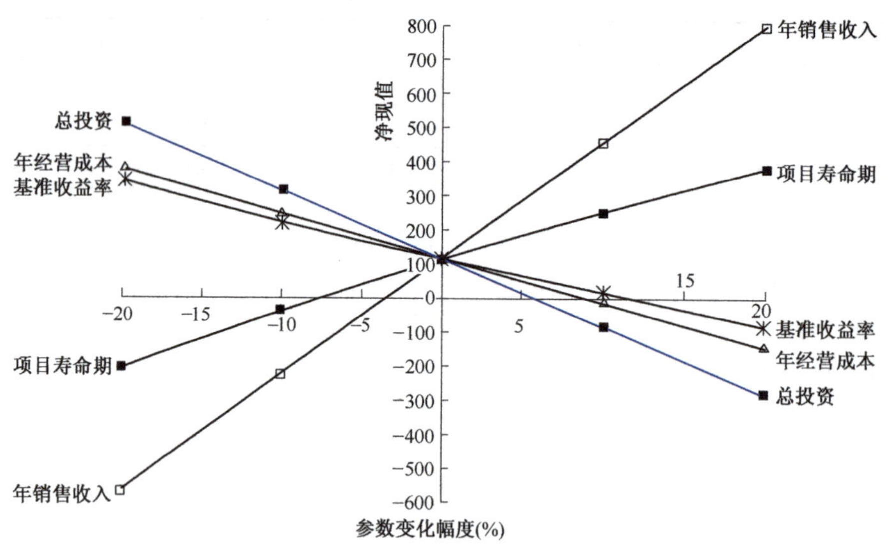

图8-5 单因素变化敏感性分析

从图8-5中可以看出,年销售收入、总投资、年经营成本、基准收益率、项目寿命期曲线的陡度依次从高到低,在同一百分率变动的情况下,它们引起净现值变化的幅度也依次从高到低,即净现值对年销售收入、总投资、年经营成本、基准收益率、项目寿命期变化的敏感程度依次从高到低。因此在敏感性分析图上,直线的陡度越大,项目评价指标对该因素的变动越敏感;反之,直线越平缓,项目评价指标对该因素变动越不敏感。

三、多因素敏感性分析

单因素敏感性分析方法适合于分析项目方案的最敏感因素,但它忽略了各个变动因素综合作用的可能性。无论是哪种类型的技术项目方案,各种不确定因素对项目方案经济效益的影响,都是相互交叉综合发生的,而且各个因素的变化率及其发生的概率是随机的。因此,研究分析经济评价指标受多个因素同时变化的综合影响,研究多因素的敏感性分析,更具有实用价值。

多因素敏感性分析要考虑可能发生的各种因素不同变动幅度的多种组合,计算起来要比单因素敏感性分析复杂得多。

(一)双因素敏感性分析

单因素敏感性分析可得到一条敏感曲线,而分析两个因素同时变化的敏感性时,得到的是一个敏感曲面。

例【8-5】 某项目基本方案的参数估算值见表8-4,基准收益率 $i_c=9\%$,试进行双因素敏感性分析。

表8-4 某项目基本方案参数

因素	初期投资 I (万元)	年销售收入 B (万元)	年经营成本 C (万元)	期末残值 L (万元)	寿命 n (年)
估算值	1500	600	250	200	6

解:设 x 表示投资额变化的百分比,用 y 表示年销售收入(或价格)变化的百分比,则当折现率为 i,且投资和价格分别具有变化率 x 和 y 时,净现值为

$$NPV(i)=-I(1+x)+[B(1+y)-C](P/A,i,6)+L(P/F,i,6)$$
$$=-I+(B-C)(P/A,i,6)+L(P/F,i,6)-Ix+B(P/A,i,6)y$$

即 $$NPV(i)=-1\ 500+350(P/A,i,6)+200(P/F,i,6)-1\ 500x+600(P/A,i,6)y$$

显然 $NPV(i)>0$,则 $IRR>i$。取 $i=i_c=9\%$(基准收益率),则

$$NPV(i_c)=189.36-1\ 500x+2\ 691.6y$$

此式为一平面方程。令 $NPV(i_c)=0$,可得该平面于 Oxy 坐标面的交线

$$Y=0.577x-0.0704$$

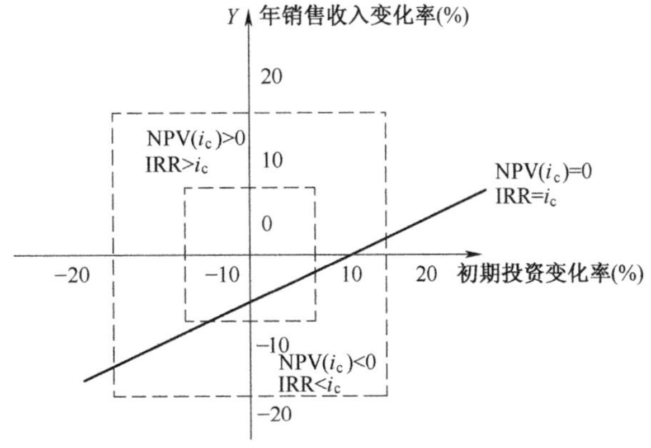

图8-6 双因素敏感性分析图

如图8-6所示,此交线将 Oxy 平面分为两个区域,Oxy 平面上任意一点(x,y)代表投资和价格的一种变化组合,当这点在交线的左上方时,净现值 $NPV(i_c)>0$,即 $IRR>i_c$;若在右下方,则净现值 $NPV(i_c)<0$,因而 $IRR<i_c$,为了保证方案在经济上接受,应该设法防止处于交线右下方区域的变化组合情况出现。

(二)三因素敏感性分析

对于三因素敏感性分析,一般需列出三维的数学表达式,但也可采取降维的方法处理。

例【8-6】 对例【8-5】中的方案作关于投资,价格和寿命三因素同时变化时的敏感性分析。

解:设 x 和 y 的意义同例【8-5】,n 表示寿命期。NPV(n)表示寿命为 n 年,方案的折现率为基准收益率($i_c=9\%$),投资和价格分别具有变化率 x 和 y 时的净现值,则

$$NPV(n)=-I+(B-C)(P/A,9\%,n)+L(P/F,9\%,n)-Ix+B(P/A,9\%,n)y$$

同样,对给定的 x,y 和 n,NPV(n)>0,意味着内部收益率 IRR>i_c。依次取 $n=5,6,7$;并令 NPV(n)= 0,按照例【8-5】中对双因素变化时的敏感性分析过程,可得到下列的临界线(图 8-7)。

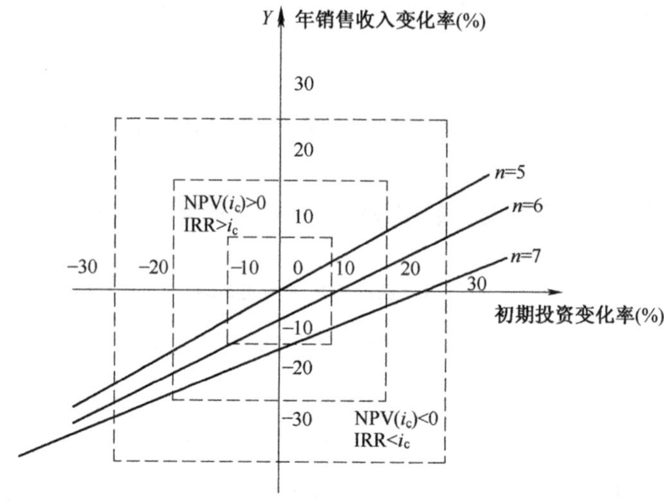

图 8-7 三因素敏感性分析图

$$NPV(5)=-8.654-1\,500x+2\,333.76y=0$$

$$Y_5=0.642\,7x+0.003\,7$$

$$NPV(6)=189.36-1\,500x+2\,691.6y=0$$

$$Y_6=0.557x-0.070\,4$$

$$NPV(7)=370.92-1\,500x+3\,019.74y=0$$

$$Y_7=0.496\,7x-0.122\,8$$

这些临界线的意义如下:$n=5$,即寿命期 5 年,由于 $Y|_{x=0}=0.003\,7>0$;所以,若要项目的内部收益率达到基准收益率,必须增加销售收入或减少投资而使其条件保持不变。$n=6,7$ 时,$Y|_{x=0}<0$;故项目在价格和投资方面都有一定的潜力,可承担一定的风险。另外,随着 n 的增大,即寿命期的延长,x 的系数逐渐减小,因此,投资的敏感度将越来越小。同样,如果取 $x=10\%$ 等,可得到关于年销售收入于寿命期的临界曲线。例如,$x=10\%$ 时,令 NPV=0,其临界曲线为

$$y=\frac{664-403\times1.09^n}{1\,200\times(1.09^n-1)}$$

或

$$n=(\ln1.09)^{-1}\ln\left(1+\frac{261}{403+1\,200y}\right)$$

同样可求出 $x=-20\%$,0,20% 时的临界曲线并作敏感性分析图。

(三)三项预测值敏感性分析

三项预测值的基本思路是,对技术方案的各种参数分别给出三个预测值(估计值),即悲观的预测值 P、最可能的预测值 M 和乐观的预测值 O,根据这三个预测值即可对技术方案进行敏感性分析并做出评价。

例【8-7】 某企业准备购置新设备,投资、寿命等数据见表 8-5,试就使用寿命、年支出和年销售收入三项因素按最有利、最可能和最不利三种情况。对项目的净现值进行敏感性分析,$i_c=8\%$。

表 8-5 新设备方案基本数据 (单位:万元)

因素	总投资	使用寿命	年销售收入	年支出
最有利(O)	15	18	11	2
最可能(M)	15	10	7	4.3
最不利(P)	15	8	5	5.7

解:计算过程见表 8-6。

表 8-6 方案净现值在各种状态下的计算结果 (单位:万元)

年销售收入	年支出								
	O			M			P		
	寿命								
	O	M	P	O	M	P	O	M	P
O	69.35	45.39	36.72	47.79	29.89	23.50	34.67	20.56	15.46
M	31.86	18.55	13.74	10.3	3.12	0.52	-2.82	-6.28	-7.53
P	13.12	5.31	2.24	-8.44	-10.30	-10.98	-21.56	-19.70	-19.00

在表 8-6 中,最大的 NPV 是 69.35 万元,即寿命、销售收入、年支出均处于最有利状态时,$NPV=(11-2)(P/A,8\%,18)-15=9\times9.273-15=69.35$(万元)。

在表 8-6 中,最小的 NPV 是-21.56 万元,即寿命在 O 状态,销售收入和年支出处在 P 状态时,$NPV=(5-5.7)(P/A,8\%,18)-15=-0.7\times9.273-15=-21.56$(万元)。

对于年销售收入和年支出的各种状态,寿命从 O 状态变化为 M 状态时,所引起的净现值的平均变化为 $NPV_n(O\to M)=9.75$ 万元;寿命从 M 状态变化为 P 状态时,引起净现值的平均变化为 $NPV_n(M\to P)=3.54$ 万元,寿命从 O 状态变化为 P 状态时,净现值的平均变化为 $NPV_n(O\to P)=6.64$ 万元。

对于寿命和年支出的各种状态,年销售收入从 O 状态变化为 M 状态时,所引起的净现值的平均变化为 $NPV_B(O\to M)=29.10$ 万元;年销售收入从 M 状态变为 P 状态时,所引起的净现值的平均变化为 $NPV_B(M\to P)=14.53$ 万元;年销售收入从 O 状态变化为 P 状态时,所引起的净现值的平均变化为 $NPV_B(O\to P)=21.81$ 万元。

对于寿命和年销售收入的各种状态,年支出从 O 状态变化为 M 状态时,所引起的净现值的平均变化为 $NPV_C(O\to P)=16.76$ 万元。年支出从 M 状态变化为 P 状态时,引起净现值的平均变化为 $NPV_C(M\to P)=10.18$ 万元;年支出从 O 状态变化为 P 状态时,净现值的平均变化为 $NPV_C(O\to P)=13.74$ 万元。

我们可以求出净现值平均变化的相对比值为

$$NPV_B(O \to M)/NPV_n(O \to M) = 29.10/9.75 = 2.99$$

$$NPV_B(M \to P)/NPV_n(M \to P) = 14.53/3.54 = 4.10$$

$$NPV_B(O \to P)/NPV_n(O \to P) = 21.81/6.64 = 3.28$$

$$NPV_B(O \to M)/NPV_C(O \to M) = 29.10/16.76 = 1.38$$

$$NPV_B(M \to P)/NPV_C(M \to P) = 14.53/10.18 = 1.43$$

$$NPV_B(O \to P)/NPV_C(O \to P) = 21.81/13.74 = 1.59$$

从这些相对比值,我们得到各因素的敏感程度依次为:

年销售收入→年支出→寿命

总之,通过敏感性分析,可以找出影响项目经济效益的关键因素,使项目评价人员将注意力集中于这些关键因素,必要时可对某些最敏感的关键因素重新预测和估算,并在此基础上重新进行经济评价,以减少投资的风险。

敏感性分析能够表明不确定因素对经济效益的影响,得到维持项目可行所能允许的不确定因素发生不利变动的幅度,从而预测项目承担的风险,分析指标具体,能与项目方案的经济评价指标紧密结合,分析方法容易掌握,便于决策,对于提高项目经济评价的可靠性具有重要意义。但是,敏感性分析也有一定的局限性,它不能明确表示某个因素变动对项目经济评价指标影响的可能性有多大,以及在这种可能性下对评价指标的影响程度如何。因此,根据评价项目的特点和实际需要,有条件时还应该进行概率分析。此外,在敏感性分析中,项目的不确定因素的变化幅度往往由分析人员主观确定,如果事先未作认真的调查研究,或收集的数据不全、不准,敏感性分析得出的结果很可能带有较大的片面性,甚至导致决策失误。因此,运用敏感性分析方法时,必须注意各种影响因素之间的相互关系,广泛开展调查研究,尽量使收集的数据客观、完整,这样才能克服预测中的主观片面性、为决策者提供可靠的依据。

第三节 风 险 分 析

建设项目风险分析是在市场预测、技术方案、工程方案、融资方案和社会评价论证中已进行的初步风险分析基础上,进一步综合分析识别拟建项目在建设和运营中潜在的主要风险因素,揭示风险来源,判别风险程度,提出规避风险对策,降低风险损失。

一、项目风险的概念与分类

(一)项目风险的概念

在自然界和社会中通常有两大类现象:一类是在一定条件下必然会发生的现象(或必定不发生的现象);另一类是无法事先确知结果的现象,被称为随机现象。我们把对随机现象进行的观察或试验称为随机试验。随机试验在相同条件下可以反复进行,而且每次试验的结果不能事先确定,称随机试验的每一个可能结果为一个随机事件。我们把随机事件与一个变量联系起来,一个变量在随机试验中可以取得不同的数值,这些数值在试验前无法确定,而对于一次具体的试验它的取值又是确定的,则称这样的变量为随机变量。

项目风险是指由于不确定性因素的存在导致项目实施后可能偏离预期财务和经济效益的

风险。项目风险的不确定性包含损失的不确定性和收益的不确定性。这里所指项目风险是损失的不确定性。

在理解项目风险的含义时,应该区分风险因素、风险事故、风险损失三个概念。风险因素是指能增加或者产生损失频率和损失幅度的条件,是事故发生的潜在原因,是造成损失的内在或者间接原因。例如,通货膨胀率、利率以及汇率变化等。风险事故是指造成损失的偶发事件,它是造成损失的直接原因,也是形成损失的媒介,即风险只有通过风险事故才可以造成损失。例如天气情况是风险因素,狂风暴雨则是风险事故,它直接造成工程建设的停工。而风险损失,主要是指可以用货币单位来度量的、由非计划事故造成的经济价值的损失。

项目风险因素、风险事故、风险损失三者之间的关系及形成如图8-8所示。

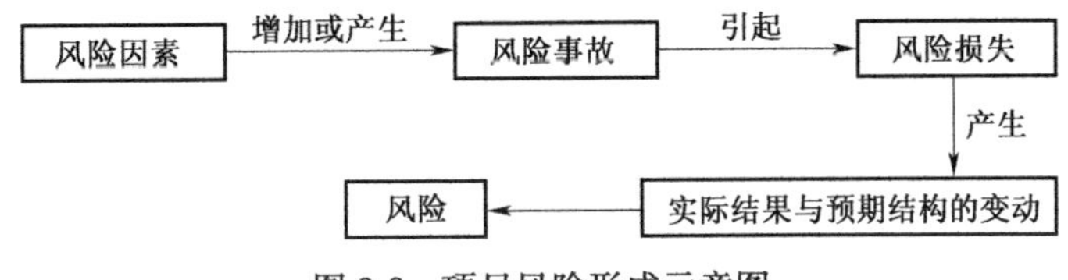

图8-8　项目风险形成示意图

(二)项目风险的分类

在可行性研究阶段,主要有以下几类风险:

(1)市场风险。市场风险一般来自三个方面:一是市场供需实际情况与预测值发生偏离;二是项目产品市场竞争力或者竞争对手情况发生重大变化;三是项目产品和主要原材料的实际价格与预测价格发生较大偏离。

(2)资源风险。资源风险主要指资源开发项目,如金属矿、非金属矿、石油、天然气等矿产资源的储量、品位、可采储量、工程量等与预测发生较大偏离,导致项目开采成本增加,产量降低或者开采期缩短。

(3)技术风险。项目采用技术(包括引进技术)的先进性、可靠性、适用性和可得性与预测方案发生重大变化,从而导致生产能力利用率降低,生产成本增加,产品质量达不到预期要求等。

(4)工程风险。工程地质条件、水文地质条件与预测发生重大变化,导致工程量增加、投资增加、工期拖长。

(5)资金风险。资金供应不足或者来源中断导致项目工期拖期甚至被迫终止;利率、汇率变化导致融资成本升高。

(6)政策风险。政策风险主要指国内外政治经济条件发生重大变化或者政府政策做出重大调整,项目原定目标难以实现甚至无法实现。

(7)外部协作条件风险。交通运输、供水、供电等主要外部协作配套条件发生重大变化,给项目建设和运营带来困难。

(8)社会风险。预测的社会条件、社会环境发生变化,给项目建设和运营带来损失。

(三)项目风险等级的划分

项目风险等级按风险因素对投资项目影响程度和风险发生的可能性大小进行划分,风险等级分为一般风险、较大风险、严重风险和灾难性风险。

(1)一般风险,是指风险发生的可能性不大,或者即使发生,造成的损失较小,一般不影响项目的可行性。

(2)较大风险,是指风险发生的可能性较大,或者发生后造成的损失较大,但造成的损失程度是项目可以承受的。

(3)严重风险,有两种情况:一是风险发生的可能性大,风险造成的损失大,使项目由可行变为不可行;二是风险发生后造成的损失严重,但是风险发生的概率很小,采取有效的防范措施,项目仍然可以正常实施。

(4)灾难性风险,是指风险发生的可能性很大,一旦发生将产生灾难性后果,项目无法承受。

二、项目风险分析

(一)项目风险分析的概念

项目风险分析是指风险管理主体通过风险识别、风险评价去认识项目的风险,并以此为基础,然后采用定性或定量的方法来估计各种风险因素发生的可能性及对项目的影响程度,揭示影响项目的关键风险因素,提出改进或优化设计方案的措施,达到规避、控制项目风险的过程。

(二)项目风险分析的步骤

按照国家有关规定,项目风险分析的步骤是指对项目风险进行管理的一个系统的、循环的工作流程,包括风险识别、风险估计、风险评价、风险应对四个方面内容。

(1)风险识别。风险识别是风险分析的基础,运用系统论的方法对项目进行全面考察综合分析,找出潜在的各种风险因素,并对各种风险进行比较、分类,确定各因素间的相关性与独立性,建立项目风险因素层次结构图,判断其发生的可能性及对项目的影响程度,按其重要性进行排队,或赋予权重。

(2)风险估计。风险估计又称风险测定、测试、衡量和估算等。风险估计是在风险识别之后,通过定量分析的方法测度风险发生的可能性及对项目的影响程度。根据主观概率、客观概率方法,确定风险因素基本单元的概率分布,针对风险因素基本单元发生的风险可能性及对项目的影响程度,运用概率论和数理统计分析的一些方法,如层次分析法、概率树、CIM 模型、蒙特卡罗模拟等分析法,计算项目效益指标相应的概率分布或者累计概率、期望值、标准差,确定主要风险因素或综合风险的概率分布。

(3)风险评价。风险评价是对项目经济风险进行综合分析,是依据风险对项目经济目标的影响程度进行项目风险分级排序的过程。它是在项目风险识别和估计的基础上,通过建立项目风险的系统评价模型,列出各种风险因素发生的概率及概率分布,确定可能导致的损失大小,从而找到该项目的关键风险,确定项目的整体风险水平,为如何处置这些风险提供科学依据。

(4)风险应对。根据风险评价结果,研究规避、控制和防范风险的措施,为项目全过程的风险管理提供依据。风险应对应该遵循全过程管理原则、针对性原则、风险处理成本最小原则、成本效益匹配原则、社会费用最小原则、风险权衡原则。

注意:风险分析可根据项目特点及评价要求区别不同情况对待。

例如:属于重大的建设项目,应该按照上面所述及的(1)~(4)的步骤进行风险分析;对一般建设项目,可直接在敏感性分析的基础上,确定各变量的变化区间及概率分布,采用概率树法计算项目净现值的期望值、净现值大于或等于零的累计概率,或采用蒙特卡罗模拟分析法计算效益指标的概率分布、期望值与标准差,并根据计算结果进行风险分析。

三、项目风险的概率分析

盈亏平衡分析和敏感性分析虽可对方案经济效益的不确定性进行初步的定量描述,但对因素不同值发生的可能性并未加以估计,即各个不确定性因素在未来发生某一幅度变动的概率是不相同的,因此方案经济效益的风险和不确定性还不能得到更符合实际的反映。为了弥补这种不足,可运用概率与数理统计理论来描述方案的风险和不确定性,这就提出了概率分析的要求。

概率分析是在多因素敏感性分析基础上发展起来的,又可以称之为风险分析,是运用概率与数理统计理论来描述方案的风险、研究和预测不确定性因素对项目经济评价指标影响的一种定量分析方法。概率分析的基本原理是:假设各因素是服从某种分布的相互独立的随机变量,因而方案经济效益作为因素的函数必然也是一个随机变量。在进行概率分析时,先对参数值作出概率估计,并以此为基础计算方案的经济效益,最后通过经济效果期望值、标准差、累计概率及离差系数就可反映出方案的风险和不确定程度。

(一)概率分析的经济效果描述

如上所述,概率分析是借助期望值、标准差及离差系数等指标来描述方案经济效益的风险和不确定性的。下面分别说明这几个指标的含义及其在风险和不确定性分析中的应用。

1. 经济效果期望值的计算

投资方案经济效果期望值是指在参数不确定的条件下,它在一定的概率分布下投资经济效果所能达到的平均水平。其一般表达式为

$$E(x)=\sum_{i=1}^{n}x_ip_i \tag{8-14}$$

式中　$E(x)$——变量的期望值;

x_i——变量 x 的第 i 值;

p_i——变量的概率。

例【8-8】　已知某方案的净现值及概率见表 8-7,试计算该方案净现值的期望值。

表 8-7　方案的净现值及概率

净现值(万元)	23.5	26.2	32.4	38.7	42	46.8
概率	0.1	0.2	0.3	0.2	0.1	0.1

解:

$$E(NPV)=23.5\times0.1+26.2\times0.2+32.4\times0.3+38.7\times0.2$$
$$+42\times0.1+46.8\times0.1=33.93(\text{万元})$$

即表明这一方案净现值概率平均值为 33.93 万元。但是实际获得的净现值往往会偏离期望值,并且偏离的程度可能不同。实际净现值与其期望值的平均偏离程度,可以用标准差来表示。

2. 标准差

标准差也称为标准离差,是反映随机变量实际值与其期望值之间离散程度的指标。标准差越大,表明随机变量与期望值之间的偏离度越大,因此风险也就越大。一般的表达式为

$$\sigma = \sqrt{\sum_{i=1}^{n} p_i [x_i - E(x)]^2} \tag{8-15}$$

例【8-9】 某企业有两个投资项目,生产两种可互相替代的新产品。经专家调查分析,根据市场情况不同,两项目净现值有以下几种可能性,见表 8-8,计算它们的标准差。

表 8-8 两项目的有关数据

市场情况	A 项目		B 项目	
	净现值	概率	净现值	概率
很好	800	0.2	1200	0.10
好	450	0.45	700	0.35
中等	200	0.15	200	0.30
差	-250	0.2	-330	0.25

解:第一步,计算项目净现值的期望值

$$E_A(\text{NPV}) = 800 \times 0.2 + 450 \times 0.45 + 200 \times 0.15 - 250 \times 0.2 = 342.5(\text{万元})$$

$$E_B(\text{NPV}) = 1\,200 \times 0.1 + 700 \times 0.35 + 200 \times 0.3 - 330 \times 0.25 = 342.5(\text{万元})$$

第二步,计算项目净现值的标准差

$$\sigma_A = \sqrt{(800 - 342.5)^2 \times 0.2 + (450 - 342.5)^2 \times 0.45 + (200 - 342.5)^2 \times 0.15 + (-250 - 342.5)^2 \times 0.2} = 346.9(\text{万元})$$

$$\sigma_B = \sqrt{(1\,200 - 342.5)^2 \times 0.1 + (700 - 342.5)^2 \times 0.35 + (200 - 342.5)^2 \times 0.3 + (-330 - 342.5)^2 \times 0.25} = 487.3(\text{万元})$$

B 项目的标准差大于 A 项目的标准差,说明 B 项目的随机变量相对期望值的平均偏离比 A 项目大,即 B 项目的风险大于 A 项目的风险。需要注意的是:由于标准差是一个绝对数指标,因此它只能用来比较两个期望值相等的项目的风险大小,对于期望值不相等的两个项目风险大小的比较,则要用离散系数,也称差异系数来比较。

3. 离散系数(即差异系数)

标准差虽然可以反映随机变量的离散程度,但却不能准确反映期望值不同的方案风险程度的差异。而离散系数则可以很好反映的。所谓离散系数是指标准差与期望值之比。

离散系数的计算公式

$$R = \frac{\sigma}{E} \tag{8-16}$$

式中 R——离散系数;

σ——标准差;

E——期望值。

例【8-10】 假设有 A、B 两个项目,其净现值分别为 500 万元和 200 万元,其标准差分别为 200 万元和 150 万元,那么是不是可以说,由于 A 项目的标准差大,它的风险就一定大于 B 项目呢?

解:由于标准差是一个绝对数指标,因此它只能用来比较两个期望值相等的项目的风险大小,对于期望值不相等的两个项目风险大小的比较,则要用离散系数比较。所以不能说 A 项

目的标准差大,它的风险就一定大于 B 项目。

计算两项目的离散系数得

$$R_A = \frac{\sigma}{E} = \frac{200}{500} = 0.4$$

$$R_B = \frac{\sigma}{E} = \frac{150}{200} = 0.75$$

虽然 A 项目的标准差大于 B 项目,但离散系数则表明 B 项目的实际净现值相对期望值的离散程度大于 A 项目,因而 B 项目的风险大于 A 项目。

注意:对于两个投资方案进行比较时,如果期望值相同,则用标准差来比较方案的风险,标准差小的风险较低;如果两个投资方案的期望值和标准差均不相同,则用离散系数来比较方案的风险,离散系数较小的风险低。

4. 累计概率

在不确定性和风险分析中,有时需要评价方案经济效益值发生在某一区间的可能性,这时就需要计算这个区间内所有可能取值的概率之和,即累计概率。

例【8-11】　某工程项目的面临的各种状态、各种状态发生的概率及在各种状态下的净现值见表 8-9。试求该项目亏损及盈利的可能性有多大。

表 8-9　某工程项目各种状态的概率及净现值

状态	概率	净现值(元)	累计概率
1	0.06	−112 046	0.06
2	0.06	−73 440	0.12
3	0.15	−38 020	0.27
4	0.1	−24 090	0.37
5	0.03	−5 520	0.4
6	0.04	19 880	0.44
7	0.1	53 120	0.54
8	0.04	116 400	0.58
9	0.25	123 960	0.83
10	0.05	188 960	0.88
11	0.1	204 950	0.98
12	0.02	286 200	1.00

解:(1)将计算的净现值累计概率结果列于表 8-9 中。

(2)从表 8-9 中可以看出,该项目净现值小于零的累计概率约为 40%,这就意味着项目亏损的可能性为 40%。同理,盈利的可能性为 60%。根据累计概率估计,净现值在 $0<NPV<150\,000$ 元区间的可能性略大于 40%,超过 150 000 元的可能性约为 15%左右。这些数字从另一角度反映了项目经济效益的不确定程度。

如果知道方案的现金流量以及经济效果指标的期望值、标准差、离散系数及概率分布类型,就可以对方案的风险情况有一个更清楚的了解。上述分析应用都是如此,但在实际投资评价中,往往会遇到缺少足够的信息来判断参数的概率分布,或者概率分布无法用典型分布来描述的情况。这时可采用蒙特卡罗模拟法来对方案进行风险分析。

(二)蒙特卡罗模拟法

1. 分析方法的基本思路

蒙特卡罗模拟技术也称为模拟抽样法或统计实验法,是一种以数量统计理论为指导的风险分析技术,它的实质是按一定的概率分布产生随机数的方法,来模拟可能出现的随机现象。由于,各自变量参数的状态概率值是通过大量的客观统计抽样得到的,所以又称为客观概率法。

在建设项目的经济评价中,评价指标 Z(可代表任意评价指标,如内部收益率、净现值、投资回收期等)是自变量 X_i($X_1, X_2, X_3, \cdots, X_i, \cdots, X_m$;可分别代表项目产品产量、产品销售价格、投资额、建设期、生产成本等)的多元函数。即

$$Z=f(X_1, X_2, X_3, \cdots, X_i, \cdots, X_m)$$

根据大量的统计资料,分别确定各个自变量参数的概率分布,并根据每一个自变量的概率分布情况,确定其所产生随机数的分布,在此基础上,分别随机取得各个自变量的一个样本值来计算一次目标函数值;这样,经过大量的模拟计算,便可以得到关于目标函数的大量的计算结果,并可以得到目标函数不同取值范围的概率分布,据此可以得到本项目目标函数的风险分析结果。

2. 案例分析

例【8-12】 某新产品投资建设项目,通过市场上大量同类产品的调查资料,得到该产品市场销售价格及生产成本统计概率见表 8-10、表 8-11,为了简化分析问题的复杂程度,本例题的目标函数(利润值),只考虑产品成本和售价两个自变量,试分析确定本项目产品的利润水平。

表 8-10 产品价格的统计概率数据表

价格(元/t)	概 率	累计概率
10.5	0.05	0.05
11.5	0.15	0.2
12.5	0.25	0.45
13.5	0.35	0.8
14.5	0.15	0.95
15.5	0.05	1.00

表 8-11 产品成本的统计概率数据表

成本(元/t)	概 率	累计概率
7.5	0.15	0.15
8.5	0.4	0.55
9.5	0.3	0.85
10.5	0.15	1.00

解:具体分析步骤如下:

(1)绘制各参数的概率分布图

依据上述统计数据,可绘制出该项目产品价格和成本的概率分布如图 8-9 和图 8-10 所示。

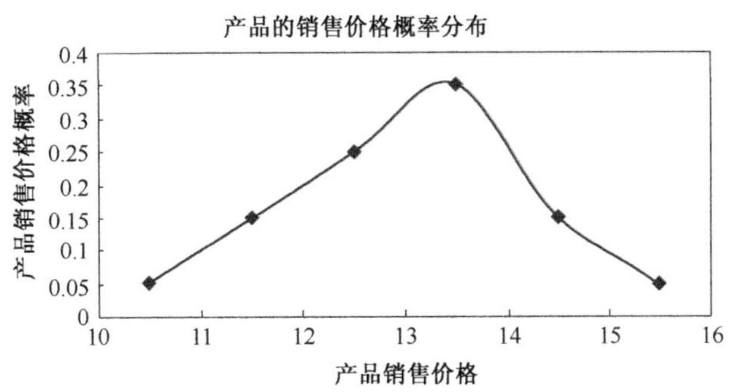

图 8-9　项目产品的销售价格概率分布图

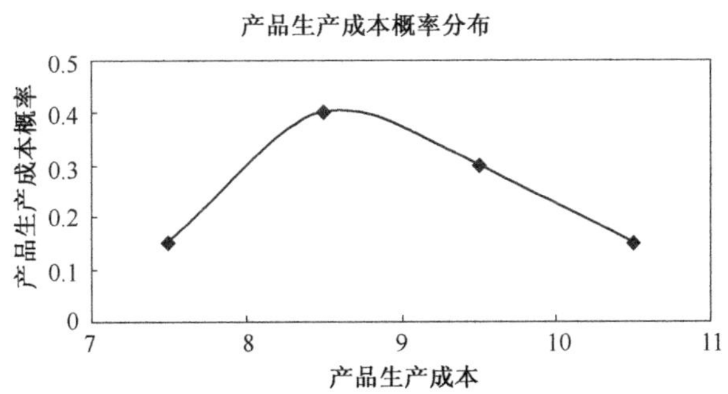

图 8-10　项目产品的生产成本概率分布图

(2)变量产生随机数

为了模拟计算的需要,使变量的连续分布离散化(采用中值法),并利用累计概率的方法产生随机数,具体各变量随机数分布情况如图 8-11 和图 8-12 所示。

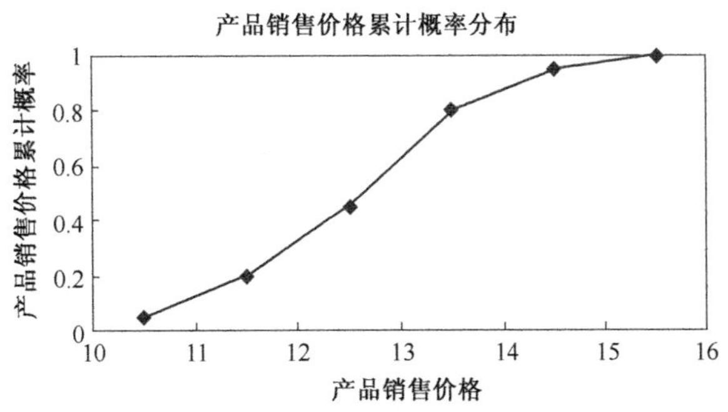

图 8-11　项目产品销售价格累计概率分布图

(3)目标函数的模拟计算

依据各个自变量累计概率分布图纵坐标上的间隔区间大小和分布所确定的随机数,分别进行自变量选取和目标函数值的模拟计算,20 次模拟计算结果见表 8-12。

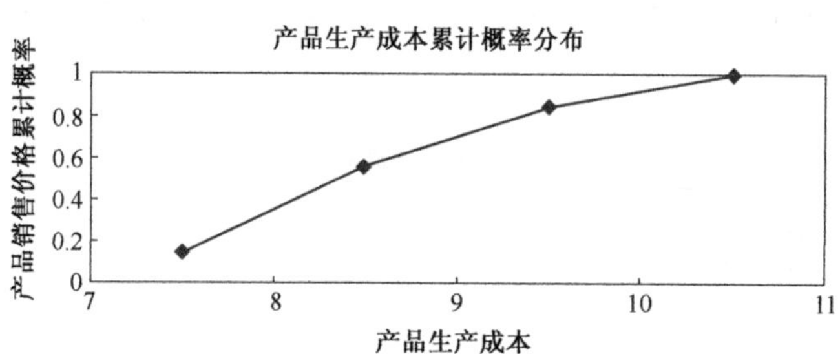

图 8-12　项目产品的生产成本累计概率分布图

表 8-12　目标函数模拟计算结果表

样本	随机数	价格	随机数	成本	利润
1	0.488	13.5	0.14	7.5	6.00
2	0.332	12.5	0.097	7.5	5.00
3	0.274	12.5	0.674	9.5	3.00
4	0.557	13.5	0.783	9.5	4.00
5	0.931	14.5	0.679	9.5	5.00
6	0.986	15.5	0.767	9.5	6.00
7	0.682	13.5	0.031	7.5	6.00
8	0.179	11.5	0.615	9.5	2.00
9	0.881	14.5	0.867	10.5	4.00
10	0.834	14.5	0.227	8.5	6.00
11	0.913	14.5	0.209	8.5	6.00
12	0.327	12.5	0.503	8.5	4.00
13	0.077	11.5	0.704	9.5	2.00
14	0.552	13.5	0.165	8.5	5.00
15	0.89	14.5	0.299	8.5	6.00
16	0.518	13.5	0.145	7.5	6.00
17	0.587	13.5	0.421	8.5	5.00
18	0.802	14.5	0.815	9.5	5.00
19	0.829	14.5	0.949	10.5	4.00
20	0.77	13.5	0.278	8.5	5.00

(4)目标函数的概率分布

依据上述目标函数的模拟计算结果,对其各盈利状态值进行概率统计分析,分析结果见表 8-13。

表 8-13　目标函数模拟计算概率统计数据分布表

利润(元/t)	样本数	统计概率
总　计	20	1

(5)不同模拟次数的结果比较

在上述模拟计算的基础上,增加模拟计算的次数,分别统计调查20个、40个、200个、1000个样本数据,并与实际结果进行比较,比较结果见表8-14。可以发现,随着模拟次数的增加,模拟结果与实际值的误差不断缩小,因此,采用本分析方法,要求模拟次数必须达到一定的规模,才能保证分析结果的准确性。

表8-14　不同模拟次数计算结果与实际结果对比表

利润	真实值	20个样本	40个样本	200个样本	1 000个样本
0	0.007 5	0	0	0	0.001
1	0.037 5	0	0.02	0.065	0.038
2	0.102 5	0.1	0.1	0.08	0.122
3	0.195	0.05	0.1	0.15	0.169
4	0.25	0.2	0.25	0.26	0.248
5	0.23	0.3	0.27	0.255	0.233
6	0.127 5	0.35	0.2	0.125	0.127
7	0.042 5	0	0.03	0.055	0.048
8	0.007 5	0	0.03	0.01	0.005
期望值	4.1	4.75	4.52	4.2	4.08

(三)贝叶斯分析法(主观概率分析法)

1. 基本原理与特点

贝叶斯定理的基本含义是:设$E_1,E_2,E_3,\cdots,E_i,\cdots,E_N$是$N$个各互不相容的完备事件系,并且设$B$为已知在$E_i$发生的条件下$B$发生的条件概率$P(B/E_i)$的事件,而且也知道$E_i$发生的概率$P(E_i)$,则在已知$B$发生的条件下,任何一时间$E_i$发生的条件概率$P(E_i/B)$可由以下公式计算

$$P(E_i/B)=\frac{P(B/E_i)\times P(E)}{\sum P(B/E)\times P(E)}\quad i=1,2,3,\cdots \tag{8-17}$$

由贝叶斯定理的基本含义可知,贝叶斯定理实际上就是新信息对先验概率的修订。如果我们假设$\{E_1,E_2,E_3,\cdots,E_i,\cdots,E_N\}$为项目预测可能发生的各种自然状态。如不同的产品销售价格、不同的收益水平等,$\{P(E_1),P(E_2),P(E_3),\cdots,P(E_i),\cdots,P(E_N)\}$为各个状态可能发生的概率,又称先验概率。时间$B$为实际调查工作所获得的新信息(如市场需求的增加、用户的增加、压缩投资等),$\{P(B/E_1),P(B/E_2),P(B/E_3),\cdots,P(B/E_i),\cdots,P(B/E_N)\}$为在各自然状态发生条件下,事件$B$(信息$B$)发生的概率。这样,当实际调查中$B$信息出现,就可以对原始估计概率进行修订,得到在事件B发生条件下,各种自然状态可能出现的修订后概率,即后验概率。

贝叶斯分析方法的特点:

(1)用后来得到的信息资料,修订原来的估计概率,使分析结果更加准确。

(2)可以进行序列采样,不断地分析下去,使分析结果越来越接近实际结果。

(3)通过后验预分析需要不断获得新信息,不论通过市场调查,或建小型试验厂开展工业性试验,或进行咨询等,都需要花费新的投资。这样就必须要权衡得失,有必要对信息本身的价值进行估算,确定是否开展新信息的调查咨询。

(4)序列采样的分析结果可以不断地提高分析结果的准确性,但在实际分析工作中,并非采样次数越多越好,要分析采样次数的经济合理性,确定序列采样进行到何种程度比较合理。

2. 案例分析

例【8-13】 某项目计划生产一种新产品,经济评价人员在进行决策之前,预测到本产品市场需求情况可能出现三种自然状态(Q),即市场需求情况好、市场需求情况中等、市场需求情况差。所估计到这三种情况发生的概率及相应的盈利情况见表8-15。为了提高决策的可靠性,可以花60万元投资,委托某经济研究所进行市场调查,虽然不知道这个调查结果的准确性,但可以根据该研究所以往调查的统计资料,这种调查结果与实际情况还有一定的差距,其概率分布见表8-16,问项目管理人员在取得这两项资料后,如何做出决策。

表8-15 项目产品市场状态及盈利水平数据

市场状态	概率 $P(Q)$	每年可获得盈利(百万元)
Q_1	0.25	+15
Q_2	0.30	+1
Q_3	0.45	-6

表8-16 经济研究所市场调查准确率统计概率

项目		实际结果(概率) $P(S/Q)$		
		Q_1(好)	Q_2(中等)	Q_3(差)
调查结果	S_1(好)	0.65	0.25	0.10
	S_2(中等)	0.25	0.45	0.15
	S_3(差)	0.10	0.30	0.75
合计		1	1	1

解:分析步骤如下:

(1)计算联合概率:$P(Q)\times P(S/Q)$,计算结果见表8-17。

表8-17 各状态联合概率计算结果

项目	Q_1(好)	Q_2(中等)	Q_3(差)	调查结果的边际概率 $P(S)$
S_1(好)	0.162 5	0.075 0	0.045 0	0.282 5
S_2(中等)	0.062 5	0.135 0	0.067 5	0.265 0
S_3(差)	0.025 0	0.092 0	0.337 5	0.455

(2)根据上述原理,计算各状态的后验概率:$P(Q/S)$,计算结果见表8-18。

表 8-18　各状态后验概率计算结果

项目	条件概率 $P(Q/S)$			合计
	Q_1(好)	Q_2(中等)	Q_3(差)	
S_1(好)	0.575	0.266	0.159	1
S_2(中等)	0.236	0.509	0.255	1
S_3(差)	0.055	0.199	0.746	1

(3)计算各状态的盈利期望值:$R \cdot P(Q/S)$,具体计算结果见表 8-19。

表 8-19　各状态盈利期望值计算　(单位:百万元)

项目	Q_1(好)	Q_2(中等)	Q_3(差)	合计
	15	1	-6	
S_1(好)	8.625	0.266	-0.954	7.937
S_2(中等)	3.540	0.509	-1.530	2.519
S_3(差)	0.825	0.199	-4.476	-3.452

3. 依据计算结果进行决策

1)是否需要委托调查

不调查时的期望值:1 500×0.25+100×0.30+(-600)×0.45=135(万元)

调查时的期望值:793.7+251.9-345.2-60=640.4(万元)

由以上计算结果可知,应委托该研究所开展市场需求情况的调查工作。

2)是否投资建设该新产品项目

根据以上分析计算结果可以看出,当该研究所调查的结果为市场需求好或中等时,其期望盈利值均大于0,只有当市场需求情况为差时,其期望盈利值才小于0。故本项目可做出如下决策:当研究所的市场调查结果为好或中等时,就决策投资高新产品项目;如果调查结果为市场需求情况为差时,则不投资该新产品项目。

在下述情况下,可不必进行概率分析:

(1)该项目或方案具有很高的净现值或收益率,所以期望值很可能大大高于临界值的水平,而相对于互斥方案来说,即是采用保守的净现值,该项目仍然明显地比较优越;

(2)如果其中一个或两个变动因素已经具有决定意义,那么简单的敏感性测试就可以为风险的判断提供良好的依据;

(3)在某一项目中,已经显然需要做出更改以规避风险或者防止其他危害。

四、风险防范对策

风险分析的目的是研究如何降低风险程度或者规避风险,减少风险损失。在预测主要风险因素及其风险程度后,应根据不同风险因素提出相应的规避和防范对策,以期减小可能的损失。项目风险防范对策主要有以下几种。

(一)风险回避

风险回避是彻底规避风险的一种做法,即断绝风险的来源。它对投资项目可行性研究而言,意味着可能彻底改变方案甚至否定项目建设。例如,风险分析显示产品市场存在严重风险,若采取回避风险的对策,应做出缓建或者放弃项目的建议。需要指出是:回避风险对策在某种程度上意味着丧失项目可能获利的机会,因此只有当风险因素可能造成的损失相当严重或者采取措施防范风险的代价过于昂贵、得不偿失的情况下,才应采用风险回避对策。

(二)风险控制

风险控制是对可控制的风险,提出降低风险发生可能性和减少风险损失程度的措施,并从技术和经济相结合的角度论证拟采取控制风险措施的可行性与合理性。

风险控制是一种主动、积极的风险对策。风险控制可分为预防损失和减少损失两方面的工作。预防损失措施的主要作用在于降低或消除(通常只能做到减少)损失发生的概率,而减少损失措施的作用在于降低损失的严重性或遏制损失的进一步发展,使损失最小化。一般来说,损失控制方案都应当是预防损失措施和减少损失措施的有机结合。在采用风险控制这一风险对策时,所制定的风险控制措施应当形成一个周密的、完整的损失控制计划系统。该计划系统一般应由预防计划(有文献称为安全计划)、灾难计划和应急计划三部分组成。

(三)风险转移

风险转移是指通过契约,将让渡人的风险转移给受让人承担的行为。通过风险转移过程有时可大大降低经济主体的风险程度,因为风险转移可使更多的人共同承担风险,或者受让人预测和控制损失的能力比风险让渡人大得多。风险转移可分为非保险转移和保险转移两种。

1. 非保险转移

非保险转移包括签订工程承发包合同和工程担保合同转移风险。例如,在建设工程发包阶段,业主可以与设计、采购、施工联合体签订交钥匙工程合同,并在合同中规定相应的违约条款,从而将一部分风险转移给了设计、采购和施工承包商。另外,在工程建设过程中,也可以签订工程保证担保合同将信用风险转移。建设工程保证担保的基本品种有:

(1)工程承包保证担保品种,其中含有投标保证担保、履约保证担保、承包商付款保证担保、保修担保、预付款保证担保、分包担保、劳动者工资担保、保留金担保。

(2)业主责任保证担保品种,即业主支付保证担保。

2. 保险转移

通过购买保险,项目业主或承包商作为投保人将本应由自己承担的项目风险(包括第三方责任)转移给保险公司,从而使自己免受风险损失。购买保险这种风险转移形式之所以能得到越来越广泛的运用,原因在于其符合风险分担的基本原则,保险人较投保人更适宜承担项目有关的风险。对于投保人来说,某些风险的不确定性很大,但是对于保险人来说,这种风险的发生则趋近于客观概率,不确定性降低,即风险降低。凡是属于保险公司可保的险种,都可以通过投保把风险全部或部分地转移给保险公司。

(四)风险自留

风险自留是将可能的风险损失留给拟建项目自己承担。这种方式适用于已知有风险存在,但可获高利回报且甘愿冒险的项目,或者风险损失较小,可以自行承担风险损失的项目。风险自留包括无计划自留和有计划自我保险。

(1)无计划自留,是指风险损失发生后从收入中支付,即不是在损失前做出资金安排。当经济主体没有意识到风险并认为损失不会发生时,或将意识到的与风险有关的最大可能损失显著低估时,就会采用无计划保留方式承担风险。一般来说,无资金保留应当谨慎使用,因为如果实际总损失远远大于预计损失，将引起资金周转困难。

(2)有计划自我保险，是指可能的损失发生前，通过做出各种资金安排以确保损失出现后能及时获得资金以补偿损失。有计划自我保险主要是通过建立风险预留基金的方式来实现。

第四节　风险决策和不确定决策

决策分析是决策者根据各种信息资料，对决策对象进行研究分析，提出不同的策略方案，然后根据某一原理或准则，从所提出的方案中择优决策。一般来说，决策问题可分为确定型，风险型和不确定型三种。若只有一种自然状态或者能够准确地预测未来的状态时，这就是确定型决策问题，对这类决策，可运用以前各章的方法进行计算和决策。若是不知道未来会出现什么自然状态，但知道各种状态出现的概率时，决策者采取什么策略方案都要承担一定的风险，这种决策叫作风险型决策。若是既不知道未来出现何种自然状态，又无法统计各种自然状态出现的概率的决策，称作不确定型决策问题。

一、风险决策

(一)风险决策的条件

(1)存在着决策人希望达到的目标(如利润最大或损失最小)；

(2)存在着两个或两个以上可供决策者选择的行动方案；

(3)存在着两个或两个以上不以决策者的主观意志为转移的自然状态；

(4)可以计算出不同方案在不同自然状态下的损益值(即经济效果指标)；

(5)各种自然状态出现的概率可以预测或估计。

(二)风险决策的准则

风险决策问题一般的决策人可有四种决策准则：满意度准则、最大可能准则、期望值准则、最小标准方差准则。

1. 满意度准则

在实际工作中由于决策人所处的环境和当时当地的条件，既不能找到一切方案，也不能比较一切方案，并非人们不喜欢“最优”，而是由于不可能或没有必要花费力气去找最优，因此最优准则，只存在于纯粹的逻辑推理中。在实践中只能遵循满意度准则，就可以进行决策。

满意度准则又称最适化准则。在执行中大多数决策者把目标规定在满意的标准上，再选择能达到这一目标的最大概率方案，据以选择相对最优方案。所以，满意度准则是决策人想要达到的收益水平，也是决策人想要避免损失的水平。

例【8-14】　某企业拟开发一种新产品取代将要滞销的老产品，新产品的性能优于老产品，但生产成本要比老产品高，投入市场可能面临四种前景：(1)很受欢迎，即畅销，我们称为状态1，记作(θ_1)；(2)销路一般，即能以适当的价格销售出去(θ_2)；(3)销路不太好(θ_3)；(4)滞销(θ_4)。通过周密的市场研究，销售部门作出判断：状态1出现的概率$P(\theta_1)=0.3$；状态2出现的概率$P(\theta_2)=0.4$；状态3出现的概率$P(\theta_3)=0.2$；状态4出现的概率$P(\theta_4)=0.1$。技术部门提出了三种方案：A_1立即停止老产品的生产，改造原生产线生产新产品，这一方案投资比较少但有停产损失，而且生产规模有限；A_2改造原生产线生产新产品，并把部分零部件委托其他厂生产，以扩大生产规模；A_3暂时维持老产品生产，新建一条高效率的生产线生产新产品,这一方案投资比较大。这三个方案在不同的状态下具有不同的经济效果,在一定计算期内,各方案在不同状态下的净现值见表8-20。

表8-20 各方案在不同状态下的净现值 (单位:万元)

状态 / 净现值 / 方案	θ_1	θ_2	θ_3	θ_4
	$P(\theta_1)=0.3$	$P(\theta_2)=0.4$	$P(\theta_3)=0.2$	$P(\theta_4)=0.1$
A_1	140	100	10	-80
A_2	210	150	50	-200
A_3	240	180	-50	-500

假定满意目标是净现值不小于30万元,试问应该选择哪个方案?

解:因为满意目标是净现值不小于30万元则各方案达到此目标的概率分别为:

$A_1: P(\text{NPV} \geqslant 30) = P(\theta_1) + P(\theta_2) = 0.7$

$A_2: P(\text{NPV} \geqslant 30) = P(\theta_1) + P(\theta_2) + P(\theta_3) = 0.9$

$A_3: P(\text{NPV} \geqslant 30) = P(\theta_1) + P(\theta_2) = 0.7$

方案A_2达到满意目标的可能性最大,故按满意度准则应选择方案A_2。

2. 最大可能准则

在风险决策中,如果一种状态发生的概率显著大于其他状态,那么,就把这种状态视作肯定状态,根据这种状态下各方案损益值的大小进行决策,而置其余状态于不顾,这就是最大可能准则。按照最大可能准则进行风险决策实际上是把风险决策问题化为确定性决策问题求解。

值得指出的是,只有当某一状态发生的概率大大高于其他状态发生的概率,并且各方案在不同状态下的损益值差别不很悬殊时,最大可能原则才是适用的。在例【8-14】中,状态θ_2发生的概率最大,如果按最大可能准则进行决策,应选择在θ_2下净现值最大的方案A_3,但是,必须注意到,θ_2发生的概率为0.4,与其他状态发生的概率差别不大,所以在例【8-14】中用最大可能准则是不太合适的。

3. 期望值准则

通过比较各个投资方案的成本、效益期望值的多少来确定最优方案的方法,称为期望值准则。选择收益期望值最大或费用期望值最小的方案。

例【8-15】 以例【8-14】的数据,试按期望值准则进行决策。

$$E(A_1) = 140 \times 0.3 + 100 \times 0.4 + 10 \times 0.2 - 80 \times 0.1 = 76(\text{万元})$$

$$E(A_2) = 210 \times 0.3 + 150 \times 0.4 + 50 \times 0.2 - 200 \times 0.1 = 113(\text{万元})$$

$$E(A_3) = 240 \times 0.3 + 180 \times 0.4 - 50 \times 0.2 - 500 \times 0.1 = 84(\text{万元})$$

按照期望值准则,应当选方案A_2。

4. 最小标准差准则

标准差大小反映了方案损益值偏离其期望值的程度,也就反映了方案风险的大小,因此,有时人们选择损益值方差较小的方案,此为最小标准差原则。

分别根据期望值原则和最小标准差准则选择可能导致结果不一致,目前对此问题还无有效方法进行协调统一。具体选择哪一原则来进行决策取决于决策者本人的性格与素质,以及投资主体对风险的承受能力。一般而言,风险承受能力较强的投资者以及喜欢冒险者倾向于按期望值原则进行决策,而风险承受能力较弱的投资者或性格保守者倾向于按最小标准差原则进行决策。

(三)决策树法在风险分析中的应用

决策树法是把方案的一系列因素按它们相互关系用树木分枝原理表示出来,再按一定程序实行优选和决策。在选优和决策的过程中把可能遇到的不同方案的现金流量和损益估计出来,以便分析比较直至做出最佳决策。决策树法可以把多种未来可能出现的状态,可能采取的行动方案和可能产生的结果用期望值表现出来;所以便于分析比较,决策者分清主次,把复杂的问题系统化,从而把注意力集中到研究重要问题上,决策者思路明晰,利于做出科学的决策。

决策树法是采用由不同的节点和枝构成的图形,来描述决策过程的一种决策方案。在决策树图形中的方形节点叫作"决策点";从方形节点引出的线叫"方案枝",根据每一方案枝的期望值,选其最优点进行决策;圆形节点叫作"自然状态点",代表一个事件;从圆形节点引出的线叫"概率枝",代表自然状态及其概率;在概率枝末端的三角形节点叫"结果点",代表该自然状态下的损益值。决策树形状如图8-13所示。

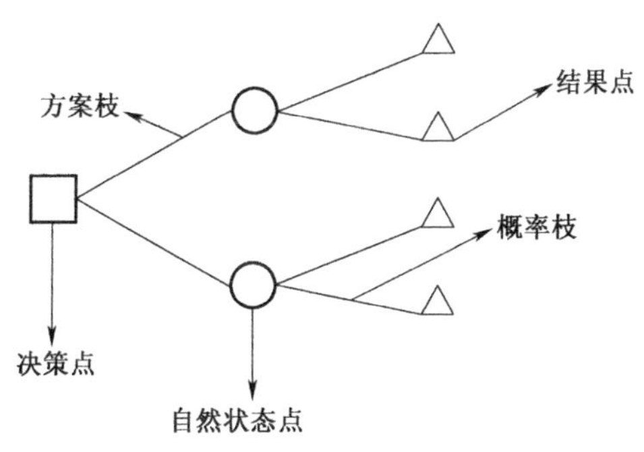

图 8-13　决策树形状图

决策树法的优点有:

①使决策者便于有次序,有步骤、直观又周密地考虑各种因素完成决策过程;

②便于集体讨论,集体决策;

③能便捷地进行复杂的多级决策。

下面举例说明其用法

例【8-16】　某工厂拟新增一条生产线,现在有两种方案,一是引进成套设备,二是采用自制设备。原料来源有两种可能,一是使用进口原料,二是使用国产原料。原料来源的概率及不同方案下不同状态的损益值见表8-21。

表 8-21　损益值表　　(单位:万元)

状态 方案	进口原料 θ_1	国产原料 θ_2
	$P(\theta_1)=0.35$	$P(\theta_2)=0.65$
引进设备	350	-120
自制设备	100	40

解:(1)绘制决策树如图8-14所示。

(2)计算各点的损益期望值。

从树的末端往回算,算出每个自然状态结点的期望值。

状态点 1:$E(\theta_1) = 350 \times 0.35 + (-120) \times 0.65 = 44.5$(万元)

状态点 2:$E(\theta_2) = 100 \times 0.35 + 40 \times 0.65 = 61$(万元)

(3)比较选优。

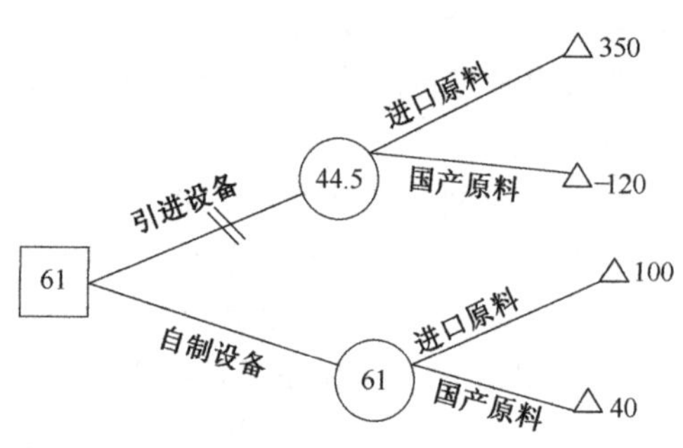

图 8-14 决策树示意图

比较两决策枝的损益值,求其最大值 61 万元,即选自制设备这一方案。这里的 61 万元是损益值的期望值,而不是实际值。实际上,如果选自制设备为最优方案,其可能收益为 100 万元或 40 万元。

根据以上的例子,可以看出用决策树法进行方案风险分析评价时的步骤如下:

①根据已经掌握的决策方案信息画出决策树。从左向右画,先画出决策点,再画出决策点引出的方案分枝,分支数与方案数相等。方案分枝的端点是方案状态点,接着画出由方案状态点引出的自然状态分枝(或者叫概率枝),其分枝数与自然状态数相等。在每个状态枝上标出状态的概率,其末梢为结果点,并标出损益值。

②计算各方案的期望损益值。

③根据期望损益值进行方案选择。

二、不确定性决策

如果一个项目具有多个备选方案,每个方案有多个可能结果为已知,但各种自然状态的概率是未知的,这种情况为不确定决策问题。表 8-22 为不确定问题的模型。

表 8-22 不确定问题的模型

损益值 / 方案	自然状态 θ_i			
	θ_1	θ_2	θ_3	θ_4
A_1	3	−1	1	1
A_2	4	0	−4	6
A_3	5	−2	0	2

由于决策人不同,分析问题的思路和所处的环境不同,评价策略方案所用的准则也不一样。所以,对同一个问题,可能有不同的选择结果,就是这类问题的特点。

不确定型决策问题评价策略方案所用的准则有:最大最小准则与最小最大准则,最大最大与最小最小准则,赫威茨准则,等可能准则,后悔值准则。现分述如下:

(一)最大最小准则与最小最大准则

最大最小准则亦称小中取大法;最小最大准则亦称大中取小法。对收益(利润)来说,先求每个方案在自然状态下的最小收益值,再求各最小收益中的最大值,故称最小最大准则。对费用(成本)来说,先求每个方案在各种自然状态下的最大费用值,再求各最大费用值中的最小值。故称最大最小准则。这种准则的思想是,对客观情况总是抱悲观态度,万事总觉得不如意,为保险起见,总是把事情结果估计得很不利,想在各种最坏情况下找个好一点的策略方案。

例【8-17】　假定表 8-22 中所列各值为收益,试决定哪个方案最有利?

三个备选方案 A_1、A_2、A_3在四个自然状态下的最小收益分别为-1,-4,-2,三个最小收益中的最大值为-1。故方案 A_1最为有利。

这个准则是稳扎稳打思想的反映,本例中决策人至少可以获得收益值-1,使用这个准则,所冒风险较小,为一般人所乐于接受的准则之一。最大最小准则与最小最大准则的区别在于,最大最小准则以收益(利润)为准,最小最大准则以费用(成本)为准。

(二)最大最大与最小最小准则

对收益来说,先求每个方案在各种自然状态下的最大收入值,再求各最大收入值中的最大值;对费用来说,先求每个方案在各种自然状态下的最小值,再求各最小费用值中的最小值。这种准则的思想基础是对客观情况总是抱有乐观和冒险的态度,总想在最有利的条件下获得最大的收益。这就是最大最大准则,也称乐观准则。

例【8-18】　如果表 8-22 中各值为收益,试用最大最大准则决定哪个方案最有利?

各备选方案在各种自然状态下的最大收益分别为:3,6,5,其最大值为 6,故方案 A_2最为有利。采用这个准则是想在最有利的条件下获得最大收益,为此,有时必须甘冒较大的风险。

(三)赫威茨准则(Hurwice)

赫威茨准则的基本思想是指决策者既不持完全保守的态度,也不持完全冒险的态度,而是持两者之间折中的态度,也就是说把决策者的目标放在最小最大准则的过分悲观和最大最大准则的过分乐观之间,而提出的一种准则,使用这种准则可以反映悲观和乐观各种不同水平。

赫威茨准则规定一个从零至 1 的乐观指数。$d=0$ 表示毫不乐观,即极端悲观。相反,$d=1$ 表示极端乐观。然后,为每一备选方案按下式计算 G 值:

$$G = d \times (\text{最有利的结果}) + (1-d)(\text{最不利的结果}) \tag{8-18}$$

把 G 作为判别值或称为加权平均值。若求各备选方案收益时,取 G 值最大的备选方案;若求各备选方案的费用时,取 G 值最小的策略方案。

例【8-19】　对表 8-22 中的决策问题,假定各值为收益,用赫威茨准则决策,乐观指标 $d=0.75$。

各备选方案用赫威茨判别计算结果分别为:

方案 A_1: $G = 0.75 \times 3 + 0.25 \times (-1) = 2.0$

方案 A_2: $G = 0.75 \times 6 + 0.25 \times (-4) = 3.5$

方案 A_3: $G = 0.75 \times 6 + 0.25 \times (-2) = 3.25$

显然方案 A_2的值最高,根据赫威茨准则,应选 A_2方案。

(四)等可能准则

在决策过程中决策人不能肯定哪种状态容易出现,哪种状态不易出现,只好“一视同仁”。认为各种自然状态出现的概率是相等的。如果有 n 个自然状态,每个自然状态的概率为 $1/n$,然后按风险型决策问题的期望值准则进行决策。这个准则是法国数学家拉普拉斯首先提出的,所以也叫拉普拉斯准则。

例【8-20】　表 8-22 中各值为收益,用等可能准则决定最有利的方案。

$$E(A_1) = 3 \times \frac{1}{4} - 1 \times \frac{1}{4} + 1 \times \frac{1}{4} + 1 \times \frac{1}{4} = 1.00$$

$$E(A_2)=4\times\frac{1}{4}+0\times\frac{1}{4}-4\times\frac{1}{4}+6\times\frac{1}{4}=1.50$$

$$E(A_3)=5\times\frac{1}{4}-2\times\frac{1}{4}+0\times\frac{1}{4}+2\times\frac{1}{4}=1.25$$

显然备选方案A_2最有利。

实际上，由于各自然状态的概率相同，故可直接比较各方案在所有自然状态下损益值的总和即可。如

方案$A_1=3-1+1+1=4$

方案$A_2=4+0-4+6=6$

方案$A_3=5-2+0+2=5$

这样也应该选择方案A_2。

（五）后悔值准则（Savage）

决策人在决策之后，若情况未能符合理想，必然产生后悔的感觉；这个准则的出发点是将每种自然状态的最高值（指收益，若为费用应取最低值）定为该状态的理想目标，并将该状态中的其他值与最高值相减，所得之差称为未达到理想的后悔值。用这种观点来处理问题，其后悔值的算法是，在收益矩阵中对应于某一自然状态，在该状态下从各策略方案收益中的最大值中减去某一方案的收益值之差，即为该方案的后悔值。因此，后悔值小的方案才是好的方案。

例【8-21】 对表8-22中的问题，用后悔值准则决策，假设表8-22中数值为收益。

解：计算结果列于表8-23中。

表8-23 计算结果

方案	自然状态				后悔值
	θ_1	θ_2	θ_3	θ_4	
A_1	2（=5−3）	1	0	5	5
A_2	1（=5−4）	0	5	0	5
A_3	0（=5−5）	2	1	4	4（最小）

由表8-23可以看出，方案A_1和A_2的后悔值均大于方案A_3的后悔值。故应选方案A_3。

在不确定条件下决策，关键在于选用哪一种准则，事实上，在不确定条件下的决策准则反映了不同程度的乐观和悲观态度，应根据决策者的处境和态度来选择。

思考题与习题

1. 简述项目不确定性分析的概念与产生的原因。
2. 简述盈亏平衡分析的概念。
3. 线性盈亏平衡分析的前提条件是什么？
4. 敏感性分析的概念和目的是什么？如何进行敏感性分析？
5. 什么是项目风险分析？分析的步骤是什么？
6. 如何进行概率分析？
7. 风险防范的对策有哪些？进行风险决策的原则是什么？

8. 怎样用决策树法对方案进行风险决策分析？

9. 新建一化工厂，如果设计生产能力为年产 5 000 t，预计每吨售价 8 000 元，总固定成本为 1 000 万元，单位产品可变成本为 4 000 元。试通过盈亏平衡分析，对该方案作出评价，并画出盈亏平衡图。

10. 假定某公司计划修建一个商品混凝土搅拌站。估计寿命期为 15 年，计划年初一次性投资 200 万元，第 2 年年初投产，每天生产混凝土 100 m^3，每年可利用 250 天时间，混凝土售价估计为 40 元/m^3，混凝土的固定成本为 30 元/m^3，混凝土变动费用估计为 10 元/m^3。估计到期时设备残值为 20 万元，基准贴现率为 15%，试就售价、投资额、混凝土方量三个影响因素对投资方案进行敏感分析。

11. 某投资项目有两个方案，一个是建大厂，另一个建小厂。建大厂需投资 300 万元，建小厂需投资 160 万元，使用年限为 10 年，估计在此期间产品销路好的概率是 0. 7，销路差的概率是 0. 3，$i=10\%$，两方案年净收益见表 8-24。

表 8-24　不同方案的净收益表

自然状态	概率	大厂方案	小厂方案
销路好	0. 7	100 万元	40 万元
销路不好	0. 3	−20 万元	10 万元

按前三年和后七年两期考虑。若建小厂，投入生产三年后产品销路好，则增加投资 160 万元再服务七年，每年净收益与建大厂方案相同，估计后七年产品销路好的概率为 0. 9，销路差的概率为 0. 1。如果前三年销路不好，后七年的销路也不会好。试用决策树法分析、决策。

12. 某方案需要投资 25 000 万元，预期寿命为 5 年，残值为 0，每年净现金流量为随机变量，其可能发生的状态及变量值见表 8-25。

表 8-25　不同状态对应的净现金流量　（单位：万元）

状态	年净现金流量
$\theta_1=30\%$	5 000
$\theta_2=50\%$	10 000
$\theta_3=20\%$	120 000

若利率为 12%，试计算项目净现值的期望值与标准差。

第九章　工程项目的财务评价

第一节　财务评价概述

一、财务评价的概念

财务评价就是根据国家现行的财税制度和价格体系,分析计算项目直接发生的财务效益和费用,编制财务报表,计算评价指标,考察项目的盈利能力、清偿能力及外汇效果等财务状况,据以判断项目财务上是否可行的一种经济评价方法。

财务评价是在对市场、环境、技术方案等的充分调查研究的基础上,根据搜集到的各种统计资料和类似企业实际情况,对有关财务分析的基础数据进行较为准确的预测。在此基础上,通过各种财务报表,使用各种财务分析的手段和方法,计算出投资项目财务分析的各项评价指标,对企业或项目的财务状况做出评价,来判别拟建项目的财务可行性。

二、财务评价的作用

财务评价能从微观角度考查项目是否具有可持续性,即市场生存能力,是融资和进行项目后评价的重要参数依据。因此,财务评价在项目评估中占有十分重要的地位,其评估结论是决定项目取舍的基本依据。

具体作用主要表现在四个方面:

(一)考察项目的盈利能力、贷款清偿能力和抗风险能力

项目的财务盈利水平如何,能否达到国家规定的基准收益率,项目投资的主体能否取得预期的投资效益,项目的清偿能力如何,是否低于国家规定的投资回收期,项目债权人权益是否有保障等。

(二)为项目选择适宜的筹资方案

确定项目实施所需资金的数额,安排恰当的用款计划及选择适宜的筹资方案,项目资金的提供者再据此安排各自的出资计划,以保证项目所需资金能及时到位。

(三)权衡国家或地方、协调企业利益和国家利益

有些投资项目是关系国计民生的,但财务评价结果不可行。为了使这些项目具有财务生存能力,国家需要用经济手段予以调节。财务分析可以通过考察有关经济参数(如价格、税收、利率等)变动对分析结果的影响,寻找经济调节的方式和幅度,使企业利益和国家利益趋于一致,如对于公用事业等非盈利性项目(水工程项目等)或微利项目给予的财政补贴或减免税等经济优惠措施。

(四)为中外合资项目提供双方合作的基础

对中外合资项目的外方合营者而言,财务评价是做出项目决策的唯一依据。项目的财务可行性是中外双方合作的基础。中方合营者视审批机关的要求,需要时还要进行国民经济评价。

三、财务评价的原则

项目的财务评价必须保证评价的客观性、科学性、公正性，通过以下原则进行财务分析与评价。

(一)坚持效益与费用计算口径一致的原则

要正确对项目财务评价进行分析，需遵循效益与费用计算口径一致的原则。若只计算项目的内部效果，即项目本身的内部效益和内部费用，不考虑因项目存在而产生的外部效益和外部费用，避免因人为的扩大效益和费用的计算范围，使得效益和费用缺乏可比的基础，造成财务效益评估失误。

(二)坚持动态分析为主、静态分析为辅的原则

静态分析是一种不考虑资金时间价值和项目寿命期，只根据某一年或某几年的财务数据判断项目的盈利能力和清偿能力的方法。它具有计算简便、指标直观、容易理解掌握等优点。但也存在计算不够准确，不能正确全面地反映拟建项目财务可行性等缺点。而动态分析方法则可以弥补静态分析方法的不足。它强调考虑资金时间价值因素对投资效果的影响，根据项目整个寿命期各年的现金流入和现金流出情况判断项目的财务效益。尽管动态分析的计算过程复杂，但计算出的指标能够较为准确地反映拟建项目的财务效益，因此，在财务效益评估中，应坚持以动态分析为主、静态分析为辅的原则。由国家计委和建设部发布实施的《建设项目经济评价方法与参数》都采用了动态分析和静态分析相结合，以动态分析为主的原则制定出一整套比较完整、适用广泛、切实可行的经济评价方法与参数体系。

(三)费用与效益识别的“有无对比”原则

“有无对比”是国际上项目评价中通用的费用与效益识别的基本原则，所谓“有”，是指实施项目后的将来状况。“无”，是指不实施项目时的将来状况。在识别项目的效益和费用时，必须注意只有“有无对比”差额部分才是由于项目的建设增加的效益和费用，即增量效益和费用。采用有无对比的方法，就是为了识别那些真正应该算做项目效益的部分，即增量效益，排除那些由于其他原因产生的效益；同时，也要找出与增量效益相对应的费用，只有这样才能真正体现项目投资的净效益。

“有无对比”法直接适用于依托老厂进行的改扩建与技术改造项目、停缓建后又恢复建设项目的增量效益分析。对于从无到有进行建设的新项目，也同样适用该原则，只是通常认为无项目与现状相同，其效益与费用均为零。

(四)坚持定量分析为主、定性分析为辅的原则

投资项目经济评价的本质要求是对项目建设和生产经营过程中的诸多经济因素，通过效益和费用计算，给出明确的数量概念。即对项目进行财务效益评估时，要以数据说话，做到评之有据。这就要求采用定量分析的方法对项目的财务效益进行评估。但是，一个复杂项目，总会有一些很难甚至不能数量化的经济因素，因而无法直接进行定量分析。对此，则应进行实事求是的、准确的定性分析，并与定量分析结合在一起进行评价。

(五)坚持采用预测价格的原则

由于项目计算期(包括建设期和运营期)一般较长，受市场供求变化等因素的影响，投入物与产出物的价格在项目计算期内肯定会发生某些变化，若仅以现行价格为衡量项目投入物和产出物的价值尺度，显然是不科学的。因此；在财务评价中，应以现行市场价格为基础预测

项目生产期的价格,有要求时可考虑价格的变动因素,计算项目的效益和费用,据以对拟建项目的财务可行性做出客观的评价。

四、财务评价的内容与基本步骤

(一)财务评价的内容

项目的财务评价的具体内容,是从企业的角度计算项目发生的收益与费用,考察项目的盈利能力、清偿能力并对项目进行不确定性分析等财务状况。如果是外汇的项目或出口的项目,需进行外汇平衡能力分析。财务评价内容如图 9-1 所示。

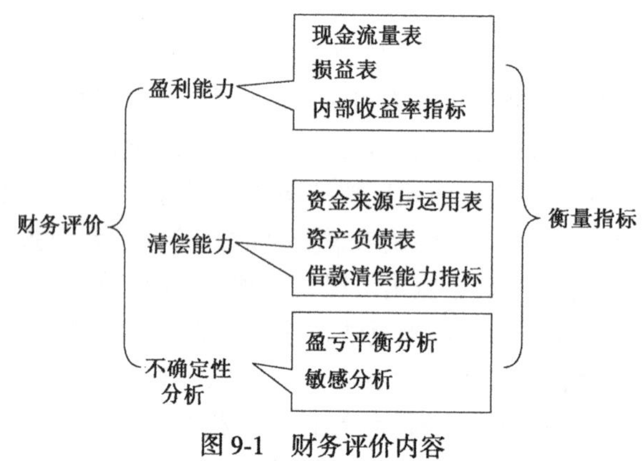

图 9-1 财务评价内容

(二)财务评价的基本步骤

1. 收集整理财务分析的基础数据资料

为了做好项目的财务评价工作,首先要根据项目的需求收集相关数据资料,包括项目的规模、投资的概算、资金的来源、资金使用计划、人员定编及工资福利费水平、项目所需的原材料、能源动力的消耗量与价格,产品可能销售的价格、其他有关的财政规定等。然后要对上述基础数据资料进行归纳整理。

2. 进行项目的筹资分析和资金运用分析

分析项目可能的资金来源与数量,根据项目的实施,估算在建设期内需要的投资量并计算项目逐年债务偿还额。进行项目的筹资分析和资金运用分析是保证项目有效实施和提高财务效果的重要手段。

3. 编制基本财务报表

根据基础数据和资金的运用计划,编制有关财务报表。报表一般分为两类:一是现金流量表,包括全部投资现金流量表和自有投资现金流量表;二是财务报表,包括损益表、资金来源与运用表、资产负债表等。

4. 通过基本财务报表计算各项评价指标及财务比率,进行各项财务分析

根据现金流量表、损益表,计算项目的盈利指标,分析项目的财务盈利能力;根据资产负债表、资金来源与运用表和还本付息估算表,计算项目的资产负债情况,贷款偿还能力,分析项目的清偿能力;计算项目的盈亏平衡点,并根据影响项目财务状况的因素变化的可能性大小,分析这些因素发生变化时项目的财务盈利能力,清偿能力的变化,来分析项目的不确定性,即项目的风险能力。若是涉及进出口的项目还要外汇平衡能力分析。

5. 分析结论

根据以上分析,给出项目在财务上是否可行。

第二节　财务评价报表编制及评价指标分析

一、项目财务评价报表编制

按照《建设项目经济评价方法与参数》规定及细则的要求,财务报表有:

(一)现金流量表

1. 现金流量表的概念

现金流量表是反映项目在计算期内现金收支能力。即以现金流入与流出以及两者之间的差额列出表格说明项目在一定期限内由营业、投资及理财活动引进资产、负债及所有者权益变动情况的报表。是计算财务内部收益率、财务净现值和投资回收期等经济评价指标的主要信息来源。

根据投资计算基础和财务评价的侧重点不同,现金流量表可分为全部投资现金流量表和自有资金现金流量表。

2. 现金流量表的编制

现金流量表只计算现金收支,不计算非现金收支(如折旧、摊销费、维简费、应收及应付账款等),现金的收支按发生的时间列入相应的年份。由于固定资产折旧只是项目内部的资金的转移,因此在进行项目计算期的动态评价时,投资应按实际发生的时间作为一次支付计入现金流量,而不以折旧的方法逐年分摊。

(1)全部投资现金流量表

全部投资现金流量表是指以全部投资作为计算基础,不分投资资金来源,假定全部投资均为自有资金,不考虑资金的借贷、利息偿还,只计算全部投资所得税前及所得税后的财务内部收益率、财务净现值及投资回收期等技术经济指标的一种现金流量表。编制该表的目的是考察项目全部投资的盈利能力,为各个投资方案(不论其资金来源构成情况如何以及利息多少)进行比较建立共同基础。

全部投资现金流量表构成见表 9-1,全部投资现金流量表不考虑资金的借贷、利息偿还,假定全部投资均为自有资金,其净现金流量构成公式为

净现金流量=销售收入+资产回收-固定资产投资-流动资金投资-经营成本-销售税金及附加-所得税　　(9-1)

表 9-1　全部投资现金流量表　　(单位:万元)

序号	项目＼年份	建设期		投产期		达到设计能力生产期				合计
		1	2	3	4	5	6	…	n	
	生产负荷(%)									
1	现金流入									
1.1	产品销售(营业)收入									
1.2	回收固定资产余值									

续上表

序号	项目 \ 年份	建设期		投产期		达到设计能力生产期				合计
		1	2	3	4	5	6	…	n	
1.3	回收流动资金									
1.4	其他现金流入									
2	现金流出									
2.1	固定资产投资(含投资方向调节税)									
2.2	流动资金									
2.3	经营成本									
2.4	销售税金及附加									
2.5	所得税									
2.6	其他现金流出									
3	净现金流量(1-2)									
4	累计净现金流量									
5	所得税前净现金流量(3+2.5)									
6	所得税前累计净现金流量									

计算指标： 所得税后 所得税前

财务内部收益率：

财务净现值(i_c= %)：

投资回收期：

注：1. 根据需要可在现金流入和现金流出栏里增减项目；

2. 生产期内发生的更新投资作为现金流出可单独列项或列入建设投资项中。

(2)自有资金现金流量表

自有资金现金流量表是指以投资者的出资额作为计算基础，从自有资金的投资者角度出发，把借款本金偿还和利息支付作为现金流出，用以计算自有资金的财务内部收益率、财务净现值等技术经济指标的一种现金流量表。编制该表的目的是考察项目自有资金的盈利能力。自有资金现金流量表构成见表9-2。

表9-2 自有资金现金流量表 (单位：万元)

序号	项目 \ 年份	建设期		投产期		达到设计能力生产期				合计
		1	2	3	4	5	6	…	n	
	生产负荷(%)									
1	现金流入									
1.1	产品销售(营业)收入									
1.2	回收固定资产余值									
1.3	回收流动资金									
1.4	其他现金流入									
2	现金流出									
2.1	自有资金									

续上表

序号	年份 项目	建设期		投产期		达到设计能力生产期				合计
		1	2	3	4	5	6	…	n	
2.2	借款本金偿还									
2.3	借款利息支付									
2.4	经营成本									
2.5	销售税金及附加									
2.6	所得税									
2.7	其他现金流出									
3	净现金流量(1-2)									
计算指标： 财务内部收益率： 财务净现值(i_c=　%)：										

注:1. 根据需要可在现金流入和现金流出栏里增减项目；

2. 自有资金是指项目投资者的出资额。

编制以上两种现金流量表各有其特定的目的。现金流量表(全部投资)在计算现金流量时,假定全部投资均为自有资金,因而不必考虑借款本金的偿还和利息的支付,为各个投资项目或投资方案(不论其资金来源如何)进行比较建立了共同的基础。现金流量表(自有资金)主要考察自有资金的盈利能力和向外部借款对项目是否有利。在对拟建项目进行评估时,要分别对两种现金流量表进行审查和分析,并根据评估人员所估算的基础数据编制两种现金流量表,并计算相应的技术经济指标。

必须指出的是,项目评估中使用的现金流量表与财务会计中使用的现金流量表无论在格式、内容上,还是在作用上都存在较大的差别,不能将它们混为一谈。如果是给水排水企业应考虑自有资金所占工程总投资比例较小的实际情况,国内项目一般可只编制全部投资现金流量表,自有资金现金流量表视需要而定。如果是实行股份制的供水企业,应根据项目要求,编制自有资金现金流量表。

(二)损　益　表

1. 损益表的概念

在项目评估中,损益表是指反映项目计算期内各年的收入与费用情况以及利润总额、所得税和净利润的分配情况,用以计算投资利润率、投资利税率、资本金利润率和资本金净利润率等指标的一种报表,并通过这些指标的分析,了解项目的经济效益和获利能力。

2. 损益表的编制

损益表的构成见表9-3。损益表的结构可用下列3个公式表示

利润总额=产品销售(营业)收入-销售税金及附加-总成本费用　(9-2)

净利润=利润总额-所得税　(9-3)

净利润=可供分配利润=盈余公积金(含公益金)+应付利润+未分配利润　(9-4)

“利润总额”反映项目各年实现的利润。如为亏损,则以负号即“-”在本项内填列。

表 9-3 损益表 (单位:万元)

序号	项目 \ 年份	投产期		达到设计能力生产期				合计
		3	4	5	6	…	N	
	生产负荷(%)							
1	产品销售(营业)收入							
2	销售税金及附加							
3	总成本费用							
4	利润总额(1-2-3)							
5	所得税							
6	税后利润(4-5)							
7	可供分配利润							
7.1	盈余公积金							
7.2	应付利润							
7.3	未分配利润							
累计未分配利润								

注.利润总额应根据国家规定先调整为应纳税所得额(如减免所得税、弥补上年度亏损等)再计算所得税。

表 9-3 中第 7 项可供分配利润,是指在缴纳“两金”(能源交通重点建设基金和预算调节基金)的情况下,税后利润减“两金”后的差额,即为可供分配的利润。由于我国于 1994 年起,已免除国有企业在税后利润中上缴的“两金”,因此,在项目财务评价中,一般说来税后利润即是可供分配的利润。企业在缴纳所得税后的可供分配利润一般的分配顺序是:

①弥补以前年度亏损。

②提取法定盈余公积金。

③提取公益金。

④向投资者分配利润即应付利润,按照投资比例进行分配。

按以上顺序进行分配利润时,尚需注意以下几点:

①企业以前年度亏损未弥补完,不得提取盈余公积金、公益金。

②在提取盈余公积金、公益金以前,不得向投资者分配利润。

③企业必须按照当年税后利润(减弥补亏损)的 10% 提取法定盈余公积金,当法定盈余公积金已达到注册资本 50% 时,可不再提取。

④企业在向投资者分配利润前经董事会决定,可以提取任意公积金。

盈余公积金是指按国家规定从利润中提取的公积金。公积金可用于弥补亏损、扩大企业的生产经营成本或者转增资本金,但转增资本金后,企业法定资本金一般不得低于注册资本的 25%。公益金主要用于企业职工住宅等集体福利设施支出,当提取公益金时,其数值可列入本项。

(三)资金来源与运用表

1. 资金来源与运用表的概念

资金来源与运用表是指专门反映项目计算期内各年资金来源、运用,以及资金盈余或短缺情况的一种报表。它可以用于资金筹措方案的选择,指导借款及偿还计划的编制,并为编制资产负债表提供依据。

2. 资金来源与运用表的编制

资金来源与运用表分三大项,即资金来源、资金运用和盈余资金。资金来源减去资金运用为盈余资金("+"表示当年有资金盈余,"-"表示当年资金短缺)。资金来源与运用表见表9-4。

表9-4　资金来源与运用表　(单位:万元)

序号	项目＼年份	建设期		投产期		达到设计能力生产期				合计
		1	2	3	4	5	6	…	n	
	生产负荷(%)									
1	资金来源									
1.1	利润总额									
1.2	折旧费									
1.3	摊销费									
1.4	长期借款									
1.5	流动资金借款									
1.6	其他短期借款									
1.7	自有资金									
1.8	其他									
1.9	回收固定资产余值									
1.10	回收流动资金									
2	资金运用									
2.1	固定资产投资(含投资方向调节税)									
2.2	建设期利息									
2.3	流动资金									
2.4	所得税									
2.5	应付利润									
2.6	长期借款本金偿还									
2.7	流动资金借款本金偿还									
2.8	其他短期借款本金偿还									
3	盈余资金									
4	累计盈余资金									

注:将计算期终后的回收固定资产余值、回收流动资金、流动资金借款本金偿还填写在"上年余值"栏内。

(四)资产负债表

1. 资产负债表的概念

资产负债表是指综合反映项目计算期内各年年末资产、负债和所有者权益的增减变化及对应关系的一种报表,通过分析该表可以考察项目资产、负债、所有者权益的结构是否合理,并能够据以计算资产负债率、流动比率及速动比率等指标,进行清偿能力分析。

2. 资产负债表的编制

资产负债表主体结构包括三大部分,即资产、负债和所有者权益,表现形式是资产总额等

于负债与所有者权益的总和,其平衡关系用会计等式表示即为

$$资产=负债+所有者权益 \tag{9-5}$$

资产负债表的构成见表9-5。

表9-5 资产负债表 (单位:万元)

序号	项目＼年份	建设期		投产期		达到设计能力生产期			
		1	2	3	4	5	6	…	n
1	资产								
1.1	流动资产总额								
1.1.1	应收账款								
1.1.2	存货								
1.1.3	现金								
1.1.4	累计盈余资金								
1.2	在建工程								
1.3	固定资产净值								
1.4	无形及递延资产净值								
2	负债及所有者权益								
2.1	流动负债总额								
2.1.1	应付账款								
2.1.2	流动资金借款								
2.1.3	其他短期借款								
2.2	长期借款								
	负债小计								
2.3	所有者权益								
2.3.1	资本金								
2.3.2	资本公积金								
2.3.3	累计盈余公积金								
2.3.4	累计未分配利润								
计算指标:1. 资产负债率(%): 2. 流动比率(%): 3. 速动比率(%):									

表9-5中1.2项"在建工程"客观的反映了项目建设期内各年所占用的资金。其数值应按投资计划与资金筹措表中固定资产投资、固定资产方向调节税与建设期利息三者之和的逐年累计值填列,直至项目建成。项目建成投入生产经营时,它将形成固定资产、无形资产和递延资产原值。需要经过分析整理综合填列的项目如下:"在建工程"和"资本金"可依据《投资总额与资金筹措表》分析整理综合后填列;"资本公积金"要经过分析综合后填列、资本公积金包括资本溢价和赠款两大项,具体有四个来源:①投资者实际缴付的出资额超过资本金的差额;②法定财产重估增值,即重估价值与账面净值的差额;③资本汇率折算差额,即资本账户与实收资本账户采用的折合汇率不同而产生的折合记账本位币差额;④接受捐赠的财产。

(五)财务外汇平衡表

1. 外汇平衡表的概念

在项目评估中,外汇平衡表是指专门反映项目计算期内各年外汇收支及余缺的一种报表。该表可用于外汇平衡分析,适用于有外汇收支的项目财务效益分析。

2. 外汇平衡表的编制

外汇平衡表的主体结构包括两大部分,即外汇来源和外汇运用,表现形式是:外汇来源等于外汇运用,衡等式为

$$外汇来源=外汇运用 \tag{9-6}$$

在外汇平衡表(表9-6)中,外汇来源包括产品外销的外汇收入、外汇贷款和自筹外汇等,自筹外汇包括在其他外汇收入项目中。外汇运用包括固定资产投资中的外汇支出、进口原材料和零部件的外汇支出、在生产期用外汇支付的技术转让费、偿付外汇借款本息和其他外汇支出。各项内容需按项目收支中与外汇有关的数据填列。

表9-6　外汇平衡表　(单位:万元)

序号	年份 项目	建设期		投产期		达到设计能力生产期				合计
		1	2	3	4	5	6	…	*n*	
	生产负荷(%)									
1	外汇来源									
1.1	产品销售外汇收入									
1.2	外汇借款									
1.3	其他外汇收入									
2	外汇运用									
2.1	固定资产投资中外汇支出									
2.2	进口原材料									
2.3	进口零部件									
2.4	技术转让费									
2.5	偿付外汇借款本息									
2.6	其他外汇支出									
2.7	外汇余缺									

注:1. 其他外汇收入包括自筹外汇等;

2. 技术转让费是指生产期支付的技术转让费。

此外,为编制基本财务报表,还需编制一些辅助报表,这些报表有:投资计划与资金筹措表、总成本费用估算表、流动资金估算表和借款还本付息计算表。

(六)投资计划与资金筹措表(表9-7)

表9-7　投资计划与资金筹措表　(单位:万元)

序号	年份 项目	建设期		投产期		
		1	2	3	4	5
1	总投资					
1.1	固定资产投资					

续上表

序号	项目 \ 年份	建设期		投产期		
		1	2	3	4	5
1.2	固定资产投资方向调节税					
1.3	建设期利息					
1.4	流动资金					
2	资金筹措					
2.1	自有资金					
	其中:用于流动资金					
2.2	借款					
2.2.1	长期借款					
2.2.2	流动资金借款					
2.2.3	其他短期借款					
2.3	其他					

注:如有多种借款方式时,可分项列出。

(七)总成本费用估算表(表9-8)

表9-8 总成本费用估算表 (单位:万元)

序号	项目 \ 年份	建设期		投产期		达到设计能力生产期				合计
		1	2	3	4	5	6	…	n	
	生产负荷(%)									
1	原材料费									
2	电费									
3	水资源费									
4	工资福利费									
5	大修及日常维护费									
6	折旧费									
7	摊销费									
8	利息									
9	其他费用									
	其中:土地使用税									
10	总成本费用(1~9)									
	其中:1.固定成本									
	2.可变成本									
11	经营成本(10-6-7-8)									
12	单位成本									
13	单位经营成本									

(八)流动资金估算(表 9-9)

表 9-9　流动资金估算表　(单位:万元)

序号	年份 项目	建设期		投产期		达到设计能力生产期			
		1	2	3	4	5	6	…	n
1	流动资产								
1.1	应收账款								
1.2	存货								
1.2.1	原材料								
1.2.2	燃料								
1.2.3	在产品								
1.2.4	产成品								
1.3	现金								
2	流动负债								
2.1	应付账款								
3	流动资金(1-2)								
4	流动资金本年增加额								
5	流动资金借款								
6	利息								

(九)借款还本付息计算表

1. 借款还本付息计算表的概念

借款还本付息计算表是反映项目借款偿还期内借款支用、还本付息和可用于偿还借款的资金来源情况,用以计算借款偿还期指标,进行清偿能力分析的一种报表。贷款的使用者自然关系项目偿还债务的能力,而贷款的发放者关心的是借出的资金能否如期收回,因此偿债分析是财务分析一项重要内容。

常见的还款方式有:

(1)等额利息法:每期支付利息额相等,期中不还本金,最后一期归还本金和当期利息。

(2)等额本金法:每期归还相等的本金和相应的利息。

(3)等额摊还法:每期偿还的本利额相等。

(4)一次性偿付法:最后一期偿还本利。

(5)任意法:期中任意偿还本利,到期末全部还清。

2. 借款还本付息计算表的编制

借款还本付息计算表包括借款及还本付息和偿还借款本金的资金来源两大部分。在借款尚未还清的年份,当年偿还本金的资金来源等于本年还本的数额;在借款还清的年份,当年偿还本金的资金来源等于或大于本年还本的数额。借款还本付息计算表的构成,见表 9-10。

在项目的建设期,“年初借款本息累计”等于上年借款本金和建设期利息之和;在项目的生产期,“年初借款本息累计”等于上年尚未还清的借款本金。

表 9-10 借款还本付息计算表 (单位:万元)

序号	项目 \ 年份	利率(%)	建设期		投产期		达到设计能力生产期			
			1	2	3	4	5	6	…	n
1	借款及还本付息									
1.1	年初借款本息累计									
1.1.1	本金									
1.1.2	建设期利息									
1.2	本年借款									
1.3	本年应计利息									
1.4	本年还本									
1.5	本年付息									
2	偿还借款本金的资金来源									
2.1	利润									
2.2	折旧									
2.3	摊销									
2.4	其他资金									
合计(2.1+2.2+2.3+2.4)										

二、项目财务评价指标及财务分析

(一)项目财务评价指标

项目财务评价指标是为评价项目财务经济效果而设定的。财务评价一般包括财务盈利能力分析和财务清偿能力分析。财务盈利能力分析主要是考察投资的盈利水平。为此,要计算财务内部收益率、投资回收期等主要评价指标。根据项目的特点及实际需要,也可计算财务净现值、投资利润率、投资利税率、资本金利润率等指标。项目清偿能力分析主要是考察项目计算期内各年的财务状况及偿债能力,通常要计算借款偿还期、资产负债率、流动比率和速动比率等指标。

财务评价指标可通过前述相应的基本财务报表直接或间接求得,并进一步进行财务盈利能力分析、财务清偿能力分析。此外也可根据项目特点和实际需要,进行其他辅助分析。这些分析指标与财务报表的对应关系,见表 9-11。

表 9-11 财务评价指标与财务报表的对应关系

评价内容	基本报表	静态指标	动态指标
盈利能力分析	全部投资现金流量表	静态投资回收期	动态投资回收期 财务内部收益率 财务净现值 财务净现值率
	自有资金财务现金流量表	—	财务内部收益率 财务净现值
	损益表	投资利润率 投资利税率 资本金利润率	—

续上表

评价内容		基本报表	静态指标	动态指标
清偿能力分析		资金来源与运用表	固定资产投资借款偿还期	—
		资产负债表	资产负债率 流动比率 速动比率	—
外汇效果分析		外汇平衡表	—	财务外汇净现值 财务换汇成本 财务节汇成本
不确定性分析	盈亏平衡分析	全部投资或自有资金现金流量表	平衡点的产量 平衡点销售额	—
	敏感性分析	全部投资或自有资金现金流量表	投资回收期 销售收入等	财务内部收益率 财务净现值
	风险分析	全部投资或自有资金现金流量表	投资回收期期望值 销售收入期望值等	净现值期望值等

(二)财务分析

1. 盈利能力分析

盈利能力分析是反映项目的获利能力,通过三个报表(全部投资或自有资金现金流量表和损益表)和两大类指标(即静态指标和动态指标)反映。进行盈利能力分析时,计算期内各年采用的预测价格,是在基准年物价水平的基础上预测的,只考虑相对价格的变化,不考虑物价水平的上涨因素。进行盈利能力分析,一般分两步进行。

第一步,全投资财务效果评价。通过全投资现金流量表,分析假如项目全部资金都为自有资金的情况下,项目本身的盈利能力。它排除了财务条件(筹资成本)对项目盈利能力的影响,客观地反映项目本身的盈利能力。如果由此得出的项目财务效果达到检验标准,则有继续进行财务分析的必要,反之,即可考虑否定此项目。

第二步,自有资金财务效果评价,通过自有资金现金流量表,考察企业自有资金的获利性,反映企业自身可得到的利益。为此目的,需编制自有资金现金流量表,计算财务内部收益率、投资回收期、财务净现值、投资利润率、投资利税率、资本金利润率等指标。

(1)静态指标的计算与分析

静态指标是指在计算时不考虑货币时间价值因素影响的指标,主要包括投资利润率、投资利税率、资本金利润率、资本金净利润率和静态投资回收期等,可以根据《项目投资估算表》《投资总额与资金筹措表》《损益表》和《现金流量表》中的有关数据计算。投资利润率、投资利税率、资本金利润率计算见第五章第三节,静态投资回收期的计算方法和评价准则见第五章第一节。

(2)动态指标的计算与分析

动态指标是指在计算时考虑货币时间价值因素影响的指标,主要包括财务净现值、财务内部收益率及动态投资回收期,根据现金流量表计算。具体计算方法和评价准则见第五章内容。

2. 清偿能力分析

清偿能力分析反映项目偿还债务的能力,通过两个基本报表(资金来源与运用表和资产负债表)和四个指标包括借款偿还期、资产负债率、流动比率和速动比率。

(1)借款偿还期

计算方法和评价准则见第五章第一节。

(2)资产负债率、流动比率和速动比率

资产负债率、流动比率和速动比率(简称"三率")全部依据《资产负债表》的有关数据计算。在计算"三率"时,既可以计算计算期内前几年(一般考虑10年)的"三率",也可以计算整个计算期内各年的"三率"。评估人员可根据项目的实际情况来掌握,但必须能反映出各种比率所要说明的问题。

1)资产负债率

计算公式为

$$资产负债率=\frac{负债总额}{资产总额}\times 100\% \tag{9-7}$$

资产负债率是反映项目各年所面临的财务风险程度及偿债能力的指标。该比率越低偿债能力越强。作为提供贷款的机构,可以接受100%以下(包括100%)的资产负债率,大于100%,表明企业已资不抵债,已达到破产的警戒线。

2)流动比率

计算公式为

$$流动比率=\frac{流动资产总额}{流动负债总额}\times 100\% \tag{9-8}$$

流动比率是反映项目在短期内偿付流动负债能力的指标,该比率越高,则偿还短期债务的能力越高。计算出的流动比率,一般应大于200%,即1元的流动负债至少有2元的流动资产作后盾,保证项目按期偿还短期债务,这是提供贷款的机构可以接受的。也有认为可以是120%~200%。这些数值都不是绝对的。对各种不同行业制定一个统一评价标准是不现实的。

3)速动比率

计算公式为

$$速动比率=\frac{流动资产总额-存货}{流动负债总额}\times 100\% \tag{9-9}$$

速动比率是反映项目快速偿付流动负债能力的指标。计算出的速动比率,一般应接近于100%,即1元的流动负债有1元的速动资产以资抵偿,这是提供贷款的机构可以接受的。也有认为是100%~120%,这些数值也都不是绝对的。

3. 外汇效果分析

涉及外汇收支的项目,应进行财务外汇平衡分析,考察各年外汇余缺程度。首先根据各年的外汇收支情况,编制《外汇平衡表》,然后进行分析,考察计算期内各年的外汇余缺程度。一般要求,涉及外汇收支的项目要达到外汇的基本平衡,如果达不到外汇的基本平衡,项目评估人员要提出具体的解决办法。经常用的指标有:财务外汇净现值、财务换汇成本及财务节汇成本。

(1)财务外汇净现值(NPVF)

NPVF指标可以通过外汇平衡表直接求得,该指标衡量项目对国家的创汇的净贡献或净消耗。计算公式如下

$$NPVF=\sum_{t-1}^{n}(FI-FQ)_t(1+i)^{-t} \tag{9-10}$$

式中　FI——外汇流入量；

FQ——外汇流出量；

$(FI-FQ)_t$——净外汇流量。

当有产品替代进口时，可按净外汇效果计算外汇净现值。

(2)财务换汇成本及财务节汇成本

财务换汇成本是指换取1美元外汇所需要的人民币金额，以项目计算期内生产出口产品所投入的国内资源的现值与出口产品的外汇净现值之比表示，其计算式为

$$\text{财务换汇成本}=\frac{\sum_{t-1}^{n}DR_t(1+t)^{-t}}{\sum_{t-1}^{n}(FI-FQ)_t(1+t)^{-t}} \tag{9-11}$$

式中　DR——第 t 年生产出口产品投入的国内资源。

当项目产品内销属于替代进口时，应计算财务节汇成本，即节约1美元外汇所需要的人民币金额。它等于项目计算期内生产替代进口产品所投入的国内资源现值与生产替代进口产品的外汇净现值之比。

4. 不确定性分析

不确定性分析是分析项目的抗风险能力，计算方法和分析过程详见第八章。

第三节　工程项目的财务评价案例

一、工程概况和资金筹措

某水电建设项目以发电为主，兼有防洪任务。该电站装机容量为30万kW，多年平均年发电量为7.5亿kW·h，电厂用电率占0.4%，投产后担任电网的调峰、调频和事故备用等任务。

该水电项目总投资为6亿元，按发电、防洪两大受益部门进行投资分摊，水电站应分摊的固定资产投资为4.6亿元，全部使用建设银行的贷款，年利率6%；防洪部门分摊的投资由国家财政拨款解决。电站竣工后核定固定资产投资为45 446万元，考虑建设期的借款利息，固定资产原值5.8亿元，流动资金200万元，在流动资金中，自有流动资金60万元，借款流动资金140万元，由工商银行贷款，年利率8%。电力行业的基准收益率 $i_c=10\%$。

该电站自2001年初开始建设，至第7年末有2台机组共10万kW开始投产；第8年末、第9年末亦分别投产2台机组；至第9年末全部装机容量30万kW建成；自第10年(2010年)起进入生产期正式投入电网运行。该工程建设期9年(含投产期3年)，生产期50年，故计算期为59年。

该项目实行独立核算，投资中已计入配套的输变电部分的固定资产投资为7 000万元，输变电电量损失率3.49%。下面举例分别说明如何计算成本，销售收入、税金、利润以及贷款偿还年限、财务内部收益率、财务净现值、投资利润率等财务指标。

二、成本计算

1. 发电成本

每年发电成本包括折旧费(综合折旧率2.5%)、修理费(综合修理费率0.5%)、材料费

〔按 0.8 元/(kW·h)〕、工资、其他费用〔按 1.6 元/(kW·h)〕等。

(1)折旧费=(固定资产投资+建设期借款利息)×综合折旧率=固定资产原值×综合折旧率=58 000×2.5%=1 450(万元)。

(2)修理费=固定资产原值×综合修理费率=58 000×0.5%=290(万元)。

(3)材料费及其他费用计算合计 72 万元。

(4)工资按该水电站定员 10 人,每人每年平均工资按 6 万元计算,职工福利基金按职工工资总额的 11.8%计提,合计约 67.1 万元。

(5)流动资金借款利息=140×8%=11.2(万元)。

(6)水库库区维护基金按厂供电量的 1 元/10^3(kW·h)计提,水电站供电量=发电量(1-厂用电率)=7.5 亿 kW·h×(1-0.4%)=74 700 万 kW·h,故库区维护基金为 74.7 万元。

以上六项合计,可求出发电成本=1 965 万元,其中后五项经营成本=515 万元(约占固定资产投资的 1.1%)。

2. 供电成本

供电成本包括经营成本和折旧费两项,可分别按配套的输变电工程固定资产的 2%和 3.3%估算,两项合并计算可得 371 万元,其中经营成本=140 万元,折旧费=231 万元。

3. 售电成本

售电成本包括发电成本和供电成本两部分,故售电成本=1 965 万元+371 万元=2 336 万元,其中经营成本 655 万元,折旧费 1 681 万元。

三、销售收入、税金、利润

由于本项目实行独立核算,故销售收入只计算发电效益。

$$销售收入=上网电量×上网电价 \tag{9-12}$$

式中,上网电量=厂供电量(1-配套输变电损失率)=年发电量(1-厂用电率)(1-配套输变电损失率),上网电价暂按还贷最低要求定为 0.20 元/(kW·h)。

则销售收入=7.5×10^8×(1-0.4%)×(1-3.49%)×0.20=14 418(万元)

销售税金=产品税+城乡维护建设税+教育费附加等

(1)产品税=厂供电量×税率〔按 0.01 元/(kW·h)〕=7.5×10^8×(1-0.4%)×0.01=747(万元)。

(2)城乡维护建设税:假设税额按产品税的 1%,即 7.47 万元。

(3)教育费附加:假设税额也按产品税的 1%,即 7.47 万元。

则销售税金=762 万元。因此销售利润=销售收入-售电成本-销售税金=14 418-2 336-762=11 320(万元)。

四、贷款偿还年限

1. 还贷资金

还贷资金是用于偿还贷款的资金,包括下列三部分。

(1)还贷利润。销售利润扣除企业留利后即可作为还贷利润。关于销售利润计算,参见表 9-13。由于目前尚无统一的企业留利标准,暂按年人均 60 000 元的标准作为企业留利额,即企业留利额=60 000×10=60(万元)。关于逐年还贷利润,见表 9-14。

(2)还贷折旧。从电站折旧费中扣除15%的能源交通基金及10%的国家预算调节基金后，再提取还贷折旧，按规定在电站建成后3年内提取80%，第4年起提取50%。关于逐年还贷折旧费见表9-14。投产期内的还贷折旧费，是按投产容量与总装机容量的比例确定。

(3)还贷税金。包括产品税金及其附加的城市维护建设税和教育费的减免部分，一般为应交纳税金的33%，故还贷税金=供电量×0.01元/(kW·h)×67%(1+1%+1%)=7.5×10^8×(1-0.4%)×0.006 83=510(万元)，关于逐年还贷税金见表9-14。附带说明，贷款偿清后不再减免税金。

2. 贷款利息

贷款自支用之日起计息，按复利年息计算。在设计阶段，当年贷款均假定在年中支用，按半年计息，以后年份按全年计息，参见表9-12。表中

本年度贷款利息累计=[上年度末贷款本息累计+1/2×本年度贷款]×6%　(9-13)

本年度贷款本息=本年度贷款+历年贷款利息累计　(9-14)

本年度末贷款本息累计=上年度末贷款本息累计+本年度贷款本息　(9-15)

3. 贷款偿还年限

贷款偿还年限是指项目投产后可以用作偿还贷款的利润、折旧费、减免的税金以及其他收益额，用来偿还固定资产投资借款本金和利息所需的时间，一般从借款开始年算起。由表9-12可知，在建设期第9年末，贷款本金和利息累计为59 654万元；由表9-14可知，自建设期第7年开始，由于部分机组投产，故于第7、8、9年各年末分别偿还贷款2 090万元、6 090万元、10 565万元，从第10年起进入正常运行的生产期，每年年末可偿还贷款12 401万元。

假设贷款偿还年限为P_d，即从贷款第1年算起，至第P_d年偿清全部借款的本金和利息，即$59\,654-2\,090(1+i)^2-6\,090(1+i)-10\,565-\sum_{t=10}^{P_d}12\,401(1+i)^{(9-t)}=0$经试算，当贷款年利率$i=6\%$，$P_d=12$年，即本项目开始施工后第12年即可偿清所借贷款的本金和利息。

五、财务盈利能力分析

财务的盈利能力常采用内部收益率、净现值、投资利润率和投资利税率等指标分析，现分别说明。

1. 财务内部收益率IRR

财务内部收益率是用来反映项目盈利能力的一个重要动态指标，其表达式为

$$\sum_{t=0}^{n}(\mathrm{CI}-\mathrm{CO})_t(1+\mathrm{IRR})^{-t}=0 \tag{9-16}$$

式中　CI——主要指各年销售收入(售电收入)；

CO——主要指各年固定资产投资、更新改造投资、经营成本支出、销售税金等；

n——计算期包括建设期与生产期。

内部收益率的算法可参考第五章第三节，当求出的内部收益率大于行业基准收益率时，说明本项目有盈利能力，在财务上是可行的。根据本例的基本资料及表9-12~表9-14中的有关数据代入式(9-16)中，可算出IRR=18%，大于电力工业基准收益率$i_c=10\%$，说明本项目具有较大的盈利能力。

表 9-12 贷款本息计算表 （单位:万元）

年份＼项目	贷款本金 (1)	贷款利息累计 (2)	贷款本息 (3)	贷款本息累计 (4)	备注
1	2 738	82	2 820	2 820	$(2)_t = [(4)_{t-1} + \frac{1}{2}(1)_t] \times 6\%$ $(3)_t = (1)_t + (2)_t$ $(4)_t = (4)_{t-1} + (3)_t$ 年利率 $i = 6\%$
2	3 652	279	3 931	6 751	
3	5 478	569	6 047	12 798	
4	6 390	960	7 350	20 148	
5	7 303	1 428	8 731	28 879	
6	7 760	1 966	9 726	38 605	
7	5 478	2 481	7 959	46 564	
8	4 566	2 931	7 497	54 061	
9	2 281	3 312	5 593	59 654	
合计	45 646	14 008	59 654		

表 9-13 利润计算表 （单位:万元）

序号	项目	建设期(年)			生产期(年)		备注
		7	8	9	10	11~59	
一	年末装机容量(万 kW)	10	20	30	30	30	根据装机进度计划
	年发电量(亿 kW·h)	1.5	3.75	6.25	7.5	7.5	
二	上网电量(亿 kW·h)	1.442	3.604	6.007	7.209	7.209	扣除厂用电及输变电损失
	销售收入	2 884	7 208	12 014	14 418	14 418	上网电量×0.2 元/(kW·h)
三	售电成本	1 219	1 624	2 029	2 336	2 336	发电成本+供电成本
	1. 发电成本	1 033	1 377	1 720	1 965	1 965	
	2. 供电成本	186	247	309	371	371	指配套输变电部分
四	销售税金	152	381	635	762	762	
	1. 产品税	149	373.5	622.5	747	747	供电量×0.01 元/(kW·h)
	2. 城市维建税	1.5	3.75	6.25	7.5	7.5	产品税×1%
	3. 教育费附加	1.5	3.75	6.25	7.5	7.5	产品税×1%
五	销售利润	1 513	5 203	9 350	11 320	11 320	(二)-(三)-(四)

表 9-14 偿还贷款资金汇总表 （单位:万元）

序号	项目	建设期(年)			生产期(年)		备注
		7	8	9	10	11~59	
一	还贷利润	1 483	5 163	9 300	11 260	11 260	(1)-(2)
	1. 销售利润	1 513	5 203	9 350	11 320	11 320	见表 9-13
	2. 企业留利	30	40	50	60	60	

续上表

序号	项目	建设期(年)			生产期(年)		备注
		7	8	9	10	11~59	
二	还贷折旧	505	672	840	631	631	前三年折旧费剩余 80%,以后 50%
	1. 电站折旧费	841	1 120	1 400	1 681	1 681	包括配套输变电工程
	2. 自折旧费中提取能源交通基金	126	168	210	252	252	电站折旧费×15%
	3. 自折旧费中提取国家预算基金	84	112	140	168	168	电站折旧费×10%
三	还贷税金	102	255	425	510	510	(1)+(2)+(3)
	1. 产品税减免部分	100	250	417	500	500	应纳税金×67%
	2. 城市维建税减免部分	1	2.5	4	5	5	
	3. 教育费附加减免部分	1	2.5	4	5	5	
四	偿还贷款资金合计	2 090	6 090	10 565	12 401	12 401	(一)+(二)+(三)

2. 财务净现值 NPV

财务净现值它也是反映项目在计算期内盈利能力的动态评价指标,其表达式为

$$NPV = \sum_{t=0}^{n} (CI - CO)_t (1 + i_0)^{-t} \tag{9-17}$$

当财务净现值 NPV>0,说明本项目在财务上是可行的。

将本例中有关数据代入式(9-17),当 $i_c = 10\%$, $n = 59$ 年,则可求出 NPV = 44 240 万元(>0),说明本项目具有较大的盈利能力。

3. 投资利润率

投资利润率是反映项目单位投资盈利能力的指标,其计算公式为

投资利润率=(年利润总额或年平均利润总额/项目总投资)×100%　　(9-18)

式中　项目总投资=固定资产投资(不包括更新改造投资)+建设期利息+流动资金

由表 9-13,正常生产年份的年利润=11 320 万元,固定资产投资=45 446 万元,流动资金=200 万元,建设期利息=14 008 万元(表 9-12),故

投资利润率=11 320/(45 446+14 008+200)=19%,该水电站的投资利润率再与电力工业部门或水电行业的投资平均利润率比较,以便判别本项目单位投资利润率是否达到部门或行业的平均水平。

4. 投资利税率

投资利税率计算公式为:投资利税率=(年利税总额或年平均利税总额/项目总投资)×100%,该水电站的投资利税率=(11 320+762)/(45 446+14 008+200)=20%。

再与部门或行业的投资平均利税率比较,可用以判别本项目单位投资对国家积累的贡献是否达到本部门或行业的平均水平。

思考题与习题

1. 什么是财务评价？

2. 财务评价应遵循的原则是什么？

3. 财务效益分析的作用是什么？

4. 进行财务评价需要利用哪些基本报表？它们各自反映的内容是什么？

5. 损益表的主要作用是什么？

6. 在项目财务评价时，涉及哪几种现金流量表？它们各有什么特点和用途？

7. 当前，一个城市或地区的排水工程项目，通常容易出现因项目收入过低导致财务评价不可行的情况。那么，该项目的财务评价是否还有必要？为什么？如果该项目确是必需的，如何才能使项目在财务上具有生存能力？

8. 分析计算：某项目总投资 4 000 万元，其中流动资金 800 万元，固定资产投资中自有资金 1 800万元。项目建设期 3 年，每年用款比例为 3∶5∶2。项目建成后第 1 年即达到设计生产能力。生产期间，每年销售收入 2 650 万元，销售税金及附加 150 万元，经营成本 1 200 万元，总成本 1 600 万元。项目寿命期 12 年，寿命期末回收固定资产余值为固定资产原值的 8%。行业基准收益率 8%。假设项目的固定资产投资全部形成固定资产原值。试计算所得税前后项目的财务内部收益率、财务净现值、投资回收期、投资利润率、投资利税率和资本金利润率。

9. 污水处理投资项目财务评价案例。

1）设计规模、总投资与资金来源

某污水处理厂设计规模为每天处理 2 万 m^3 污水，不包括建设期利息在内的固定资产投资为 2 320 万元，营运时需投入流动资金 20 万元，固定资产投资和流动资金支出发生在第一年末。本项目资金来源为银行借款 1 600 万元，其余为自筹资金。银行借款是在第一年全年间等额发生。银行要求每年末付息，本金从第四年末开始分 8 年等额偿还。该项目建设期 1 年，投产期两年，第一年负荷为每天处理 1 万 m^3，第二年负荷为每天处理 1.5 万 m^3。项目生产期 18 年，负荷为每天处理 2 万 m^3。经济评价计算期为 21 年。假设每年的经营现金流量发生在当年年末，一年按 365 天计算。

2）经营成本。表 9-15 经营成本是以生产期的处理规模进行预计的，如在投产期，则需作相应调整。

表 9-15　经营成本表

序号	项目	单位	数量(万元)
1	动力消耗费	万元/年	125
2	药剂消耗费	万元/年	23
3	污泥处理费	万元/年	12
4	生产工人工资福利费	万元/年	36
5	自来水费	万元/年	1
6	维护修理费	万元/年	57
7	管理费用	万元/年	36
8	年经营成本	万元/年	290

3）处理单价与税率。处理 1 m^3 水按 0.88 元收费，营业税率及附加按 6.6% 计算，所得税

按 33% 计算。

4) 年限 20 年,按平均年限法计提折旧。固定资产残值按固定资产原值的 4% 提取。

5) 贷款利率,按 5 年期以上利率 5.76% 计算。

投资项目财务评价要求:

1) 计算每年需偿还的贷款利息。

2) 做出投资项目的总成本费用估算表,损益表,现金流量表(全部投资)现金流量表(自有资金)。

3) 计算项目的投资回收期,净现值(基准收益率确定为 8%)和内部报酬率,并给出基本评价。

4) 根据成本构成,将项目生产期的总成本分解为固定成本和变动成本,并对各年进行会计盈亏平衡分析。

5) 对固定资产投资、年经营成本和处理单价三个因素在±20%,±10% 变动情况下的内部报酬率(全部投资)进行敏感性分析。

第十章　国民经济评价

第一节　概　　述

国民经济评价是工程咨询的重要方法，是按照资源合理配置的原则，从国家整体角度考察项目的效益和费用，用货物影子价格、影子汇率、影子工资和社会折现率等经济参数，分析计算项目对国民经济的净贡献，评价项目的经济合理性。

一、国民经济评价的意义

1. 国民经济评价是宏观上合理配置国家有限资源的需要

国家的资源如资金、土地、劳动力等总是有限的，而且同一种资源可以有不同的用途，这就需要我们借助国民经济评价，本着从国家整体利益的角度来考虑的原则，从这些相互竞争的用途中做出选择。国民经济评价就是要分析项目各项投入以及产出对国民经济的影响，从而选择对国民经济发展最有利的项目或方案。

2. 国民经济评价是项目投资决策科学化的需要

国民经济评价在项目决策中起着重要作用。首先，有利于引导投资方向。运用国民经济评价的相关指标以及有关参数，可以指导我们做出国民经济评价的最终结论，可以起到鼓励或抑制某些行业或项目发展，促进国家资源的合理分配的作用。其次，有利于抑制投资规模。当投资规模过量时，会引发通货膨胀，这时通过适当提高折现率，控制一些项目的通过，从而控制投资规模。第三，有利于提高投资计划质量。项目在实施前的投资计划对项目来说非常重要。应用国民经济评价的相关理论，引导我们对项目的投资计划做出较为合理的方案，从而起到了提高投资计划质量的作用。

3. 国民经济评价是真实反映项目对国民经济净贡献的需要

在现行经济运行环境中，不少商品的价格，即不能完全反映价值，也不能完全反映供求关系，这就导致了价格“失真”。在这样的条件下，按现行价格来考察项目的投入或产出，不能准确地反映项目建设给国民经济带来的效益和费用。通过国民经济评价，进行价格调整，运用能反映资源真实价值的价格，来计算建设项目的费用和效益，才能得出该项目的建设是否有利于国民经济总目标的结论。

总之，正确应用国民经济评价方法，可以有效地察觉并制止盲目建设、重复建设，可以有效地将企业利益、地区利益、社会利益和国家利益有机地结合与平衡起来。

二、国民经济评价的基本原理

国民经济评价的基本方法是利用费用-效益分析方法，也称为费用与效益比较的理论方法，寻求以最小的投入获得最大的产出。国民经济评价的主要工作内容或工作步骤如下：

（1）采用“有无对比”方法识别国民经济的费用和效益。“有无对比”方法是经济评价的基本方法,在项目的国民经济评价中,采用将“有”项目和“无”项目两种不同条件下国民经济的不同情况对比,识别项目的费用和效益。“对比”方法是经济学中的一种基本方法,项目的不同方案之间的对比,也就成为两种方案费用和效益识别的基本方法。

(2)采用影子价格理论方法测算和选取影子价格。影子价格理论最初来源于求解数学规划,在求解一个“目标”最大化数学规划的过程中,发现每种“资源”对于“目标”有着边际贡献。也就是说这种“资源”每增加一个单位,“目标”机会增加一定的单位,不同的“资源”有着不同的边际贡献。这种“资源”对于目标的边际贡献被定义为“资源”的影子价格。国民经济评价中采用了这种影子价格的基本思想,用影子价格衡量项目耗用资源和产出贡献的真实价值。实践中无法将国民经济归纳为一个数学规划,通常采用替代用途、替代方案分析来估算项目的各种投入和产出的影子价格。对于项目的投入物,影子价格是其所有其他用途中价值最高的价格。对于项目的产出物,影子价格采用其替代供给产品的最低成本或用户的支付意愿中较低者。

(3)采用现金流量分析方法编制国民经济评价报表。

(4)采用内部收益率、净现值等经济盈利性指标计算国民经济评价指标并进行方案比选。

在国民经济评价中,需要遵循费用和效益的计算范围对应一致的基本原则。需要计算项目的外部费用和外部效益。并且要仔细分析确定外部费用和外部效益的计算范围。在计算过程中,容易出现的一种偏差是效益的扩大化。解决办法是,在衡量一项效益是否应当计入本项目的外部效益时,分析一下带来这种效益是否还需要本项目以外其他费用的投入。

国民经济评价中,方案优化遵循基本的经济分析法则。国民经济评价目标是资源的最优配置,资源使用获得最大的经济效益。实践中通常采取总量效益最大化或单位效率最大化两种方法。从资源最有效利用考虑,总量效益最大化是基本原则。在使用单位效率最大化方法时,需要分析是否会与总量效益最大化的原则相冲突。

三、国民经济评价和财务评价的比较

国民经济评价和财务评价共同组成了完整的项目经济分析,并都使用费用与效益比较的基本经济评价理论方法。国民经济评价和财务评价之间的联系是很密切的,在很多情况下,国民经济评价是在财务评价基础之上进行的。国民经济评价利用财务评价中所使用的数据资料,以财务评价为基础进行必要的调整计算,得到国民经济评价的结论。而且,国民经济评价也可以独立进行。

国民经济评价和社会评价的共同之处在于:

第一,评价目的相同。两者都是寻求以最小的投入获得最大的产出。

第二,评价的基础工作相同。两者都是在完成产品需求预测、厂址选择、工艺技术路线和工程技术方案论证、投资估算和资金筹措基础上进行的。

尽管如此,国民经济评价和财务评价也有本质的区别:

第一,两种评价的角度和基本出发点不同。财务评价是站在项目的层次上,从项目的经营者、投资者、未来的债权人角度,分析项目在财务上能够生存的可能性,分析各方的实际收益或损失,分析投资或贷款的风险及收益。国民经济评价则是站在国家和地区的层次上,从全社会的角度分析评价比较项目对国民经济的费用和效益。

第二,由于分析的角度不同,项目的费用和效益的含义和范围划分不同。财务评价只根据项目直接发生的财务收支,计算项目的直接费用和效益。国民经济评价从全社会的角度考察项目的费用和效益,考察项目所消耗的有用社会资源和对社会提供的有用产品,不仅要考虑直接的费用和效益,还要考虑间接的费用和效益。并且项目的有些收入和支出从全社会的角度考虑,不能作为社会费用或效益,如税金和补贴、国内银行贷款利息。

第三,两种评价所使用的价格体系不同。财务评价使用预测的财务收支价格,国民经济评价使用的是一套专用的影子价格体系。

第四,两种评价分析的内容范围不同。财务评价分析的有两个方面:一是盈利分析;二是清偿能力分析。也就是财务评价既要分析项目的财务收支预算的松紧程度,也要分析项目的借款偿还能力。而国民经济评价只有盈利性分析,也就是只有经济效益分析,没有清偿能力分析。

第二节 费用和效益的识别方法

在进行国民经济评价时,首先必须对项目的费用和效益进行识别和划分。也就是要认清所评价的项目在哪些方面对整个国民经济产生费用,又在哪些方面产生效益。识别和划分费用与效益的基本原则是:凡是项目对国民经济所作的贡献,均计为项目的效益;凡是国民经济为项目所付出的代价均计为项目的费用。换而言之,项目的国民经济效益是指国民经济所作的贡献,包括直接效益和间接效益;项目的国民经济费用是指国民经济为项目付出的代价,包括直接费用和间接费用。判别项目的效益和费用就是用"有-无"对比的方法来确定。

一、直接效益和直接费用

1. 直接效益

项目直接效益是指由项目产出物产生并包括在项目计算范围内的经济效益,一般表现为项目为社会生产提供的物质产品、科技文化成果和各种各样的服务所产生的效益。例如工业项目生产的产品、副产品;运输项目提供的运输服务;邮电通信项目提供的邮政通讯服务;医院提供的医疗服务;学校提供的学生就业机会等等。这种效益有多种表现:项目产出物满足国内新增加的需求时,表现为国内新增需求的支付意愿;当项目的产出物替代效益较差的其他厂商的产品或服务时,使被替代厂商减产或停产,从而使国家有用资源得到节省,这种效益表现为这些资源的节省;当项目的产出物使得国家增加出口或者减少进口,这种效益表现为外汇收入的增加或支出的减少。项目直接效益大多在财务评价中能够得以反映,尽管有时这些反映会有一定程度的失真。

2. 直接费用

项目直接费用是指项目使用投入物所产生并在项目范围内计算的经济费用,一般表现为投入项目的各种物料、人工、资金、技术以及自然资源而带来的社会资源的消耗。这种资源消耗可能表现为社会扩大生产供给规模所耗用的资源费用,或者当社会不能增加供给时,导致其他人被迫放弃使用这些资源,这种资源消耗表现为其他人被迫放弃的效益。当项目的投入物导致增加进口或减少出口时,这种效益表现为国家外汇支出的增加或收入的减少。直接费用一般在项目的财务评价中已经得到反映。

二、间接效益和间接费用

1. 间接效益

间接效益是指由项目引起而在直接效益中没有得到反映的效益。例如项目使用劳动力，使得劳动力熟练化，由没有特别技术的非熟练劳动力经训练而转变为熟练劳动力；再例如技术扩散的效益；还有城市地下铁道的建设，使得地铁沿线附近的房地产升值的效益。

2. 间接费用

间接费用是指由项目引起而在项目的直接费用中又没有得到反映的费用。例如项目对自然环境造成的损害、项目产品大量出口从而引起我国这种产品出口价格下降等。在实际中，项目的间接效益和间接费用比直接效益和直接费用的识别和计算要困难得多。

3. 间接效益和间接费用的识别

项目的间接效益和间接费用又统称为外部效果，通常要考察以下几个方面：

(1)环境影响

有些项目会对自然环境产生污染，例如：排放污水造成水污染；排放有害气体和粉尘造成大气污染。这些项目同样对生态环境也会造成破坏，例如：噪声污染；放射性污染；临时性的或永久性的交通阻塞、航道阻塞。

项目造成的环境污染和生态破坏，是项目的一种间接费用，这种间接费用一般较难定量计算，近似的可按同类企业所造成的损失估计，或按恢复环境质量所需的费用估计。有些项目含有环境治理工程，会对环境产生好的影响，评价中也应考虑相应的效益。环境影响有时不能定量计算，至少也应当作定性描述。

(2)技术扩散效果

一个技术先进项目的实施，由于技术人员的流动，技术在社会上扩散和推广，整个社会都将受益。但这类外部效果通常难于定量计算，一般只作定性说明。

(3)“上、下游”企业相邻效果

项目的“上游”企业是指为该项目提供原材料或半成品的企业，项目的实施可能会刺激这些上游企业得到发展，增加新的生产能力或是使原有生产能力得到更充分的利用。例如兴建汽车厂，会对为汽车厂生产零部件的企业产生刺激，对钢铁生产企业产生刺激。项目的“下游”企业是指使用项目的产出物作为原材料或半成品的企业，项目的产品可能会对下游企业的经济效益产生影响，使其闲置的生产能力得到充分利用，或使其在生产上节约成本。如果在国内已经有了很大的电视机生产能力，当液晶屏生产能力不足时，兴建液晶屏生产厂会对电视机厂的生产产生刺激。液晶屏产量增加，价格下降，可以刺激电视机的生产和消费。

大多数情况下，项目对“上、下游”企业的相邻效果可以在项目的投入和产出物的影子价格中得到反映，不应再计算间接效果。例如液晶屏厂项目的产品如以进口替代计算其影子价格，就不应再计算电视机厂生产受到刺激增加生产和降低成本带来的间接效益。也有些间接影响难于反映在影子价格中，需要作为项目的外部效果计算。

(4)乘数效果

这是指项目的实施使原来闲置的资源得到利用，从而产生一系列的连锁反应，刺激某一地区或全国的经济发展。例如兴建汽车厂会带来零部件厂发展，带动各种金属材料和非金属材料生产的发展，进而带动机床生产、能源生产的发展等。在对经济落后的项目进行国民经济评价时可能会需要考虑这种乘数效果,特别应注意选择乘数效果大的项目作为扶贫项目。一般情况下,只计算一次相关效果,不连续扩展计算乘数效果。

(5)价格影响

有些项目的产品大量出口,从而导致了我国此类产品出口价格的下降,减少了国家总体的创汇收益,成为项目的外部费用。典型的情况是出现与国内企业之间相互恶性竞争,竞相压价,使我国的一些出口产品在国际市场价格大幅度下跌,国家出口收入下降。如果项目的产品增加了国内市场供应量,导致产品市场价格下降,可以使用户和消费者得到产品降价的好处。但这种好处一般不应计作项目的间接效益,因为产品降价将使原生产厂的效益减少,也就是说生产厂减少的收益转移给了用户和消费者,对整个国民经济而言,效益并没有增加或减少。这与产品出口所导致的价格变化不同。

三、费用和效益的调整

在识别国民经济费用和效益范围的过程中,将会遇到税金、国内借款利息和补贴的处理问题。这些都是财务评价中的实际收入或支出,但是从国民经济的角度看,企业向国家缴纳税金,向国内银行支付利息,或企业从国家得到某种形式的补贴,都未造成资源的实际耗费或增加,因此不能计算这些费用或效益,他们只是国民经济内部各部门之间的转移支付。

(一)税　金

税金对投资项目来说是一项支出,从国家财政来说是一项收入。这是企业与国家之间的一项资金转移。税金不是投资项目使用资源的代价,所以财政性的税金,都不能作为国民经济费用。税金包括增值税、消费税、资源税、关税等。

(二)补　贴

补贴虽然增加了拟建投资项目的财务收益,但是这部分收入,企业并没有为社会提供等值的资源,而是国家从国民收入中抽出一部分资金给了企业。所以,国家以各种形式给予的补贴,都不能算作国民经济效益。补贴包括出口补贴、价格补贴等。

(三)折　旧

会计制度中的折旧是会计核算的内容,用于在计算会计利润时从收入中剔除一部分费用,但是并没有耗费实际资源。在国民经济评价中,由于固定资产投资所消耗的资源作为投资项目的投资成本已经列入现金流量中,所以就不能将折旧作为国民经济费用进行重复计算。

(四)利　息

利息是利润的转化形式,是企业与银行之间的一种资金转移,并不涉及资源的增加变化,所以,利息也不能作为国民经济费用。

第三节　国民经济评价价格——影子价格

一、影子价格的概念

影子价格是指某种资源处于最佳分配状态时的边际产出价值。通过以下例子的分析,加深对影子价格的理解。

(一)边际产出价值

一种资源的边际产出价值可以定义为增加 1 个单位资源的投入量所带来的社会效益的增

加量。以某个农民种田施肥为例。表 10-1 中列出了农民在不同的田地中施肥量及产值增长量。假若某农民正在种植两块地，施用化肥前他的稻谷地中的总产值为 600 元，玉米地中的总产值为 298 元。农民以 0.6 元/kg 的价格从市场上购买化肥，如果他将最初买到的 10 kg 化肥施入稻谷地，则总产值便由原来的 600 元增长到 648 元。可以认为，增加的 48 元产值是由于施用了化肥而获得的。换言之，由于施用了 10 kg 化肥，稻田产品的总价值增加了 48 元。平均每增加 1 kg 化肥，产值增加了 4.8 元，也即这 10 kg 化肥的边际产出价值为 4.8 元。

表 10-1　影子价格的示例计算分析表

化肥用量(kg)	稻谷地		玉米地	
	总产值(元)	边际产出价值(元)	总产值(元)	边际产出价值(元)
0	600	0	298	0
10	648	4.80	326	2.80
20	690	4.20	352	2.60
30	729	3.90	376	2.40
40	762	3.30	396	2.00
50	786	2.40	414	1.80
60	807	2.10	428	1.40
70	822	1.50	438	1.00
80	828	0.60	446	0.80
90	831	0.30	452	0.60
100	825	-0.60	455	0.40

(二)资源最佳分配

由于每购买 1 kg 化肥只花费 0.6 元，而每施用 1 kg 化肥可多获得 4.8 元，只要有足够的资源，农民会继续购买化肥并施入稻田地。假若他又购买了 10 kg 化肥并施入稻田，那么稻田的总产值就由 648 元增长到 690 元。这 10 kg 化肥每增施 1 kg 带来的产值增加额为 4.2 元。如此继续施用，直到施用到 80 kg 化肥时，其边际产出价值为 0.60 元。此时化肥的边际产出价值恰好与它的市场价格相等。如果再增加施用量，则边际产出价值会低于化肥的市场价格，农民便会停止施用。当然，上述情况是化肥的施用不致影响庄稼的生长，并且农民有足够的资金购买化肥的前提下才能进行。

进一步分析，如果农民买到了总量为 80 kg 的化肥，他决不会全部施入稻田地，如果他仅分出 10 kg 施入玉米地，则这 10 kg 化肥的边际产出价值是 2.8 元，而不是 0.6 元。只要玉米地中化肥的边际产出价值高于稻田地化肥的边际产出价值，农民便会不断地将施入稻田地的化肥向玉米地转移。假定农民能够买到 80 kg 化肥，他会在稻田地施 50 kg，在玉米地施 30 kg，这时两块地中化肥的边际产出价值都是 2.4 元。又假定农民有足够的资金可以买更多的化肥，那么他会施入稻田地 80 kg 化肥，施入玉米地 90 kg 化肥，这时，其边际产出价值均达到 0.6 元，恰好与化肥的市场价格相等，农民便会停止化肥的施用，而且认为这种分配使用化肥是最合理且最划算的。所谓资源的最佳分配状态即是不同用途的资源边际产出价值相等时的分配。

(三)影子价格及相关结论

通过上述实例，我们可以归纳如下结论：

(1)某一种资源在用于某一种用途时,其边际产出价值会随其用量的增加呈下降趋势。

(2)某一种资源可以用于各种用途,当各种不同作用所取得的边际产出价值相等时,这种资源处于最佳分配状态,也即此时分配最合理且总体效益最高。

(3)某一种资源的总量一旦确定,其合理分配方案总是存在的。或者可以认为,某一种资源在一定范围内分配使用,经过社会机制的作用总是趋向于合理流动。对资源利用的计划中也应该能够找到这一最佳分配方案。

(4)按照本章上述给出的影子价格的定义,当资源处于最佳分配状态时,也即不同用途的资源所获得的边际产出价值相等时,这个边际产出价值就是这种资源的影子价格。

(5)社会资源量不同,其边际产出价值不同,它的影子价格也不相同。并且随着资源量的增加,相同用途条件下,边际产出价值也即影子价格呈递减趋势。因此,影子价格可以反映资源的稀缺程度。

(6)可以认为,某一种资源的影子价格是这种资源的实际经济价值。市场价格有时与影子价格相符合,这时市场价格反映了这种资源的实际经济价值;而在相当多的情况下,市场价格与影子价格不相符合,这时市场价格并不反映这种资源的实际经济价值。如上例中,当总化肥量为 80 kg 时,影子价格(即边际产出价值)为 2.4 元,与市场价格背离较远;而当总化肥量为 170 kg 时,影子价格恰好与市场价格相等。

(7)当资源有多种用途时,选择一种用途,有时会放弃另一种用途,而放弃用途所失掉的价值即是选择用途的机会成本。例如上例中,农民如果有 80 kg 化肥,最后的 10 kg 如果施入稻田地,便失去了获得施入玉米地应能获得 2.8 元的边际产出价值。这 2.8 元就是农民选择稻田地施肥的机会成本。

(四)影子价格的寻求思路

目前在实际的建设项目评价中,影子价格的寻求是按下述思路进行的:将建设项目设计的各种资源(通称为货物)分成外贸货物、非外贸货物和特殊投入物。外贸货物是指直接或间接影响国家进出口的货物;其影子价格以实际可能发生的口岸价格为基础经修正后确定,具体确定的办法见本节的影子价格修正公式。非外贸货物是指不影响国家进出口的货物,原则上以“用户支付意愿”为基础,根据市场供需情况而定。或按国内市场预测价格计,或用分解成本的办法,将市场预测价格调整为影子价格。

根据联合国工业发展组织向发展中国家推荐的方法,我国现行确定影子价格的方法遵循上述原则,或直接给出口岸价,或给出国家规定的财务价格与调整转换系数。后者根据市场预测价格和转换系数可以直接求算出评价用的影子价格。

二、影子价格的计算方法

1. 市场均衡价格法

从理论上,完善市场经济条件下货物的影子价格等于其市场均衡价格。虽然实际上完善的市场经济条件并不存在,但一般认为,只要排除一些限制条件,如:少数国家的垄断、控制和保护政策等,国际市场价格可以较好地反映货物的真实价值。特别是对外贸货物来说,如能正确确定外汇的国民经济价值,国际市场价格确定代表了单位货物所支付的代价。因此,市场经济不发达国家进行项目国民经济评价时,项目投入物中外贸货物的影子价格可以国际市场价格为基础进行调整来确定。

2. 机会成本分析法

在国民经济评价中,项目占用某种资源的机会成本是指用于项目的这种资源若用于其他最好的替代机会所能获得的效益。当一项目占用了一定量的某种资源时,国民经济被迫放弃把该部分资源用于其他最好的替代用途的机会,从而被迫放弃了可由此替代用途产生的效益。这个被迫放弃的效益就是国民经济为该项目占用这部分资源而付出的代价。因此,机会成本代表了项目占用资源的影子费用,即影子价格×占用量,反映着资源影子价格的大小。

3. 消费者支付意愿法

消费者支付意愿法和机会成本法同属于局部均衡分析法,主要用于确定非外贸货物的影子价格、影子效益或费用。实际上,该方法也适用于其他货物的影子价格的确定。

在项日产出物有效增加了国内市场供应量的情况下,若其供应量不足以大到引起国内市场价格(即完全由供求决定的价格)下降,则消费者支付意愿的度量尺度就是市场价格本身,产出物的影子价格可取市场价格,若其供应量引起了国内市场价格的下降,则消费者支付意愿等于消费者实际支付加增加的消费者剩余,即产出物的影子效益等于消费者支付意愿。

在项目投入物来自挤占对该投入物原用户供应量的情况下,其影子费用等于原用户因此而减少效益的价值,即等于原用户对这部分投入物的支付意愿;在项目投入物来自国内生产量增加的情况下,其影子费用就是增加生产所消耗资源的价值,即等于对这些资源的消费者支付意愿。

4. 成本分解法

成本分解法是将非贸易货物的国内市场价格,分解为各个组成部分,然后根据各种资源的影子价格、换算系数、资金回收系数等进行一系列调整来计算影子价格的一种方法。具体步骤如下:

(1)数据准备。列出该非贸易货物按生产费用要素计算的单位财务成本。主要要素有:原材料、燃料和动力、工资、提取的职工福利费、折旧费、大修理费、流动资金利息支出以及其他支出,对其中重要的原材料、燃料和动力,要详细列出价格、耗用量和耗用金额。调查确定或设定该货物生产厂的建设期、建设期各年投资比例、经济寿命期限及寿命期终了时的固定资产余值。

(2)计算重要原材料、燃料、动力、工资等投入物的影子价格及单位费用。

(3)对固定资产投资进行调整和等值计算。根据建设期各年投资比例,将固定资产投资额分摊到建设期各年年初。

用下式把固定资产投资额计算到生产期初

$$I_F = \sum_{t=0}^{n} I_t(1+i)^{n-t} \tag{10-1}$$

式中 I_t——建设期各年调整后的单位固定资产投资(元);

n——建设期(年);

i——社会折现率(%);

I_F——等值计算到生产期初的单位固定资产投资。

(4)用固定资金回收费用取代财务成本中的折旧费。

设每单位该货物的固定资金回收费用为CR,不考虑固定资产残值回收时为

$$CR = I_F(A/P,i,n) \tag{10-2}$$

考虑固定资产残值回收时为

$$CR = (I_F - S_V)(A/P,i,n) + S_V \times i \tag{10-3}$$

或

$$\mathrm{CR} = (I_F - S_V)(A/F,i,n) + I_F \times i \tag{10-4}$$

式中 S_V——计算期末回收的固定资产残值(元);

n——生产期(年)。

在财务成本中扣除折旧费,代之以固定资金回收费用。

(5)用流动资金回收费用取代财务成本中的流动资金利息。

设每单位该货物的流动资金回收费用为 M_W,则有

$$\mathrm{CR}_W = W \times i \tag{10-5}$$

式中 W——每单位该货物占用的流动资金。

在财务成本中扣除流动资金利息支出,代之以流动资金回收费用。

(6)财务成本中的其他投资项目可不予调整。

(7)完成上述调整后,各项国民经济费用重新计算的总额即为该货物的出厂影子价格。

5. 线性对偶解法

苏联经济学家康特罗维奇和美国经济学家诺贝尔经济学奖获得者库普曼先后用线性规划方法证明:影子价格是资源配置的线性对偶规划的最优解。

线性对偶解法在理论上比较严密,但在实际应用中却十分困难。因此,这种方法只有理论上的意义。

三、影子价格的确定

在计算影子价格时,首先要将项目投入物和产出物进行分类,再进行计算。一般货物的类型分为外贸货物、非外贸货物和特殊投入物三种类型。如果主要影响国家的进出口水平,就划分为外贸货物;如果主要影响国内供求关系,则划分为非外贸货物;特殊投入物主要指劳动力和土地。

(一)贸易货物影子价格的确定

1. 口岸价格法

贸易货物影子价格是以口岸价格为基础,按照各项产出和投入对国民经济的影响,根据各种不同的经济条件进行调整后分别制定的。因此,不同的经济条件下,同一种货物也会有不同的影子价格。其计算公式为

出口货物(产出物)影子价格=离岸价格(FOB)×影子汇率-国内运输-贸易费用 (10-6)

国内运输和贸易费用是在组织产品出口时,所消耗的资源,是出口货物所必需的国民经济费用。因此,出口货物的影子价格应当从外汇收益中扣除这部分国民经济费用,而按净收益计算。

进口货物(投入物)影子价格=到岸价(CIF)×影子汇率+国内运输+贸易费用 (10-7)

国内运费和贸易费用是进口所必需的国民经济费用,所以要作为进口投入物影子价格的一部分。

投资项目使用可出口货物(投入物)的影子价格=离岸价格×影子汇率-从供应者到最近口岸的国内运费和贸易费用+从供应者到投资项目所在地的国内运费和贸易费用 (10-8)

当出口货物转为国内使用时,国民经济损失的是离岸价格扣除供应者到口岸的国内运费

和贸易费用后的净收益，这部分该作为投资项目使用该货物的国民经济费用。出口货物由于拟建投资项目而不再出口，应当再加上从供应者到投资项目所在地的国内运费和贸易费用作为影子价格的一部分。

替代进口货物（产出物）的影子价格=到岸价格×影子汇率+
从购买者到最近口岸的国内运费和贸易费用-
从购买者到投资项目所在地的国内运费和贸易费用　（10-9）

从购买者到口岸的国内运费和贸易费用是货物进口时必需的国民经济费用，应该是影子价格的一部分。由于货物不再出口了，这部分成本就成为投资项目产出的国民经济收益。同时要减去对内销售该货物必须消耗的国内运费和贸易费用，得到该产出物的净收益。

2. 换算系数法

在实际工作中，根据资料测算，取各个贸易货物的换算系数来测算其影子价格。换算系数是调整所得到的影子价格同国内市场价格的一个估计平均比率。利用换算系数法可以简化计算，只要将国内市场价格乘以换算系数，就能调整为影子价格。

$$换算系数=\frac{调整后的影子价格}{国内市场价格} \tag{10-10}$$

对于不同的货物，由于价格差异，因此可采用不同的换算系数。

（二）非贸易货物影子价格的确定

非贸易货物是指生产或使用不影响国家进口或出口的货物。主要包括："天然"的非贸易货物，如基础设施、商业的产品和服务等；由于受到特定条件（如运输费过高或受国外贸易政策制约等）限制而不能进出口的货物。非贸易货物的影子价格计算原则和方法如下：

（1）增加国内市场供应量的项目产出物，先定价再计算为出厂价格。定价原则和方法是：对于供求均衡的货物，按财务价格定价；对于供不应求的货物，参照国内市场价格并考虑价格变化的趋势定价，但不应高于相同质量产品的进口价；对于无法判断供求关系情况的，取上述价格中较低者。

（2）替代国内原生产企业部分或全部生产的项目产出物，先按下述定价原则和方法定价，再计算为出厂价格：对质量与被替代产品相同的，可按被替代企业相应产品的可变成本分解定价；提高产品质量的，原则上按被替代产品的可变成本分解加提高产品质量而来的国民经济效益定价。其提高产品质量带来的效益可近似按国际市场价格与被替代产品的价格之差确定。

（3）通过原有企业挖潜（即不增加投资）供应的项目投入物，按可变成本分解定价后计算为到厂价格。

（4）挤占对原用户供应量来供应项目的投入物，参照国内市场价格、国家统一价格加补贴中较高者定价后计算为到厂价格。

（5）由增加投资扩大生产规模供应的项目投入物，按全部成本分解定价后计算为到厂价格。当难以获得分解成本所需资料时，可参照国内市场价格定价后计算为到厂价格。

（三）特殊投入物影子价格的确定

特殊投入物主要指劳动力、土地和自然资源。

1. 影子工资的计算方法

劳动力作为一种资源，被项目使用之后，社会就要为此付出代价，通常用影子工资来表示这种代价。影子工资就是投资项目工资成本的影子价格,也就是劳动力的影子价格。影子工资是指该投资项目所雇用的工人在没有该投资项目的情况下,从事其他工作而对国民经济的贡献,也就是要计算劳动力为本投资项目提供劳务而使整个国民经济为此付出的代价。影子工资有机会成本法和净劳工国民经济费用法两种。

(1)机会成本法

劳动力的机会成本是指项目所用的劳动力如果不用于该项目而在其他生产经营活动中所能创造的最大效益。他与劳动力的技术熟练程度和供求关系状况有关,技术熟练程度要求高的,稀缺的劳动力,其机会成本高,反过来机会成本低。劳动力的机会成本是影子工资的主要组成部分。

(2)净劳工国民经济费用法

$$\text{净劳工国民经济费用}=\text{成本}-\text{收益} \tag{10-11}$$

其中,成本是因人工增加,社会需要支付的城市基本设施等建设费用,即社会建设成本的增加量;收益是指整个社会所得的净国民经济效益,即因人工增加,工人消费的增加量,也可以理解为人工个人消费水平与人工的边际生产力之差。

2. 土地国民经济费用的计算方法

我国的土地分为城市土地和农村土地。城市土地很大程度上存在由市场形成的交易价格,市区内的土地、城市郊区的土地可以采用市场价格测定影子价格。农村的土地按照机会成本的方法测定影子价格。投资项目使用农村土地的国民经济费用,由土地的机会成本和因土地转变用途而发生的新增资源消耗两部分组成。

$$\text{土地的国民经济费用}=\text{土地机会成本}+\text{新增资源消耗} \tag{10-12}$$

土地机会成本按照投资项目占用土地而使国家为此损失的该土地“最好可替代用途”的净国民经济效益计算。其计算公式如下

$$\mathrm{OC} = \mathrm{NB}_0(1+g)^{\tau+1} \times \frac{1-(1+g)^n(1+i)^{-n}}{i-g} \tag{10-13}$$

式中　OC——土地机会成本;

NB_0——测算年土地的“最好可替代用途”的年净效益;

n——项目占用土地年限;

τ——测算基年距项目占用土地开始年(一般为建设开始年)的年数;

g——土地最好可替代用途年净效益的平均增长率;

i——社会折现率。

新增资源消耗主要包括拆迁费和人口安置费。

四、影子汇率

影子汇率即外汇的影子价格,反映从国家角度对外汇真实价值的估量。它在项目国民经济评价中用于外汇与人民币之间的换算,同时也是经济换汇或节汇成本的判据,是项目国民经济评价的重要通用参数。影子汇率取值的高低,直接影响项目(或方案)比选过程中的进出口抉择,影响对产品进口替代型项目和产品出口型项目的决策。

影子汇率换算系数是影子汇率与国家外汇牌价的比值系数。影子汇率换算系数由国家统一测定发布。在项目评价中,用国家外汇牌价乘以影子汇率换算系数得到影子汇率。即

$$\text{影子汇率}=\text{国家外汇牌价}\times\text{影子汇率换算系数}$$

第四节　国民经济评价指标和报表

国民经济评价包括费用效益流量分析和外汇效果分析。费用效益流量分析的主要指标是经济内部收益率和经济净现值。产品出口创汇及替代进口节汇的项目，还要进行外汇效果分析，计算经济外汇净现值、经济换汇成本和经济节汇成本等指标。此外，还要根据需要和可能计算间接费用和间接效益，纳入费用效益流量中，对难以量化的间接费用、间接效益应进行定性分析。总之，项目的国民经济评价结果主要是通过编制的国民经济评价报表和根据报表计算的各项指标来确定和表述的。

一、国民经济评价报表

国民经济评价的报表可分为基本报表和辅助报表。

（一）基本报表

1. 国民经济效益费用流量表（全部投资）

表 10-2 以全部投资为计算基础，考察项目全部投资对国民经济的净贡献，用来计算全部投资经济内部收益率、经济净现值等指标，并据此判别项目的经济合理性。

表 10-2　国民经济效益费用流量表（全部投资）　（单位：万元）

序号	项目	合计	计算期				
			1	2	3	…	n
1	效益流量						
1.1	产品销售（营业）收入						
1.2	回收固定资产余值						
1.3	回收流动资金						
1.4	项目间接效益						
2	费用流量						
2.1	建设投资*（不含建设期利息）						
2.2	流动资金						
2.3	经营费用						
2.4	项目间接费用						
3	净效益流量（1-2）						
计算指标：经济内部收益率（EIRR）： 经济净现值（ENPV）：							

注：* 生产经营期发生的更新改造投资作为费用单独列项或列入建设投资项中，若单独列项，表中还需在费用流量下增加一行“更新改造投资”。

2. 国民经济效益费用流量表（国内投资）

表 10-3 以国内投资作为计算基础，将国外借款利息和本金的偿付作为费用流出，用来计算国内投资经济内部投资收益率、经济净现值等指标，并被作为外资项目经济评价和方案比选的依据。

表 10-3 国民经济效益费用流量表(国内投资) (单位:万元)

序号	项目	合计	计算期				
			1	2	3	…	n
1	效益流量						
1.1	产品销售(营业)收入						
1.2	回收固定资产余值						
1.3	回收流动资金						
1.4	项目间接效益						
2	费用流量						
2.1	建设投资*(不含建设期利息)						
2.2	流动资金中国内资金						
2.3	经营费用						
2.4	流至国外资金						
2.4.1	国外借款本金偿还						
2.4.2	国外借款利息偿还						
2.4.3	其他						
2.5	项目间接费用						
3	国内投资净效益流量						
计算指标:经济内部收益率(EIRR): 经济净现值(ENPV):							

3. 经济外汇流量表

表 10-4 适用于涉及出口创汇或替代进口节汇的项目,反映各年净外汇流量和净外汇效果,用来计算经济外汇净现值、经济换汇成本或节汇成本,衡量项目对国家外汇的净贡献以及国际上的竞争力。

表 10-4 经济外汇流量表 (单位:万元)

序号	项目	合计	建设期			投产期		达产期	
			1	2	3	4	5	6	…
	生产负荷								
1	外汇流入								
1.1	产品替代进口收入								
1.2	外汇借款								
1.3	其他外汇收入								
2	外汇流出								
2.1	固定资产投资中外汇支出								
2.2	进口原材料								
2.3	进口零部件								
2.4	支付技术转让费								
2.5	偿付外汇借款本金利息								

续上表

序号	项目	合计	建设期			投产期		达产期	
			1	2	3	4	5	6	…
2.6	其他外汇支出								
3	净外汇效果								
计算指标:经济外汇现值($ENPV_F$):									
经济节汇成本:									

(二)辅助报表

国内资源流量表作为国民经济评价的辅助报表,它反映项目为生产出口创汇产品或替代进口产品所付出的国内资源流量,用来辅助计算经济换汇成本或节汇成本,见表 10-5。

表 10-5　国内资源流量表　(单位:万元)

序号	项目	合计	建设期			投产期		达产期	
			1	2	3	4	5	6	…
	生产负荷								
1	建设投资中的国内资金								
2	流动资金中的国内资金								
3	经营费用中的国内资金								
4	其他国内投入								
5	国内资源流量合计								
计算指标:国内资源流量现值:									

二、分析指标

(一)费用效益流量分析指标

1. 经济内部收益率(EIRR)

经济内部收益率是反映项目对国民经济所作净贡献的相对指标。是使项目计算期内的经济净效益流量的折现值累计等于零时的折现率。其表达式如下

$$\sum_{t=1}^{n}(B-C)_t(1+\mathrm{EIRR})^{-t}=0 \tag{10-14}$$

式中　B——效益流量;

C——费用流量;

$(B-C)_t$——第 t 年的净效益流量;

n——计算期。

一般情况下,经济内部收益率大于或等于社会折现率的项目表明其对国民经济的净贡献能力超过或达到要求的水平,并据此判断项目是可以被考虑接受的。

2. 经济净现值(ENPV)

经济净现值是反映项目对国民经济所作贡献的绝对指标。是用社会折现率将项目计算期内各年的净效益流量折算到建设期初的现值之和。当经济净现值大于零时,表示国家为拟建项目付出代价后,除得到符合社会折现率的社会盈余外,还可以得到以现值计算的超额社会盈

余。其表达式如下

$$ENPV = \sum_{t=1}^{n}(B - C)_t(1 + i_s)^{-t} \tag{10-15}$$

式中 i_s——社会折现率；

其他符号含义同上。

一般情况下,经济净现值大于或等于零的项目在国民经济上是可以被考虑接受的。

(二)外汇效果分析指标

1. 国民经济外汇净现值($ENPV_F$)

国民经济外汇净现值是评价项目对国家外汇收支影响的重要指标,用以衡量项目对国家外汇的真实净贡献(创汇或节汇)和净消耗(用汇)。其公式为

$$ENPV_F = \sum_{t=1}^{n}\frac{(FI - FO)_t}{(1 + i_s)^{-t}} \tag{10-16}$$

式中 FI——效益流量；

FO——费用流量；

$(FI-FO)_t$——第 t 年的净效益流量；

n——计算期。

当产品按替代进口计算时,应按净外汇效果计算经济外汇净现值。

一般情况下,国民经济外汇净现值大于或等于零的项目,从外汇获得或节约的角度看,是可以被考虑接受的。当 $ENPV_F>0$ 时,说明对国家外汇收支有净贡献；当 $ENPV_F=0$ 时,说明该投资项目对于国家外汇收支没有损耗。

2. 直接外汇效益分析指标

直接外汇效益分析,可以计算投资项目投产后正常年度的投资创汇率,也可以用现值法计算整个投资项目计算内全部外汇收支的净现值。主要评价指标有百元投资创汇额、经济换汇成本和经济节汇成本等指标。

(1)百元投资创汇额

百元投资创汇额是指反映投资项目投资总额与投资项目在寿命期内创汇总额的比例关系。其计算公式为

$$\text{百元投资创汇额(美元)} = \frac{\text{外汇净收益(美元)}}{\text{项目投资总额(百元人民币)}} \tag{10-17}$$

式中,外汇净收益等于投资项目寿命期内产品销售的外汇收入额减去各种外汇支出费用的余额。

(2)经济换汇成本

经济换汇成本是指项目在计算期内为生产出口产品而投入的国内资源现值(用影子价格计算,单位:元)与生产出口产品经济外汇净现值(单位:美元)之比,亦即换取 1 美元外汇(现值)所需要的人民币金额(现值)。它是分析、评价项目实施后在国际上的竞争力,进而判断其产品应否出口的指标。其计算公式为

$$\text{经济换汇成本} = \frac{\sum_{t=1}^{n} DR_t(1 + i_s)^{-t}}{\sum_{t=1}^{n}(FI' - FO')_t(1 + i_s)^{-t}} \tag{10-18}$$

式中　DR_t——项目在第 t 年为生产出口产品投入的国内资源的经济价值(包括投资、原材料、工资、其他投入和贸易费用等);

FI'——出口产品的外汇流入;

FO'——生产出口产品的外汇流出(包括应由出口产品分摊的投资与经营费用中的外汇部分);

其他符号同上。

(3)经济节汇成本

当产品按替代进口考虑时,应计算经济节汇成本,即节约 1 美元外汇(现值)所需要的人民币金额。它等于项目计算期内生产替代进口产品所投入的国内资源的现值与生产替代进口产品的经济外汇净现值之比,其公式为

$$\text{经济换汇成本} = \frac{\sum_{t=1}^{n} DR'_t (1+i_s)^{-t}}{\sum_{t=1}^{n} (FI''-FO'')_t (1+i_s)^{-t}} \tag{10-19}$$

式中　DR'_t——项目在第 t 年为生产替代进口产品所投入的国内资源的经济价值;

FI''——生产替代进口产品所节约的外汇;

FO''——生产替代进口产品的外汇流出;

其他符号同上。

经济换汇成本或经济节汇成本(元/美元)小于或等于影子汇率时,表明项目产品的出口或替代进口是有利的。

第五节　国民经济评价案例

一、背景材料

某新建项目拟用原料 A 和 B,生产紧俏产品 C 供应国外市场。建设期 2 年,生产期 10 年,固定资产投资在建设期分年等额投入。第三年投产,生产负荷达到 100%。流动资金从第三年起分两年等额投入。计算期末回收固定资产余值 3 252 万元。2016 年开工,投资具体数据见表 10-6。该项目共占用农田 200 亩(非基本农田),基年(2014)土地最大单位面积经济净效益为 754 元/亩,计算期内年净效益增长率 $g=3\%$,土地费用中新增资源消耗与机会成本大小相当。

表 10-6　投资基础数据

序号	项目	人民币(万元)	外币(万美元)
1	固定资产投资	24 705	3 293
1.1	建筑工程	3 865	
1.2	设备	12 532	2 115
1.3	安装工程	6 352	926

续上表

序号	项目	人民币(万元)	外币(万美元)
1.4	其他费用	1 956	252
	其中:土地费用	685	
2	建设期利息	2 033	
3	流动资金	9 630	

原料 *A* 为外贸货物,其到岸价为 862 美元/t,年耗用量为 2.455 万 t;原料 *B* 为非外贸货物,经测定,影子价格为 6 684.538 元/t,年耗用量 1.68 万 t。产出物 *C* 为外贸货物,其离岸价为 2 620 美元/t,年销量 2.85 万 t。

该项目年耗用电力 6 532.4 万度,年耗用煤 4.5 万 t,年耗用水 450 万 t。

为简便计算,国民经济评价中已经调整过的项目有:设备购置费和安装工程费的人民币部分,其他费用中除土地费用外的人民币部分,以及流动资金、年工资及福利费 350 万元、年修理费 1 500 万元以及年其他费用 900 万元等。

其他已知数据如下:外汇牌价按 1 美元=5.48 元人民币,影子汇率换算系数为 1.08,贸易费率为 6%(贸易费用国内支付人民币),国内运费为 80 元/t。建筑工程费用影子价格换算系数为 1.1。电力影子价格为 0.22 元/度,煤影子价格为 133.05 元/t,水影子价格为 0.6 元/t。社会折现率为 12%。

试对该项目进行国民经济评价,并计算评价指标 EIRR 和 ENPV,见表 10-7 ~ 表 10-9 分析。

二、国民经济评价

(1)根据财务数据进行投资费用调整,土地费用中新增资源消耗和土地机会成本相等,投资费用调整见表 10-7。

表 10-7 国民经济投资费用调整表

序号	项目	财务评价			国民经济评价		
		人民币(万元)	外币(万美元)	合计	人民币(万元)	外币换算为人民币	合计(万元)
1	建设投资	24 705	3 293		24 639	19 489	44 128
1.1	建筑工程费	3 865			4 251.5		4 251.5
1.2	设备费	12 532	2 115		12 532	12 517	25 049
1.3	安装工程费	6 352	926		6 352	5 480.4	11 832
1.4	其他费用(除土地费用)	1 271	252		1 271	1 491.4	2 762.4
1.5	土地费用	685			232.18		232.18
2	建设期利息	2 033					
3	流动资金	9 630			9 630		

(2)按影子价格计算经营费用,经营费用见表 10-8。

表 10-8　经营费用计算

序号	项目	单位	年耗用量	影子价格	年费用（万元）
1	外购原料				
1.1	原料 A	万 t	2.455	5 465.09	13 417
1.2	原料 B	万 t	1.68	6 684.54	11 230
2	外购燃料及动力				
2.1	电力	万度	6 532.4	0.22	1 437.1
2.2	煤	万 t	4.5	133.05	598.73
2.3	水	万 t	450	0.6	270
3	工资及福利费				350
4	年修理费				1 500
5	其他费用				900
合计					29 703

(3)编制国民经济效益费用流量表,见表 10-9。

表 10-9　国民经济效益费用流量表　（单位:万元）

序号	项目	建设期		生产期			
		1	2	3	4	5	6
1	效益流量	0.00	0.00	41 509.54	41 509.54	41 509.54	41 509.54
1.1	销售收入			41 509.54	41 509.54	41 509.54	41 509.54
1.2	回收固定资产余值						
1.3	回收流动资金						
1.4	项目间接效益						
2	费用流量	22 063.98	22 063.98	34 517.66	34 517.66	29 702.66	29 702.66
2.1	建设投资	22 063.98	22 063.98				
2.2	流动资金			4 815.00	4 815.00		
2.3	经营费用			29 702.66	29 702.66	29 702.66	29 702.66
2.4	项目间接费用						
3	净效益流量	−22 063.98	−22 063.98	6 991.88	6 991.88	11 806.88	11 806.88

序号	项目	生产期					
		7	8	9	10	11	12
1	效益流量	41 509.54	41 509.54	41 509.54	41 509.54	41 509.54	54 391.54
1.1	销售收入	41 509.54	41 509.54	41 509.54	41 509.54	41 509.54	41 509.54
1.2	回收固定资产余值						3 252
1.3	回收流动资金						9 630
1.4	项目间接效益						
2	费用流量	29 702.66	29 702.66	29 702.66	29 702.66	29 702.66	29 702.66
2.1	建设投资						

续上表

序号	项目	生产期					
		7	8	9	10	11	12
2.2	流动资金						
2.3	经营费用	29 702.66	29 702.66	29 702.66	29 702.66	29 702.66	29 702.66
2.4	项目间接费用						
3	净效益流量	11 806.88	11 806.88	11 806.88	11 806.88	11 806.88	24 688.88
计算指标:经济内部收益率 EIRR = 17.95%,经济净现值(i = 12%) ENPV = 12711.99							

从表 10-9 的计算指标 EIRR 和 ENPV 可见,ENPV>0,EIRR>i_s,所以该项目国民经济评价可行。

思考题与习题

1. 简述国民经济评价和财务评价的不同点。

2. 某企业目前年销售收入为 4 000 万元,年经营成本为 3 000 万元,财务效益较好。现计划从国外引进一套设备进行改扩建。该设备的离岸价格为 150 万美元,海上运输及保险费为 18 万美元,运到中国口岸需要缴纳如下费用:(1)关税为 40.5 万元;(2)国内运输费用为 14.8 万元;(3)贸易手续费费率为 3.5%;(4)增值税及其他附加税费 88.5 万元。通过扩大生产规模,该企业年销售收入可增加到 5 600 万元,年经营成本提高到 4 800 万元。设备投资假定发生在初期,当年即投产运营。

该企业生产的产品为市场竞争类产品,国民经济评价产出物的影子价格与市场销售价格一致。在经济成本的计算中,包含国家环保部门规定的每年收取 200 万元的排污费。该企业污染严重,经济及环境保护专家通过分析认为,该企业排放的污染物对国民经济的实际损害应为销售收入的 10% 才合理。经营成本其余部分及国内运输费用的国民经济评价的计算结果与财务评价相同。

市场研究表明,该产品还可以在市场上销售 5 年,5 年后停产。第 5 年末进口设备残值为 55 万元,并可以此价格在国内市场售出。如果决定现在实施项目,原有生产一部分设备可以 100 万元的资产净值在市场售出。设备的国民经济评价影子价格与市场出售价格相同。本企业的财务基准收益率为 10%,社会折现率为 10%,美元兑人民币官方汇率为 1∶7.9,影子汇率换算系数为 1.08。

问题:

(1)用财务净现值法,从财务评价的角度分析此项目是否可行。

(2)用经济净现值法,从国民经济评价的角度分析此项目是否可行。

3. 某省拟建一机场,财务评价中固定资产投资估算见表 10-10,试分析此项目是否可行。

表 10-10 固定资产投资估算表

费用名称	财务投资	费用名称	财务投资
建设投资	47 363	工程建设其他费中的土地费用	880
建筑工程	35 400	基本预备费(8%)	3 113
设备	4 530	建设期价差预备费	
安装工程	420	建设期利息	650
工程建设其他费用	3 250	合计	47 363

现设定:(1)社会折现率为10%;(2)建筑费用按三材的影子价格对财务评价估算予以调整,换算系数平均为1.1;(3)安装工程影子价格换算系数平均为1.2;(4)设备影子价格换算系数平均为1.03;(5)工程建设其他费调整后国民经济费用为2 280万元(不包括土地费用);(6)该项目征地1.66 km^2,农作物年净收益140元/km^2,年递增率5%,使用年限25年;该项目的新增资源消耗估算为410万元;(7)基本预备费调整为3 500万元。

第十一章　价值工程

价值工程(VE)又名价值分析(VA),起源于美国。第二次世界大战期间,美国军事工业迅速膨胀,生产中浪费现象严重,市场上的供应材料不足,在此情况下,有的企业为了解决原材料短缺问题,被迫采用了一些代用材料。事后他们发现,只要代用材料选用得当,不但可以保证产品的技术性能,而且可以使产品的生产成本大为降低。价值工程的创始人麦尔斯(L. D. Miles)在主持通用电气公司的采购部门工作期间,对如何选择代用材料、如何搞好外协加工等问题,作了系统的研究和分析。麦尔斯发现,用户购买某种物品,不是要买某种物品本身,只是为了要获得它的"功能"。

所谓功能,在价值工程中有着广泛的含义。对于物品来讲,功能就是它的用途或效用;对于作业或方法来讲,就是它们所起的作用或要达到的目的;对于人来讲,就是他应当完成的任务;对于企业来讲,就是它应为社会提供的产品和效益。麦尔斯在这里所说的功能,是专指物品而言的。人们购买物品的目的,仅仅是为了获得它的功能,此外再无别的目的。因此,不同的物品只要具备人们所需要的同一功能,那么它们之间就是完全可以相互代换的。

再进一步分析又会发现,各类具有相同功能的物品,其价格未必相同,绝大多数是不相同。以能源为例,如烟煤、无烟煤、油类、天然气、沼气、电能、风能、太阳能等,他们提供一大卡热量的费用是不会完全相同的。如果我们根据自己的条件,选择一种资源丰富而价格低廉的能源加以利用,就是最合理的。以最少的费用换取需要的足够的功能,这就是价值工程的基本思想。麦尔斯运用这一思想,对本公司的产品进行了系统的分析,从设计到材料进行了一系列改进,取得了显著的经济效果,1947 年他以价值分析为题发表了他的方法,后来他将这种价值分析不断完善。1954 年被美国海军船舶局采用,海军船舶局从舰船的设计阶段开始,即用价值分析的思想指导设计工作,为突出其工程含义而改称为价值工程(VE)。价值分析侧重于老产品的改进,价值工程侧重于新产品的开发。由于二者的原理相同,以后逐渐不加区分了,因此价值工程与价值分析是可以通用的。

自工业革命以来,人们一直追求提高生产效率和产品质量的途径和方法。20 世纪初,美国人泰勒通过研究发现,通过组织生产线、确定合理的生产量、安排合理的生产过程等管理方法可以达到提高产品产量,确保质量,降低成本的目的。这种管理方法将人、设备、材料、能源等归纳到一个工作系统中进行改善,使工业生产取得了革命性的阶段变化。经过发展和系统化,这种管理技术发展成为工业工程(Industrial Engineering),简称 IE 技术。IE 能促进生产方法的进步,有效地降低成本。

1920 年,美国人修哈特从提高产品质量、科学利用资源、减少消耗、降低成本的角度出发,提出了质量管理(Quality Control,QC)概念。QC 是将管理图、因果分析图、巴雷特图等科学的统计方法系统化后,结合相应的技术水平,为保质保量地制造产品提供了过程保障。

IE 和 QC 均以产品设计的技术条件为前提,力求无浪费地生产,以取得更大的效益。显然,其降低成本与增加效益有一定的限度。要想大幅度地降低成本,就必须修改设计图纸,站在用户的立场上重新审查产品设计，消除那些无效设计或过剩设计，可靠地实现产品或作业的必要功能。

价值工程就是从用户要求的功能出发，通过对现有产品的功能进行分析，消除产品材质选择、结构、技术要求、功能等不必要及不合理的因素，在 IE 和 QC 的基础上进一步降低成本。据统计，在应用了价值工程的项目中，往往能够降低 20% ~ 40% 的成本，同时能够确保用户要求的功能不变，效果显著。价值工程是继工业工程和质量管理之后出现的一种新的管理方法，已被公认是一种行之有效的现代管理技术。它不仅可以用于开发新产品、新工艺；也可以用于专用设备的设计制造、设备更新改造和重点设备的修理组织等方面。图 11-1 给出了应用 IE、QC 和 VE 技术降低成本的范围和关系。

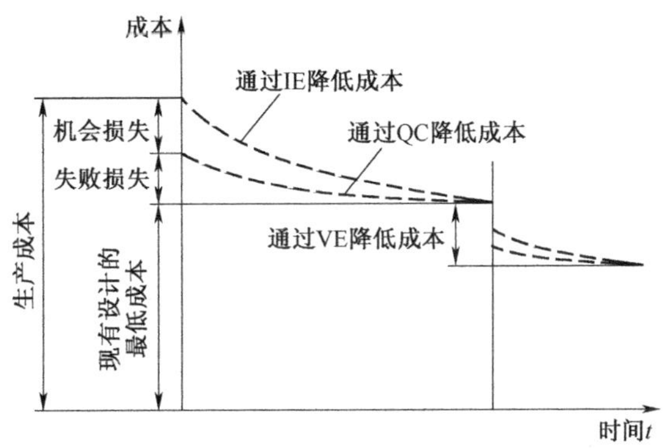

图 11-1　应用 IE、QC 和 VE 技术降低成本的范围和关系

第一节　价值工程的基本原理

一、价值工程的定义

价值工程就是以最低的寿命周期为成本，可靠地实现产品的必要功能，着重于功能分析的有组织的活动，这是价值工程的广义定义。仅从设备管理的角度考虑，价值工程是在满足设备所需性能、可靠性和维修性的前提下，使总费用达到最小的一种系统方法。

价值工程中的“价值”，不同于政治经济学中的商品价值。在这里，价值是作为一种“尺度”提出来的，即“评价事物（工程项目、产品或作业）有益程度”的尺度。相对而言，价值高，说明有益程度高、效益大、好处多；价值低，说明有益程度低、好处不大。这一概念在人们的生活中是不乏其例的。当作某事欠妥时，有人会说：“做这件事毫无价值”，此时“价值”二字的含义，显然是价值工程中的价值概念。再如人们购买物品时总要考虑一下它能做什么用，质量如何？花这么多钱买它值不值得？假如功能完全一样，而价格不同的两种商品可供选择，人们就会认为价格低的那种商品的价值高，也就愿意买它。由此可见价值工程中的价值是个相对的值，它是产品功能与实现此功能的成本的比值。

功能和成本的关系，可用图 11-2 说明。对于一个产品来说，随着功能水平的提高，成本通常也会相应的增加。当功能处于一般水平时，成本增加的幅度可能是不大。但当功能提高到一定水平之后（图中的 P 点），再继续提高功能，则可能引起成本的急剧增长。

价值工程的一般表达式为

$$V = F/C \tag{11-1}$$

式中 V——表示价值系数；

F——表示价值化了的功能；

C——表示寿命周期成本。

从设备管理角度考虑，则 V 表示设备或某项维修作业的特定价值；F 表示设备或维修作业的功能；C 表示设备或维修作业的成本。

从工程项目角度考虑，则 V 表示工程项目的价值；F 表示工程项目所具有的功能；C 表示工程项目建设、运行和维护的成本费用。

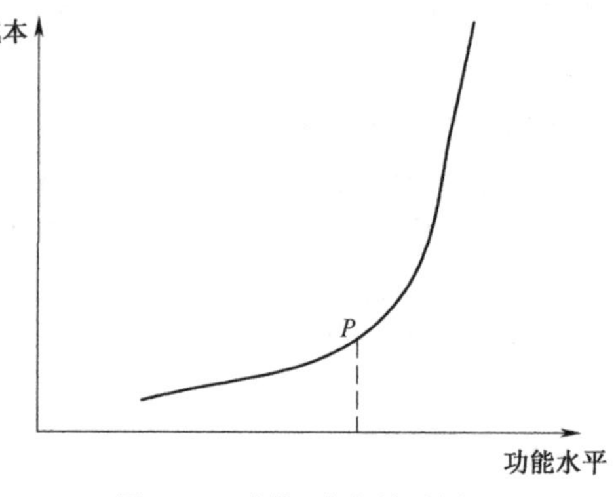

图 11-2 功能、成本关系图

二、价值工程的特点

价值工程作为降低产品成本(相对产品必要功能而言)的管理技术，有其自身的特点，主要体现在以下 3 个方面：

(1)价值工程是以提高产品价值为目的的。也就是用最低的寿命周期成本实现必要的功能，使用户和企业都得到最大的经济利益。因此，价值工程不是单纯降低费用，而是以满足用户要求为前提，在保证产品必要功能和质量的条件下，以最低的寿命周期费用使产品具有这种功能。

(2)价值工程是以功能分析为核心的。价值工程不是通过一般性措施来降低成本，而是通过对功能的系统分析，找出存在的问题，提出更好的方法来实现功能，从而达到降低成本的目的。这样降低成本，就有了可靠的依据，方法也更科学，因而也就能取得比较大的成果。

(3)价值工程是一种依靠集体智慧所进行的有组织、有领导的系统活动。利用价值工程研究提高产品的价值，要涉及整个生产过程和各部门、各单位的工作，因此必须依靠全体职工，有计划、有组织地进行。

三、提高价值的途径

价值工程的目的，就是尽可能提高工程项目、设备或维修作业的价值。从图 11-3 中可以看出功能、成本、销售收入和利润之间的大致关系。

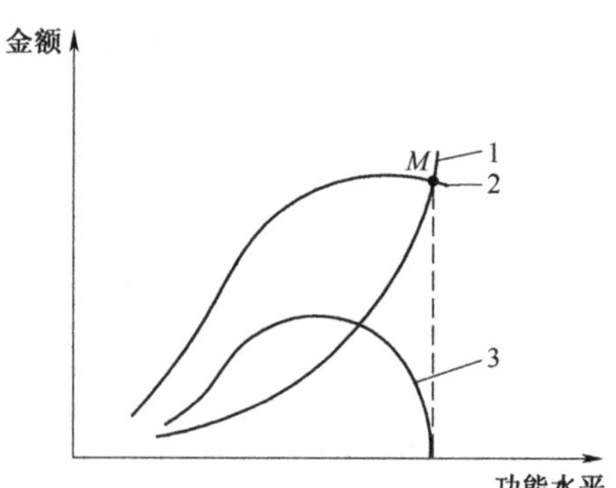

图 11-3 功能、成本、销售收入和利润之间的大致关系图

1—功能成本；2—功能的销售收入额；3—功能利润

图 11-3 中曲线 1 功能成本，表示随着产品功能水平的提高成本变化的一般趋势。曲线 2 表示功能的销售收入额。随着产品功能的提高，销售收入将有所增加。但当达到一定水平后，由于成本巨增而价格相应提高，从而导致销售收入的逐渐下降。曲线 1 和 2 相交于 M 点，说明这时销售收入额和成本是相等的，而利润等于零了。曲线 3 为功能利润的变化情况。从图 11-3 中可以看出利润高峰区既不在功能最底处，也不在功能特高处，而是在某一个最佳匹配范围，这个范围正是设计工作者和经营

管理工作者探索和追求的目标。

从价值工程的一般表达式可以看出,提高特定价值的途径有以下 5 个途径:

(1)功能不变,用降低成本的方法提高价值 $\uparrow V = \dfrac{F}{C\downarrow}$

(2)成本不变,用提高功能的方法提高价值 $\uparrow V = \dfrac{F\uparrow}{C}$

(3)既提高功能又降低成本,这是提高价值的是最佳方法 $\uparrow V = \dfrac{F\uparrow}{C\downarrow}$

(4)小幅度提高成本,大幅度提高功能的方法来提高价值 $\uparrow V = \dfrac{F\uparrow\uparrow}{C\uparrow}$

(5)小幅度降低功能,大幅度降低成本的方法来提高价值 $\uparrow V = \dfrac{F\downarrow}{C\downarrow\downarrow}$

要想实现价值工程中的目标,要求同功能的物品有可替代性。如人们日常饮水是为了维持机体的正常代谢功能,只要能满足这一功能的水均可作为饮用水。因此自来水、矿泉水、纯净水作为饮用水有可替代性(即同功能不同价)。人们正常的日饮水量一般不超过 5 L,由此可见人均日用水量的大部分是作为其他生活用水,综合考虑日常用水的功能、用量、价格,就提出了分质供水的要求,而分质供水的核心就体现了价值工程的基本思想,即以最少的费用(成本)获取所需的产品的功能。完成同样功能,所消耗的费用最少,就是价值工程所追求的目标。

同一种物品中,对生产者和消费者来讲其价值高低有不同的取向。

从企业角度考虑,产品的价值是他从产品消费中所获得的收入与成本(费用)之比,即

$$V_{企} = \frac{销售收入}{成本费用} \tag{11-2}$$

而对消费者来说,某种商品的价值是商品的使用功能与消费者所支付的费用之比,即

$$V_{消} = \frac{产品功能}{支付费用} \tag{11-3}$$

若省略商品的中间流通环节,对同一产品,可以认为生产者的销售收入等于消费者支付费用,即

生产者的销售收入=消费者支付费用

由式(11-2)、式(11-3)得

$$V_{企} = \frac{\dfrac{产品功能}{V_{消}}}{成本费用} = \frac{1}{V_{消}} \cdot \frac{产品功能}{成本费用} = \frac{1}{V_{消}} \cdot V \tag{11-4}$$

式(11-4)中,$V = \dfrac{产品功能}{成本费用}\left(\dfrac{功能}{费用}\right)$ 就是产品的价值系数。

由式(11-4)不难看出,产品对生产者和使用者的价值成反比关系,是矛盾的。双赢的做法只有提高产品的价值系数 V。$V=F/C$ 将生产者和消费者的利益统一起来,只要对功能和成本进行适当的定量,便可得到大家满意的结果。由此可见,价值工程并不单纯追求降低成本,也不片面追求提高功能,而是要求提高功能和成本之间的合理比值。

价值工程是从分析价值,功能和成本的关系入手,通过群众性的创造活动,在保证必要功

能的前提下,降低成本,提高价值。

价值工程的应用的确能提高质量、提升绩效;减少总寿命周期成本;使生产、设计过程的浪费下降到最低水平;简化功能并提高功能的可靠性;辨识生产过程中的隐患,并找出解决办法。根据工程项目划分的实施阶段,价值工程研究的最佳时间应该在项目的设计阶段,即价值工程研究应于资金款项投入生产使用之前先进行。另外,价值工程技术的执行依赖团队工作与创造性理念。

据日本资料显示,日本工人提出的改进方案一般能降低成本的5%,经过培训的技术人员的提案,一般能降低成本的10%~15%,而有组织的VE活动可降低成本的30%,甚至更高。有组织地开展活动是价值工程的一个重要环节和显著特点。

第二节　价值工程的程序及方法

一、选择对象

开展价值工程首先要确定对象。VE的对象就是生产中存在的问题,包括产品和工作过程。能否正确选择VE对象是关乎VE活动收效大小、成败的关键。

1. 选择VE对象的一般原则

根据企业发展方向、经营目的、存在的问题,以提高生产率、提高产品质量、降低成本、提高经济效益为目标。应重点考虑:

(1)对国计民生及实现企业经营目标影响较大的产品;

(2)社会需求量大、竞争激烈及有良好的发展前景的产品;

(3)结构复杂、零件较多的产品,工艺、生产技术落后、在同类产品中技术指标较差的产品;

(4)情报资料易收集齐全,投入较少且收效快的产品及设计生产周期短的产品;

(5)成本高的产品及占产品成本比重大的零部件,价格较贵且有代用可能的零部件及成品率较低的产品和零部件;

(6)用户意见大、退货多及功能差的产品;

(7)产量大的产品。

2. 选择VE对象的方法

选择VE对象的方法很多,主要有ABC分析法和强制确定法。

(1)ABC分析法

众所周知,每台设备都由零部件组成,在对设备进行设计制造、现代化改装以及维修时,要对全部零部件作价值分析既无必要,也不经济。通常,占设备总造价80%左右的零部件其数量只占总量的20%~30%。因此,必须采用一种方法找出这部分价值高的零部件作为价值工程的改进对象,这就是通常采用的ABC分析法。这种方法就是质量管理所说的排列图法,或叫帕累托法。该方法是意大利经济学家帕累托(Pareto)在研究人口收入规律时总结出来的。帕累托发现占人口总数20%左右的少数人的收入占社会总收入的80%左右,而占人口总数80%左右的大多数人的收入却只占社会总收入的20%左右。类似这种现象在社会和经济生活中的其他领域屡见不鲜。同样这一分析法也适用于价值工程中价值分析对象的选定。通过这种方法找出占设备成本80%左右,占零件总数20%左右的主要零部件作为重点对象。具体做法是:首先作直角坐标图,纵坐标表示零件成本占设备总成本的百分比,横坐标表示零件种数,将设备的零件按数量大小从小到大排列在横坐标上;然后依次以各零件的成本占设备总成本的比重为高作矩形图,再用曲线将算出的零件累计成本百分比连接起来,通过横坐标的直线,与累计曲线相交。在此交点左边的零件,就是零件累计成本占设备总成本80%的主要零件。

例如,某厂计划对该厂生产的中型异步电动机开展价值工程活动。用ABC分析法选择对象,其方法是:首先对每个零部件的成本进行分析,然后按成本大小排队,填列于表11-1中;以零件种数为横坐标,以成本百分比为纵坐标作图(图11-4)。

表11-1　异步电动机零部件成本分析

零件序号	零件名称	件数			成本			分类	件数
		数量	累计	累计件数百分比(%)	每件成本	累计成本	累计成本百分比(%)		
001	定子线圈	1	1	2.27	556.0	556.00	21.86	A_1	4件
002	转子冲片	1	2	4.55	548.89	1 104.89	43.42	A_2	
003	定子冲片	1	3	6.82	521.78	1 626.67	63.93	A_3	
004	端盖	1	4	9.09	191.76	1 818.43	71.47	A_4	
005	机座	1	5	11.36	180.00	1 998.43	78.54	B_1	12件
…	…	…	…	…	…	…	…	…	
016	轴承内盖	1	…	…	…	…	…	B_{12}	
…	…	…	…	…	…	…	…	C_1 …	28件
044	M12垫圈	1	44	100	0.02	2 544.45	100.00	C_{28}	
合计		44	44	100	2 544.45	2 544.45	100		

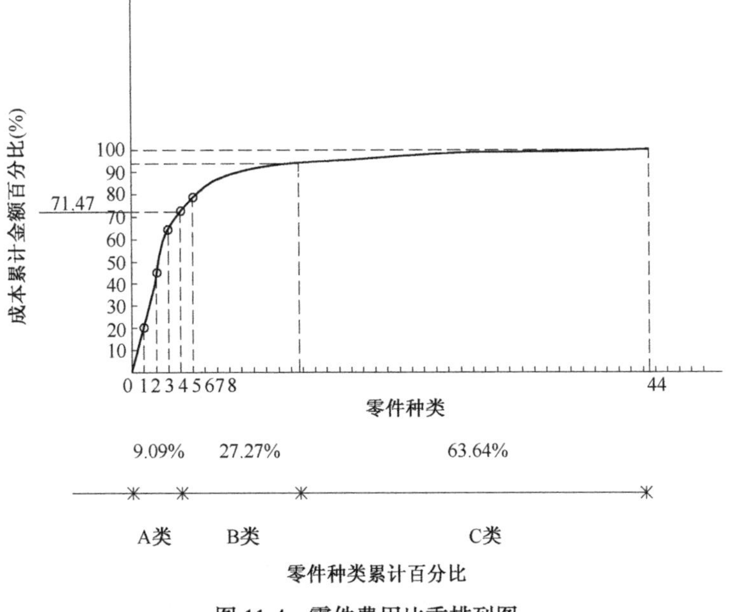

图11-4　零件费用比重排列图

由图 11-4 可以看出,从 44 种零件中选出 4 种作为价值工程的活动对象,这 4 种占成本构成的 71.47%。我们将占总成本 70%左右的那部分零部件划为 A 类,将占 20%左右的划为 B 类,将占 10%左右的划为 C 类,此即 ABC 分析法。

一般地,应用 ABC 分析法选择 VE 对象的步骤为:

①将全部产品或一种产品的零部件按成本大小依次排队;

②按排队的累计件数求出其占产品或零部件总数的百分比;

③根据产品或零部件的累计成本求出其占总成本的百分比;

④按 ABC 分析法将全部产品或零部件分为 A、B、C 三类;

⑤画出帕累托曲线,并首选 A 类为 VE 对象,其次再选 B 类。

ABC 分析法的优点就在于简单易行,能抓住成本中的主要矛盾加以解释,这种方法的不足之处是:虽然一般情况下,对象的成本比率与功能大体上是一致的,但有时也会因成本和其他要素分配不合理而造成虽属 C 类但其功能却很重要的产品或零部件,可能会因排列在后而未能选为 VE 对象。对于这种情况,可运用其他方法加以避免。

(2)强制确定法(forced decision method)

它是建立在产品的功能和成本相互协调一致的基础上的,即一种产品某零部件的成本应与其功能的重要性相对应。如果某零部件的成本很高,而其功能在零部件中所处的重要性又较低或成本与功能不相匹配,就可利用强制确定法,通过求算功能评价系数、价值系数来判断对象的价值,选出 VE 的对象。

强制确定法除用于选择对象外,还可用来进行功能评价和方案评价。强制确定法的应用步骤如下:

①将构成产品的零部件按顺序排列出来;

②将各零部件逐一进行比较、打分,重要的多得分,不重要的少得分或不得分;

③将每个零部件所得的分数除以各零部件的总和分数,求出每个零部件的功能评价系数;

④将每个零部件的目前成本数除以全部零部件的总成本数,求出每个零部件的成本系数;

⑤将每个零部件功能评价系数除以成本系数,得出各零部件的价值系数;

⑥当零部件价值系数小于 1,即功能评价系数小于成本系数,说明该零部件不大重要,却占用了较多的目前成本;当零部件价值系数大于 1,即功能评价系数大于成本系数,说明该零部件功能较为重要,花费的成本却并不多。对前者可考虑降低其成本,对后者可考虑提高其功能。价值系数偏离 1 的程度越高,上述情况越显著,就越应当被选为 VE 的对象。而当价值系数等于 1 时,则表示该零部件的功能和成本匹配恰当。通常,对价值系数等于 1 或略大于、略小于 1 时的零部件都不应选择为 VE 的对象。

在将各零部件逐一进行比较、打分时,通常采用 0-1 打分法和 0-4 打分法两种方法。

0-1 打分法这种打分法是将零部件排列起来后,就其功能的重要性逐一进行相互比较,重要的得 1 分,不重要的得 0 分。然后,将每个零部件所得的分数除以各零部件得分总和,求出各自的功能评价系数,见表 11-2。

$$\text{功能评价系数}=\frac{\text{零部件的功能得分}}{\text{全部零部件的功能总分}} \tag{11-5}$$

功能评价系数的大小,说明该零部件在全部零部件中的重要程度,系数越大越重要。

对功能进行打分时应有 10 个人左右参加,这样可减少个体误差,使评出的结果更加符合实际情况。

用求出的功能评价系数除以成本系数(零部件成本与总成本之比),即可得出价值系数,见表11-3。

表11-2 0-1打分法功能评价系数计算

零部件名称	A	B	C	D	E	F	G	H	得分	功能评价系数
A	×	1	1	0	1	1	1	1	6	0.214
B	0	×	1	0	1	1	1	1	5	0.179
C	0	0	×	0	1	1	1	0	3	0.107
D	1	1	1	×	1	1	1	1	7	0.25
E	0	0	0	0	×	0	1	0	1	0.036
F	0	0	0	0	1	×	1	0	2	0.071
G	0	0	0	0	0	0	×	0	0	0
H	0	0	1	0	1	1	1	×	4	0.143
总分									28	1.000

表11-3 价值系数计算表

零部件名称	功能评价系数	目前成本	成本系数	价值系数
A	0.214	1 828	0.253	0.85
B	0.179	3 000	0.416	0.43
C	0.107	285	0.040	2.68
D	0.250	284	0.039	6.41
E	0.036	612	0.085	0.42
F	0.071	407	0.056	1.28
G	0	82	0.011	0
H	0.143	720	0.100	1.43
合计	1.00	7 218	1.00	

$$成本系数=\frac{各零部件目前成本}{全部零部件目前成本之和} \tag{11-6}$$

$$价值系数=\frac{功能评价系数}{成本系数} \tag{11-7}$$

根据价值系数的概念,我们可看出,对于价值系数小于1的对象,应考虑降低其成本;而价值系数大于1的对象,则应考虑提高其功能。0-1打分法为我们提供了零部件改进的努力方向及大致程度。

0-1打分法简单、易行、实用,应用的范围很广。但由于0-1打分法在做零部件重要性比较时只能给出0、1两种结果,而在实际中往往并不是非此即彼;同时,0-1打分法中总有一个零部件的得分为零,而这个零部件并不一定是没有存在的必要。为了克服这些不足,有时可采用0-4打分法。

0-4打分法:0-4打分法的使用规则与0-1打分法基本相同,只是在进行零部件逐一比较时,将比较打分的距离拉大,即将重要程度融入了重要性比较中。若两个零部件的重要性相差很大，则重要的打 4 分，不重要的打 0 分；若两个零部件的重要性相差不是很大，则重要的打 3 分，不重要的打 1 分；若两个零部件的重要性无甚差别，则可分别打 2 分。不论怎样比较，对两个零部件打分的分数之和总是 4 分，见表 11-4。

表 11-4　0-4 打分法功能系数计算表

零部件名称	*A*	*B*	*C*	*D*	*E*	得分	功能系数
A	×	4	2	3	0	9	0.225
B	0	×	1	2	2	5	0.125
C	2	3	×	0	3	8	0.200
D	1	2	4	×	4	11	0.275
E	4	2	1	0	×	7	0.175
合计	7	11	8	5	9	40	1.000

0-4 打分法避免了 0-1 打分法造成的非此即彼、无法表示程度的不足，使得所确定的零部件的功能系数及其价值系数等能够更加接近实际。对于更加复杂的零部件功能系数和价值系数的求取，有时可依 0-4 打分法的规则加以扩充，采用多比例打分法。

(3)最合适区域法

由强制确定法可知，凡求出价值系数不为 1 的零部件，原则上均可作为 VE 的对象，这显然不甚科学，有时也难以做到。其次，应用强制确定法还会使价值系数偏离 1 的程度小、功能系数与成本系数较大、改善期望值也较大的零部件不能被列为 VE 的对象；而使价值系数偏离 1 的程度大、其功能系数与成本系数较小、改善期望值也较小的零部件却可能被列为 VE 的对象。由日本东京大学田中教授于 1973 年提出的最合适区域法就可以克服强制确定法的这些不足。

最合适区域法的思路是：价值系数相同的对象，由于各自的成本系数与功能评价系数的绝对值不同，因而对产品价值的实际影响有很大差异。在选择目标时不应把价值系数相同的对象同等看待，应优先选择对产品实际影响大的零部件作为对象，而对产品影响小的，则可根据必要与可能，决定选择与否。

对于价值系数相同的零部件，其功能与成本可能会有很大的差异(表 11-5)。

表 11-5　价值系数相同时功能与成本的比较

零件名称	功能评价系数	目前成本(元)	成本系数	价值系数
A	0.090	100	0.10	0.9
B	0.009	10	0.01	0.9
C	0.20	100	0.10	2.0
D	0.02	10	0.01	2.0
⋮	⋮	⋮	⋮	⋮
合计	1.00	1 000	1.00	

从表 11-5 中可以看出，零部件 *A*、*B* 和零部件 *C*、*D* 的价值系数分别相等，但其各自的功能评价系数和成本系数则不同，使之对产品价值改善的实际影响有很大差别。例如：将零部件 *A* 的价值系数提高 0.1，成本可降低 10 元；而将零部件 *B* 的价值系数提高 0.1，成本则仅可降低

1 元。反之,若使零部件 C 的价值系数达到 1,应将其目前成本提高一倍,即增加成本 100 元;而若使零部件 D 的价值系数达到 1,其成本仅需增加 10 元。显然,价值系数不能作为表示零部件对产品功能与成本影响的唯一因素,还应同时考虑零部件的功能评价系数和成本系数。一般来说,功能评价系数和成本系数较大的零部件,对产品的功能和成本影响也较大。

在价值系数相近的条件下,应选择功能评价系数和成本系数较大的零部件为 VE 对象,不使其价值系数对 1 的偏离过大,这对整个产品提高功能、降低成本往往有举足轻重的作用。而对那些功能评价系数和成本系数较小的零部件,则可适当放宽控制。因为即使其价值系数对 1 的偏离很大,也可能对产品总体功能与成本产生不了太大的作用,可不列为 VE 对象。

最合适区域法就是为了解决目标选择问题,使人们能够抓住主要矛盾,用适当的人力、物力、财力来解决产品的主要不足,有效地提高产品功能,降低产品成本。

在一直角坐标系中,我们取成本系数为横坐标,功能评价系数为纵坐标(图 11-5),则价值标准线即为坐标系中的等分角线,在这条线上的任何点均满足价值系数为 1。按照强制确定法,凡不在 $V=1$ 直线上的点所对应的零部件均应选作 VE 的对象,而最合适区域法就是要确定一个区域,使得虽不在 $V=1$ 直线上、但在所给范围内的对象可不选作 VE 的对象,凡超出此范围的,才选作 VE 的对象。

按照最合适区域法的思路,对于偏离 $V=1$ 直线的点,当成本系数和功能评价系数均较小,即距离 O 点较近时,可放宽控制。而对距 O 点较远的点则要从严控制,所以,最合适区域是一个与 $V=1$ 直线对称、向原点 O 开口的喇叭形区域。凡在区域内的对象,均可不做改进;而落在区域外的对象,则应被选为 VE 对象。

构成最合适区域的两条曲线是这样确定的:在图 11-6 中,曲线上的任意一点 $Q(x,y)$ 到价值标准线 $V=1$ 的距离为 R,Q 点到 $V=1$ 直线的垂足为 P 点,P 点到原点的距离 $OP=L$。我们取定 R 与 L 的乘积为常数 s,显然,R 值大,则 L 值就要小;L 值大,则 R 值就要小。根据解析几何的理论,可推导出满足最合适区域曲线的方程分别为:

$$y_1=\sqrt{x^2-2s} \quad y_2=\sqrt{x^2+2s}$$

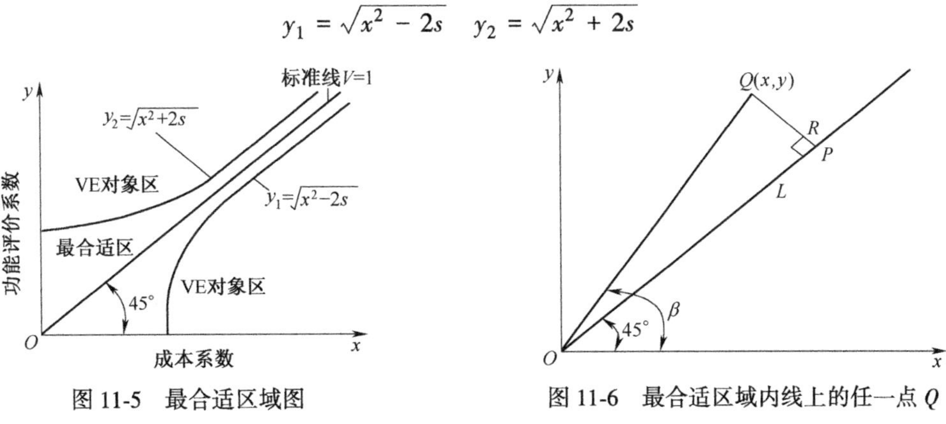

图 11-5 最合适区域图

图 11-6 最合适区域内线上的任一点 Q

按照这两个方程就可绘出类似图 11-5 的最合适区域。

在图 11-5 中,最合适区域大小由所取定的 s 决定。取 s 值较大,则两条曲线与标准线的距离就较大,最合适区域范围亦较大,VE 的对象将选得较少;反之,取 s 值较小,两条曲线与标准线的距离就较小,最合适区域范围亦较小,VE 的对象就将选得较多。s 的取值将视 VE 的目标而定,有时也可通过试验,选取合适的 s 值,直至价值工程获得满意的结果。

除上面介绍的三种方法外，确定VE对象的方法还有费用比重分析法、经验估计法、用户评分法、成本模型法、功能重要性分析法等，可根据具体实际灵活运用或结合应用。

二、收集情报

价值工程的目标是提高价值，为实现目标所采取的任何决策，都与其对所改进产品的了解程度，掌握的信息、情报多少有关。通过掌握的信息、情报可对产品进行分析对比，从而发现问题、找出差距，确定解决问题的方向。此外，对大量信息、情报资料的掌握，有助于分析者启发灵感，拓展思路，统一认识，发挥集体的智慧。没有情报信息，价值工程就寸步难行。对于价值工程来讲，情报就是资源，价值工程的成果很大程度上取决于所收集情报的质量、数量和适宜的时间。

1. 情报收集的原则

价值工程的情报收集工作贯穿于整个价值工程活动的各个步骤和环节，收集情报应将分析对象从“产生”到“消亡”全过程的情报都收集起来加以归纳、整理、分析，使情报得到充分利用。在收集过程中，应注意情报的广泛性、目的性、可靠性、时间性和经济性，在实际应用中应统筹兼顾，力求以较短的时间、较快的速度、较低的成本、较高的质量完成情报收集工作。

2. 情报收集的内容

(1)用户情报。了解用户性质、经济承受能力、使用目的、使用环境，以及用户对产品性能、价格、外观、售后服务等方面的要求。

(2)技术情报。包括国内外同类产品的技术资料，与产品有关的新材料、新技术、新工艺和新标准等。

(3)市场情报。了解市场需求、同行竞争、同类产品价格和市场占有率等。

(4)经济情报。了解同类企业规模、经营特点、管理水平以及产品成本、利润等方面的情报。

(5)企业内部情报。包括企业的内部供应、生产、组织以及产品成本等方面的情报。

(6)环境保护情报。包括环境保护的现状，“三废”状况、处理方法和国家法规标准等。

(7)外协情报。包括外协单位状况，外协件的品种、数量、质量、价格、交货期等。

(8)政府和社会有关部门的法规、条例等方面情报。

收集情报要求准确可靠，并且要求经过整理、归纳、鉴别、加工后才能应用。

三、功能分析

当价值工程对象确定后，便着手对围绕它搜集到的有关情报资料进行功能分析。价值工程的主要工作就是系统地分析产品、产品部件、组件、零件或一项工程以及工程项目的功能，找出提高价值的途径。

1. 功能分析的作用

(1)经过功能分析，常常可以发现完全可以省掉的不必要的零部件。例如对某些电视进行功能分析时发现，其附带的固定游戏功能几乎无人使用，完全可以舍去。

(2)经过功能分析，常常可以找到替代的更便宜的材料制造某些零部件，甚至整个产品，如以塑代钢，生产塑料机械零件，既便宜又耐酸、防锈。

(3)经过功能分析，常常可以改进原有的设计。例如矿工用的矿灯，它的主要功能是矿井下照明用的，首先要满足亮度需要。由于要随身携带，就必须考虑重量大小；针对矿灯的工作环境，防瓦斯爆炸的性能也要作为其必备的功能之一。这样就能科学的指导矿灯的设计。

(4)经过功能分析，常常可以启发工艺的改进。例如当了解到某一部件可不计较外观的时候，其加工精细要求就可降低，从而大大节省加工工序。

(5)经过功能分析，还常常可以发现某些零部件的整体配置不合理。例如早期的圆珠笔在使用一段时间后会漏"油"，给使用带来极大不便。后经分析发现，这是由于笔芯中圆珠磨损使出"油"通道空隙增大引起，是由笔芯中书写用的"油"量与笔芯中圆珠磨损寿命不匹配造成的。据此对圆珠笔芯进行了改进，使笔芯中装的"油"量恰好与圆珠磨损寿命相当，从而避免了漏油带来的不便。

2. 功能分类

一台设备或者一个零件并不是只有一个功能，因此，组成一台设备的若干个零部件常具有为数众多的功能。这些功能的性质及其重要程度是各不相同的，为了识别产品及其零部件的功能性质，需要对功能进行分类，以便改进产品结构，剔除不必要的或过剩的功能而增补不足的功能，或开拓新的功能，以满足用户需要，这是功能分类的目的。

(1)按重要性分类

1)基本功能

基本功能是产品得以独立存在的基础，是实现设备用途必不可少的功能，是用户购买该设备的目的。一般来说，用户在购买设备时，要对设备提出各种要求，这些不同的要求就构成了设备的总体功能，其中能满足用户基本要求的那一部分功能，就是设备的基本功能。例如矿灯的基本功能是发光照明，变速箱的基本功能是改变速度，钻床的功能是钻孔等。

2)辅助功能

辅助功能是实现基本功能的手段，是为了有效地实现基本功能而由产品设计者附加上去的功能。它的作用是相对基本功能来说的，是次要的。例如手表的基本功能是计时精确，但采用什么手段实现这一基本功能？是机械摆动，还是石英振荡；是指针显示，还是液晶显示；是夜光显示，还是照明显示。再如变速机构的基本功能是改变速度，在设计时，是采用齿轮变速还是采用皮带变速；是机械变速，还是液压变速。这也是设计者为实现改变速度这一基本功能而附加上去的辅助功能。

正因为辅助功能是由设计者附加上去的二次性能，所以，它是可以改变的。对一个系统设计方案来说，辅助功能是必不可少的。但是在不影响基本功能的前提下是可以改变的。由于辅助功能中常常包含不必要功能，而且辅助功能在设备成本中占的比重很大，有时可高达70%～80%，因此，价值工程的直接目标和工作重点往往针对辅助功能而展开的，改善辅助功能和消除不必要的功能，可以大大降低成本。

(2)按性质分类

1)使用功能

凡是从设备使用目的方面所提出的各项特性要求都属于这种功能。例如人们所需要的把新鲜物品冷冻起来无害保存的功能，就是电冰箱的使用功能。

2)美观功能

它是指设备外观、形状、色彩、气味、手感和音响等方面的功能，即人们对美的享受功能。例如人们对钢笔的需求，即要求它使用起来方便、好用，而且又要求它外观漂亮。

一般消费品都同时有外观功能和使用功能,而对于机器设备而言,基本上只看它的使用功能。至于装在机器内部的零部件,只要有使用功能,在外观美学上不过分要求。

(3)按用户要求分类

1)必要功能

这是指设备符合使用者所要求的必须具备的作用或功能,即设备的使用价值。如果一台设备的功能低,就满足不了使用者的需要;如果过高,则超过了实际需要,即使用者在使用过程中有多余的功能根本用不上;如果一台设备各个零部件的自然寿命不是相等的,也自然会给使用者造成一定的浪费。

2)不必要功能

这是指使用者不需要的功能,即多余的功能。例如有些电视机制造厂商在电视遥控器选台键上附设电子游戏功能,这对于一般人来讲,根本用不上,而对玩家来讲功能又太低,这就是不必要的功能。在产品中往往包含这种功能,原因一部分是由于设计者没有掌握功能的本质;另一部分则是因为设计不合理而造成的。

3)过剩功能

这种功能是指超过使用者所需要的某种用途或特性值。例如在设计时,对公差的精度、材料的质量、安全系数等要求过高;或在生产过程中大材小用、优材劣用、整料零用等。

3. 功能分析

功能分析是价值工程的核心。用户在购置设备时,有着明确的目的,如果所要求的功能没有满足,设备价值就大大下降;但是当功能超过用户实际需要时,费用增加,价值也降低了。因此,在实际工作中要尽量避免功能不足或功能过剩的现象。功能分析包括功能定义、功能整理和功能评价三个步骤进行。

(1)功能定义

功能是指特定产品及其组成零部件所具有的性能、用途。给功能下定义就是用简明的语言来描述产品的作用,在实践中常用一个动词加一个名词的简单语句给功能下定义。例如表 11-6 中的主语是需要定义的产品或零件名称,然后用动词和名词表述其功能。

表 11-6 定义功能的用语表

主语	动词	名词
灯泡	发	光
电磁铁	产生	吸力
电池	储存	电能
电线	传导	电流

用动词和名词表述的功能,应是产品或零件最本质的东西,即效用。在实际工作中,为了不局限于用动词和名词表述现有主语(即产品或零件名称),往往可以撇开“主语”,仅用动词和名词来表示待定主语的功能,以利于创造出新的承担功能的对象。

为便于功能评价,给功能下定义的名词要采用可测定的名词。表 11-7 中的例子说明:“电流”和“重量”可以用数量测定,而“电”和“桌面”是不能测的,不符合要求。

表 11-7 定义功能用语的优劣

承担功能对象＼定义	功能定义,不好		功能定义,好	
	动词	名词	动词	名词
电线	传	电	传导	电流
桌腿	支撑	桌面	支撑	重量

功能定义中使用的动词,要有利于发挥创造性,不要使所指的面狭窄而妨碍扩大思路。例如要确定一种加工孔的设备,如果功能定义是“钻孔”,会使人们立刻想到钻床,这就太具体了,容易使思想受到束缚。如果定义为“切削孔”,则就包含了车床、镗床等。如果定义为“加工孔”,则又囊括了冲床、气割、激光切割等方法。如果再概括为“形成孔”,则可能会使人们想到在铸造时即留孔洞。

动词的概括过程是一个抽象化的过程,因此有人称为抽象阶梯。动词抽象化的目的是为了开阔思路,不是无目的的抽象。抽象到什么程度,依具体情况而定。要强调的是,定义下的好坏,直接与要求达到的目的有关。

给功能下定义要一个一个地进行,有的部件只能实现一种功能,而有的部件则有几种功能,每一种功能都要下定义。显然,多功能的部件如果功能定义好,可使成本降低。一项一项地下定义,可以把存在的问题暴露出来,使设计水平得以提高。

用动词和名词来表达功能时,我们只给出了所要求功能的最本质的描述,省略了可靠实现这些功能的各种条件。这些条件与功能是密切相关的,我们可简练地用 5W2H 来表示。所谓 5W2H 是指英文单词 what、who、when、where、why、how to 和 how much 的字头,其中 what、who 是功能的主语,即功能的承担对象;when、where 说明功能是在何时何处实现,是与功能相对应的时间和地点的环境条件;why、how to 是实现功能的目的和手段;how much 是功能实现的程度。

需要说明的是,在给功能下定义时,是不考虑实现功能的条件的。但是,在产品设计时,就要考虑这些条件。

(2)功能整理

功能整理就是排列设备的功能系统图。在设备和产品的许多功能之间,存在着上下关系和并列关系。功能的上下关系,是指在一个功能系统中某些功能之间存在着目的和手段关系。如甲功能是乙功能的目的,乙功能是实现甲功能的手段;而乙功能可能又是丙功能的目的,丙功能则是实现乙功能的手段,依此类推。目的功能成为上位功能(放在左边),手段功能成为下位功能(放在右边)。上下位功能都是相对的,一个功能对于它的下位功能来说是目的,对它的上位功能来说则是手段。当对一个功能追问“它的目的是什么”时,就可以找到它的上位功能;当追问“它的手段是什么”时,就可以找到它的下位功能。以小型手电筒为例,对于电珠发光这一目的,“加热灯丝”则是手段;对于“加热灯丝”这个目的,“通过电流”又是手段,这种关系可用图 11-7 表示。如果称“发光”是上位功能,“加热灯丝”则是下位功能;如果称“加热灯丝”是上位功能,“通过电流”则是下位功能。

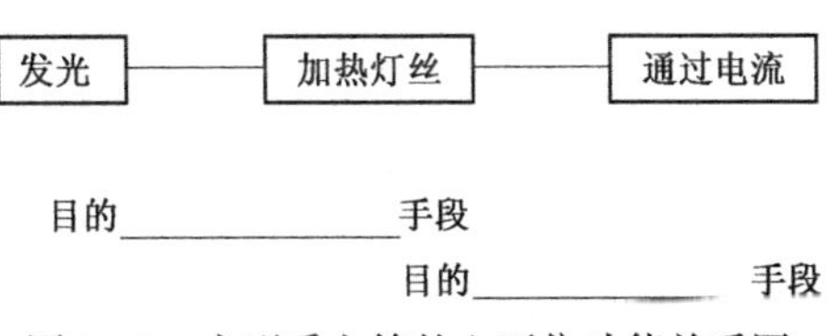

图 11-7 小型手电筒的上下位功能关系图

再如暖水瓶有保持水温的功能。怎样保持水温呢?这就要防止容器散热,而防止容器散热又要采取许多手段,如减少热传导、减少热对流、减少热辐射等。其关系如图 11-8 所示。

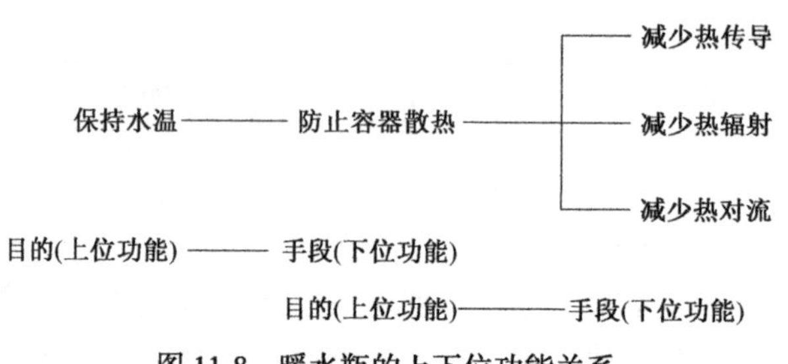

图 11-8 暖水瓶的上下位功能关系

通过寻找目的功能,可以发现较模糊的设计构思,及时剔除多余功能和不必要功能;通过寻找和比较手段功能,可以采用先进、节约的技术代替陈旧、落后的东西。把上述功能的目的手段关系初步排队,成为一个分系统,叫“功能区”,或叫“功能领域”、“功能范围”(图 11-9)。功能的并列关系是指在较复杂的功能系统中,在上位功能之后,往往有几个并列的功能存在,这些并列功能又可能各自形成一个子系统。分功能 F_1、F_2、F_3都是并列关系;子功能 F_{11}、F_{12}、F_{13};F_{21}、F_{22}、F_{23};F_{31}、F_{32}、F_{33}是并列关系;而 F_0与 F_1、F_2、F_3是从属关系。

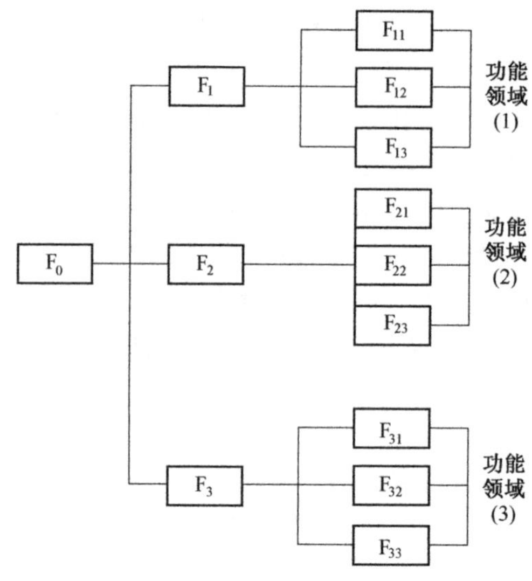

图 11-9 功能系统图

功能领域反映了功能之间的依存关系。改进功能时可以选一个功能作为对象进行分析,尽可能地从功能区的上位功能入手可较大幅度地提高产品的价值。

功能系统图是组合各功能领域并进行排队的图。从左到右按每个功能的子功能或下位功能排下去,直到最后列出可以直接提供这种功能的零件。从右到左寻找目的功能。按顺序一直找到产品的基本功能即最上位功能 F_0(图 11-9)。

功能系统图是一个完整的产品的功能体系,它反映设计者用什么样的设计构思去实现用户的要求,给人一个整体而明确的认识。把功能体系分析为各个功能领域,便于找出改革应从那一级入手比较恰当。

功能分析对应于产品的结构分析。价值工程师首先不是分析产品的结构,而是分析产品的功能。从传统的结构分析转移到功能分析,有利于摆脱现存结构对思想的束缚,启发设计者大胆创新,采用新技术,提出实现最上位功能(用户功能)的最优方案。

例如手表的突破,若从原有表的结构体系进行研究,怎样也摆脱不了机械表的范围。从显示时间的功能出发进行研究,才有可能导致电子表和石英表的出现。

(3)功能评价

用户购买产品时,首先考虑的是产品的功能能够满足要求的程度,同时也要考虑在经济上有多大效益。用户是根据其全部输出(使用该产品所取得的效果,如生产数量)与整个输入(购买产品与使用产品的总费用—即寿命周期成本)的比较来选取产品的。因此,要确定实现产品功能所必需的费用即功能评价值。

功能评价的基本内容由功能成本分析、功能评价和选择对象区域三部分组成。功能成本分析用来回答"它的成本是多少",功能评价和选择对象区域则是回答"它的价值是多少"。在功能评价中,由于功能是抽象概念,难以用数量来准确度量,价值工程只使用金额数值作为表示功能大小和重要程度的度量,即用户为了获得某一特定功能要花多少钱,为了维持已得功能又要花多少钱;用了解和掌握的费用数值来对功能进行评价。因此,进行功能评价,就要在明确价值工程对象所构成的各要素之间的功能及其关系后,用统一的衡量尺度去找出实现每一功能的最低必需成本,即功能评价值。然后与实现该功能的目前成本相比较,求出功能的价值。即有

$$V = F/C \tag{11-8}$$

式中　V——功能价值;

F——功能评价值;

C——功能的目前成本。

功能评价公式 $V=F/C$ 在功能评价系数法中各参数的含义:V 为功能价值系数;F 为功能评价系数;C 为功能成本系数。

功能评价就是用 $V=F/C$ 公式计算出各个功能的价值系数,将功能数量化。通常,功能评价值 F 是功能的最低成本,常用作功能成本的降低目标,称为目标成本。C 与 F 的差值就是功能成本的降低幅度,或称为改善期望值。

从微观上看,功能与成本呈现一种不确定的关系,不同的企业实现同一功能的产品成本是不同的。但是从宏观上看,功能与成本是统计正相关的,如图 11-10 所示。

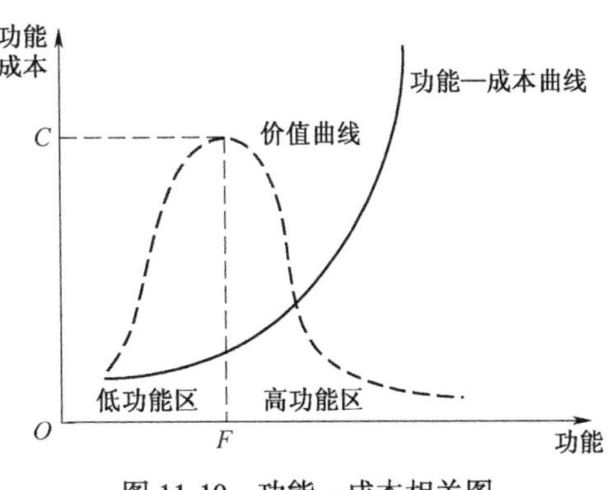

图 11-10　功能—成本相关图

这一关系的特征是,成本随着产品功能水平提高而上升。图中可分低功能区和高功能区。在低功能区,功能提高的幅度大于成本上升的幅度,所以功能的价值是上升的;而在高功能区,功能提高的幅度小于成本上升的幅度,功能的价值是下降的。功能价值达到极大值时,功能与成本的比值处于最佳价值状态,此时的成果为该功能水平的功能评价值,即:功能评价值=实现某一功能的必要成本。

功能评价就是以功能评价值为基准,通过与实现功能的现实成本相互比较,求出两者的比值(称作功能价值)和两者的差(又称改善期望值)。然后选择功能价值低、改善期望大的功

能,改善期望值大的功能常常被选为价值分析活动的重点对象。

功能评价的一般步骤为:

①计算出功能目前成本值 C;

②计算出功能最低必需成本值(目标成本)F(即功能评价值);

③求各功能的价值;

④求各功能范围降低成本的期望值 $C-F$;

⑤选择价值低的对象作为 VE 改善的目标。

在价值分析中,评价功能的价值是有一定困难的。对于产品的目标成本的确定,可以参照同行业的先进水平或本企业的历史最好情况来确定产品目标成本,一般适用于具有同类可比性的产品或零部件;一般产品的成本,可根据制成产品或零件所用的材料和加工方法、使用的设备以及生产量等,参照过去的有关资料,就可以准确地估算出来(即使没有产品实体,只有图样,也能相当准确地预测出成本)。对新产品,往往是在成本核算的基础上确定产品的目标成本或者根据市场竞争的需要来确定产品的目标成本。但是如果不把反映用户需求的功能换算为金额,便不能进行比较。把功能换算为金额,一定要设想为实现必要的功能要做些什么,其中哪个方案成本最低。因此,预测功能评价价值不是一般概念的成本计算,而是要预测出对应于功能的成本。

在进行功能评价时,可以功能为依据,把能达到相同功能的各种方案加以比较,选其中成本最低的作为标准。这个标准就可认为是功能评价价值或功能的目标成本。但是这样的标准还不够科学和严谨,而且在多数情况下往往没有现成的标准可循。因此,实际工作中常常根据产品的特点和生产规模,应用各种技巧和方法来进行评价。

第三节　价值工程应用案例

一、背景材料

价值工程在改进 2S-700 型脱谷机中的应用。

(1)结构。2S-700 型脱谷机由 16 个部件组成,共有 644 个自制件。其功能是完成谷物的脱粒、清选任务。这 16 个部件是:输送台、喂入器、前滚筒、凹板、后滚筒、偏心机构、机架、大罩子、逐藁器、风机、燕窝筛、筛箱、导轮、地轮、滑板、反料辊。

(2)主要性能指标,见表 11-8。

表 11-8　主要性能指标

指标	生产率(kg/h)	脱净率(%)	清洁率(%)	破碎率(%)	损失率(%)
数值	800~1 000	99.75~99.9	>98	<1.5	<1.5

(3)现实成本,见表 11-9。

二、功能分析及评价

2S-700 型脱谷机的基本功能是谷物的脱粒和清选,要求损失小、移动方便。16 个部件的功能分析如下:

(1)输送台的功能是输送谷禾,要求有一定的机械强度和使用寿命。

表 11-9　2S-700 型脱谷机各部件成本分布表

序号	部件名称	现实成本(元)	成本系数	序号	部件名称	现实成本(元)	成本系数
1	输送台	136.43	0.118 9	9	逐藁器	57.60	0.050 2
2	喂入器	26.10	0.022 7	10	风　机	74.10	0.064 6
3	前滚筒	145.39	0.126 7	11	燕窝筛	17.47	0.015 2
4	凹　板	89.99	0.078 4	12	筛　箱	78.53	0.068 4
5	后滚筒	124.53	0.108 5	13	导　轮	33.39	0.029 1
6	偏心机构	70.94	0.061 8	14	地　轮	21.01	0.018 3
7	机　架	174.79	0.152 2	15	滑　板	31.71	0.027 6
8	大罩子	37.73	0.039 2	16	反料辊	28.09	0.024 5
合　计						1 147.81	1.000 0

(2)喂入器的功能是帮助谷禾顺利喂入。

(3)前滚筒、凹板、后滚筒的功能是通过滚筒和凹板之间相对运动,先将大部分谷粒与秸秆分离,并再次将剩余的分离。

(4)偏心机构的功能是使逐藁器、筛箱往复摆动,起到清选谷粒的作用。

(5)机架的功能是使各部件都组装在机架上,联成整体。

(6)大罩子的功能是具有保护作用和起一定的导风作用。

(7)逐藁器的功能是将秸秆中夹带的谷粒清选下来并送入筛箱,将秸秆抛出机外。

(8)风机的功能是产生风流,吹出颖壳杂物。

(9)燕窝筛的功能是将谷粒和颖壳分离,进一步清选粮食。

(10)筛箱的功能是通过筛箱摆动,获得清洁的谷粒。

(11)导轮、地轮的功能是实现整机的行走。

(12)滑板的功能是将逐藁器中分离出来的谷粒滑送到筛箱中去。

(13)反料辊的功能是将凹板入口前被前滚筒打掉的断穗排除在机体之外,以免影响谷粒的清洁度。

功能整理:根据上述功能分析,绘制 2S-700 型脱谷机功能系统图,如图 11-11 所示。

功能评价:先请 10 位专家,分别对 16 个部件用 0-1 评分法进行功能评价,相互对比,计算出评价系数,然后再将 10 位专家各自的评价系数综合,求其平均值即为总的功能评价系数,其值见表 11-10。

三、价值分析

(1)求出成本系数,见表 11-10。

(2)按各部件的功能评价系数,求出功能评价值,并计算出相差的成本指标,见表 11-10。

(3)求出各部件的价值系数,见表 11-10。

从表 11-10 可以看出,有 8 个部件需要降低成本,还有 8 个部件需要提高功能。整理成表 11-11,为改进方案提供了数据依据。

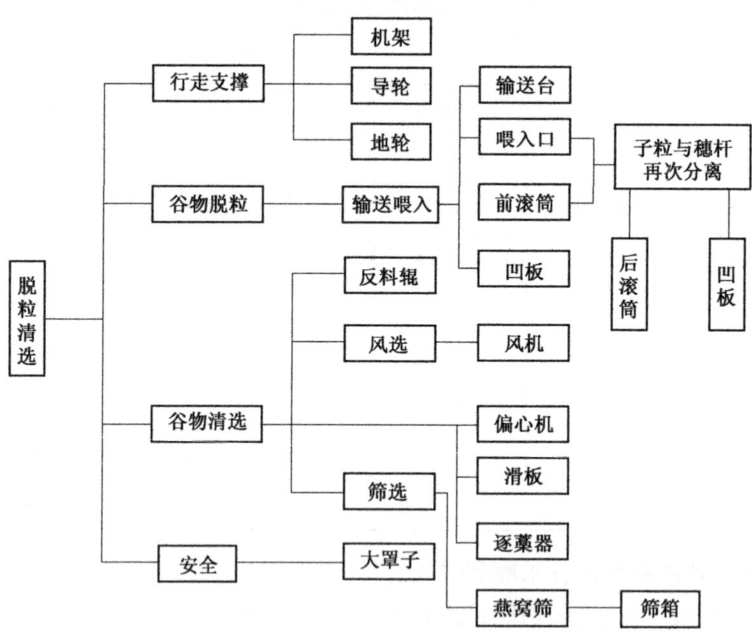

图 11-11 2S-700 型脱谷机功能系统图

表 11-10 功能评价值与成本改善幅度

序号	部件名称	功能评价系数	成本系数	价值系数	现实成本	功能评价值	相差成本
1	输送台	0.092 4	0.118 9	0.777 1	136.43	106.02	+30.41
2	喂入器	0.042 0	0.022 7	1.850 2	26.10	48.29	−22.19
3	前滚筒	0.100 9	0.126 7	0.796 4	145.39	115.78	+29.61
4	凹　板	0.109 2	0.078 4	1.392 9	89.99	125.34	−35.35
5	后滚筒	0.117 6	0.108 5	1.083 9	124.53	134.97	−10.44
6	偏心机构	0.075 7	0.061 8	1.224 9	70.94	86.89	−15.95
7	机　架	0.162 1	0.152 2	0.828 5	147.79	144.81	+2.98
8	大罩子	0.042 0	0.032 9	1.276 0	37.73	48.16	−10.43
9	逐藁器	0.058 8	0.050 2	1.171 3	57.60	67.47	−9.87
10	风　机	0.084 1	0.064 6	1.301 8	74.10	96.46	−22.36
11	燕窝筛	0.042 0	0.015 2	2.763 2	17.47	48.27	−30.80
12	筛　箱	0.067 2	0.068 4	0.982 5	78.53	77.15	+1.38
13	导　轮	0.008 4	0.029 1	0.288 6	33.39	9.63	+23.76
14	地　轮	0.008 4	0.018 5	0.459 0	21.02	9.64	+11.38
15	滑　板	0.016 8	0.027 6	0.608 7	31.71	19.30	+12.41
16	反料辊	0.008 4	0.024 5	0.342 9	28.09	9.63	+18.46
合计		1.000 0	1.000 0		1 147.81	1 147.87	

表 11-11 2S-700 型脱谷机部件成本差价整理表 (单位:元)

需降低成本部件					需提高功能部件				
序号	部件名称	现实成本	功能评价值	相差成本	序号	部件名称	现实成本	功能评价值	相差成本
1	输送台	136.43	106.02	30.41	1	喂入器	26.10	48.29	22.19
2	前滚筒	145.39	115.78	29.61	2	凹板	89.99	125.34	35.35
3	机架	147.79	144.81	2.98	3	后滚筒	124.53	134.97	10.44
4	筛箱	78.53	77.15	1.38	4	偏心机构	70.04	86.89	15.95
5	导轮	33.39	9.63	23.76	5	大罩子	37.73	48.16	10.43
6	地轮	21.02	9.64	11.38	6	逐藁器	57.60	67.47	9.87
7	滑板	31.71	19.39	12.41	7	风机	74.10	96.46	22.36
8	反料辊	28.09	9.63	18.46	8	燕窝筛	17.47	48.27	30.80

四、确定改进方案

根据前面的价值分析,8 个部件则需要降低成本,另 8 个部件功能比重大于成本比重,如果功能不足需要提高功能。根据近年的生产与使用实践得出,各部件的功能基本满足要求,不需要再提高功能了,因此应着重研究在功能基本不变的情况下,如何降低成本。所以,将价值系数小于 1 的 8 个部件作为重点分析对象。

从表 11-10 可知,机架和筛箱的价值系数都在 0.8 以上,接近 1,不作为改进对象。前滚筒的价值系数虽然偏低,但从设计角度看,已基本成为标准系列,结构已定型,只有靠改进加工工艺来达到降低成本的目的,所以也不作为改进对象。地轮、导轮价值系数较小,只起行走作用,结构简单,又不可缺少,应保持原设计。滑板价值系数虽为 0.608 7,结构也简单,为了减少脱粒损失也不可缺少,暂不做改进的对象。

输送台价值系数为 0.777 1,偏低,其结构复杂,如果从结构上进行改进,有可能节省原材料和工时,能起到降低成本的目的。根据用户的反映和生产实践,发现其寿命较短,喂入性能较差,有改进必要。反料辊价值系数低,其功能只是将断穗排除机体之外,以免影响谷粒清洁度,有可能通过对其他部件做少量的改进就能代替反料辊的功能,所以可以考虑取消这个部件。

通过上述分析,决定把输料台和反料辊作为这次改进方案的两个研究对象:

(1)输料台的改进方案是,将原来上下节改成一节,将送料的托料结构改为输送结构,这样既能减少了原材料消耗,提高了材料利用率,又减少了加工工时,不仅降低了成本还提高了喂入功能。

(2)反料辊的改进方案是取消它,并将输送台向下平移一定距离,断穗入凹板的入口,由于风机风量足够,所以不会影响谷粒清洁度。

五、改进后的评价

(1)提高了功能。按价值工程分析确定的改进方案研制了样机,并进行了全面试验,其技术性能指标与原设计基本相同(表 11-12)。改进后,喂入性能好于原设计,减轻了操作者的劳动强度;输送带的寿命提高了,解决了向外反料的问题,其功能提高了。

表 11-12 2S-700 型脱谷机改进前后指标比较

项 目	生产率(kg/h)	脱净率(%)	清洁率(%)	破碎率(%)	损失率(%)
改进前性能指标测定	800~1 000	99.75~99.9	>98	<1.5	<1.5
改进后性能指标测定	800~1 000	99.75~99.9	>98	<1.21	<1.5

(2)降低了成本。输送台改进后,节约了原材料 11 kg,加工工时由原来的单台工时26.7 h降到 23.3 h,材料、工时费用平均每台可降低 9.39 元。取消了反料辊,每台又可降低成本 28.09 元。此两项降低成本 37.48 元。若年生产 1 000 台,总成本降低 37 480 元。

思考题与习题

1. 什么叫价值工程?提高产品价值的途径有哪些?它对企业的生产经营起什么作用?
2. 价值工程中的价值、成本、功能的含义是什么?
3. 试说明管理技术 QC、IE 和 VE 的异同点?
4. 价值工程的关键环节是什么?工作步骤有哪些?
5. 试举例说明新产品开发中的价值分析的重要性。
6. 某产品由 12 种零件组成,各种零件的个数和每个零件的成本见表 11-13,试用 ABC 分析法选择价值工程研究对象,并画出 ABC 分析图。

表 11-13 零件成本表

名称	*a*	*b*	*c*	*d*	*e*	*f*	*g*	*h*	*i*	*j*	*k*	*l*
个数	1	1	2	2	18	1	1	3	5	3	4	8
成本(元)	5.63	4.73	2.05	1.86	0.15	0.83	0.76	0.33	0.35	0.19	0.15	0.10

7. 一产品由 5 个零件构成,各零件的成本见表 11-14。产品目前成本为 15 元,要想通过价值工程技术使成本降至 10 元,试求该零件的功能评价系数、成本系数、价值系数并确定价值工程的重点对象。

表 11-14 零件成本表

功能	*A*	*B*	*C*	*D*	*E*	*F*	估价成本(元)
安全信号器	1	4	4	4	4	1	155
警报器	3	3	1	3	2	1	147
红灯	3	4	3	4	4	3	165
中心指示器	3	3	3	4	4	1	172
理想方案	4	4	4	4	4	4	180

8. 利用 0-1 评分法对产品进行功能评价,评价后零件的平均得分见表 11-15。利用价值系数判别法,如果取价值系数最小的零件作为价值工程研究对象,应该选哪一种零件?

表 11-15 零件评分表

名称	*a*	*b*	*c*	*d*	*e*	*f*	*g*	*h*	*i*	*j*	*k*	*l*
得分	8	7	3	4	4	11	10	8	7	11	1	3

9. 已知某产品由 7 个主要零部件组成,经过专家 0-1 评分法得到的各零部件功能评分值

及单件成本列于表 11-16 中。若产品目标成本为 49 元,试根据已知资料进行该产品零部件改善幅度目标计算。

表 11-16 零件评分表

项目	零部件	功能评分值	目前单件成本(元)
1	*A*	105	14.75
2	*B*	104	11.80
3	*C*	103.5	8.85
4	*D*	109.5	5.90
5	*E*	108	5.31
6	*F*	102	5.02
7	*G*	70	4.72
合计		702	56.35

第十二章　设备更新与租赁

第一节　设备磨损、补偿与折旧

一、设备的磨损及磨损规律

设备是企业生产的重要物质条件,企业为了进行生产而花费的用以购置各种机器设备的投资是必不可少的。设备购置后,无论是使用还是闲置,都会发生磨损,需要进行补偿,以恢复设备的生产能力。设备磨损分为有形磨损、无形磨损两种形式。

1. 有形磨损

设备的有形磨损也称设备的物理磨损,是指设备使用时在力的作用下,其零部件到整个设备受到摩擦、冲击或振动,使设备的实体遭受到损伤。这种磨损,称为第一种有形磨损。通常表现为:

(1)零部件原始尺寸的改变,甚至其形状发生改变;

(2)公差配合性质的改变,以及精度的降低;

(3)零部件的损坏。

如果设备在闲置中受到自然力的作用产生锈蚀,或是由于缺乏必要的保护、保养而自然丧失精度和工作能力,产生物质磨损,就称为第二种有形磨损。

无论是第一种,还是第二种有形磨损都可造成设备的技术性陈旧。

设备在使用中产生的零部件有形磨损大致有三个阶段:

(1)初期磨损阶段,这一阶段时间很短,零部件表面粗糙不平的部分在相对运动中被很快磨去,磨损量较大。

(2)正常磨损阶段,这一阶段将维持一段时间,零部件的磨损趋于缓慢,基本上随时间而匀速缓慢增加。

(3)剧烈磨损阶段,在这一阶段,工作情况恶化而零部件磨损量迅速增大,设备的精度、性能和生产效率都会迅速下降。

2. 无形磨损(又称精神磨损)

设备的无形磨损又称设备的精神磨损,是指设备的技术结构和性能并没有变化,但由于设备制造厂制造工艺不断改进,劳动生产率不断提高,使得生产相同机器设备所需的社会必要劳动减少,而使原来购买的设备价值相应贬值。这种磨损称为第一种无形磨损。

第二种无形磨损是指由于科学技术的进步,不断创新出性能更完善、效率更高的设备,使原有设备相对陈旧落后,其经济效益相对降低而发生贬值。

3. 设备的综合磨损

设备的综合磨损是指同时存在有形磨损和无形磨损的损坏和贬值的综合情况。对任何特定的设备来说,这两种磨损必然同时发生和同时互相影响。某些方面的技术进步可能加快设备有形磨损的速度,例如高强度、高速度、大负荷技术的发展,必然使设备的物理磨损加剧。同时,某些方面的技术进步又可提供耐热、耐磨、耐腐蚀、耐振动、耐冲击的新材料,使设备的有形磨损减缓,而无形磨损加快。

4. 设备的生产性陈旧

当现有设备没有足够的生产能力满足当前或预期需求时,也需要补充或更新设备来满足新的需求。这是所谓设备的生产性陈旧。

二、设备磨损的补偿方式

设备磨损的补偿方式有大修理、现代化改装和更新三种形式。大修理是更换部分已磨损的零部件和调整设备,以恢复设备的生产功能和效率为主;现代化改装是对设备的结构作局部的改进和技术上的革新,如增添新的、必须的零部件,以增加设备的生产功能和效率为主;更新是对整个设备进行更换,属于全部补偿。大修理和现代化改装都属于局部补偿。

三、设备的折旧

设备的有形磨损会造成设备使用价值和资产价值的降低;无形磨损会造成设备资产价值的降低,但不影响其使用价值。为了保证设备生产过程的连续进行,企业应该具有重新购置新设备的资产能力。这就要求企业能在设备有效使用年限内将其磨损逐渐转移到它所生产的产品中去,这种按期或按活动量将设备磨损转为产品的成本费用的方式,称为设备资产的折旧。按期或按活动量转为产品成本费用的设备资产的损耗价值就是折旧费。

在计算设备折旧时,应考虑的三个因素是:设备资产的原值、净残值和折旧年限。具体内容及计提折旧的计算方法详见本书第三章内容。

第二节　设备更新决策

一、设备更新及其原则

设备更新就是用比较经济、性能完善和效率更高的设备,来替换已经陈旧的在技术上不能继续使用,或在经济上不宜继续使用的设备。就实物形态而言,设备更新是用新的设备替换陈旧落后的设备;就价值形态而言,设备更新是设备在运动中消耗掉的价值的重新补偿。

设备更新的目的,是为了提高企业生产的现代化水平,尽快地形成新的生产能力。因此,我们把设备更新作为补偿设备有形磨损和无形磨损的重要手段。

设备更新决策就其本质而言可分为两类:第一类是当市场上没有出现性能更好的新设备,那么就以原型设备更新;第二类是设备在使用期间出现性能更好的新设备,此时可以有几种选择:继续保留旧设备,对设备进行技术改造,用新设备换旧设备。

设备更新的时机对企业的经济效益来说非常重要。过早的设备更新,将造成资金的浪费,失去其他的收益机会;过迟的设备重置,将造成生产成本的迅速上升,失去竞争的优势。因此,企业不失时机地做好设备更新决策工作,是生产发展和技术进步的客观需要。

设备更新决策时,应该遵守以下两条原则:

1. 不考虑沉没成本

沉没成本是在设备更新分析之前已经发生的成本。在设备更新分析中，经常会遇到这个概念，它一般不会影响方案的新选择。例如，某设备5年前的原始成本是14 000元，目前的账面价值是6 000元，现在的净残值仅为4 000元。在进行设备更新分析时，5年前的原始成本为14 000元是过去发生的而与现在决策无关，因此是沉没成本。目前该设备的价值等于净残值4 000元。影响设备更新决策的是4 000元，而非14 000元。

2. 逐年比较

在确定最佳更新时机时，应首先计算现有设备的剩余经济寿命和新设备的经济寿命，然后逐年进行计算比较。

在设备更新决策时，一定要把握好上述两条原则，如不遵循，那么对方案更新时机的确定就会发生错误的判断。

例【12-1】 某公司在4年前以原始费用20 000元购置了机器A，估计还可以使用6年，第6年末估计净残值为2 000元，年使用费为6 500元。现在市场上同类机器B的购置费用为22 000元，估计可以使用10年，年使用费为3 000元，第10年末的净残值为2 400元。现有两个方案：①继续使用机器A；②出售机器A，目前的售价是5 000元，然后购买机器B。已知基准折现率为10%，试比较方案①和②的优劣？

解：两个方案的现金流量图如图12-1和图12-2所示。

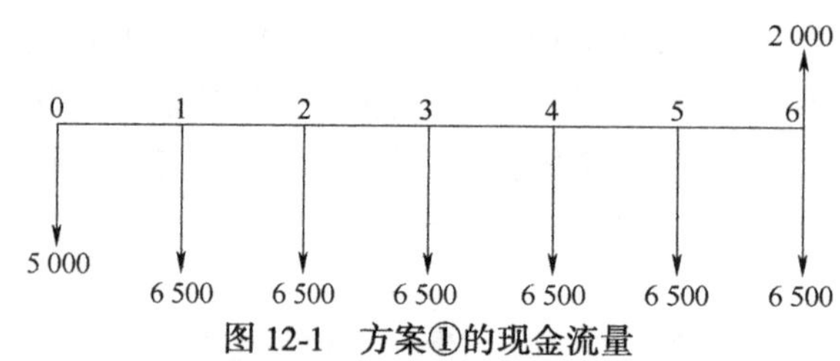

图12-1 方案①的现金流量

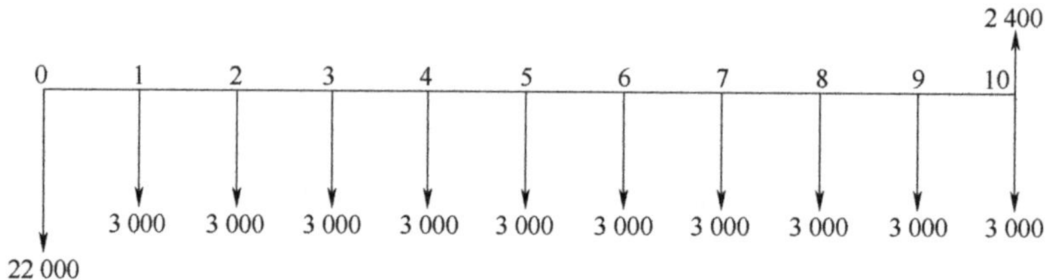

图12-2 方案②的现金流量

方案①

$$\begin{aligned}AC_1&=5\,000(A/P,10\%,6)-2\,000(A/F,10\%,6)+6\,500\\&=5\,000\times0.229\,6-2\,000\times0.129\,6+6\,500=7\,388.84(\text{元})\end{aligned}$$

或

$$\begin{aligned}AC_1&=(5\,000-2\,000)(A/P,10\%,6)+2\,000\times10\%+6\,500\\&=3\,000\times0.229\,6+2\,000\times0.10+6\,500=7\,388.84(\text{元})\end{aligned}$$

方案②

$$\begin{aligned}AC_2&=22\,000(A/P,10\%,10)-2\,400(A/F,10\%,10)+3\,000\\&=22\,000\times0.162\,7-2\,400\times0.062\,7+3\,000=6\,428.92(\text{元})\end{aligned}$$

或

$$AC_2=(22\ 000-2\ 400)(A/P,10\%,10)+2\ 400\times10\%+3\ 000$$
$$=19\ 600\times0.162\ 7+2\ 400\times0.10+3\ 000=6\ 428.92(元)$$

$AC_1>AC_2$，所以应选择方案②。

二、设备更新方案的决策方法

(一)设备的寿命

在现代设备的更新方案决策过程中，设备的寿命不但要考虑自然寿命，而且还要考虑设备的技术寿命、折旧寿命和经济寿命。

(1)设备的自然寿命，又称物质寿命，即设备从投入使用开始，直到因为在使用过程中发生物质磨损而不能继续使用、报废为止所经历的时间。它主要是由设备的有形磨损所决定的。

(2)设备的技术寿命，又称有效寿命。是指设备在市场上维持其价值的时间。具体地说，是指从设备开始使用到因技术落后而被淘汰所延续的时间。科学技术发展越快，设备的技术寿命就越短。设备的技术寿命主要是由设备的无形磨损所决定的。

(3)设备的折旧寿命也就是设备的折旧年限，即为设备折旧而规定的设备使用时间。折旧寿命也称为纳税寿命或会计寿命，因为折旧与纳税密切相关，所以在一些发达的国家，设备折旧寿命由税务当局规定。

(4)设备的经济寿命，经济寿命期是设备在经济上最合理的使用年限。以经济观点确定设备更新的最佳时刻，通常是根据设备年平均综合成本(或等值年成本)最低，经济效益最好来确定。设备使用年限越长，每年所分摊的设备购置费(年资本费)越少。但是随着使用年限的增加，一方面需要更多的维修费维持原有功能；另一方面机器设备的操作成本及能源耗费也会增加，年生产效益将会下降。在整个变化过程中，年度费用是时间的函数，这就存着使用到某一年，经济效益最好的情况。如图12-3所示，在N_0年时，等值年成本达到最低值。我们称设备从开始使用到其等值年成本最小(或年盈利最高)的使用年限N_0为设备的经济寿命。因此，设备的经济寿命就是从经济观点(即成本观点或收益观点)确定的设备更新的最佳时刻。

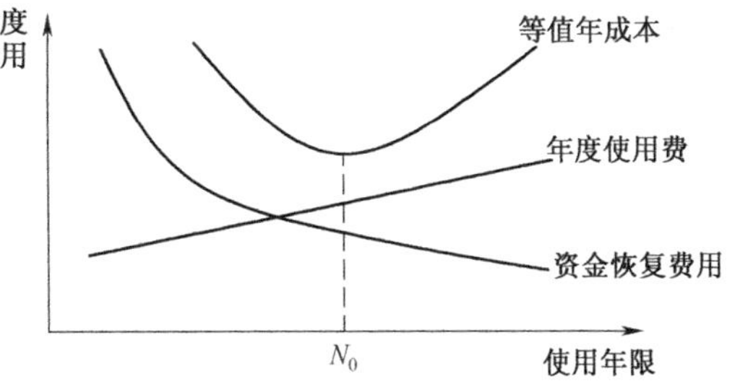

图12-3　设备年度费用曲线

(二)设备的经济寿命估算

确定设备经济寿命的方法分为静态模式和动态模式两种。

1. 静态模式下设备经济寿命的确定方法

静态模式下设备经济寿命的确定方法就是在不考虑资金时间价值的基础上计算设备年平均成本$\overline{C}_N$。使$\overline{C}_N$为最小的N_0就是设备的经济寿命。

$$\overline{C}_N=\frac{P-L_N}{N}+\frac{1}{N}\sum_{t=1}^{N}C_t \tag{12-1}$$

式中　C_N——N年内设备的年平均使用成本；

P——设备的目前实际价值；

C_t——第 t 年的设备经营成本；

L_N——第 N 年末的设备净残值；

$\frac{P - L_N}{N}$——设备的平均年度资产消耗成本；

$\frac{1}{N}\sum_{t=1}^{N} C_t$——设备的平均年度经营成本。

例【12-2】 某设备目前实际价值为 30 000 元，有关资料见表 12-1，求该设备的经济寿命。

表 12-1 设备年经营成本及年末残值表 （单位：元）

继续使用年限 t	1	2	3	4	5	6	7
年经营成本	5 000	6 000	7 000	9 000	11 500	14 000	17 000
年末残值	15 000	7 500	3 750	1 875	1 000	1 000	1 000

解：

第一年资产消耗成本(2)＝设备的目前实际价值-第一年年末设备净残值

＝30 000－15 000＝15 000(元)；

第一年平均资产消耗成本(3)＝第一年资产消耗成本/使用年限 1＝15 000÷1＝15 000(元)；

第一年年度经营成本(4)，将表 12-1 中第一年年经营成本 5 000 元填入表 12-2(5)中；

第一年经营成本累计(5)为 5 000 元；

第一年平均年度经营成本(6)＝第一年经营成本累计/使用年限 1＝5 000÷1＝5 000(元)；

第一年年平均使用成本(7)＝第一年平均资产消耗成本+第一年平均年度经营成本

＝15 000+5 000＝20 000(元)；

第二年资产消耗成本(2)＝设备的目前实际价值-第二年年末设备净残值

＝30 000－7 500＝22 500(元)；

第二年平均资产消耗成本(3)＝第二年资产消耗成本/使用年限 2＝22 500÷2＝11 250(元)；

第二年年度经营成本(4)，将表 12-2 中第二年年经营成本 6 000 元填入表 12-2(5)中；

第二年经营成本累计(5)＝5 000+6 000＝11 000(元)；

第二年平均年度经营成本(6)＝第二年经营成本累计/使用年限 2

＝11 000÷2＝5 500(元)；

第二年年平均使用成本(7)＝第二年平均资产消耗成本+第二年平均年度经营成本

＝11 250+5 500＝16 750(元)。

第二年以后各年计算结果见表 12-2。

根据计算结果得知该设备在使用 5 年时，其平均使用成本 13 500 元为最低。因此，该设备的经济寿命为 5 年。

设备使用时间越长，磨损就越厉害，设备维修费用增加值就越大，我们把这种逐年递增的费用 ΔC_t 称为设备的低劣化。如果每年设备的劣化增量是均等的，即 $\Delta C_t=\lambda$，每年劣化呈线性增长，据此，通过以下推导，可以得到经济寿命的简化计算公式。

表 12-2　设备年平均使用成本计算表　（单位：元）

使用年限 N	资产消耗成本 $P-L_N$	平均年资产消耗成本 (3)=(2)/(1)	年度经营成本 C_t	经营成本累计 $\sum C_t$	平均年度经营成本 (6)=(5)/(1)	年平均使用成本 $\overline{C}_N$ (7)=(3)+(6)
(1)	(2)	(3)	(4)	(5)	(6)	(7)
1	15 000	15 000	5 000	5 000	5 000	20 000
2	22 500	11 250	6 000	11 000	5 500	16 750
3	26 250	8 750	7 000	18 000	6 000	14 750
4	28 125	7 031	9 000	27 000	6 750	13 781
5	29 000	5 800	11 500	38 500	7 700	13 500
6	29 000	4 833	14 000	52 500	8 750	13 583
7	29 000	4 143	17 000	69 500	9 929	14 072

假设用 Q 表示设备评价基准年（评价第一年）的使用费，不计利息，则平均每年的设备费用 $\overline{C}_N$ 可用下式表示

$$\overline{C}_N = \frac{P-L_N}{N} + \frac{1}{N}\sum_{t=1}^{N} C_t = \frac{P-L_N}{N} + Q + \frac{1}{N}[\lambda + 2\lambda + \cdots + (N-1)\lambda]$$

$$= \frac{P-L_N}{N} + Q + \frac{1}{2N}[N(N-1)\lambda] = \frac{P-L_N}{N} + Q + \frac{1}{2}[(N-1)\lambda] \qquad (12\text{-}2)$$

要使 $\overline{C}_N$ 为最小，对上式的 N 进行一阶求导，并令其导数为零，可得经济寿命的公式。

$$\frac{\mathrm{d}C}{\mathrm{d}N} = -\frac{P-L_N}{N^2} + \frac{\lambda}{2} = 0$$

则　　经济寿命

$$N_0 = \sqrt{\frac{2(P-L_N)}{\lambda}} \qquad (12\text{-}3)$$

如果每年设备的劣化增量不同，没有规则，并且年末的估计残值也不同。一般可根据企业的记录或对设备实际状况进行预测，然后列表计算设备的年度费用来求解经济寿命。

2. 动态模式下设备经济寿命的确定方法

动态模式下设备经济寿命的确定方法就是在考虑资金时间价值的情况下计算设备的净年值 NAV 或年成本 AC，通过比较年平均效益或年平均费用来确定设备的经济寿命 N_0。

净年值 NAV 公式为

$$\mathrm{NAV}(N_0) = \left[\sum_{t=0}^{N_0} (\mathrm{CI}-\mathrm{CO})_t (1+i_t)^{-t}\right](A/P, i_c, N_0) \qquad (12\text{-}4)$$

上式中，如果使用年限 N 为变量，则当 $N_0(0<N_0\leqslant n)$ 为经济寿命时，应满足

当 $(\mathrm{CI}-\mathrm{CO})_t>0$ 时，NAV→最大（max）；

当 $(\mathrm{CI}-\mathrm{CO})_t<0$ 时，NAV→绝对值最小（min）。

年成本 AC 公式为

$$\mathrm{AC}(N_0) = \left[\sum_{t=0}^{N_0} \mathrm{CO}_t (P/F, i_c, t)\right](A/P, i_c, N_0) \qquad (12\text{-}5)$$

如果设备目前实际价值为P,使用年限为n年,设备第n年的净残值为L_N,第t年的运行成本为C_t,基准折现率为i_c,其经济寿命为N_0。则其公式为

$$AC = \left[P - L_N(P/F,i_c,n) + \sum_{t=0}^{N_0} C_t(P/F,i_c,t)\right](A/P,i_c,n) \tag{12-6}$$

或

$$AC = P(A/P,i_c,n) - L_N(A/F,i_c,n) + \sum_{t=i}^{n} C_t(P/F,i_c,t)(A/P,i_c,n) \tag{12-7}$$

式中　$P(A/P,i_c,n) - L_N(A/F,i_c,n)$ 为资金恢复费用。

用年值法或年成本法估算设备的经济寿命的过程是:在已知设备的现金流量和利率的情况下,要逐年计算出从寿命1年到N年全部使用期的年等效值,从中找出平均年费用的最小值(项目考虑以支出为主时),或是平均年盈利的最大值(项目考虑以收入为主时),及其所对应的年限,从而确定设备的经济寿命。这个过程通常是用表格计算来完成的。

(三)设备更新方案的比选

设备更新方案的比选就是对新、旧设备方案的比较分析,也就是决定现在立即购置新设备、淘汰旧设备;还是至少保留使用旧设备一段时间,再用新设备替换旧设备。新设备原始费用高,营运费和维修费低;旧设备原始费用(目前净残值)低,营运费和维修费高。必须进行权衡判断,才能做出正确的选择,一般情况是要进行逐年比较的。一般采用年值法。

第三节　设备租赁

一、设备租赁

设备租赁是指设备使用者或承租者按照合同规定,按期向设备所有者或出租者支付一定费用而得到设备使用权的一种经济活动。出租人和承租人之间订立契约,由出租人应承租人的要求购买其所需的设备,在一定时期内供承租人使用,并按期收取租金。租赁期间设备的产权属出租人,承租人只有使用权,且不得中途解约。期满后,承租人所作的选择有:将所租设备退还出租人,延长租期,作价购进所租设备,要求出租人更新设备或另定租约。设备租赁的方式可分为融资租赁、经营租赁和服务出租。

(1)融资租赁。融资租赁是设备租赁的重要形式,它将贷款、贸易与出租三者有机地结合在一起,是一种融资与融物相结合的筹资方式。

其出租过程有以下几个步骤:

①由承租人选定制造厂家,并就设备的型号、技术、价格、交货期等与制造厂家商定。

②与租赁公司就租金、租期、租金支付方式等达成协议,签订租赁合同。

③由租赁公司通过向银行借款等方式筹措资金,按照承租人与制造厂家商定的条件将设备买下。

④根据合同出租给承租人。

融资租赁的特点:由承租人自行选定所需设备,再由出租人按谈妥的条件向设备供应商购买设备,然后由承租人长期租赁该设备并分期支付租金。租赁双方承担规定时期的租让和付费义务,并且不得任意中止和取消租约。如车皮、重型机械设备等贵重的设备一般采用融资租

赁方式。另外融资租赁不需要像其他筹资方式那样,等筹集到足够的货币资本后再去购买长期资产。融资租赁还有利于及时引进设备,加速技术改造。但融资租赁的成本相对较高,一般情况下,融资租赁的资金成本率比其他筹资方式(如债券和银行贷款)的资金成本率要高。

企业租入某项资产,获得使用权,要定期支付租金,并且租金列入企业成本,可以减少应付所得税。因此,其租金成本率为

$$K_L = \frac{E}{P_L}(1 - T) \qquad (12\text{-}8)$$

式中　K_L——租赁成本率;

P_L——租赁资产价值;

E——年租金额。

(2)经营租赁。即出租人将自己经营的出租设备进行反复出租,直至设备报废或淘汰为止的租赁业务。

经营租赁的一个显著特点就是:租赁双方的任何一方可以随时以一定方式在通知对方后的规定期限内取消或中止租约。如车辆、仪器等临时使用的设备通常采用这种方式。

(3)服务出租。主要用于车辆的租赁,即租赁公司向用户出租车辆时,还提供保养、维修、验车、事故处理等业务。

二、设备租赁与购置的比选

设备租赁与购置的比选也是一个互斥方案的选优问题,一般情况下,设备寿命相同时,采用净现值法;设备寿命不同时,可以采用年值法。无论采用净现值法还是年值法,均以收益效果较大或成本较少的方案为佳。

假设所得设备收入相同的条件下,最简单的方法是将租赁成本和购置成本进行比较。根据互斥方案比选的原则,只需比较它们之间的差异部分。

设备租赁的净现金流量=销售收入-经营成本-租赁费用-与销售相关的税金-所得税率×(销售收入-经营成本-租赁费用-与销售相关的税金)　(12-9)

购置设备的净现金流量=销售收入-经营成本-设备购置费-贷款利息-与销售相关的税金-所得税率×(销售收入-经营成本-折旧-贷款利息-与销售相关的税金)　(12-10)

从上面两个式子可以看出,只需比较:

设备租赁:所得税率×租赁费-租赁费　(12-11)

设备购置:所得税率×(折旧+贷款利息)-设备购置费-贷款利息　(12-12)

按财务制度规定,每个企业都要将利润收入上交所得税,租赁设备的租金允许计入成本;购置设备每年计提的折旧费也允许计入成本;若用借款购买设备,其每年支付的利息也可以计入成本。在其他费用保持不变的情况下,如果计入成本越多,则利润总额越少,企业交纳的所得税也越少。因此,在充分考虑各种方式的税收优惠影响下,应该选择税后收益更大或税后成本更小的方案。

思考题与习题

1. 设备的磨损有哪几种主要形式?
2. 什么是加速折旧?企业采用加速折旧法有何好处?

3. 普通型的调控设备价格是 162 000 元,使用寿命预计为 10 年;如果增加 65 000 元就可以购买一台耐用型的调控设备,在 10 年使用期中每年可以比普通型的设备节约使用费 22 000 元。假设基准折现率为 10%,试问哪种设备比较经济?

4. 比较以下两个项目的优劣,利率为 10%,经济寿命均为 10 年,见表 12-3。

表 12-3 投资方案表 (单位:万元)

项目	方案甲	方案乙
投资	4 500	6 000
年收益值	2 000	2 500
年支出值	750	1 200

5. 现有一台给水设备,目前实际价值 $P=10\ 000$ 元,预计残值 $L_N=800$ 元,第一年的使用费 $Q=800$ 元,每年设备的劣化增量是均等的,年劣化值 $\lambda=400$ 元,求该设备的经济寿命。

6. 一台新机器能按 16 000 元购置,经济寿命为 10 年,净残值为 3 000 元,年使用费用为 10 000 元。如果现有设备现在不替换,尚可继续服务 10 年,年度使用费用为 14 000 元,10 年后其残值为零。如果花费 4 000 元对现有设备进行大修和改造,将使年使用费减少 2 000 元,经济寿命仍为 10 年,到时净残值为 1 500 元。折现率为 10%,试问应选择哪个方案?

第十三章　新技术、新工艺和新材料应用方案的技术经济分析

能源是发展国民经济、改善人民生活的重要物质基础。提高新技术，开发新工艺、新材料不仅可以缓解世界能源危机，更能提高人民的生活质量与环境质量。随着能源危机的出现和科学技术的不断进步，在工程建设领域，新技术、新工艺和新材料（以下统称“新技术”）也不断涌现。如地基基础和地下空间工程技术、高强高性能混凝土技术、建筑节能及新型墙体应用技术、超高层房屋建筑施工技术、大跨度预应力技术、超大跨度桥梁施工技术、地下工程盾构机制造技术、大型复杂成套设备安装技术、抗震、加固与改造技术等，这些对我国建筑业技术进步起到了强大的推动作用。但也应注意，对某些建筑新技术的应用，可能因为其本身的成熟度和风险、项目所在地、实施企业的原因带来消极的影响。因此，是否把这些新技术应用于工程建设，这是需要认真考虑的问题。为此，做好新技术应用方案的技术经济分析就显得尤为重要。它要求我们提出合理的应用方案，以达到保证工程质量，降低工程成本，节约劳动消耗，缩短工期和减少污染，提高工程建设的综合经济效果的目的。

工程建设新技术的范畴包括工程设计技术、工程材料、工程结构、施工工艺、环境技术、设备系统、节能、工程安全和防护技术等。新技术所涉及的“新”是相对的、有条件的、可变的。世界上任何一项新技术都不是凭空产生的，都是根据特定的需要，针对一定的条件研制、发展而成的，对不同的对象有不同的适宜性和条件性。这也就是为什么多种新技术在相当长时期内能够同时并存、竞相发展的原因。

第一节　新技术、新工艺和新材料应用方案的选择原则和技术经济分析方法分类

一、新技术、新工艺和新材料应用方案的选择原则

在现代工程建设中，在满足业主功能要求和有关技术法规的条件下，都可通过不同的技术、工艺和材料方案来完成，但在完成工程建设过程中，不同方案取得的技术经济效果是不同的。所以对新技术方案进行技术经济分析，通过分析、对比、论证寻求最佳新技术方案。一般说来，选择新技术方案时应遵循以下原则：

1. 技术上先进、可靠、适用、合理

选择先进、可靠、适用、合理的新技术可以取得多方面的效果。其中主要表现在：降低物质消耗，缩短工艺流程，提高劳动生产率，有利于保证和提高产品质量，提高自动化幅度，有益于人身安全，减轻工人的劳动强度，减少污染、消除公害，有助于改善环境。同时，有利于缩小与国外先进水平的差距。

2. 经济上合理

即要综合考虑投资、成本、质量、工期、社会经济效益等因素，选择经济上合算的方案。

通常情况下，这些原则是一致的。但有时也存在相互矛盾的情形，此时就要综合考虑几方面的得失。一般地说，在保证功能和质量、不违反劳动安全与环境保护的原则下，经济合理应是选择新技术方案的主要原则。

二、新技术应用方案的技术经济分析方法分类

根据不同的角度，新技术应用方案的技术经济分析方法划分不同，常用的几种分类方式如下：

(1)按分析的时间或阶段不同，可分为事前和事后进行的技术经济分析，设计阶段和施工阶段进行的技术经济分析。

(2)按分析的内容不同，可分为技术分析、经济分析和综合分析。

(3)按照对研究对象“质”和“量”的分析，可分为定性分析和定量分析。定性分析主要是根据经验和新技术应用方案的特征进行优劣的评述，如施工新技术方案是否先进可行，是否满足施工进度安排要求，是否满足施工连续性和均衡性，是否与工程要求相符，是否充分利用场地，能否体现文明施工，是否有适当的技术和管理水平等等。定量分析就是对各项指标进行数据计算，通过量的分析比较，对各个新技术应用方案进行技术经济评价。

第二节 新技术、新工艺和新材料应用方案的技术经济分析

一、新技术、新工艺和新材料应用方案的技术分析

新技术、新工艺和新材料应用方案的技术分析是通过对其方案的技术特性和条件指标进行对比与分析来完成的。通常要考虑与实施工程相关的国内外新技术应用方案，比较优缺点和发展趋势，选择先进适用的应用方案；拟采用的新技术和新工艺应用方案应与采用的原材料相适应；新材料应用方案应与采用的工艺技术相适应；分析应用方案的技术来源的可得性，若采用引进技术或专利，应比较所需费用；分析应用方案是否符合节能、环保的要求；分析应用方案对工程质量的保证程度；分析应用方案各工序间的合理衔接，工艺流程是否通畅、简捷等方面。

二、新技术、新工艺和新材料应用方案的经济分析

在工程建设中，不同的技术、工艺和材料方案只能选择一个方案实施，即方案之间具有互斥性。对于其经济分析通常有：动态分析方法和静态分析方法。动态分析方法：净现值(费用现值)法、净年值(年成本)法等(如前面章节所述)；静态分析方法：增量投资分析法、年折算费用法、综合总费用法等。

(一)增量投资收益率法

在评价方案时，常常会有新技术方案的一次性投资额较大，年经营成本(或生产成本)较低；而对比“旧”方案的一次性投资额虽较低，但其年经营成本(或生产成本)较高的情况。这样，投资大的新方案与投资小的旧方案就形成了增量的投资，但投资大的新方案比投资小的旧

方案在经营成本(或生产成本)上又带来了节约。此时就可通过计算增量投资收益率,以此判断对比方案相对经济效果,据此选择方案。增量投资收益率就是增量投资所带来的经营成本(或生产成本)上的节约与增量投资之比。

现设 I_1、I_2分别为旧、新方案的投资额,C_1、C_2为 旧、新方案的经营成本(或生产成本)。

如 $I_2>I_1$,$C_2<C_1$,则增量投资收益率 $R_{(2-1)}$为

$$R_{(2-1)} = \frac{C_1 - C_2}{I_2 - I_1} \times 100\% \tag{13-1}$$

当 $R_{(2-1)}$大于或等于基准投资收益率时 ,表明新方案是可行的;当 $R_{(2-1)}$小基准投资收益率时,则表明新方案是不可行的。

例【13-1】 某工程项目施工现有两个对比技术方案。方案 1 是以前用过的方案,需投资 140 万元,年生产成本为 38 万元;方案 2 是新技术方案,在与方案 1 应用环境相同的情况下,需投资 180 万元,年生产成本为 32 万元。设基准投资收益率为 12%,试运用增量投资收益率法选择方案。

解:由式(13-1)得

$$R_{(2-1)} = \frac{C_1 - C_2}{I_2 - I_1} \times 100\%$$

$$= \frac{38 - 32}{180 - 140} = \frac{6}{40} = 15\% > 12\%$$

这表明新技术方案在经济上是可行的。

(二)折算费用法

1. 当方案的有用成果相同时,一般可通过比较费用的大小,来决定优劣和取舍。

(1)在采用方案要增加投资时,可通过式(13-2)比较各方案折算费用的大小择方案,即

$$Z_j = C_j + P_j \cdot R_c \tag{13-2}$$

式中　Z_j——第 j 方案的折算费用;

C_j——第 j 方案的生产成本;

P_j——用于第 j 方案的投资额(包括建设投资和流动资金);

R_c——基准投资收益率。

在多方案比较时,可以选择折算费用最小的方案,即 $\min\{Z_j\}$为最优方案。这与增量投资收益率法的结论是一致的。

例【13-2】 数据与例【13-1】相同,试运用折算费用法选择方案。

解:由式(13-2) 计算得

$$Z_1 = C_1 + P_1 \cdot R_1 = 38 + 140 \times 12\% = 54.8(\text{万元})$$

$$Z_2 = C_2 + P_2 \cdot R_2 = 32 + 180 \times 12\% = 53.6(\text{万元})$$

因为 $Z_1 > Z_2$,这表明新技术方案在经济上是可行的。

(2)在采用方案不增加投资时,从式(13-2)可知: $Z_j = C_j$,可通过比较各方案生产成本的大小选择方案,即

$$Z_j = C_j = C_{Fj} + C_{Uj}Q \tag{13-3}$$

式中　C_{Fj}——第 j 方案固定费用(固定成本)总额;

C_{Uj}——第 j 方案单位产量的可变费用(可变成本);

Q——生产的数量。

例【13-3】 某施工项目现有两个对比工艺方案，方案 1 是旧方案，方案 2 是新方案，两方案均不需增加投资。但应用方案 1 需固定费用 60 万元，单位产量的可变费用 300 元；应用方案 2 需固定费用 80 万元，单位产量的可变费用 250 元。设生产数量为 10 000 个单 位，试运用折算费用法选择方案。

解：由式(13-3)得

$$Z_1 = C_1 = C_{F1} + C_{U1}Q = 60 + 300 \times 1 = 360(\text{万元})$$

$$Z_2 = C_2 = C_{F2} + C_{U2}Q = 80 + 250 \times 1 = 330(\text{万元})$$

因为 $Z_1>Z_2$，这表明新技术方案在经济上可行的。

2. 当方案的有用成果不相同时，一般可通过方案费用的比较来决定方案的使用范围，进而取舍方案。通常可用数学分析的方法和图解的方法来进行。

首先运用式(13-3) 出对比方案的生产成本，即

$$Z_1 = C_{F1} + C_{U1}Q$$

$$C_2 = C_{F2} + C_{U2}Q$$

据此可绘出对比方案的生产成本与产量的关系曲线，如图 13-1 所示。

由图 13-1 可知，当 $Q=Q_2$(临界产量)时，$C_1=C_2$，则

$$Q_2 = \frac{C_{F2} - C_{F1}}{C_{U1} - C_{U2}} \tag{13-4}$$

式中 C_{F1}、C_{F2}——1、2 方案的固定费用；

C_{U1}、C_{U2}——1、2 方案的单位产量的可变费用。

当产量 $Q>Q_0$时，方案 2 优；当产量 $Q<Q_0$时，方案 1 优。

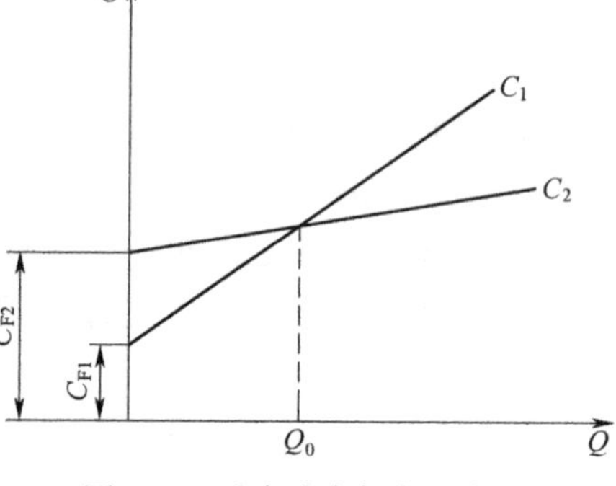

图 13-1 生产成本与产量关系

例【13-4】 数据与例【13-3】相同，试运用折算费用法确定两方案的使用范围。

解：由式 (13-4) 得

$$Q_0 = \frac{C_{F2} - C_{F1}}{C_{U1} - C_{U2}} = \frac{(80 - 60) \times 10\ 000}{300 - 250} = 4\ 000$$

当产量 $Q>4\ 000$ 时，方案 2 优；当产量 $Q<4\ 000$ 时方案 1 优。

(三)其他指标分析

1. 劳动生产率指标

劳动生产率指标可按下式计算

$$P_j = \frac{Q_j}{M_j(1 + a_j)} \tag{13-5}$$

式中 P_j——第方案的工人劳动生产率；

Q_j——第 j 方案的产量；

M_j——第 j 方案所确定的生产工人人数；

a_j——第 j 方案的辅助工系数。

2. 缩短工期节约固定费用

由于缩短工程工期节约的固定费用可按下式计算

$$G_j = C_{Fj}\left(1 - \frac{T_j}{T_0}\right) \tag{13-6}$$

式中　G_j——第 j 方案缩短工期节约的固定费用；

C_{Fj}——第 j 方案工程成本中的固定费用；

T_j——第 j 方案的工期；

T_0——预定工期(或合同工期)。

3. 缩短工期的生产资金节约额

因缩短工期而减少流动资金和固定资金的占用额可按下式计算

$$F_j = f_j\left(1 - \frac{T_j}{T_0}\right) \tag{13-7}$$

式中　F_j——第 j 方案缩短工期生产资金节约额；

f_j——第 j 方案资金平均占用额(月流动资金平均占用额 + 该项工程固定资金占用额)。

4. 缩短工期提前投产的经济效益

$$S_j = B_j(T_0 - T_j) \tag{13-8}$$

式中　S_j——因工程提前投产带来的经济效益；

B_j——投产一日可获得利润；

(T_0-T_j)——工程比预定工期(或合同工期)提前完工的日数。

总之,一种新技术能否在生产中得到应用,主要是由它的实用性和经济性决定的,而实用性往往又以其经济性为前提条件,经济性差的则难于应用。

思考题与习题

1. 选择新技术、新工艺和新材料应用方案时,遵循的原则有哪些?

2. 新技术、新工艺和新材料应用的技术经济分析方法有哪些?

3. 某工程施工现有两个对比技术方案。方案一是过去曾经应用过的,需投资 120 万元,年生产成本是 32 万元;方案二是新技术方案;在与方案一应用环境相同的情况下,需投资 160 万元,年生产成本为 26 万元。设基准投资收益率为 12%,该新技术方案的增量投资收益率为多少?

4. 某施工项目现有两个对比工艺方案,甲是过去曾经应用过的,乙方案是新方案,两方案均不需增加投资。但应用甲方案需固定费用 60 万元,单位产量的可变费用 300 元;应用乙方案需固定费用 80 万元,单位产量的可变费用 250 元。设生产数量为 10 000 个单位,现试运用折算费用法选择方案?

5. 某企业欲引进生产线,预计年产量 800 万件。若引进甲生产线,其固定成本为 400 万元,单位产品可变成本为 0.6 元;若引进乙生产线,其固定成本为 500 万元,单位产品可变成本为 0.4 元,应选择哪个生产线?

第十四章　工程项目的后评价

传统工程项目管理理论认为，工程项目管理的范围只包含从工程项目提出到工程项目竣工投产全过程的管理，而通常把工程项目后评价排斥于工程项目管理的周期之外。实际上工程项目后评价是整个工项目管理工作的自然延伸，不仅是工程项目建设程序中的一个重要工作阶段，而且还是项目管理周期中的最后一个不可缺少的组成部分和重要环节。

项目后评价是检验工程项目管理工作质量，总结工程项目决策的经验教训，提高项目决策和实施管理水平的有效方法，改进项目管理和制订科学的投资计划提供现实依据，对实现投资决策的程序化、科学化、民主化和规范化，具有重要的作用。

第一节　概　　述

一、工程项目后评价的概念

工程项目后评价亦称工程项目事后评价，它是指工程项目建成投产并运行一段时间后，对项目的目的、执行过程、效益、作用和影响所进行的全面、系统、客观的综合分析评价，从而作为判别项目投资目标实现程度的一种方法。

时机的选择是工程项目后评价一个重要任务，是项目管理的一项重要内容；开始进行后评价的时间通常称为工程项目后评价的时点。项目后评价的时点一般选择在所建项目的能力或建设工程的直接经济效益发挥出来的时候。即在工程项目完工后，贷款项目在账户关闭之后、生产经营达到设计能力之际进行项目后评价。后评价时点在基本建设程序周期的位置如图 14-1 所示。

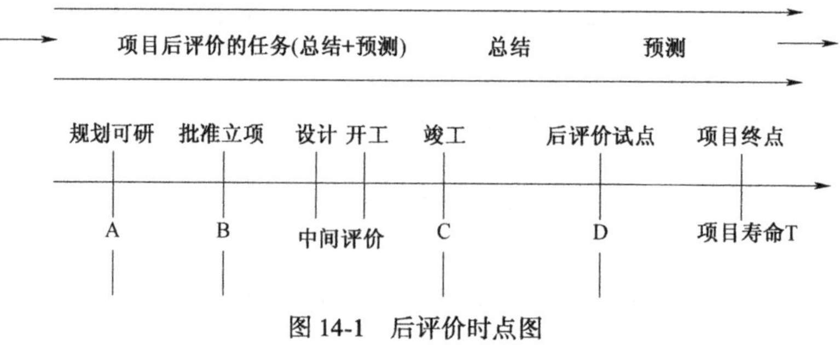

图 14-1　后评价时点图

在此时点上对项目决策前的评价报告及其设计文件中规定的技术经济指标进行再评价，并通过对整个工程项目建设过程各阶段工作的回顾，对工程项目全过程的实际情况（施工建设、投产经营等）与预计情况进行比较研究，衡量分析实际情况与预计情况发生偏离的程度，说明项目成功与失败的原因，全面总结工程项目管理的经验与教训。再将总结的经验教训反馈到将来的项目中去，作为其参考和借鉴，为改善项目管理工作和制定科学合理的工程计划及各项规定提供重要的依据和改进措施，以达到提高项目投资决策水平、管理水平和提高投资效益的目的。

一般来讲，从项目开工之后（即项目建设工程开始）到项目生命周期终止的任一时点上进行都是可以的。但结合我国的实际情况，通常是在项目建成投产后一、二年进行后评价。在实际工作中由于种种原因，项目后评价的时点不是一成不变的，应视具体项目的特殊情况具体分析。

二、工程项目后评价的特点

工程项目后评价不同于项目投资决策前的可行性研究和项目评价，与其相比，它具有如下特点：

1. 现实性

工程项目后评价是对工程项目投产后一段时间所发生的情况的一种总结评价，分析研究的是项目实际情况，所依据的数据资料是现实发生的真实数据或根据实际情况重新预测的数据，总结的是现实存在的经验教训，提出的是实际可行的对策措施。但项目可行性研究和项目评价分析研究的是项目未来的状况，所有的数据都是预测数据。

2. 全面性

工程项目后评价的内容具有全面性，不仅对项目立项决策、项目实施、项目运营等全过程进行系统评价，还对项目经济效益、社会效益、环境效益及项目综合管理等全方位进行系统评价。

3. 独立公正性

后评价必须保证独立公正性的原则。独立性标志着后评价的合法性，后评价应从项目投资者和受援者或项目业主以外的第三者角度出发，独立地进行，特别是要避免项目决策者和管理者自己评价自己的情况发生。公正性表示在实施项目后评价时，应持有实事求是的态度，在发现问题、分析原因和作出结论中始终保持客观、负责的态度。公正性标志着后评价及评价者的信誉。避免在发生问题、分析原因和做结论时避重就轻，受项目利益的束缚和局限，作出不客观的评价。独立公正性贯穿于整个后评价的全过程，即从后评价项目的选定、计划的编制、任务的委托、评价者的组成、具体评价过程直到形成报告。

4. 反馈性

工程项目后评价的目的在于对现有情况的总结和回顾，并为有关部门反馈信息，以利于提高工程项目决策和管理水平，为以后的宏观决策、微观决策和建设提供依据和借鉴。因此，反馈性是后评价的最主要特点。项目后评价的结果需要反馈到决策部门，作为新项目的立项和评价基础，以及调整工程规划和政策的依据，这是后评价的最终目的。因此，后评价结论的扩散以及反馈机制、手段和方法成为后评价成败的关键环节之一。

5. 合作性

项目后评价设计面广，人员多，难度大，需要各方面的合作，如专职技术经济人员、项目经理、企业经营管理人员、投资项目主管部门等多方融洽合作，项目后评价工作才能顺利进行。

三、工程项目后评价与工程项目前评价的区别

工程项目后评价的特点决定了它与工程项目前评价有较大的差别。主要体现在：

1. 评价的主体不同

工程项目的后评价则是工程运行的监督管理机构、单设的后评价机构或决策的上一级机构为主,主管部门会同计划、财政、审计、设计、质量等有关部门进行;而工程项目前评价是由工程主体(投资者、贷款决策机构、项目审批机构等)组织实施的。

2. 评价的侧重点不同

后评价则要结合行政和法律、经济和社会、建设和生产、决策和实施等方面的内容进行综合评价。它是以现有事实为依据,以提高经济效益为目的,对项目实施结果进行鉴定,并间接作用于未来项目的投资决策,为其提供反馈信息工程项目。前评价主要以定量指标为主,侧重于项目的经济效益分析与评价,其作用是直接作为项目投资决策的依据。

3. 评价的内容不同

工程项目前评价主要是对项目建设的必要性、可行性、合理性及技术方案和建设条件等进行评价,对未来的经济效益和社会效益进行科学预测;而后评价除了对上述内容进行再评价外,还要对项目决策的准确程度和实施效果进行评价,对项目的实际运行状况进行深入细致的分析。

4. 评价的依据不同

项目的后评价则主要以已经建成投产后一段时间内,项目全过程(包括项目的工程实施期)的总体情况为依据进行的评价;而工程项目前评价主要依据历史资料和经营数据,以及国家和有关部门颁发的政策、规定、方法、参数等文件。

5. 评价的阶段不同

后评价则是在项目建成投产后一段时间里,对项目全过程(包括项目的工程实施期和生产期)的总体情况进行的评价;而工程项目的前评价是在项目决策前的前期工作阶段进行,项目前期工作的重要内容之一,是为项目投资决策提供依据的评价。

工程项目的后评价不是对项目前评价的简单重复,而是依据国家政策和制度规定,对工程项目的决策水平、管理水平和实施结果进行的严格检验和评价。它是在与前评价比较分析的基础上,总结经验教训,发现存在的问题并提出对策措施,促使项目更快更好地发挥效益和健康地发展。

四、工程项目后评价的作用

工程项目的后评价对于提高项目决策的科学化水平、改进项目管理水平、监督项目的正常生产经营、降低工程项目的风险和提高投资效益水平等方面发挥着非常重要的作用。

1. 总结工程项目建设管理的经验教训,对项目本身有监督和促进作用

工程项目管理是一项十分复杂的综合性的工作活动。它涉及计划、主管部门、银行、物资供应部门、勘察设计部门、施工单位、项目和有关地方行政管理部门等较多单位。项目能否顺利完成并取得预期的工程经济效果,不仅取决于项目自身因素,而且还取决于这些部门能否相互协调、密切合作、保质保量地完成各项任务和工作。通过工程项目后评价,针对项目建设全过程各阶段存在的问题提出切实可行的、相应的改进措施和建议,促进项目运营状况正常化,使项目尽快实现预期的效益目标,更好地发挥其效益。同时,也可对一些因决策失误,或投产后经营管理不善,或环境变化造成生产、技术或经济状况处于困境的项目,通过后评价为其找出生存和发展途径,这也会对现有工程项目起到一定的监督作用。

2. 提高项目投资决策的科学化水平，对项目决策有着示范和参考作用，有利于降低项目的工程风险程度

工程项目的前评价是项目投资决策的依据，但前评价中所作的预测和结论是否准确，需要通过项目的后评价来检验。因此，通过建立和完善项目的后评价制度和科学的方法体系，可增强决策者和执行者的责任感，促使评价和决策人员努力做好前评价工作，提高项目预测的准确性；可以通过项目的后评价的反馈信息，及时纠正项目决策中存在的问题，提高未来工程项目决策的准确程度和科学化水平，并对类似工程项目的决策起到参考和示范作用。

3. 为国家制定工程计划、产业政策和技术经济参数提供重要依据

通过工程项目的后评价能够发现工程宏观管理中存在的不足，从而国家可以及时地修正某些不适合经济发展的技术经济政策，修订某些已经过时的指标参数。同时，国家还可以根据项目后评价所反馈的信息，合理确定工程规模和工程流向，协调各产业、各部门之间及其内部的各种比例关系。此外，国家还可以充分运用法律的、经济的和行政的手段，建立必要的法规、制度和机构，促进工程管理的良性循环。

4. 为银行及时调整信贷政策提供依据

通过开展项目后评价，能及时发现项目建设资金使用中存在的问题，分析研究贷款项目成功或失败的原因，从而为银行调整信贷政策提供依据，确保资金的按期回收。

5. 对工程项目开展进行监督，促使项目运营状态正常化

项目后评价是在项目运营阶段进行的，因而可以分析和研究项目投产初期和达产时期的实际情况，比较实际情况与预测情况的偏离程度，探索产生偏差的原因，提出切实可行的改进措施，从而促使项目运营状态正常化，提高项目的经济效益和社会效益。

6. 保证项目预定目标的实现

由于项目后评价具有如前所述 5 个方面的重要作用，针对项目存在的问题提出切实可行的对策措施，为投资决策部门重新制定或优选方案提供决策依据，为项目执行部门改进项目建设运营提供思路和参考，从而保证预定目标实现。

第二节　工程项目后评价的内容、程序与方法

一、工程项目后评价的内容

不同的工程项目具有不同的性质、规模、特点，进行工程项目评价的目的和内容不尽相同。工程项目后评价主要包括以下几个方面的内容。

1. 工程项目目标的后评价

工程项目目标后评价把工程项目实际产生的经济、技术指标与项目审批决策时确定的目标进行比较。判断工程项目目标是否实现或实现程度，对工程项目目标的正确性、合理性和实践性进行分析和评价。

2. 工程项目前期工作的后评价

工程项目前期工作的质量直接影响到工程项目的成败与效益，且会在工程项目的实际效果中得到反映和体现，因此前期工作的后评价是整个项目后评价的重点。其任务是评价项目前期工作的实绩，分析和总结项目前期工作的经验教训。其意义在于分析研究前期工作失误

在多大程度上导致项目实际效果与预测目标的偏差及其原因,从而为今后加强项目前期工作的管理积累经验。

项目前期工作后评价包括以下内容:工程立项的评价;工程项目决策的评价;厂址选择的评价;征地拆迁工作的评价;勘察设计工作的评价;工程建设准备工作的评价等。

3. 工程项目实施阶段的后评价

工程项目实施阶段后评价的任务是评价项目在实施过程中,设计施工、资金供应使用、设备采购、竣工验收和生产准备的情况,分析偏离预期目标的原因,总结项目实施管理中的经验教训,并提出改进措施。其目的在于分析和研究项目实际投资效益与预计投资效益的偏差在多大程度上是由工程项目实施过程造成的,寻找原因,提出工程项目实施阶段后评价的结论和建议。

工程项目实施阶段的后评价包括以下内容:工程项目施工发包和施工监理工作评价;工程项目生产准备工作(施工项目组织与管理、项目建设资金供应与使用情况和各种资源的落实)的评价;项目建设工期的评价;项目建设成本的评价;项目工程质量和安全的评价;项目变更情况的评价;工程项目竣工验收和试生产的评价;工程项目生产运营阶段工作的评价等。

4. 对工程项目本身进行再评价

对工程项目本身进行再评价,是工程项目后评价的重点。其再评价的内容与前评价相应,包括:工程项目建设必要性、工程项目产品市场可容性、工程项目技术可行性、工程项目的财务效益、经济效益、社会效益和环境效益及对环境影响等进行再评价。

二、工程项目后评价工作的要求

根据工程项目的内在规律和工程项目后评价工作的实践,以及国家有关的项目后评价工作的法规、文件要求,工程项目后评价工作应有如下要求:

(1)应从国家的整体利益出发,结合项目的产业和行业特点进行后评价工作。

(2)工程项目后评价工作应科学全面、细致认真地进行。

(3)工程项目后评价报告中既要有定性分析,又要有定量分析,所采用的资料必须完整,依据必须准确,分析必须客观,方法必须正确,结论必须公正,并具有权威性、适用性和科学性。

三、工程项目后评价的程序

工程项目的性质、建设内容、建设规模、复杂程度等不同,其后评价的程序也有所差异,但是一般来说,工程项目的评价都遵循着一个循序渐进的过程,概括为以下几个的步骤:

1. 明确后评价目的与要求

深入了解工程项目及其所处环境,明确委托单位所关心的问题,确定项目后评价具体对象、评价目的及具体要求。项目后评价的提出单位可以是国家有关部门、银行,也可以是工程项目者。

2. 确定后评价计划

根据其目的和要求,组建项目后评价领导小组,配备项目后评价人员,确定后评价内容范围与深度,选择评价标准,选定评价方法,制订周详的工程项目后评价计划。工程项目后评价计划的主要内容包括组织后评价小组、配备有关人员、时间进度安排、确定后评价的内容与范围、选择后评价所采用的方法等。

3. 收集与整理有关资料

根据制定的计划,后评价人员应制定详细的调查提纲,确定调查的对象与调查所用的方法,收集有关资料。这一阶段所要收集的资料主要包括:

(1)项目建设的有关资料。主要包括项目建议书、可行性研究报告、项目评价报告、工程概算(预算)和决算报告、项目竣工验收报告以及有关合同文件等。

(2)项目运行的有关资料。主要包括项目投产后的销售收入状况、生产(或经营)成本状况、利润状况、缴纳税金状况和建设工程贷款本息偿还状况等。

(3)国家有关经济政策与规定等资料。主要包括与项目有关的国家宏观经济政策、产业政策、金融政策、工程政策、税收政策以及其他有关政策与规定等。

(4)项目所在行业的有关资料。主要包括国内外同行业项目的劳动生产率水平、技术水平、经济规模与经营状况等。

(5)有关部门制定的后评价的方法。各部门规定的项目后评价方法所包括的内容略有差异,项目后评价人员应当根据委托方的意见,选择后评价方法。

(6)其他有关资料。根据项目的具体特点与后评价的要求,还要收集其他有关的资料,如项目的技术资料、设备运行资料等。

在收集资料的基础上,项目后评价人员应当对有关资料进行整理、归纳,如有异议或发现资料不足,可作进一步的调查研究。

4. 分析论证

在充分调查资料的基础上,工程项目后评价人员应根据国家有关部门制定的后评价方法(对比法、逻辑框架法、成功度法、经验判断法、历史引申法、回归分析法等),对项目建设与生产过程进行全面的定量与定性分析论证,计算有关评价指标,发现问题,并提出改进措施。

5. 编制项目后评价报告

项目后评价报告是项目后评价的最终成果。项目后评价人员应当根据国家有关部门制定的后评价格式,将分析论证的结果汇总,编制出项目后评价报告,并提交委托单位与被评价单位。项目后评价报告的编制必须坚持客观、公正和科学的原则。报告的研究和结论要与问题和分析相对应,经验教训和建议要把评价结果与未来规划、政策的制定及修改联系起来。后评价报告通常包括摘要、总论、评价内容、与项目投资目标相比较的主要变化及成因分析、主要经验教训、结论和建议等内容。

四、工程项目后评价的方法

国内外关于工程项目后评价的方法有逻辑框架法、比较评价法、成功度评价法、层次分析法、网络分析法、因果分析法、模糊综合评价法等。本章主要介绍以下三种方法。

(一)逻辑框架法

1. 概念

逻辑框架法也称为逻辑框架结构矩阵,是美国国际开发署在1970年提出的一种项目开发工具,用于项目的设计、规划、实施、监督和评价等工作。逻辑框架法是一种综合、系统地研究和分析问题的思维框架,有助于对关键因素和问题作出系统的合乎逻辑的分析,它主要应用问题树、目标树和规划矩阵三种辅助工具,将内容相关、必须同步考虑的动态因素组合起来,帮助分析人员理清项目中的因果关系、目标与手段之间关系和外部制约关系,从设计、策划到目的、目标等方面来评价一项活动或工作。

逻辑框架法为项目计划者和评价者提供一种分析框架，用以确定工作的范围和任务，并通过对项目目标和达到目标所需的手段进行逻辑关系的分析。它的基本模式是一张 4×4 的矩阵，横行代表项目目标的层次(垂直逻辑)，竖行代表如何验证这些目标是否达到(水平逻辑)。垂直逻辑用于分析项目计划做什么，弄清项目手段与结果之间的关系，确定项目本身和项目所在地的社会、物质、政治环境中的不确定因素。水平逻辑的目的是衡量项目的资源和结果，确立客观的验证指标及其指标的验证方法，水平逻辑要求对垂直逻辑 4 个层次上的结果做出详细说明。逻辑框架法的模式见表 14-1。

表 14-1 逻辑框架法的基本模式

层次描述	客观验证指标	验证方法	重要外部以条件
目标/影响	目标指标	检测和监督手段及方法	实现目标的主要条件
目的/作用	目的指标	检测和监督手段及方法	实现目的的主要条件
产出/结果	产出物定量指标	检测和监督手段及方法	实现产出的主要条件
投入/措施	投入物定量指标	检测和监督手段及方法	实现投入的主要条件

在工程项目后评价中采用逻辑框架法分析项目的运作，如项目的目的和目标、进行时间和方式等，有助于评价者理清工程项目中的因果关系、目标与手段关系、外部条件制约关系；有助于对关键问题和因素做出系统的、合乎逻辑的分析评价。

应用逻辑框架法进行策划和评价，必须对工程项目最初确定的目标做出清晰的定义，因此，在运用逻辑框架时要对项目的以下内容做清晰的描述：

(1)清晰并可度量的目标；

(2)不同层次的目标和最终目标之间的联系；

(3)确定项目成功与否的测量指标；

(4)项目的主要内容；

(5)计划和设计时的主要假设条件；

(6)检查项目进度的办法；

(7)项目实施中要求的资源投入。

逻辑框架法的核心就是事物层次间的因果逻辑关系，包括事物的内在因素和事物所需要的外部条件。工程项目后评价建立逻辑框架的目的是根据已有资料，分析并确立目标层次间的逻辑关系，用以分析项目的效率、效果、影响和持续性。逻辑框架法的分析思路如图 14-2 所示。

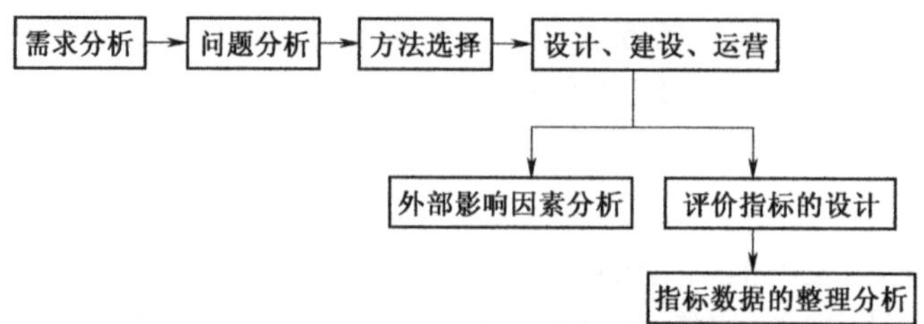

图 14-2 逻辑框架法的分析思路

综上所述，逻辑框架法能够从确定核心问题入手，向下逐渐引申到其影响和后果，向上逐层推演找出其引起问题的原因，从而对项目的全过程进行清晰全面的分析和把握。

2. 工程项目后评价逻辑框架的编制

工程项目后评价逻辑框架的编制过程就是对项目进行分析的过程。这个过程要按照因果关系的逻辑层次,找出项目建设运营存在的关键问题,分析原因并提出解决的方案和对策。具体来说后评价逻辑框架的编制包括项目逻辑联系分析、编制项目目标评价指标对比表和逻辑框架的编制 3 个步骤。

(1)工程项目逻辑联系分析

工程项目逻辑框架的编制,需要对工程项目建设运营中问题与对策之间的内在联系进行分析和了解。这有助于弄清项目的投入与产出、策划与实施、近期作用与长远影响之间的逻辑关联。通常采用问题树的方法进行逻辑关联的分析,明确工程项目各因素间的关系,确定需要监测的项目结果和影响,从而把项目成果与宏观目标进行关联,以揭示工程项目成果和影响的不足。

(2)编制项目目标评价指标对比表

逻辑框架法的客观验证指标通常反映项目实际完成情况,及其与预期目标的变化或差别。在编制项目后评价的逻辑框架之前,需要编制一张指标对比表,从整体上反映项目预期目标的实现程度,结合有无对比法,明确逻辑框架表中应填写的内容。项目目标评价指标对比表的一般格式见表 14-2。

表 14-2　工程项目后评价逻辑框架法指标对比表

序号	因素	预期指标值 (无项目指标值)	实际指标值 (有项目指标值)	指标值变化或差异
1	宏观目标			
2	目的			
3	产出			
4	投入			

(3)工程项目后评价逻辑框架的编制

根据工程项目目标与各因素的实际情况,对项目的垂直、水平逻辑关系进行分析,然后填写工程项目后评价逻辑框架表。工程项目后评价逻辑框架表的编制,首先应对问题和受益情况进行分析,分析问题的关键是什么,涉及的受益人有哪些,各方面需求、期望是什么等;然后对工程项目的目标进行分析,将项目目标分解成分目标与层次目标,对项目在经济、社会、生态环境、可持续性等方面实现的效益和效果进行分析;最后形成项目逻辑框架,并对项目各因素间的逻辑关系进行检查,确定项目后评价的主要指标。需要注意的是,在工程项目逻辑框架的编制过程中,应特别强调对重要外部条件及风险的分析。外部制约条件分析的准确性往往对项目目标是否可以实现起着决定性的影响,也影响着项目后评价的准确性。以工程项目可持续性后评价为例,其后评价的逻辑框架见表 14-3。

3. 逻辑框架法的优缺点

该方法的优点在于:有利于找出工程项目建设运营中的主要问题和缺陷所在,后评价的反馈信息能够为项目改进或新项目的决策提供客观、科学的依据;作为沟通项目决策、管理和其他方面的重要手段,有利于增加各方面的相互理解并改善工程项目建设的组织、运营和管理;有利于行业部门的对比和分析,从而做出高层次和全方位的总结。该方法也有一定的局限性,主要表现在:需要详尽的数据,过分强调与原定目的和目标的对比,可能对实际发生的变化有所忽视;项目实施过程中对于项目目标和外部风险因素的强调,可能会造成项目管理的僵化;作为一种总体的分析工具,逻辑框架法只能进行一般性的分析,不能替代经济后评价、环境影响后评价等专业性后评价。

表 14-3 工程项目可持续性后评价逻辑框架表

序号	因素	预期指标值(无项目指标值)	实际指标值(有项目指标值)	指标值变化或差异	内外部原因分析	可持续性的条件或风险
1	宏观目标					
2	目的					
3	产出					
4	投入					

4. 应用

以逻辑框架法在项目建设过程后评价中的应用为例,可以对前期决策阶段、设计及准备阶段、施工阶段、运营管理阶段分别做出相应的逻辑框架表,在实际运用中,需要根据后评价的特点和项目的特征在格式和内容上做一些调整,以适应不同的评价要求。表 14-4 为项目建设过程后评价逻辑框架表的典型形式。

表 14-4 项目建设过程后评价逻辑框架表

层次	验证对比指标			原因分析		对策建议
	项目原定目标	实际实现目标	差别或变化	主要内部原因	主要外部原因	
前期决策目标						
设计及准备目标						
施工目标						
运营管理目标						

(二)比较评价法

比较评价法是指通过对项目的实际运营情况与项目立项时确定的直接目标、宏观目标以及其他指标对比,找出偏差和变化并分析原因,从而得出结论和经验教训。包括前后对比、有无对比等。

1. 前后对比法

前后对比法是将工程项目可行性研究和评价阶段所预测项目的投入、产出、效益、费用等和相应的评价指标与工程项目竣工投产运行后的实际结果进行对比,以确定工程项目效益和影响的一种方法。这种方法简单、易于操作,是最基础和最常用的科学方法之一,是进行后评价的基础,用于揭示计划、决策和实施的质量,是工程项目后评价应该遵循的原则。

2. 有无对比法

有无对比法是将工程项目竣工投产运行后实际发生的情况与没有运行工程项目可能发生的情况进行对比,以度量工程项目的真实效益。有无对比的关键是要求投入费用与产出效果的口径一致,不仅要考虑项目本身所带来的影响,还要分析项目以外的许多其他因素的作用,才能判定项目真实效果。采用有无对比法进行工程项目后评价,需要大量可靠的数据,最好有系统的项目监测资料,也可引用当地有效的统计资料。在进行对比分析时,先要确定评价内容和主要指标,选择可比的对象,通过建立对比表进行分析。这种对比也常用于项目的效益评价和影响评价。需要注意的是,项目的有无对比不是前后对比,也不是项目实际效果与预测效果之比,而是项目实际效果与若无此项目实际或对能产生的效果的对比。

(三)成功度评价法

成功度是对项目成败程度的衡量标准。成功度评价法也叫打分法,通常依靠评价专家或专家组的经验,结合项目的运行制定系统标准或评价指标体系,根据项目各方面的执行情况综合评价各项指标,对各项指标打分或评级,最后得到项目的综合评级,对项目实施预期目标的成功程度作出定性的结论。它是以逻辑框架法分析的项目目标的实现程度和经济效益的评价结论为基础,以项目的目标和效益为核心所进行的全面系统的评价。

成功度评价法的核心在于根据经验建立合理的指标体系,具体步骤为:

(1)评价指标体系的确定。评价指标可分为一级指标和二级指标。

(2)指标权重的确定。指标权重的确定可以采用经验判断法,一般要设计相应的调研表。请专家组对指标权重作出评价,打出相应分值,取用专家打分的平均值确定指标权重。

(3)评价等级的确定:项目评价的成功度可分为5个等级,见表14-5。

表14-5　项目成功度等级标准

等级	内容	标准
1	完全成功	项目各项目标都已全面或超额实现;相对成本而言,项目取得巨大效益和影响
2	成功	项目的大部分目标都已实现;相对成本而言,项目达到了预期的效益和影响
3	部分成功	项目实现了原定的部分目标;相对成本而言,只取得了一定的效益和影响
4	不成功	项目实现的目标非常有限;相对成本而言,几乎没有产生正面效益和影响
5	失败	项目的目标是无法实现的;相对成本而言,项目不得不终止

在实际操作中,首先应根据项目特点进行分类,确立项目绩效评价指标,然后根据项目成功度的评价等级标准对每个绩效评价指标进行专家打分。通过对指标重要件的分析,结合单项指标成功度结论,可以得到整个成功度指标。一个大型项目一般要对十几个重要的和次重要的综合评价指标进行定性分析,断定各项指标的等级。这些综合评价指标见表14-6。

表14-6　项目成功度评价指标

项目指向指标	相关重要性	成功度	项目执行指标	相关重要性	成功度
宏观经济影响			进度管理		
扩大或增加能力			预算内费用管理		
良好的管理			项目依托条件		
对扶贫的影响			成本与效益		
教育			财务内部收益率		
卫生与健康			经济内部收益率		
对妇女儿童的影响			财务持续性		
环境影响			机构的持续性		
社会影响			项目总持续能力		
对机构的影响			项目的总成功度		
技术进步					

由于成功度的评价方法主要是定性分析,有些评价指标(如社会影响、环境影响)的表述,带有一定的模糊性,其内涵是相对的,模糊和非定量化的特性较为突出,在进行评价时,只能采用定性的评价。由于文化水平、知识结构、社会经历和能力大小等不同,对成功度评价指标的影响进度认识相同,以至于很难确定各项评价指标的具体评判值,因此,很难对这些模糊信息资料进行量化处理和综合评价,做出的评价往往具有一定的片面性和静止性。

第三节　工程项目后评价报告

工程项目后评价报告,是工程项目后评价过程及最终成果的书面总结,是以文件形式反映的工程项目后评价的工作结果,是后评价工作的重要组成部分。作为反馈评价信息的主要文件形式,后评价报告对项目实施过程中阶段性或整体件的经验教训进行了汇总。

一、工程项目后评价报告的编写要求

后评价报告的编写主要有以下3个方面的要求:

1. 后评价报告的编写要客观真实

根据项目的真实情况,分析客观存在的问题并对经验教训进行认真的总结。评价报告在文字上要准确、清晰,少用或不用太口语化或过分专业化的词汇,以使更多的单位和个人能够从项目后评价中获益;评价结论既要全面总结项目的经验教训,又要与未来的规划和政策的制定紧密联系。在编写后评价报告的同时,要注重评价报告摘要的编写和分送,使项目的经验教训发挥的更大的作用和影响。

2. 后评价报告有相对固定的格式内容,但形式并不单一

为了提高信息反馈速度和反馈质量,便于对评价结论进行信息化手段的处理,报告的编写需要有相对固定的内容格式。但是就不同类型的项目而言,评价报告所要求书写的内容和格式并完全一致,而是略有是差别。

3. 后评价报告的提交和信息反馈

后评价报告草稿完成之后,需要报送项目评价执行机构高层领导审查,并将报告的主要内容向委托单位进行简要通报,必要的时候可通过召开小型会议对有关分歧意见进行讨论。项目后评价报告草稿经过审查、研讨和修改等程序后方可定稿。正式提交的报告包括“项目后评价报告”和“项目后评价摘要报告”两种形式,需要根据不同对象上报或分发。

二、后评价报告的内容

工程项目后评价报告应按照国家有关部门规定的条例和格式要求进行编制。一般来说主要包括以下内容:

1. 总论

总论主要包括项目后评价的目的、后评价工作的组织机构及管理、后评价报告的编制单位、后评价报告的编写依据、后评价的方法、项目的设计单位项目可行性研究报告与评价报告的编写单位以及建设项目的实施的总体情况等。

2. 项目前期工作后评价

(1)对项目前期筹备工作的后评价。主要包括:筹备单位名称、组织机构、筹备计划及筹备效率等。

(2)对项目决策工作的后评价。主要包括:项目可行性研究承担单位名称、资格,项目可行性研究的编制依据,可行性研究起始和完成时间,项目决策单位、决策程序、决策效率等。

(3)对项目征地拆迁工作的后评价。主要包括:征地拆迁工作进度,安置补偿标准等是否符合国家有关规定。

(4)对项目委托设计与施工的后评价。主要包括:设计单位名称及资格审查,委托设计方式、设计费用、设计方案的技术可行性和经济合理性、设计标准与设计质量,委托施工方式、施工企业资格审查情况及施工合同等。

(5)对建设物资、资金等落实情况的后评价。

3. 项目实施后评价

(1)项目开工评价。

(2)对项目变更的评价。如项目范围变更,变更的原因及其影响。

(3)对施工管理的评价。即对施工组织方式、实际施工进度、施工工程成本、质量及控制、监理,施工技术与方案等进行的评价。

(4)对项目建设资金供应情况的评价。

(5)对项目建设工期的评价。主要评价实际建设工期及工期提前或延迟的原因。

(6)对项目建设成本的评价。及对项目实际建设成本及超支或节约的原因的评价。

(7)对项目工程质量的评价。

(8)对项目竣工验收与试生产的评价。

(9)对项目建成投产后的实际生产能力与单位生产能力投资的评价。

4. 项目生产经营的后评价

(1)项目达产情况的后评价。

(2)项目产出物的种类与数量、产品销售情况的评价。

(3)项目获取利润情况的后评价。

(4)企业经营管理的评价。主要对机构设置、管理人员配备及素质、管理规章制度、管理效率等进行的评价。

(5)劳动定员评价。

(6)职工培训评价。

5. 项目经济后评价

(1)项目财务效益后评价。项目财务效益后评价主要包括项目财务状况及预测,项目实际财务效益指标,主要财务指标的对比与分析,财务状况的发展变化趋势及对策措施。

(2)项目国民经济后评价。项目国民经济效益状况及预测,项目国民经济效益指标与计算;评价指标的对比分析等。

6. 综合结论

主要是以上述各项评价内容的基本结论。它一般包括项目准备、决策、实施和生产经营各个阶段的主要经验教训;对项目可行性研究及评价决策水平的综合评价;项目在评价时点后的发展前景;提高项目在未来时期内经济效益水平的主要对策和措施。

思考题与习题

1. 什么是后评价？具有哪些特点？
2. 工程项目后评价和前评价的区别有哪些？
3. 工程项目后评价有哪些作用？
4. 如何编写工程项目后评价？
5. 工程项目后评价的方法有哪些？
6. 工程项目后评价报告的内容包括哪些？

参 考 文 献

[1]伏小勇,完颜华,等. 工程技术经济[M]. 北京:中国环境科学出版社,2008.

[2]施熙灿,等. 水利工程经济[M]. 北京:中国水利水电出版社,2005.

[3]付晓灵. 工程经济学[M]. 北京:中国计划出版社,2007年.

[4]宫元娟、李庆东,等. 技术经济学[M]. 北京:中国农业大学出版社,2002.

[5]吴添祖,虞晓芬,等. 技术经济学概论[M]. 北京:高等教育出版社,1998.

[6]蒋先玲,项目融资(第二版)[M]. 北京:中国金融出版社,2004.

[7]李春好,曲久龙,等. 项目融资[M]. 北京:科学出版社,2004.

[8]王鹤松. 项目融资财务分析[M]. 北京:中国金融出版社,2004.

[9]戴大双,等. 项目融资[M]. 北京:机械工业出版社,2004.

[10]全国一级建造师执业资格考试用书编写委员会. 建设工程经济[M]. 北京:中国建筑工业出版社,2018.

[11]全国一级建造师执业资格考试用书编写委员会. 建设工程经济复习题集[M]. 北京:中国建筑工业出版社,2018.

[12]马维珍. 工程计价与计量[M].北京:清华大学出版社,北京交通大学出版社,2005.

[13]姜仲勤. 融资租赁在中国问题与解答,北京:机械工业出版社,2002,12

[14]赵国杰. 工程经济与项目评价[M]. 天津:天津大学出版社,1999.

[15]黄有亮,等. 工程经济学[M]. 南京:东南大学出版社,2002.

[16]项目决策分析与评价/注册咨询工程师(投资)考试教材编写委员会. 项目决策分析与评价/注册咨询工程师(投资)考试教材[M].北京:中国计划出版社,2016.

[17]现代咨询方法与实务/注册咨询工程师(投资)考试教材编写委员会. 现代咨询方法与实务/注册咨询工程师(投资)考试教材[M].北京:中国计划出版社,2016.

[18]杨开. 水资源开发利用与保护[M].长沙:湖南大学出版社,2005.

[19]左其亭,窦明,吴泽宁. 水资源规划与管理[M]. 北京:中国水利水电出版社,2005.

[20]张凯. 水资源循环经济理论与技术[M]. 北京:科学出版社,2007.

[21]阿尔丁夫. 技术经济学[M]. 北京:中国物资出版社,1994.

[22]傅家骥,仝允桓. 工业技术经济学[M]. 北京:清华大学出版社,1996.

[23]王永康,赵玉华,朱永恒. 水工程经济[M]. 北京:机械工业出版社,2006.

[24]刘国恒. 可行性研究辞典[M].北京:化学工业出版社,2006.

[25](美)萨缪尔森,等. 经济学(影印版)[M]. 北京:机械工业出版社,1998.

[26](美)沙利文(Sullivan,W. G.),威克斯(Wicks,E. M.),勒克斯霍(Luxhoj,J. T.). Engineering Economy(影印本)[M]. 北京:清华大学出版社,2004.

[27](美)图森(Thusen,G. J.),等. Engineering Economy(影印本)[M]. 北京:清华大学出版社,2005.

[28]董辅祥．给水排水工程技术经济的基本概论[M].北京:中国给水排水,1986.
[29]《水利建设项目经济评价规范》案例汇编[M].北京:水利水电设计总院,1996.
[30]张勤,张建高.水工程经济[M].北京:中国建筑工业出版社,2002.
[31]许庆瑞．研究、发展与技术创新管理[M].北京:高等教育出版社,2000.
[32]刘晓君．工程经济学[M].北京:中国建筑工业出版社,2003.
[33]国家发展改革委,建设部．建设项目经济评价参数(第3版)[M]. 北京:中国计划出版社,2006.
[34]李南．工程经济学(第二版)[M]. 北京:科学出版社,2004.
[35]刘玉明．工程经济学[M]. 北京:清华大学出版社,北京交通大学出版社,2006.
[36]黄渝祥,邢爱芳．工程经济学(第3版)[M]. 上海:同济大学出版社,2005.
[37]武春友,张米尔．技术经济学(第2版)[M]. 大连:大连理工大学出版社,2004.
[38]简德三．投资项目评估[M]. 上海:上海财经大学出版社,2001.
[39]王克强,王洪卫,刘红梅．Excel在工程技术经济学中的应用[M]. 上海:上海财经大学出版社,2005.
[40]刘思锋,党耀国．预测方法与技术[M]. 北京:高等教育出版社,2005.
[41]徐国祥,等．统计学[M]. 上海:上海财经大学出版社,2001.
[42][美]迪波尔德．经济预测[M]. 张寿.译．北京:中信出版社,2003.
[43]千住镇雄,伏件多美雄．经济工程学[M]. 北京:中国石化出版社,1993.

附录　复利系数表

$i=4\%$

年份 n	一次支付		等额序列				等差序列		
	$(F/P,i,n)$	$(P/F,i,n)$	$(F/A,i,n)$	$(A/F,i,n)$	$(A/P,i,n)$	$(P/A,i,n)$	$(P/G,i,n)$	$(F/G,i,n)$	$(A/G,i,n)$
1	1. 040 0	0. 961 5	1. 000 0	1. 000 0	1. 040 0	0. 961 5	0. 000 0	0. 000 0	0. 000 0
2	1. 081 6	0. 924 6	2. 040 0	0. 490 2	0. 530 2	1. 886 1	0. 924 6	1. 000 0	0. 490 2
3	1. 124 9	0. 889 0	3. 121 6	0. 320 3	0. 360 3	2. 775 1	2. 702 5	3. 040 0	0. 973 9
4	1. 169 9	0. 854 8	4. 246 5	0. 235 5	0. 275 5	3. 629 9	5. 267 0	6. 161 6	1. 451 0
5	1. 216 7	0. 821 9	5. 416 3	0. 184 6	0. 224 6	4. 451 8	8. 554 7	10. 408 1	1. 921 6
6	1. 265 3	0. 790 3	6. 633 0	0. 150 8	0. 190 8	5. 242 1	12. 506 2	15. 824 4	2. 385 7
7	1. 315 9	0. 759 9	7. 898 3	0. 126 6	0. 166 6	6. 002 1	17. 065 7	22. 457 4	2. 843 3
8	1. 368 6	0. 730 7	9. 214 2	0. 108 5	0. 148 5	6. 732 7	22. 180 6	30. 355 7	3. 294 4
9	1. 423 3	0. 702 6	10. 582 8	0. 094 5	0. 134 5	7. 435 3	27. 801 3	39. 569 9	3. 739 1
10	1. 480 2	0. 675 6	12. 006 1	0. 083 3	0. 123 3	8. 110 9	33. 881 4	50. 152 7	4. 177 3
11	1. 539 5	0. 649 6	13. 486 4	0. 074 1	0. 114 1	8. 760 5	40. 377 2	62. 158 8	4. 609 0
12	1. 601 0	0. 624 6	15. 025 8	0. 066 6	0. 106 6	9. 385 1	47. 247 7	75. 645 1	5. 034 3
13	1. 665 1	0. 600 6	16. 626 8	0. 060 1	0. 100 1	9. 985 6	54. 454 6	90. 670 9	5. 453 3
14	1. 731 7	0. 577 5	18. 291 9	0. 054 7	0. 094 7	10. 563 1	61. 961 8	107. 297 8	5. 865 9
15	1. 800 9	0. 555 3	20. 023 6	0. 049 9	0. 089 9	11. 118 4	69. 735 5	125. 589 7	6. 272 1
16	1. 873 0	0. 533 9	21. 824 5	0. 045 8	0. 085 8	11. 652 3	77. 744 1	145. 613 3	6. 672 0
17	1. 947 9	0. 513 4	23. 697 5	0. 042 2	0. 082 2	12. 165 7	85. 958 1	167. 437 8	7. 065 6
18	2. 025 8	0. 493 6	25. 645 4	0. 039 0	0. 079 0	12. 659 3	94. 349 8	191. 135 3	7. 453 0
19	2. 106 8	0. 474 6	27. 671 2	0. 036 1	0. 076 1	13. 133 9	102. 893 3	216. 780 7	7. 834 2
20	2. 191 1	0. 456 4	29. 778 1	0. 033 6	0. 073 6	13. 590 3	111. 564 7	244. 452 0	8. 209 1
21	2. 278 8	0. 438 8	31. 969 2	0. 031 3	0. 071 3	14. 029 2	120. 341 4	274. 230 0	8. 577 9
22	2. 369 9	0. 422 0	34. 248 0	0. 029 2	0. 069 2	14. 451 1	129. 202 4	306. 199 2	8. 940 7
23	2. 464 7	0. 405 7	36. 617 9	0. 027 3	0. 067 3	14. 856 8	138. 128 4	340. 447 2	9. 297 3
24	2. 563 3	0. 390 1	39. 082 6	0. 025 6	0. 065 6	15. 247 0	147. 101 2	377. 065 1	9. 647 9
25	2. 665 8	0. 375 1	41. 645 9	0. 024 0	0. 064 0	15. 622 1	156. 104 0	416. 147 7	9. 992 5
26	2. 772 5	0. 360 7	44. 311 7	0. 022 6	0. 062 6	15. 982 8	165. 121 2	457. 793 6	10. 331 2
27	2. 883 4	0. 346 8	47. 084 2	0. 021 2	0. 061 2	16. 329 6	174. 138 5	502. 105 4	10. 664 0
28	2. 998 7	0. 333 5	49. 967 6	0. 020 0	0. 060 0	16. 663 1	183. 142 4	549. 189 6	10. 9909

续上表

年份 n	一次支付		等额序列				等差序列		
	(F/P,i,n)	(P/F,i,n)	(F/A,i,n)	(A/F,i,n)	(A/P,i,n)	(P/A,i,n)	(P/G,i,n)	(F/G,i,n)	(A/G,i,n)
29	3.118 7	0.320 7	52.966 3	0.018 9	0.058 9	16.983 7	192.120 6	599.157 2	11.312 0
30	3.243 4	0.308 3	56.084 9	0.017 8	0.057 8	17.292 0	201.061 8	652.123 4	11.627 4
35	3.946 1	0.253 4	73.652 2	0.013 6	0.053 6	18.664 6	301.626 7	966.305 6	13.119 8
40	4.801 0	0.208 3	95.025 5	0.010 5	0.050 5	19.792 8	361.749 9	1375.637 9	14.476 5
45	5.841 2	0.171 2	121.029 4	0.008 3	0.048 3	20.720 0	420.632 5	1 900.734 8	15.704 7
50	7.106 7	0.140 7	152.667 1	0.006 6	0.046 6	21.482 2	477.480 3	2 566.677 1	16.812 2
∞					0.040 0	25.000 0			

$i=5\%$

年份 n	一次支付		等额序列				等差序列		
	(F/P,i,n)	(P/F,i,n)	(F/A,i,n)	(A/F,i,n)	(A/P,i,n)	(P/A,i,n)	(P/G,i,n)	(F/G,i,n)	(A/G,i,n)
1	1.050 0	0.952 4	1.000 0	1.000 0	1.050 0	0.952 4	0.000 0	0.000 0	0.000 0
2	1.102 5	0.907 0	2.050 0	0.487 8	0.537 8	1.859 4	0.907 0	1.000 0	0.487 8
3	1.157 6	0.863 8	3.152 5	0.317 2	0.367 2	2.723 2	2.634 7	3.050 0	0.967 5
4	1.215 5	0.822 7	4.310 1	0.232 0	0.282 0	3.546 0	5.102 8	6.202 5	1.439 1
5	1.276 3	0.783 5	5.525 6	0.181 0	0.231 0	4.329 5	8.236 9	10.512 6	1.902 5
6	1.340 1	0.746 2	6.801 9	0.147 0	0.197 0	5.075 7	11.968 0	16.038 3	2.357 9
7	1.407 1	0.710 7	8.142 0	0.122 8	0.172 8	5.786 4	16.232 1	22.840 2	2.805 2
8	1.477 5	0.676 8	9.549 1	0.104 7	0.154 7	6.463 2	20.970 0	30.982 2	3.244 5
9	1.551 3	0.644 6	11.026 6	0.090 7	0.140 7	7.107 8	26.126 8	40.531 3	3.675 8
10	1.628 9	0.613 9	12.577 9	0.079 5	0.129 5	7.721 7	31.652 0	51.557 9	4.099 1
11	1.710 3	0.584 7	14.206 8	0.070 4	0.120 4	8.306 4	37.498 8	64.135 7	4.514 4
12	1.795 9	0.556 8	15.917 1	0.062 8	0.112 8	8.863 3	43.624 1	78.342 5	4.921 9
13	1.885 6	0.530 3	17.713 0	0.056 5	0.106 5	9.393 6	49.987 9	94.259 7	5.321 5
14	1.979 9	0.505 1	19.598 6	0.051 0	0.101 0	9.898 6	56.553 8	111.972 6	5.713 3
15	2.078 9	0.481 0	21.578 6	0.046 3	0.096 3	10.379 7	63.288 0	131.571 3	6.097 3
16	2.182 9	0.458 1	23.657 5	0.042 3	0.092 3	10.837 8	70.159 7	153.149 8	6.473 6
17	2.292 0	0.436 3	25.840 4	0.038 7	0.088 7	11.274 1	77.140 5	176.807 3	6.842 3
18	2.406 6	0.415 5	28.132 4	0.035 5	0.085 5	11.689 6	84.204 3	202.647 7	7.203 4
19	2.527 0	0.395 7	30.539 0	0.032 7	0.082 7	12.085 3	91.327 5	230.780 1	7.556 9
20	2.653 3	0.376 9	33.066 0	0.030 2	0.080 2	12.462 2	98.488 4	261.319 1	7.903 0
21	2.786 0	0.358 9	35.719 3	0.028 0	0.078 0	12.821 2	105.667 3	294.385 0	8.241 6
22	2.925 3	0.341 8	38.505 2	0.026 0	0.076 0	13.163 0	112.846 1	330.104 3	8.573 0

续上表

年份 n	一次支付		等额序列				等差序列		
	(F/P,i,n)	(P/F,i,n)	(F/A,i,n)	(A/F,i,n)	(A/P,i,n)	(P/A,i,n)	(P/G,i,n)	(F/G,i,n)	(A/G,i,n)
23	3.071 5	0.325 6	41.430 5	0.024 1	0.074 1	13.488 6	120.008 7	368.609 5	8.897 1
24	3.225 1	0.310 1	44.502 0	0.022 5	0.072 5	13.798 6	127.140 2	410.040 0	9.214 0
25	3.386 4	0.295 3	47.727 1	0.021 0	0.071 0	14.093 9	134.227 5	454.542 0	9.523 8
26	3.555 7	0.281 2	51.113 5	0.019 6	0.069 6	14.375 2	141.258 5	502.269 1	9.826 6
27	3.733 5	0.267 8	54.669 1	0.018 3	0.068 3	14.643 0	148.222 6	553.382 5	10.122 4
28	3.920 1	0.255 1	58.402 6	0.017 1	0.067 1	14.898 1	155.110 1	608.051 7	10.411 4
29	4.116 1	0.242 9	62.322 7	0.016 0	0.066 0	15.141 1	161.912 6	666.454 2	10.693 6
30	4.321 9	0.231 4	66.438 8	0.015 1	0.065 1	15.372 5	168.622 6	728.777 0	10.9691
35	5.516 0	0.181 3	90.320 3	0.011 1	0.061 1	16.374 2	200.580 7	1 106.406 1	12.249 8
40	7.040 0	0.142 0	120.799 8	0.008 3	0.058 3	17.159 1	229.545 2	1 615.995 5	13.377 5
45	8.985 0	0.111 3	159.700 2	0.006 3	0.056 3	17.774 1	255.314 5	2 294.003 1	14.364 4
50	11.467 4	0.087 2	209.348 0	0.004 8	0.054 8	18.255 9	277.914 8	3 186.959 9	15.223 3
∞					0.500 0	20.000 0			

$i=6\%$

年份 n	一次支付		等额序列				等差序列		
	(F/P,i,n)	(P/F,i,n)	(F/A,i,n)	(A/F,i,n)	(A/P,i,n)	(P/A,i,n)	(P/G,i,n)	(F/G,i,n)	(A/G,i,n)
1	1.060 0	0.943 4	1.000 0	1.000 0	1.060 0	0.943 4	0.000 0	0.000 0	0.000 0
2	1.123 6	0.890 0	2.060 0	0.485 4	0.545 4	1.833 4	0.890 0	1.000 0	0.485 4
3	1.191 0	0.839 6	3.183 6	0.314 1	0.374 1	2.673 0	2.569 2	3.060 0	0.961 2
4	1.262 5	0.792 1	4.374 6	0.228 6	0.288 6	3.465 1	4.945 5	6.243 6	1.427 2
5	1.338 2	0.747 3	5.637 1	0.177 4	0.237 4	4.212 4	7.934 5	10.618 2	1.883 6
6	1.418 5	0.705 0	6.975 3	0.143 4	0.203 4	4.917 3	11.459 4	16.255 3	2.330 4
7	1.503 6	0.665 1	8.393 8	0.119 1	0.179 1	5.582 4	15.449 7	23.230 6	2.767 6
8	1.593 8	0.627 4	9.897 5	0.101 0	0.161 0	6.209 8	19.841 6	31.624 5	3.195 2
9	1.689 5	0.591 9	11.491 3	0.087 0	0.147 0	6.801 7	24.576 8	41.521 9	3.613 3
10	1.790 8	0.558 4	13.180 8	0.075 9	0.135 9	7.360 1	29.602 3	53.013 2	4.022 0
11	1.898 3	0.526 8	14.971 6	0.066 8	0.126 8	7.886 9	34.870 2	66.194 0	4.421 3
12	2.012 2	0.497 0	16.869 9	0.059 3	0.119 3	8.383 8	40.336 9	81.165 7	4.811 3
13	2.132 9	0.468 8	18.882 1	0.053 0	0.113 0	8.852 7	45.962 9	98.035 6	5.192 0
14	2.260 9	0.442 3	21.015 1	0.047 6	0.107 6	9.295 0	51.712 8	116.917 8	5.563 5
15	2.396 6	0.417 3	23.276 0	0.043 0	0.103 0	9.712 2	57.554 6	137.932 8	5.926 0
16	2.540 4	0.393 6	25.672 5	0.039 0	0.099 0	10.105 9	63.459 2	161.208 8	6.279 4

续上表

年份 n	一次支付		等额序列				等差序列		
	(F/P,i,n)	(P/F,i,n)	(F/A,i,n)	(A/F,i,n)	(A/P,i,n)	(P/A,i,n)	(P/G,i,n)	(F/G,i,n)	(A/G,i,n)
17	2.692 8	0.371 4	28.212 9	0.035 4	0.095 4	10.477 3	69.401 1	186.881 3	6.624 0
18	2.854 3	0.350 3	30.905 7	0.032 4	0.092 4	10.827 6	75.356 9	215.094 2	6.959 7
19	3.025 6	0.330 5	33.760 0	0.029 6	0.089 6	11.158 1	81.306 2	245.999 9	7.286 7
20	3.207 1	0.311 8	36.785 6	0.027 2	0.087 2	11.469 9	87.230 4	279.759 9	7.605 1
21	3.399 6	0.294 2	39.992 7	0.025 0	0.085 0	11.764 1	93.113 6	316.545 4	7.915 1
22	3.603 5	0.277 5	43.392 3	0.023 0	0.083 0	12.041 6	98.941 2	356.538 2	8.216 6
23	3.819 7	0.261 8	46.995 8	0.021 3	0.081 3	12.303 4	104.700 7	399.930 5	8.509 9
24	4.048 9	0.247 0	50.815 6	0.019 7	0.079 7	12.550 4	110.381 2	446.926 3	8.795 1
25	4.291 9	0.233 0	54.864 5	0.018 2	0.078 2	12.783 4	115.973 2	497.741 9	9.072 2
26	4.549 4	0.219 8	59.156 4	0.016 9	0.076 9	13.003 2	121.468 4	552.606 4	9.341 4
27	4.822 3	0.207 4	63.705 8	0.015 7	0.075 7	13.210 5	126.860 0	611.762 8	9.602 9
28	5.111 7	0.195 6	68.528 1	0.014 6	0.074 6	13.406 2	132.142 0	675.468 5	9.856 8
29	5.418 4	0.184 6	73.639 8	0.013 6	0.073 6	13.590 7	137.309 6	743.996 6	10.103 2
30	5.743 5	0.174 1	79.058 2	0.012 6	0.072 6	13.764 8	142.358 8	817.636 4	10.342 2
35	7.686 1	0.130 1	111.434 8	0.009 0	0.069 0	14.498 2	165.742 7	1 273.913 0	11.431 9
40	10.285 7	0.097 2	154.762 0	0.006 5	0.066 5	15.046 3	185.956 8	1 912.699 4	12.359 0
45	13.764 6	0.072 7	212.743 5	0.004 7	0.064 7	15.455 8	203.109 6	2 795.725 2	13.141 3
50	18.420 2	0.054 3	290.335 9	0.003 4	0.063 4	15.761 9	217.457 4	4 005.598 4	13.796 4
∞					0.060 0	18.182 0			

$i=8\%$

年份 n	一次支付		等额序列				等差序列		
	(F/P,i,n)	(P/F,i,n)	(F/A,i,n)	(A/F,i,n)	(A/P,i,n)	(P/A,i,n)	(P/G,i,n)	(F/G,i,n)	(A/G,i,n)
1	1.080 0	0.925 9	1.000 0	1.000 0	1.080 0	0.925 9	0.000 0	0.000 0	0.000 0
2	1.166 4	0.857 3	2.080 0	0.480 8	0.560 8	1.783 3	0.857 3	1.000 0	0.480 8
3	1.259 7	0.793 8	3.246 4	0.308 0	0.388 0	2.577 1	2.445 0	3.080 0	0.948 7
4	1.360 5	0.735 0	4.506 1	0.221 9	0.301 9	3.312 1	4.650 1	6.326 4	1.404 0
5	1.469 3	0.680 6	5.866 6	0.170 5	0.250 5	3.992 7	7.372 4	10.832 5	1.846 5
6	1.586 9	0.630 2	7.335 9	0.136 3	0.216 3	4.622 9	10.523 3	16.699 1	2.276 3
7	1.713 8	0.583 5	8.922 8	0.112 1	0.192 1	5.206 4	14.024 2	24.035 0	2.693 7
8	1.850 9	0.540 3	10.636 6	0.094 0	0.174 0	5.746 6	17.806 1	32.957 8	3.098 5
9	1.999 0	0.500 2	12.487 6	0.080 1	0.160 1	6.246 9	21.808 1	43.594 5	3.491 0
10	2.158 9	0.463 2	14.486 6	0.069 0	0.149 0	6.710 1	25.976 8	56.082 0	3.871 3

续上表

年份 n	一次支付		等额序列				等差序列		
	$(F/P,i,n)$	$(P/F,i,n)$	$(F/A,i,n)$	$(A/F,i,n)$	$(A/P,i,n)$	$(P/A,i,n)$	$(P/G,i,n)$	$(F/G,i,n)$	$(A/G,i,n)$
11	2. 331 6	0. 428 9	16. 645 5	0. 060 1	0. 140 1	7. 139 0	30. 265 7	70. 568 6	4. 239 5
12	2. 518 2	0. 397 1	18. 977 1	0. 052 7	0. 132 7	7. 536 1	34. 633 9	87. 214 1	4. 595 7
13	2. 719 6	0. 367 7	21. 495 3	0. 046 5	0. 126 5	7. 903 8	39. 046 3	106. 191 2	4. 940 2
14	2. 937 2	0. 340 5	24. 214 9	0. 041 3	0. 121 3	8. 244 2	43. 472 3	127. 686 5	5. 273 1
15	3. 172 2	0. 315 2	27. 152 1	0. 036 8	0. 116 8	8. 559 5	47. 885 7	151. 901 4	5. 594 5
16	3. 425 9	0. 291 9	30. 324 3	0. 033 0	0. 113 0	8. 851 4	52. 264 0	179. 053 5	5. 904 6
17	3. 700 0	0. 270 3	33. 750 2	0. 029 6	0. 109 6	9. 121 6	56. 588 3	209. 377 8	6. 203 7
18	3. 996 0	0. 250 2	37. 450 2	0. 026 7	0. 106 7	9. 371 9	60. 842 6	243. 128 0	6. 492 0
19	4. 315 7	0. 231 7	41. 446 3	0. 024 1	0. 104 1	9. 603 6	65. 013 4	280. 578 3	6. 769 7
20	4. 661 0	0. 214 5	45. 762 0	0. 021 9	0. 101 9	9. 818 1	69. 089 8	322. 024 6	7. 036 9
21	5. 033 8	0. 198 7	50. 422 9	0. 019 8	0. 099 8	10. 016 8	73. 062 9	367. 786 5	7. 294 0
22	5. 436 5	0. 183 9	55. 456 8	0. 018 0	0. 098 0	10. 200 7	76. 925 7	418. 209 4	7. 541 2
23	5. 871 5	0. 170 3	60. 893 3	0. 016 4	0. 096 4	10. 371 1	80. 672 6	473. 666 2	7. 778 6
24	6. 341 2	0. 157 7	66. 764 8	0. 015 0	0. 095 0	10. 528 8	84. 299 7	534. 559 5	8. 006 6
25	6. 848 5	0. 146 0	73. 105 9	0. 013 7	0. 093 7	10. 674 8	87. 804 1	601. 324 2	8. 225 4
26	7. 396 4	0. 135 2	79. 954 4	0. 012 5	0. 092 5	10. 810 0	91. 184 2	674. 430 2	8. 435 2
27	7. 988 1	0. 125 2	87. 350 8	0. 011 4	0. 091 4	10. 935 2	94. 439 0	754. 384 6	8. 636 3
28	8. 627 1	0. 115 9	95. 338 8	0. 010 5	0. 090 5	11. 051 1	97. 568 7	841. 735 4	8. 828 9
29	9. 317 3	0. 107 3	103. 965 9	0. 009 6	0. 089 6	11. 158 4	100. 573 8	937. 074 2	9. 013 3
30	10. 062 7	0. 099 4	113. 283 2	0. 008 8	0. 088 8	11. 257 8	103. 455 8	1 041. 040 1	9. 189 7
35	14. 785 3	0. 067 6	172. 316 8	0. 005 8	0. 085 8	11. 654 6	116. 092 0	1 716. 460 0	9. 961 1
40	21. 724 5	0. 046 0	259. 056 5	0. 003 9	0. 083 9	11. 924 6	126. 042 2	2 738. 206 5	10. 569 9
45	31. 920 4	0. 031 3	386. 505 6	0. 002 6	0. 082 6	12. 108 4	133. 733 1	4 268. 820 2	11. 044 7
50	46. 901 6	0. 021 3	573. 770 2	0. 001 7	0. 081 7	12. 233 5	139. 592 8	6 547. 127 0	11. 410 7
∞						12. 500 0			

$i=10\%$

年份 n	一次支付		等额序列				等差序列		
	$(F/P,i,n)$	$(P/F,i,n)$	$(F/A,i,n)$	$(A/F,i,n)$	$(A/P,i,n)$	$(P/A,i,n)$	$(P/G,i,n)$	$(F/G,i,n)$	$(A/G,i,n)$
1	1. 100 0	0. 909 1	1. 000 0	1. 000 0	1. 100 0	0. 909 1	0. 000 0	0. 000 0	0. 000 0
2	1. 210 0	0. 826 4	2. 100 0	0. 476 2	0. 576 2	1. 735 5	0. 826 4	1. 000 0	0. 476 2
3	1. 331 0	0. 751 3	3. 310 0	0. 302 1	0. 402 1	2. 486 9	2. 329 1	3. 100 0	0. 936 6
4	1. 464 1	0. 683 0	4. 641 0	0. 215 5	0. 315 5	3. 169 9	4. 378 1	6. 410 0	1. 381 2

续上表

年份 n	一次支付		等额序列				等差序列		
	(F/P,i,n)	(P/F,i,n)	(F/A,i,n)	(A/F,i,n)	(A/P,i,n)	(P/A,i,n)	(P/G,i,n)	(F/G,i,n)	(A/G,i,n)
5	1. 610 5	0. 620 9	6. 105 1	0. 163 8	0. 263 8	3. 790 8	6. 861 8	11. 051 0	1. 810 1
6	1. 771 6	0. 564 5	7. 715 6	0. 129 6	0. 229 6	4. 355 3	9. 684 2	17. 156 1	2. 223 6
7	1. 948 7	0. 513 2	9. 487 2	0. 105 4	0. 205 4	4. 868 4	12. 763 1	24. 871 7	2. 621 6
8	2. 143 6	0. 466 5	11. 435 9	0. 087 4	0. 187 4	5. 334 9	16. 028 7	34. 358 9	3. 004 5
9	2. 357 9	0. 424 1	13. 579 5	0. 073 6	0. 173 6	5. 759 0	19. 421 5	45. 794 8	3. 372 4
10	2. 593 7	0. 385 5	15. 937 4	0. 062 7	0. 162 7	6. 144 6	22. 891 3	59. 374 2	3. 725 5
11	2. 853 1	0. 350 5	18. 531 2	0. 054 0	0. 154 0	6. 495 1	26. 396 3	75. 311 7	4. 064 1
12	3. 138 4	0. 318 6	21. 384 3	0. 046 8	0. 146 8	6. 813 7	29. 901 2	93. 842 8	4. 388 4
13	3. 452 3	0. 289 7	24. 522 7	0. 040 8	0. 140 8	7. 103 4	33. 377 2	115. 227 1	4. 698 8
14	3. 797 5	0. 263 3	27. 975 0	0. 035 7	0. 135 7	7. 366 7	36. 800 5	139. 749 8	4. 995 5
15	4. 177 2	0. 239 4	31. 772 5	0. 031 5	0. 131 5	7. 606 1	40. 152 0	167. 724 8	5. 278 9
16	4. 595 0	0. 217 6	35. 949 7	0. 027 8	0. 127 8	7. 823 7	43. 416 4	199. 497 3	5. 549 3
17	5. 054 5	0. 197 8	40. 544 7	0. 024 7	0. 124 7	8. 021 6	46. 581 9	235. 447 0	5. 807 1
18	5. 559 9	0. 179 9	45. 599 2	0. 021 9	0. 121 9	8. 201 4	49. 639 5	275. 991 7	6. 052 6
19	6. 115 9	0. 163 5	51. 159 1	0. 019 5	0. 119 5	8. 364 9	52. 582 7	321. 590 9	6. 286 1
20	6. 727 5	0. 148 6	57. 275 0	0. 017 5	0. 117 5	8. 513 6	55. 406 9	372. 750 0	6. 508 1
21	7. 400 2	0. 135 1	64. 002 5	0. 015 6	0. 115 6	8. 648 7	58. 109 5	430. 025 0	6. 718 9
22	8. 140 3	0. 122 8	71. 402 7	0. 014 0	0. 114 0	8. 771 5	60. 689 3	494. 027 5	6. 918 9
23	8. 954 3	0. 111 7	79. 543 0	0. 012 6	0. 112 6	8. 883 2	63. 146 2	565. 430 2	7. 108 5
24	9. 849 7	0. 101 5	88. 497 3	0. 011 3	0. 111 3	8. 984 7	65. 481 3	644. 973 3	7. 288 1
25	10. 834 7	0. 092 3	98. 347 1	0. 010 2	0. 110 2	9. 077 0	67. 696 4	733. 470 6	7. 458 0
26	11. 918 2	0. 083 9	109. 181 8	0. 009 2	0. 109 2	9. 160 9	69. 794 0	831. 817 7	7. 618 6
27	13. 110 0	0. 076 3	121. 099 9	0. 008 3	0. 108 3	9. 237 2	71. 777 3	940. 999 4	7. 770 4
28	14. 421 0	0. 069 3	134. 209 9	0. 007 5	0. 107 5	9. 306 6	73. 649 5	1 062. 099 4	7. 913 7
29	15. 863 1	0. 063 0	148. 630 9	0. 006 7	0. 106 7	9. 369 6	75. 414 6	1 196. 309 3	8. 048 9
30	17. 449 4	0. 057 3	164. 494 0	0. 006 1	0. 106 1	9. 426 9	77. 076 6	1 344. 940 2	8. 176 2
35	28. 102 4	0. 035 6	271. 024 4	0. 003 7	0. 103 7	9. 644 2	83. 987 2	2 360. 243 7	8. 708 6
40	45. 259 3	0. 022 1	442. 592 6	0. 002 3	0. 102 3	9. 779 1	88. 952 5	4 025. 925 6	9. 096 2
45	72. 890 5	0. 013 7	718. 904 8	0. 001 4	0. 101 4	9. 862 8	92. 454 4	6 739. 048 4	9. 374 0
50	117. 390 9	0. 008 5	1 163. 908 5	0. 000 9	0. 100 9	9. 914 8	94. 888 9	11 139. 085 3	9. 570 4
∞					0. 100 0	10. 000 0			

$i=12\%$

年份 n	一次支付		等额序列				等差序列		
	$(F/P,i,n)$	$(P/F,i,n)$	$(F/A,i,n)$	$(A/F,i,n)$	$(A/P,i,n)$	$(P/A,i,n)$	$(P/G,i,n)$	$(F/G,i,n)$	$(A/G,i,n)$
1	1. 120 0	0. 892 9	1. 000 0	1. 000 0	1. 120 0	0. 892 9	0. 000 0	0. 000 0	0. 000 0
2	1. 254 4	0. 797 2	2. 120 0	0. 471 7	0. 591 7	1. 690 1	0. 797 2	1. 000 0	0. 471 7
3	1. 404 9	0. 711 8	3. 374 4	0. 296 3	0. 416 3	2. 401 8	2. 220 8	3. 120 0	0. 924 6
4	1. 573 5	0. 635 5	4. 779 3	0. 209 2	0. 329 2	3. 037 3	4. 127 3	6. 494 4	1. 358 9
5	1. 762 3	0. 567 4	6. 352 8	0. 157 4	0. 277 4	3. 604 8	6. 397 0	11. 273 7	1. 774 6
6	1. 973 8	0. 506 6	8. 115 2	0. 123 2	0. 243 2	4. 111 4	8. 930 2	17. 626 6	2. 172 0
7	2. 210 7	0. 452 3	10. 089 0	0. 099 1	0. 219 1	4. 563 8	11. 644 3	25. 741 8	2. 551 5
8	2. 476 0	0. 403 9	12. 299 7	0. 081 3	0. 201 3	4. 967 6	14. 471 4	35. 830 8	2. 913 1
9	2. 773 1	0. 360 6	14. 775 7	0. 067 7	0. 187 7	5. 328 2	17. 356 3	48. 130 5	3. 257 4
10	3. 105 8	0. 322 0	17. 548 7	0. 057 0	0. 177 0	5. 650 2	20. 254 1	62. 906 1	3. 584 7
11	3. 478 5	0. 287 5	20. 654 6	0. 048 4	0. 168 4	5. 937 7	23. 128 8	80. 454 9	3. 895 3
12	3. 896 0	0. 256 7	24. 133 1	0. 041 4	0. 161 4	6. 194 4	25. 952 3	101. 109 4	4. 189 7
13	4. 363 5	0. 229 2	28. 029 1	0. 035 7	0. 155 7	6. 423 5	28. 702 4	125. 242 6	4. 468 3
14	4. 887 1	0. 204 6	32. 392 6	0. 030 9	0. 150 9	6. 628 2	31. 362 4	153. 271 7	4. 731 7
15	5. 473 6	0. 182 7	37. 279 7	0. 026 8	0. 146 8	6. 810 9	33. 920 2	185. 664 3	4. 980 3
16	6. 130 4	0. 163 1	42. 753 3	0. 023 4	0. 143 4	6. 974 0	36. 367 0	222. 944 0	5. 214 7
17	6. 866 0	0. 145 6	48. 883 7	0. 020 5	0. 140 5	7. 119 6	38. 697 3	265. 697 3	5. 435 3
18	7. 690 0	0. 130 0	55. 749 7	0. 017 9	0. 137 9	7. 249 7	40. 908 0	314. 581 0	5. 642 7
19	8. 612 8	0. 116 1	63. 439 7	0. 015 8	0. 135 8	7. 365 8	42. 997 9	370. 330 7	5. 837 5
20	9. 646 3	0. 103 7	72. 052 4	0. 013 9	0. 133 9	7. 469 4	44. 967 6	433. 770 4	6. 020 2
21	10. 803 8	0. 092 6	81. 698 7	0. 012 2	0. 132 2	7. 562 0	46. 818 8	505. 822 8	6. 191 3
22	12. 100 3	0. 082 6	92. 502 6	0. 010 8	0. 130 8	7. 644 6	48. 554 3	587. 521 5	6. 351 4
23	13. 552 3	0. 073 8	104. 602 9	0. 009 6	0. 129 6	7. 718 4	50. 177 6	680. 024 1	6. 501 0
24	15. 178 6	0. 065 9	118. 155 2	0. 008 5	0. 128 5	7. 784 3	51. 692 9	784. 627 0	6. 640 6
25	17. 000 1	0. 058 8	133. 333 9	0. 007 5	0. 127 5	7. 843 1	53. 104 6	902. 782 3	6. 770 8
26	19. 040 1	0. 052 5	150. 333 9	0. 006 7	0. 126 7	7. 895 7	54. 417 7	1 036. 116 1	6. 892 1
27	21. 324 9	0. 046 9	169. 374 0	0. 005 9	0. 125 9	7. 942 6	55. 636 9	1 186. 450 1	7. 004 9
28	23. 883 9	0. 041 9	190. 698 9	0. 005 2	0. 125 2	7. 984 4	56. 767 4	1 355. 824 1	7. 109 8
29	26. 749 9	0. 037 4	214. 582 8	0. 004 7	0. 124 7	8. 021 8	57. 814 1	1 546. 522 9	7. 207 1
30	29. 959 9	0. 033 4	241. 332 7	0. 004 1	0. 124 1	8. 055 2	58. 782 1	1 761. 105 7	7. 297 4
35	52. 799 6	0. 018 9	431. 663 5	0. 002 3	0. 122 3	8. 175 5	62. 605 2	3 305. 529 1	7. 657 7
40	93. 051 0	0. 010 7	767. 091 4	0. 001 3	0. 121 3	8. 243 8	65. 115 9	6 059. 095 2	7. 898 8
45	163. 987 6	0. 006 1	1 358. 230 0	0. 000 7	0. 120 7	8. 282 5	66. 734 2	10 943. 583 6	8. 057 2
50	289. 002 2	0. 003 5	2 400. 018 2	0. 000 4	0. 120 4	8. 304 5	67. 762 4	19 583. 485 4	8. 159 7
∞			7 471. 630 0		0. 120 0	8. 333 0			

i=15 %

年份 n	一次支付		等额序列				等差序列		
	(F/P,i,n)	(P/F,i,n)	(F/A,i,n)	(A/F,i,n)	(A/P,i,n)	(P/A,i,n)	(P/G,i,n)	(F/G,i,n)	(A/G,i,n)
1	1.150 0	0.869 6	1.000 0	1.000 0	1.150 0	0.869 6	0.000 0	0.000 0	0.000 0
2	1.322 5	0.756 1	2.150 0	0.465 1	0.615 1	1.625 7	0.756 1	1.000 0	0.465 1
3	1.520 9	0.657 5	3.472 5	0.288 0	0.438 0	2.283 2	2.071 2	3.150 0	0.907 1
4	1.749 0	0.571 8	4.993 4	0.200 3	0.350 3	2.855 0	3.786 4	6.622 5	1.326 3
5	2.011 4	0.497 2	6.742 4	0.148 3	0.298 3	3.352 2	5.775 1	11.615 9	1.722 8
6	2.313 1	0.432 3	8.753 7	0.114 2	0.264 2	3.784 5	7.936 8	18.358 3	2.097 2
7	2.660 0	0.375 9	11.066 8	0.090 4	0.240 4	4.160 4	10.192 4	27.112 0	2.449 8
8	3.059 0	0.326 9	13.726 8	0.072 9	0.222 9	4.487 3	12.480 7	38.178 8	2.781 3
9	3.517 9	0.284 3	16.785 8	0.059 6	0.209 6	4.771 6	14.754 8	51.905 6	3.092 2
10	4.045 6	0.247 2	20.303 7	0.049 3	0.199 3	5.018 8	16.979 5	68.691 5	3.383 2
11	4.652 4	0.214 9	24.349 3	0.041 1	0.191 1	5.233 7	19.128 9	88.995 2	3.654 9
12	5.350 3	0.186 9	29.001 7	0.034 5	0.184 5	5.420 6	21.184 9	113.344 4	3.908 2
13	6.152 8	0.162 5	34.351 9	0.029 1	0.179 1	5.583 1	23.135 2	142.346 1	4.143 8
14	7.075 7	0.141 3	40.504 7	0.024 7	0.174 7	5.724 5	24.972 5	176.698 0	4.362 4
15	8.137 1	0.122 9	47.580 4	0.021 0	0.171 0	5.847 4	26.693 0	217.202 7	4.565 0
16	9.357 6	0.106 9	55.717 5	0.017 9	0.167 9	5.954 2	28.296 0	264.783 1	4.752 2
17	10.761 3	0.092 9	65.075 1	0.015 4	0.165 4	6.047 2	29.782 8	320.500 6	4.925 1
18	12.375 5	0.080 8	75.836 4	0.013 2	0.163 2	6.128 0	31.156 5	385.575 7	5.084 3
19	14.231 8	0.070 3	88.211 8	0.011 3	0.161 3	6.198 2	32.421 3	461.412 1	5.230 7
20	16.366 5	0.061 1	102.443 6	0.009 8	0.159 8	6.259 3	33.582 2	549.623 9	5.365 1
21	18.821 5	0.053 1	118.810 1	0.008 4	0.158 4	6.312 5	34.644 8	652.067 5	5.488 3
22	21.644 7	0.046 2	137.631 6	0.007 3	0.157 3	6.358 7	35.615 0	770.877 6	5.601 0
23	24.891 5	0.040 2	159.276 4	0.006 3	0.156 3	6.398 8	36.498 8	908.509 2	5.704 0
24	28.625 2	0.034 9	184.167 8	0.005 4	0.155 4	6.433 8	37.302 3	1 067.785 6	5.797 9
25	32.919 0	0.030 4	212.793 0	0.004 7	0.154 7	6.464 1	38.031 4	1 251.953 4	5.883 4
26	37.856 8	0.026 4	245.712 0	0.004 1	0.154 1	6.490 6	38.691 8	1 464.746 5	5.961 2
27	43.535 3	0.023 0	283.568 8	0.003 5	0.153 5	6.513 5	39.289 0	1 710.458 4	6.031 9
28	50.065 6	0.020 0	327.104 1	0.003 1	0.153 1	6.533 5	39.828 3	1 994.027 2	6.096 0
29	57.575 5	0.017 4	377.169 7	0.002 7	0.152 7	6.550 9	40.314 6	2 321.131 3	6.154 1
30	66.211 8	0.015 1	434.745 1	0.002 3	0.152 3	6.566 0	40.752 6	2 698.301 0	6.206 6
35	133.175 5	0.007 5	881.170 2	0.001 1	0.151 1	6.616 6	42.358 6	5 641.134 4	6.401 9
40	267.863 5	0.003 7	1 779.090 3	0.000 6	0.150 6	6.641 8	43.283 0	11 593.935 4	6.516 8
45	538.769 3	0.001 9	3 585.128 5	0.000 3	0.150 3	6.654 3	43.805 1	23 600.8 564	6.583 0
50	1 083.657 4	0.000 9	7 217.716 3	0.000 1	0.150 1	6.660 5	44.095 8	47 784.775 2	6.620 5
∞					0.150 0	6.667 0			

$i=18\%$

年份 n	一次支付		等额序列				等差序列		
	$(F/P,i,n)$	$(P/F,i,n)$	$(F/A,i,n)$	$(A/F,i,n)$	$(A/P,i,n)$	$(P/A,i,n)$	$(P/G,i,n)$	$(F/G,i,n)$	$(A/G,i,n)$
1	1.180 0	0.847 5	1.000 0	1.000 0	1.180 0	0.847 5	0.000 0	0.000 0	0.000 0
2	1.392 4	0.718 2	2.180 0	0.458 7	0.638 7	1.565 6	0.718 2	1.000 0	0.458 7
3	1.643 0	0.608 6	3.572 4	0.279 9	0.459 9	2.174 3	1.935 4	3.180 0	0.890 2
4	1.938 8	0.515 8	5.215 4	0.191 7	0.371 7	2.690 1	3.482 8	6.752 4	1.294 7
5	2.287 8	0.437 1	7.154 2	0.139 8	0.319 8	3.127 2	5.231 2	11.967 8	1.672 8
6	2.699 6	0.370 4	9.442 0	0.105 9	0.285 9	3.497 6	7.083 4	19.122 0	2.025 2
7	3.185 5	0.313 9	12.141 5	0.082 4	0.262 4	3.811 5	8.967 0	28.564 0	2.352 6
8	3.758 9	0.266 0	15.327 0	0.065 2	0.245 2	4.077 6	10.829 2	40.705 5	2.655 8
9	4.435 5	0.225 5	19.085 9	0.052 4	0.232 4	4.303 0	12.632 9	56.032 5	2.935 8
10	5.233 8	0.191 1	23.521 3	0.042 5	0.222 5	4.494 1	14.352 5	75.118 4	3.193 6
11	6.175 9	0.161 9	28.755 1	0.034 8	0.214 8	4.656 0	15.971 6	98.639 7	3.430 3
12	7.287 6	0.137 2	34.931 1	0.028 6	0.208 6	4.793 2	17.481 1	127.394 8	3.647 0
13	8.599 4	0.116 3	42.218 7	0.023 7	0.203 7	4.909 5	18.876 5	162.325 9	3.844 9
14	10.147 2	0.098 5	50.818 0	0.019 7	0.199 7	5.008 1	20.157 6	204.544 6	4.025 0
15	11.973 7	0.083 5	60.965 3	0.016 4	0.196 4	5.091 6	21.326 9	255.362 6	4.188 7
16	14.129 0	0.070 8	72.939 0	0.013 7	0.193 7	5.162 4	22.388 5	316.327 9	4.336 9
17	16.672 2	0.060 0	87.068 0	0.011 5	0.191 5	5.222 3	23.348 2	389.266 9	4.470 8
18	19.673 3	0.050 8	103.740 3	0.009 6	0.189 6	5.273 2	24.212 3	476.334 9	4.591 6
19	23.214 4	0.043 1	123.413 5	0.008 1	0.188 1	5.316 2	24.987 7	580.075 2	4.700 3
20	27.393 0	0.036 5	146.628 0	0.006 8	0.186 8	5.352 7	25.681 3	703.488 7	4.797 8
21	32.323 8	0.030 9	174.021 0	0.005 7	0.185 7	5.383 7	26.300 0	850.116 7	4.885 1
22	38.142 1	0.026 2	206.344 8	0.004 8	0.184 8	5.409 9	26.850 6	1 024.137 7	4.963 2
23	45.007 6	0.022 2	244.486 8	0.004 1	0.184 1	5.432 1	27.339 4	1 230.482 5	5.032 9
24	53.109 0	0.018 8	289.494 5	0.003 5	0.183 5	5.450 9	27.772 5	1 474.969 3	5.095 0
25	62.668 6	0.016 0	342.603 5	0.002 9	0.182 9	5.466 9	28.155 5	1 764.463 8	5.150 2
26	73.949 0	0.013 5	405.272 1	0.002 5	0.182 5	5.480 4	28.493 5	2 107.067 3	5.199 1
27	87.259 8	0.011 5	479.221 1	0.002 1	0.182 1	5.491 9	28.791 5	2 512.339 4	5.242 5
28	102.966 6	0.009 7	566.480 9	0.001 8	0.181 8	5.501 6	29.053 7	2 991.560 5	5.281 0
29	121.500 5	0.008 2	669.447 5	0.001 5	0.181 5	5.509 8	29.284 2	3 558.041 4	5.314 9
30	143.370 6	0.007 0	790.948 0	0.001 3	0.181 3	5.516 8	29.486 4	4 227.488 8	5.344 8
35	327.997 3	0.003 0	1 816.651 6	0.000 6	0.180 6	5.538 6	30.177 3	9 898.064 5	5.448 5
40	750.378 3	0.001 3	4 163.213 0	0.000 2	0.180 2	5.548 2	30.526 9	22 906.739 0	5.502 2
45	1 716.683 9	0.000 6	9 531.577 1	0.000 1	0.180 1	5.552 3	30.700 6	52 703.206 1	5.529 3
∞					0.180 0	5.550 0			

$i=20\%$

年份 n	一次支付		等额序列				等差序列		
	$(F/P,i,n)$	$(P/F,i,n)$	$(F/A,i,n)$	$(A/F,i,n)$	$(A/P,i,n)$	$(P/A,i,n)$	$(P/G,i,n)$	$(F/G,i,n)$	$(A/G,i,n)$
1	1.200 0	0.833 3	1.000 0	1.000 0	1.200 0	0.833 3	0.000 0	0.000 0	0.000 0
2	1.440 0	0.694 4	2.200 0	0.454 5	0.654 5	1.527 8	0.694 4	1.000 0	0.454 5
3	1.728 0	0.578 7	3.640 0	0.274 7	0.474 7	2.106 5	1.851 9	3.200 0	0.879 1
4	2.073 6	0.482 3	5.368 0	0.186 3	0.386 3	2.588 7	3.298 6	6.840 0	1.274 2
5	2.488 3	0.401 9	7.441 6	0.134 4	0.334 4	2.990 6	4.906 1	12.208 0	1.640 5
6	2.986 0	0.334 9	9.929 9	0.100 7	0.300 7	3.325 5	6.580 6	19.649 6	1.978 8
7	3.583 2	0.279 1	12.915 9	0.077 4	0.277 4	3.604 6	8.255 1	29.579 5	2.290 2
8	4.299 8	0.232 6	16.499 1	0.060 6	0.260 6	3.837 2	9.883 1	42.495 4	2.575 6
9	5.159 8	0.193 8	20.798 9	0.048 1	0.248 1	4.031 0	11.433 5	58.994 5	2.836 4
10	6.191 7	0.161 5	25.958 7	0.038 5	0.238 5	4.192 5	12.887 1	79.793 4	3.073 9
11	7.430 1	0.134 6	32.150 4	0.031 1	0.231 1	4.327 1	14.233 0	105.752 1	3.289 3
12	8.916 1	0.112 2	39.580 5	0.025 3	0.225 3	4.439 2	15.466 7	137.902 5	3.484 1
13	10.699 3	0.093 5	48.496 6	0.020 6	0.220 6	4.532 7	16.588 3	177.483 0	3.659 7
14	12.839 2	0.077 9	59.195 9	0.016 9	0.216 9	4.610 6	17.600 8	225.979 6	3.817 5
15	15.407 0	0.064 9	72.035 1	0.013 9	0.213 9	4.675 5	18.509 5	285.175 5	3.958 8
16	18.488 4	0.054 1	87.442 1	0.011 4	0.211 4	4.729 6	19.320 8	357.210 6	4.085 1
17	22.186 1	0.045 1	105.930 6	0.009 4	0.209 4	4.774 6	20.041 9	444.652 8	4.197 6
18	26.623 3	0.037 6	128.116 7	0.007 8	0.207 8	4.812 2	20.680 5	550.583 3	4.297 5
19	31.948 0	0.031 3	154.740 0	0.006 5	0.206 5	4.843 5	21.243 9	678.700 0	4.386 1
20	38.337 6	0.026 1	186.688 0	0.005 4	0.205 4	4.869 6	21.739 5	833.440 0	4.464 3
21	46.005 1	0.021 7	225.025 6	0.004 4	0.204 4	4.891 3	22.174 2	1 020.128 0	4.533 4
22	55.206 1	0.018 1	271.030 7	0.003 7	0.203 7	4.909 4	22.554 6	1 245.153 6	4.594 1
23	66.247 4	0.015 1	326.236 9	0.003 1	0.203 1	4.924 5	22.886 7	1 516.184 3	4.647 5
24	79.496 8	0.012 6	392.484 2	0.002 5	0.202 5	4.937 1	23.176 0	1 842.421 2	4.694 3
25	95.396 2	0.010 5	471.981 1	0.002 1	0.202 1	4.947 6	23.427 6	2 234.905 4	4.735 2
26	114.475 5	0.008 7	567.377 3	0.001 8	0.201 8	4.956 3	23.646 0	2 706.886 5	4.770 9
27	137.370 6	0.007 3	681.852 8	0.001 5	0.201 5	4.963 6	23.835 3	3 274.263 8	4.802 0
28	164.844 7	0.006 1	819.223 3	0.001 2	0.201 2	4.969 7	23.999 1	3 956.116 6	4.829 1
29	197.813 6	0.005 1	984.068 0	0.001 0	0.201 0	4.974 7	24.140 6	4 775.339 9	4.852 7
30	237.376 3	0.004 2	1 181.881 6	0.000 8	0.200 8	4.978 9	24.262 8	5 759.407 8	4.873 1
35	590.668 2	0.001 7	2 948.341 1	0.000 3	0.200 3	4.991 5	24.661 4	14 566.705 7	4.940 6
40	1 469.771 6	0.000 7	7 343.857 8	0.000 1	0.200 1	4.996 6	24.846 9	36 519.289 2	4.972 8
∞					0.200 0	5.000 0			

i=25%

年份 n	一次支付		等额序列				等差序列		
	$(F/P,i,n)$	$(P/F,i,n)$	$(F/A,i,n)$	$(A/F,i,n)$	$(A/P,i,n)$	$(P/A,i,n)$	$(P/G,i,n)$	$(F/G,i,n)$	$(A/G,i,n)$
1	1.2 500	0.8 000	1.000 0	1.000 0	1.250 0	0.800 0	0.000 0	0.000 0	0.000 0
2	1.562 5	0.640 0	2.250 0	0.444 4	0.694 4	1.440 0	0.640 0	1.000 0	0.444 4
3	1.953 1	0.512 0	3.812 5	0.262 3	0.512 3	1.952 0	1.664 0	3.250 0	0.852 5
4	2.441 4	0.409 6	5.765 6	0.173 4	0.423 4	2.361 6	2.892 8	7.062 5	1.224 9
5	3.051 8	0.327 7	8.207 0	0.121 8	0.371 8	2.689 3	4.203 5	12.828 1	1.563 1
6	3.814 7	0.262 1	11.258 8	0.088 8	0.338 8	2.951 4	5.514 2	21.035 2	1.868 3
7	4.768 4	0.209 7	15.073 5	0.066 3	0.316 3	3.161 1	6.772 5	32.293 9	2.142 4
8	5.960 5	0.167 8	19.841 9	0.050 4	0.300 4	3.328 9	7.946 9	47.367 4	2.387 2
9	7.450 6	0.134 2	25.802 3	0.038 8	0.288 8	3.463 1	9.020 7	67.209 3	2.604 8
10	9.313 2	0.107 4	33.252 9	0.030 1	0.280 1	3.570 5	9.987 0	93.011 6	2.797 1
11	11.641 5	0.085 9	42.566 1	0.023 5	0.273 5	3.656 4	10.846 0	126.264 5	2.966 3
12	14.551 9	0.068 7	54.207 7	0.018 4	0.268 4	3.725 1	11.602 0	168.830 6	3.114 5
13	18.189 9	0.055 0	68.759 6	0.014 5	0.264 5	3.780 1	12.261 7	223.038 3	3.243 7
14	22.737 4	0.044 0	86.949 5	0.011 5	0.261 5	3.824 1	12.833 4	291.797 9	3.355 9
15	28.421 7	0.035 2	109.686 8	0.009 1	0.259 1	3.859 3	13.326 0	378.747 4	3.453 0
16	35.527 1	0.028 1	138.108 5	0.007 2	0.257 2	3.887 4	13.748 2	488.434 2	3.536 6
17	44.408 9	0.022 5	173.635 7	0.005 8	0.255 8	3.909 9	14.108 5	626.542 7	3.608 4
18	55.511 2	0.018 0	218.044 6	0.004 6	0.254 6	3.927 9	14.414 7	800.178 4	3.669 8
19	69.388 9	0.014 4	273.555 8	0.003 7	0.253 7	3.942 4	14.674 1	1 018.223 0	3.722 2
20	86.736 2	0.011 5	342.944 7	0.002 9	0.252 9	3.953 9	14.893 2	1 291.778 8	3.766 7
21	108.420 2	0.009 2	429.680 9	0.002 3	0.252 3	3.963 1	15.077 7	1 634.723 5	3.804 5
22	135.525 3	0.007 4	538.101 1	0.001 9	0.251 9	3.970 5	15.232 6	2 064.404 3	3.836 5
23	169.406 6	0.005 9	673.626 4	0.001 5	0.251 5	3.976 4	15.362 5	2 602.505 4	3.863 4
24	211.758 2	0.004 7	843.032 9	0.001 2	0.251 2	3.981 1	15.471 1	3 276.131 8	3.886 1
25	264.697 8	0.003 8	1 054.791 2	0.000 9	0.250 9	3.984 9	15.561 8	4 119.164 7	3.905 2
26	330.872 2	0.003 0	1 319.489 0	0.000 8	0.250 8	3.987 9	15.637 3	5 173.955 9	3.921 2
27	413.590 3	0.002 4	1 650.361 2	0.000 6	0.250 6	3.990 3	15.700 2	6 493.444 9	3.934 6
28	516.987 9	0.001 9	2 063.951 5	0.000 5	0.250 5	3.992 3	15.752 4	8 143.806 1	3.945 7
29	646.234 9	0.001 5	2 580.939 4	0.000 4	0.250 4	3.993 8	15.795 7	10 207.757 7	3.955 1
30	807.793 6	0.001 2	3 227.174 3	0.000 3	0.250 3	3.995 0	15.831 6	12 788.697 1	3.962 8
35	2 465.190 3	0.000 4	9 856.761 3	0.000 1	0.250 1	3.998 4	15.936 7	39 287.045 3	3.985 8
∞					0.2500	4.000 0			

$i=30\%$

年份 n	一次支付		等额序列				等差序列		
	$(F/P,i,n)$	$(P/F,i,n)$	$(F/A,i,n)$	$(A/F,i,n)$	$(A/P,i,n)$	$(P/A,i,n)$	$(P/G,i,n)$	$(F/G,i,n)$	$(A/G,i,n)$
1	1.300 0	0.769 2	1.000 0	1.000 0	1.300 0	0.769 2	0.000 0	0.000 0	0.000 0
2	1.690 0	0.591 7	2.300 0	0.434 8	0.734 8	1.360 9	0.591 7	1.000 0	0.434 8
3	2.197 0	0.455 2	3.990 0	0.250 6	0.550 6	1.816 1	1.502 0	3.300 0	0.827 1
4	2.856 1	0.350 1	6.187 0	0.161 6	0.461 6	2.166 2	2.552 4	7.290 0	1.178 3
5	3.712 9	0.269 3	9.043 1	0.110 6	0.410 6	2.435 6	3.629 7	13.477 0	1.490 3
6	4.826 8	0.207 2	12.756 0	0.078 4	0.378 4	2.642 7	4.665 6	22.520 1	1.765 4
7	6.274 9	0.159 4	17.582 8	0.056 9	0.356 9	2.802 1	5.621 8	35.276 1	2.006 3
8	8.157 3	0.122 6	23.857 7	0.041 9	0.341 9	2.924 7	6.480 0	52.859 0	2.215 6
9	10.604 5	0.094 3	32.015 0	0.031 2	0.331 2	3.019 0	7.234 3	76.716 7	2.396 3
10	13.785 8	0.072 5	42.619 5	0.023 5	0.323 5	3.091 5	7.887 2	108.731 7	2.551 2
11	17.921 6	0.055 8	56.405 3	0.017 7	0.317 7	3.147 3	8.445 2	151.351 2	2.683 3
12	23.298 1	0.042 9	74.327 0	0.013 5	0.313 5	3.190 3	8.917 3	207.756 5	2.795 2
13	30.287 5	0.033 0	97.625 0	0.010 2	0.310 2	3.223 3	9.313 5	282.083 5	2.889 5
14	39.373 8	0.025 4	127.912 5	0.007 8	0.307 8	3.248 7	9.643 7	379.708 5	2.968 5
15	51.185 9	0.019 5	167.286 3	0.006 0	0.306 0	3.268 2	9.917 2	507.621 0	3.034 4
16	66.541 7	0.015 0	218.472 2	0.004 6	0.304 6	3.283 2	10.142 6	674.907 3	3.089 2
17	86.504 2	0.011 6	285.013 9	0.003 5	0.303 5	3.294 8	10.327 6	893.379 5	3.134 5
18	112.455 4	0.008 9	371.518 0	0.002 7	0.302 7	3.303 7	10.478 8	1 178.393 4	3.171 8
19	146.192 0	0.006 8	483.973 4	0.002 1	0.302 1	3.310 5	10.601 9	1 549.911 4	3.202 5
20	190.049 6	0.005 3	630.165 5	0.001 6	0.301 6	3.315 8	10.701 9	2 033.884 9	3.227 5
21	247.064 5	0.004 0	820.215 1	0.001 2	0.301 2	3.319 8	10.782 8	2 664.050 3	3.248 0
22	321.183 9	0.003 1	1 067.279 6	0.000 9	0.300 9	3.323 0	10.848 2	3 484.265 4	3.264 6
23	417.539 1	0.002 4	1 388.463 5	0.000 7	0.300 7	3.325 4	10.900 9	4 551.545 0	3.278 1
24	542.800 8	0.001 8	1 806.002 6	0.000 6	0.300 6	3.327 2	10.943 3	5 940.008 6	3.289 0
25	705.641 0	0.001 4	2 348.803 3	0.000 4	0.300 4	3.328 6	10.977 3	7 746.011 1	3.297 9
26	917.333 3	0.001 1	3 054.444 3	0.000 3	0.300 3	3.329 7	11.004 5	10 094.814 5	3.305 0
27	1 192.533 3	0.000 8	3 971.777 6	0.000 3	0.300 3	3.330 5	11.026 3	13 149.258 8	3.310 7
28	1 550.293 3	0.000 6	5 164.310 9	0.000 2	0.300 2	3.331 2	11.043 7	17 121.036 4	3.315 3
29	2 015.381 3	0.000 5	6 714.604 2	0.000 1	0.300 1	3.331 7	11.057 6	22 285.347 4	3.318 9
30	2 619.995 6	0.000 4	8 729.985 5	0.000 1	0.300 1	3.332 1	11.068 7	28 999.951 6	3.321 9
∞						3.330 0			

$i=40\%$

年份 n	一次支付		等额序列				等差序列		
	$(F/P,i,n)$	$(P/F,i,n)$	$(F/A,i,n)$	$(A/F,i,n)$	$(A/P,i,n)$	$(P/A,i,n)$	$(P/G,i,n)$	$(F/G,i,n)$	$(A/G,i,n)$
1	1.400 0	0.714 3	1.000 0	1.000 0	1.400 0	0.714 3	0.000 0	0.000 0	0.000 0
2	1.960 0	0.510 2	2.400 0	0.416 7	0.816 7	1.224 5	0.510 2	1.000 0	0.416 7
3	2.744 0	0.364 4	4.360 0	0.229 4	0.629 4	1.588 9	1.239 1	3.400 0	0.779 8
4	3.841 6	0.260 3	7.104 0	0.140 8	0.540 8	1.849 2	2.020 0	7.760 0	1.092 3
5	5.378 2	0.185 9	10.945 6	0.091 4	0.491 4	2.035 2	2.763 7	14.864 0	1.358 0
6	7.529 5	0.132 8	16.323 8	0.061 3	0.461 3	2.168 0	3.427 8	25.809 6	1.581 1
7	10.541 4	0.094 9	23.853 4	0.041 9	0.441 9	2.262 8	3.997 0	42.133 4	1.766 4
8	14.757 9	0.067 8	34.394 7	0.029 1	0.429 1	2.330 6	4.471 3	65.986 8	1.918 5
9	20.661 0	0.048 4	49.152 6	0.020 3	0.420 3	2.379 0	4.858 5	100.381 5	2.042 2
10	28.925 5	0.034 6	69.813 7	0.014 3	0.414 3	2.413 6	5.169 6	149.534 2	2.141 9
11	40.495 7	0.024 7	98.739 1	0.010 1	0.410 1	2.438 3	5.416 6	219.347 8	2.221 5
12	56.693 9	0.017 6	139.234 8	0.007 2	0.407 2	2.455 9	5.610 6	318.087 0	2.284 5
13	79.371 5	0.012 6	195.928 7	0.005 1	0.405 1	2.468 5	5.761 8	457.321 7	2.334 1
14	111.120 1	0.009 0	275.300 2	0.003 6	0.403 6	2.477 5	5.878 8	653.250 4	2.372 9
15	155.568 1	0.006 4	386.420 2	0.002 6	0.402 6	2.483 9	5.968 8	928.550 6	2.403 0
16	217.795 3	0.004 6	541.988 3	0.001 8	0.401 8	2.488 5	6.037 6	1 314.970 8	2.426 2
17	304.913 5	0.003 3	759.783 7	0.001 3	0.401 3	2.491 8	6.090 1	1 856.959 2	2.444 1
18	426.878 9	0.002 3	1 064.697 1	0.000 9	0.400 9	2.494 1	6.129 9	2 616.742 8	2.457 7
19	597.630 4	0.001 7	1 491.576 0	0.000 7	0.400 7	2.495 8	6.160 1	3 681.440 0	2.468 2
20	836.682 6	0.001 2	2 089.206 4	0.000 5	0.400 5	2.497 0	6.182 8	5 173.016 0	2.476 1
21	1 171.355 6	0.000 9	2 925.888 9	0.000 3	0.400 3	2.497 9	6.199 8	7 262.222 3	2.482 1
22	1 639.897 8	0.000 6	4 097.244 5	0.000 2	0.400 2	2.498 5	6.212 7	10 188.111 3	2.486 6
23	2 295.856 9	0.000 4	5 737.142 3	0.000 2	0.400 2	2.498 9	6.222 2	14 285.355 8	2.490 0
24	3 214.199 7	0.000 3	8 032.999 3	0.000 1	0.400 1	2.499 2	6.229 4	20 022.498 1	2.492 5
∞					0.400 0	2.500 0			

$i=50\%$

年份 n	一次支付		等额序列				等差序列		
	$(F/P,i,n)$	$(P/F,i,n)$	$(F/A,i,n)$	$(A/F,i,n)$	$(A/P,i,n)$	$(P/A,i,n)$	$(P/G,i,n)$	$(F/G,i,n)$	$(A/G,i,n)$
1	1.500 0	0.666 7	1.000 0	1.000 0	1.500 0	0.666 7	0.000 0	0.000 0	0.000 0
2	2.250 0	0.444 4	2.500 0	0.400 0	0.900 0	1.111 1	0.444 4	1.000 0	0.400 0
3	3.375 0	0.296 3	4.750 0	0.210 5	0.710 5	1.407 4	1.037 0	3.500 0	0.736 8
4	5.062 5	0.197 5	8.125 0	0.123 1	0.623 1	1.604 9	1.629 6	8.250 0	1.015 4

续上表

年份 n	一次支付		等额序列				等差序列		
	(F/P,i,n)	(P/F,i,n)	(F/A,i,n)	(A/F,i,n)	(A/P,i,n)	(P/A,i,n)	(P/G,i,n)	(F/G,i,n)	(A/G,i,n)
5	7.593 8	0.131 7	13.187 5	0.075 8	0.575 8	1.736 6	2.156 4	16.375 0	1.241 7
6	11.390 6	0.087 8	20.781 3	0.048 1	0.548 1	1.824 4	2.595 3	29.562 5	1.422 6
7	17.085 9	0.058 5	32.171 9	0.031 1	0.531 1	1.882 9	2.946 5	50.343 8	1.564 8
8	25.628 9	0.039 0	49.257 8	0.020 3	0.520 3	1.922 0	3.219 6	82.515 6	1.675 2
9	38.443 4	0.026 0	74.886 7	0.013 4	0.513 4	1.948 0	3.427 7	131.773 4	1.759 6
10	57.665 0	0.017 3	113.330 1	0.008 8	0.508 8	1.965 3	3.583 8	206.660 2	1.823 5
11	86.497 6	0.011 6	170.995 1	0.005 8	0.505 8	1.976 9	3.699 4	319.990 2	1.871 3
12	129.746 3	0.007 7	257.492 7	0.003 9	0.503 9	1.984 6	3.784 2	490.985 4	1.906 8
13	194.619 5	0.005 1	387.239 0	0.002 6	0.502 6	1.989 7	3.845 9	748.478 0	1.932 9
14	291.929 3	0.003 4	581.858 5	0.001 7	0.501 7	1.993 1	3.890 4	1 135.717 0	1.951 9
15	437.893 9	0.002 3	873.787 8	0.001 1	0.501 1	1.995 4	3.922 4	1 717.575 6	1.965 7
16	656.840 8	0.001 5	1 311.681 7	0.000 8	0.500 8	1.997 0	3.945 2	2 591.363 3	1.975 6
17	985.261 3	0.001 0	1 968.522 5	0.000 5	0.500 5	1.998 0	3.961 4	3 903.045 0	1.982 7
18	1 477.891 9	0.000 7	2 953.783 8	0.000 3	0.500 3	1.998 6	3.972 9	5 871.567 5	1.987 8
19	2 216.837 8	0.000 5	4 431.675 6	0.000 2	0.500 2	1.999 1	3.981 1	8 825.351 3	1.991 4
20	3 325.256 7	0.000 3	6 648.513 5	0.000 2	0.500 2	1.999 4	3.986 8	13 257.026 9	1.994 0
21	4 987.885 1	0.000 2	9 973.770 2	0.000 1	0.500 1	1.999 6	3.990 8	19 905.540 4	1.995 8
∞					0.500 0	2.000 0			

等比序列复利现值系数表(i=20%)

年份 n	h=4%	h=6%	h=8%	h=10%	h=15%	h=20%	h=25%
1	0.833 3	0.833 3	0.833 3	0.833 3	0.833 3	0.833 3	0.833 3
2	1.555 6	1.569 4	1.583 3	1.597 2	1.631 9	1.666 7	1.701 4
3	2.181 5	2.219 7	2.258 3	2.297 5	2.397 3	2.500 0	2.605 6
4	2.724 0	2.794 0	2.865 8	2.939 3	3.130 7	3.333 3	3.547 5
5	3.194 1	3.301 4	3.412 6	3.527 7	3.833 6	4.166 7	4.528 7
6	3.601 5	3.749 6	3.904 7	4.067 1	4.507 2	5.000 0	5.550 7
7	3.954 7	4.145 5	4.347 5	4.561 5	5.152 7	5.833 3	6.615 3
8	4.260 7	4.495 2	4.746 1	5.014 7	5.771 4	6.666 7	7.724 3
9	4.526 0	4.804 1	5.104 8	5.430 1	6.364 2	7.500 0	8.879 4
10	4.755 8	5.076 9	5.427 7	5.811 0	6.932 4	8.333 3	10.082 8
11	4.955 0	5.317 9	5.718 2	6.160 0	7.476 9	9.166 7	11.336 2
12	5.127 7	5.530 8	5.979 8	6.480 0	7.998 7	10.000 0	12.641 9

续上表

年份 n	h=4%	h=6%	h=8%	h=10%	h=15%	h=20%	h=25%
13	5. 277 3	5. 718 9	6. 215 1	6. 773 4	8. 498 7	10. 833 3	14. 002 0
14	5. 407 0	5. 885 0	6. 426 9	7. 042 3	8. 978 0	11. 666 7	15. 418 7
15	5. 519 4	6. 031 8	6. 617 6	7. 288 7	9. 437 2	12. 500 0	16. 894 5
16	5. 616 8	6. 161 4	6. 789 1	7. 514 7	9. 877 3	13. 333 3	18. 431 8
17	5. 701 3	6. 275 9	6. 943 6	7. 721 8	10. 299 1	14. 166 7	20. 033 1
18	5. 774 4	6. 377 1	7. 082 5	7. 911 6	10. 703 3	15. 000 0	21. 701 1
19	5. 837 8	6. 466 4	7. 207 6	8. 085 7	11. 090 7	15. 833 3	23. 438 7
20	5. 892 8	6. 545 3	7. 320 2	8. 245 2	11. 461 9	16. 666 7	25. 248 6

等比序列复利现值系数表($i=25\%$)

年份 n	h=4%	h=6%	h=8%	h=10%	h=15%	h=20%	h=25%
1	0. 8000 00	0. 8000 00	0. 8000 00	0. 8000 00	0. 8000 00	0. 8000 00	0. 8000 00
2	1. 465 600	1. 478 400	1. 491 200	1. 504 000	1. 536 000	1. 568 000	1. 600 000
3	2. 019 379	2. 053 683	2. 088 397	2. 123 520	2. 213 120	2. 305 280	2. 400 000
4	2. 480 123	2. 541 523	2. 604 375	2. 668 698	2. 836 070	3. 013 069	3. 200 000
5	2. 863 463	2. 955 212	3. 050 180	3. 148 454	3. 409 185	3. 692 546	4. 000 000
6	3. 182 401	3. 306 020	3. 435 355	3. 570 639	3. 936 450	4. 344 844	4. 800 000
7	3. 447 758	3. 603 505	3. 768 147	3. 942 163	4. 421 534	4. 971 050	5. 600 000
8	3. 668 534	3. 855 772	4. 055 679	4. 269 103	4. 867 811	5. 572 208	6. 400 000
9	3. 852 221	4. 069 695	4. 304 107	4. 556 811	5. 278 386	6. 149 320	7. 200 000
10	4. 005 048	4. 251 101	4. 518 748	4. 809 993	5. 656 115	6. 703 347	8. 000 000
11	4. 132 200	4. 404 934	4. 704 198	5. 032 794	6. 003 626	7. 235 213	8. 800 000
12	4. 237 990	4. 535 384	4. 864 427	5. 228 859	6. 323 336	7. 745 805	9. 600 000
13	4. 326 008	4. 646 005	5. 002 865	5. 401 396	6. 617 469	8. 235 973	10. 400 000
14	4. 399 238	4. 739 813	5. 122 476	5. 553 228	6. 888 072	8. 706 534	11. 200 000
15	4. 460 166	4. 819 361	5. 225 819	5. 686 841	7. 137 026	9. 158 272	12. 000 000
16	4. 510 858	4. 886 818	5. 315 108	5. 804 420	7. 366 064	9. 591 942	12. 800 000
17	4. 553 034	4. 944 022	5. 392 253	5. 907 890	7. 576 779	10. 008 264	13. 600 000
18	4. 588 124	4. 992 531	5. 458 907	5. 998 943	7. 770 636	10. 407 933	14. 400 000
19	4. 617 320	5. 033 666	5. 516 495	6. 079 070	7. 948 986	10. 791 616	15. 200 000
20	4. 641 610	20. 873 563	25. 222 191	6. 149 581	8. 113 067	11. 159 951	16. 000 000